Fit – wie neu geboren

Dr. David C. Gardner
Dr. Grace Joely Beatty

Fit – wie neu geboren

Nie mehr müde sein!

Frisch und vital durch
das 7-Tage-Energie-Programm
für Körper, Geist und Seele

Scherz

Dieses Buch ersetzt nicht die fachliche Beratung durch einen Mediziner. Der Leser sollte sich regelmäßig von seinem Arzt untersuchen lassen und sich bei Symptomen an ihn wenden, die eine medizinische Diagnose oder Behandlung nötig machen könnten. Es ist wichtig, sich an die Ratschläge seines Arztes, Psychotherapeuten oder Ernährungsberaters zu halten, wenn man unser Programm ganz oder teilweise ausprobieren möchte. Besonders sollte man die Warnungen in den Kapiteln über sportliche Betätigung und Nahrungszusätze beachten.

Die Erstausgabe dieses Werkes erschien
unter dem Titel «Nie mehr müde sein!»

3. Auflage der Sonderausgabe 1994
Einzig berechtigte Übersetzung
aus dem Amerikanischen von Roswitha Enright.
Titel der Originalausgabe: «Never Be Tired Again!».

Schutzumschlag unter Verwendung eines
Dias von Image Bank, München.

Inhalt

II Das «Nie mehr müde»-Ernährungsprogramm

I Das «Nie mehr müde»-Programm

1 Was dieses Buch für Sie tun kann

Haben Sie es satt, dauernd müde zu sein? Gehören Sie zu denjenigen, die sich «doch nur für ein Stündchen hinlegen» wollen und dann «ganz bestimmt morgen all das tun», was sie heute nicht schaffen?

Mit dieser Haltung stehen Sie nicht allein da. Viele Menschen klagen ihren Ärzten, Therapeuten, Psychiatern und Psychologen gegenüber über chronische Müdigkeit. Diese Müdigkeit hat aber nur in den seltensten Fällen etwas mit Krankheit, Depressionen oder einfach Schlafmangel zu tun. Häufig sind dafür bestimmte chemische Prozesse im Körper verantwortlich, eine energieraubende Lebensweise oder psychischer Streß.

Dieses Buch kann all das ändern!

Es zeigt Ihnen, wie Sie Ihre Energie in einem Maße steigern können, wie Sie es in Ihren kühnsten Träumen nicht erhofften. Sie erfahren, wie Sie die Extraenergie gewinnen können, die es Ihnen ermöglicht, all das zu tun, was Sie immer tun *wollten,* wozu Sie aber immer viel zu müde waren, viel zu erschöpft von all dem, was Sie tun *mußten.*

Sie lernen, wie Sie so viel Energie gewinnen können, daß Sie Krankheiten vorbeugen, Ihre Selbstheilungskräfte aktivieren, mit Freude arbeiten und die Freizeit genießen können und selbst dann Ihren Energievorrat noch nicht verbraucht haben. Schon wenn Sie sich nur eine Woche lang an das «Nie mehr müde»-Programm halten, werden Sie feststellen, wieviel energiegeladener als früher Sie sind. Bei längerer Anwendung können Sie außerdem mit folgenden positiven Veränderungen rechnen:

- Sie nehmen ab, indem Sie Körperfett verlieren (statt Gewebeflüssigkeit oder Muskelgewebe).
- Ihr Cholesterinspiegel senkt sich.
- Ihr Blutdruck wird niedriger.
- Sie sind weniger anfällig für Krankheiten, die mit einer bestimmten Lebensweise zu tun haben, wie Herzkrankheiten und Krebs.

Und das muß nicht alles sein! Folgende Kommentare stammen von Klienten, die unser «Nie mehr müde»-Programm erfolgreich abgeschlossen haben:

> Ich nahm ein Jahr lang an dem Rehabilitationsprogramm eines bekannten Herzspezialisten in New York teil, mit dem Ergebnis, daß ich ein Pfund zunahm. Er meinte, mein hoher Cholesterinspiegel sei wahrscheinlich vererbt und die Werte würden nie unter 220 absinken. Aber schon nachdem ich eine Woche nach Ihrem Programm gelebt hatte, war mein Cholesterinspiegel von 260 auf 182 gesunken. Und in sieben Tagen hatte ich sechs Pfund abgenommen und konnte zum erstenmal nach 20 Jahren ohne meine Allergiemedikamente auskommen. Es ist kaum zu fassen, wie energiegeladen ich mich mit Ihrem Programm fühle! Geschäftsführer

> Ich habe in vier Monaten 35 Pfund abgenommen. Ich habe mehr Energie als vorher. Ich fühle mich um Jahre jünger und sehe auch so aus. Das beste an ihrem Programm ist, daß es nicht schwer ist, es durchzuhalten und dabeizubleiben. Leitender Manager

> Ihr Programm ist wunderbar. Ich habe mich noch nie so energiegeladen gefühlt. Als ich zu Ihnen kam, wäre ich auf einer Energieskala von 1 bis 10 höchstens unter 2 einzustufen gewesen. Heute stehe ich sicher auf Stufe 8 und kann mich noch täglich steigern. Man hat mir gesagt, daß ich 20 Jahre jünger aussehe, und so fühle ich mich auch. Ich habe 20 Pfund in zwei Monaten abgenommen. Vizepräsident

> Seit ich Ihr Programm absolviert habe, habe ich viel mehr Energie als vorher. Aber nicht nur das, ich habe auch noch 25 Pfund in sechs Monaten abgenommen und meine gute Figur zurückgewonnen. Etwas ganz Besonderes passiert, wenn man an Ihrem Programm teilnimmt! Firmendirektor

Erfolge des «Nie mehr müde»-Programms

In den letzten fünf Jahren ist unser Programm auf verschiedene Art und Weise getestet worden, zum einen durch Hunderte von Menschen, die an unseren Seminaren teilgenommen haben, außerdem durch Klienten, die in unsere Privatpraxis kamen, und schließlich 1986 bis 1987, einem Jahr intensiver Forschungsbemühungen, in dem wir achttägige Programme stationär an 41 Patienten durchführten. Die Blutproben jeweils zu Anfang und zu Ende dieses Wochenprogramms brachten folgende Ergebnisse:

- Der *Cholesterinspiegel* sank im Durchschnitt um 15 Prozent, bei einzelnen Klienten sogar um bis zu 34 Prozent. 95 Prozent derjenigen, die das 7-Tage-Programm mit einem gefährlich hohen Cholesterinspiegel (über 250) begannen und das Programm auch nach der ersten Woche beibehielten, konnten ihren Cholesterinspiegel in etwa fünf Monaten auf weniger als 180 senken und sich seitdem als minimal gefährdet betrachten.
- Der *Triglyceridspiegel* (Fett im Blut) sank im Durchschnitt um 35 Prozent; bei manchen Klienten verringerten sich die Werte sogar um 100 Einheiten.
- Der *Gewichtsverlust* betrug im Durchschnitt sechs Pfund (zwischen fünf und zehn Pfund); diejenigen, die das Programm fortsetzten, nahmen in fünf Monaten bis zu 35 Pfund ab. Genauere Untersuchungen zeigten, daß der Gewichtsverlust im wesentlichen auf Verminderung von Fettgewebe und nicht von Gewebeflüssigkeit oder Muskelgewebe zurückzuführen war.
- Patienten, die zur *Senkung ihres Blutdrucks* Medikamente einnahmen, konnten nach den sieben Tagen die Dosis entweder vermindern oder das Medikament ganz absetzen.
- Der *allgemeine Körperumfang,* der sich aus den Umfängen von Oberarmen, Brust, Taille, Hüften und Oberschenkeln errechnet, verringerte sich im Durchschnitt nach einer Woche schon um zehn Zentimeter, in Einzelfällen sogar um 30 Zentimeter.
- Unsere Klienten hatten den Eindruck, daß sie *weitaus mehr Energie* besaßen als vorher, und in weiterführenden Untersuchungen stellte sich heraus, daß mit der Energie auch die Leistungsfähigkeit stieg.

Worin unterscheidet sich nun das «Nie mehr müde»-Programm von Programmen mit ähnlichen Zielen?

Diese Frage ist durchaus berechtigt, denn es gibt heute viele Bücher, deren Autoren versprechen, zu einem besseren Leben zu verhelfen, wenn man sich nur genau an ihre Ratschläge hält. Manche dieser Bücher sind durchaus sinnvoll, andere versuchen mit eher exzentrischen bis bizarren Vorschlägen und Erklärungen zu überzeugen, und wieder andere empfehlen Maßnahmen, die ausgesprochen gefährlich sein können. Eines aber haben all diese Bücher oft gemeinsam: Sie beschäftigen sich nur mit *einem* Aspekt des Lebens.

Ein Mensch ist nicht nur von der Nahrung abhängig, die er seinem Körper zuführt, oder von der Luft, die er atmet. Gesundheit und Wohlbefinden des einzelnen hat nicht nur damit zu tun, wie er seinen Körper fit hält, hängt nicht nur vom Zustand seiner Muskeln, seines Blutes und seiner Knochen ab. Sein Leben ist weder durch elektromagnetische Felder allein bestimmt noch durch die elektrischen Stromimpulse, die in seinem Gehirn entstehen. Unsere Untersuchungen ergaben vielmehr, daß alle diese Aspekte zusammen für das menschliche Leben wichtig sind. Man muß sich mit jedem dieser Bereiche beschäftigen, denn sie sind miteinander eng verbunden und machen erst gemeinsam den Menschen aus.

In diesem Buch versuchen wir genau das: Wir zeigen Ihnen, wie die verschiedenen Aspekte zusammenhängen und wie Sie dieses Wissen dann zu Ihrem Vorteil verwenden können. Es geht hier um ein synergetisches Phänomen: Das menschliche Wesen als Ganzes ist mehr als die Summe seiner Einzelteile. Man spricht hier von der Dynamik der menschlichen Energie.

Sie werden in diesem Buch keine verrückten Theorien finden, die wir an Ihnen ausprobieren wollen. Wir wissen, daß jeder einzelne Baustein unseres Programms auch für sich allein stehen kann, denn jeder Teil basiert auf wissenschaftlich gründlich belegten Ergebnissen aus Physik, Ernährungswissenschaft, Medizin und Psychologie. Sie können sich darauf verlassen, daß sich jede Aussage in unserem Programm auf wissenschaftliche Erkenntnisse stützt. Was neu und spannend ist an unserem Programm, beruht auf derselben Grundlagenforschung, die Laserstrahlen, Mikrowellen und Atomenergie hervorbrachte. Neue revolutionäre Konzepte in der Astrophysik (Superstring-Theorie) haben die Wissenschaft gezwungen, ihr bisheriges Verständnis von der fundamentalen Beschaffenheit von Materie und Leben zu revidieren. Diese neuen Theorien haben auch unsere Vorstellungen von dem Zusammenhang zwischen Gesundheit und Energie verändert.

Das Problem einer rein wissenschaftlichen Betrachtungsweise besteht unter anderem darin, daß der Mensch als eine Art komplizierte Maschine betrachtet wird, die Treibstoff braucht, hin und wieder repariert und ansonsten gewartet werden muß. Nach dieser mechanistischen Sichtweise braucht man nur herauszufinden, welche Maßnahmen die richtigen für den Körper sind, dann wird er auch weiterhin problemlos funktionieren. Durch die Superstring-Theorie muß eine solche Betrachtungsweise heute als überholt gelten. Wer heute auf dem Gebiet der prophylaktischen Medizin arbeitet, muß seine Vorstellungen von der Funktionsweise des Menschen revidieren, muß erkennen, daß jeder

Mensch ein komplexes Energiesystem darstellt, das sich selber reparieren kann, das seine eigene Energie herstellen kann und selbst in der Lage ist, den Grad von Gesundheit und Vitalität zu beeinflussen.

Das «Nie mehr müde»-Programm ist das erste seiner Art; es verbindet Erkenntnisse über die biochemischen Prozesse im Körper mit den erstaunlichen Entdeckungen der Quantenphysik und der Superstring-Hypothese. Dieses Buch wird Ihnen eine neue Denkrichtung weisen, es wird gewisse Vorstellungen, die Sie von Ihrem Körper und seiner Funktion hatten, in Frage stellen, es wird Sie in überraschende Geheimnisse einweihen und Ihnen zeigen, wie Sie sich buchstäblich selbst programmieren können, um gesund zu werden und zu bleiben. Und um dieses neue Wissen anwenden zu können, brauchen Sie nicht einmal physikalische Kenntnisse zu haben.

Die vier Stützen eines energiereichen Lebens

Während unserer Untersuchungen über die Gründe, warum manche Menschen chronisch müde und andere ihr ganzes Leben lang gesund und energiegeladen sind, erkannten wir, daß sich unsere Ergebnisse in vier Bereiche oder Methoden einteilen ließen. Wie die vier Beine eines Stuhls das Gewicht des darauf Sitzenden tragen, so sorgen die vier Methoden dafür, daß Ihre Gesundheit und Ihre Lebensenergie erhalten bleiben. Wie die vier Beine eines Stuhls, so sind auch alle vier Methoden notwendig, um Ihnen ein gesundes, vitales Leben zu sichern. Wenn Sie sich danach richten, steht Ihrer Entwicklung zu einem gesunden, energiegeladenen Menschen nichts mehr im Wege.

Methode 1: Wie man sich selbst auf mehr Energie programmiert

Wir zeigen Ihnen drei praktische, auf den Erkenntnissen der Quantenphysik basierende Techniken, durch die Sie sich selbst mit Energie aufladen können. Ihre Grundsätze kann man in dem einfachen Satz zusammenfassen: Der Mensch ist, was er denkt.

Die Übungen sind einfach zu erlernen und so wirkungsvoll, daß sie einen der wichtigsten Teile unseres Programms ausmachen. Wir sprechen dabei von «schnellen Aufladern» (Energiestößen); ein schneller Auflader kommt als wichtiger Bestandteil in beinahe jedem Kapitel dieses Buches vor. Die Techniken zum schnellen Energietanken verhelfen zu einer besseren Verfassung, zur Leistungssteigerung, Senkung des Blutdrucks und zur besseren Bewältigung des täglichen Stresses. Die Übungen sind so entspannend und beruhigend, daß man sich leicht daran gewöhnt und sich schließlich fragt, wie man jemals ohne sie auskommen konnte.

Methode 2: Das «Nie mehr müde»-Ernährungsprogramm

In verständlicher Sprache wird dargelegt, was man über die richtige Ernährungsweise im Rahmen des Energieprogramms wissen muß:

- Welche Nahrungsmittel liefern Energie?
- Welche Nahrungsmittel rauben Energie?
- Welche Nahrungsmittel können vor Krankheiten schützen?

Die Informationen des «Nie mehr müde»-Programms zur richtigen Ernährung beruhen auf Erkenntnissen aus der Hochenergiephysik. Wir glauben, daß der wichtigste Aspekt unseres Ernährungsprogramms darin besteht, was uns die Physik über unseren Körper als energieerzeugendes System lehren kann. Dieser Teil des Buches zeigt einfache, praktische Methoden auf, wie man seine Ernährungsweise problemlos ändern kann.

Methode 3: Übungen für mehr Energie

In diesem Abschnitt werden Sie erfahren, wie sich ein Übungsprogramm entwickeln läßt, das sich besonders auf die vermehrte Sauerstoffaufnahme konzentriert. Ohne Sauerstoff kann Energie weder entstehen noch gespeichert werden; diese Übungen, die den Körper ausreichend mit Sauerstoff versorgen, verhelfen zu größerer Produktivität und Vitalität. Außerdem konnte durch wissenschaftliche Untersuchungen gezeigt werden, daß sie Herzkrankheiten vorbeugen und Streß und Anspannung abbauen. Das «Nie mehr müde»-Übungsprogramm beruft sich auch hier wieder auf Erkenntnisse der Hochenergiephysik, was sich in dem Satz zusammenfassen läßt: Der Mensch ist, was er sich an Aktivitäten aussucht.

Das Übungsprogramm, das individuell zusammenstellbar ist, wird dafür verantwortlich sein, wie gut Körper und Geist funktionieren. Seine positive Wirkung auf die Energiemenge, die zur Verfügung steht, ist erstaunlich groß, und die meisten Menschen fühlen diese Wirkung schon wenige Tage, nachdem sie mit dem Programm begonnen haben. Nach Absolvierung des 7-Tage-Programms machen die meisten unserer Klienten deshalb weiter, weil sie selbst merken, wie energiegeladen, kreativ, geduldig und produktiv sie an den Tagen sind, an denen sie die Übungen machen. Wir bieten hier auch einige neue Methoden zur Selbstmotivierung an, die dabei helfen können, sich von jemandem, der seinen Feierabend am liebsten träge vor dem Fernseher verbringt, zu einem körperlich vitalen, energiegeladenen Menschen zu wandeln.

Methode 4: Richtiges Atmen

Die meisten Menschen sind während eines Großteils ihres Lebens auf «Autopilot» programmiert. Stellen Sie sich Ihren Körper als modernen Jet vor: Das Flugzeug kann entweder vom Piloten gelenkt werden (dem Bewußtsein) oder auf Autopilot gestellt, also automatisch gesteuert werden (im Falle des Körpers trifft das autonome Nervensystem alle Entscheidungen über die Körperfunktionen). Das gilt besonders für das Atmungssystem. Hier hat man eine echte Wahl: Man kann den Atmungsvorgang bewußt steuern oder automatisch aus- und einatmen, ohne daß einem das Wie und Wann bewußt ist. Wenn der «Autopilot» für den Atmungsprozeß aber nicht richtig programmiert ist, kann es passieren, daß der Körper nicht ausreichend mit Sauerstoff versorgt wird und deshalb nicht genügend Energie produzieren kann. Je mehr Sauerstoff dem Körper zugeführt wird, desto mehr Energie kann der Körper liefern und auch speichern.

In unserem Buch findet sich also eine Übersicht über die Grundlagen und Methoden des richtigen Atmens. Die wissenschaftlich nachgewiesenen Vorteile eines guten Atemtrainings schließen die Tatsache ein, daß man so sauerstoffreicheres Blut in jeden Teil des Körpers schicken kann, daß man weniger anfällig für Streß wird, daß die Verdauung besser funktioniert und schließlich auch, daß die Körperabwehr gestärkt wird, was heute in Zeiten neuartiger Erkrankungen des Immunsystems besonders wichtig ist. Sie werden bestimmte Atemübungen auch als Bestandteil der «schnellen Auflader» am Ende der meisten Kapitel finden. Sie werden schließlich erfahren, wie energiegeladen Sie sich fühlen können, wenn Sie Ihren persönlichen «Jet» ganz bewußt fliegen. Gleichzeitig können Sie durch die bewußten Atemübungen auch die Programmierung Ihres autonomen Atmungssystems spontan ändern, so daß es besser funktioniert.

Wie man mit dem 7-Tage-Programm beginnt

Das Buch ist so aufgebaut, daß Sie selbst dann mit dem Programm beginnen können, wenn Sie noch nicht genau wissen, warum es funktioniert. In diesem Fall brauchen Sie nur den einfachen Schritten des 7-Tage-Programms in Kapitel 10 zu folgen, die denen unseres stationären Programmes entsprechen. In Kapitel 10 finden Sie alle Aktivitäten, Mahlzeiten und Übungen in einem Zeitplan aufgelistet. Weiter hinten (ab S. 319) wurden die Rezepte für Ihr tägliches Ernährungsprogramm aufgenommen. Wenn Sie das 7-Tage-Programm für Anfänger ausprobieren wollen, ist es vielleicht am besten, wenn Sie sich schon heute ganz fest eine bestimmte Woche in naher Zukunft vornehmen.

Sie müssen jedoch nicht unbedingt mit unserem 7-Tage-Programm anfangen, um zu positiven Ergebnissen zu kommen. Wenn Sie die Umstellung Ihres Lebens behutsamer angehen wollen, dann ist daran nichts auszusetzen. Es gibt keinen zwingenden Grund zu besonderer Eile; jeder kleine Schritt in die richtige Richtung wird Ihnen schon mehr Energie geben. Und je mehr Energie Sie haben, je mehr Sie ein Gefühl dafür bekommen, Ihr Leben selbst zu bestimmen, desto einfacher wird es Ihnen fallen, neue Schritte für eine gesündere Lebensweise zu unternehmen. Machen Sie es sich nicht zu schwer, gehen Sie Schritt für Schritt vor, und ersetzen Sie jeden Tag eine schlechte Angewohnheit durch eine gute.

Wichtiger als alles andere ist, sich immer stärker bewußt zu machen, daß man eine Wahl hat. Leben Sie jeden Augenblick Ihres Lebens in dem Bewußtsein, daß Sie Ihre Energie steigern und Ihre Gesundheit verbessern können. Dann wird auch für Sie gelten, was dieses Buch verspricht: Sie werden nie mehr müde sein!

2 Ihr Lebensstil heute

Vor nicht langer Zeit hatte Harry, ein Bekannter von uns, einen Herzinfarkt, der ernsthaft genug war, daß er in der ersten Zeit auf der Intensivstation liegen mußte. Mehrere Tage lang schwebte er zwischen Leben und Tod. Glücklicherweise überlebte Harry und konnte sich dann zu Hause erholen. Er hätte diesen Herzinfarkt vermeiden können, wenn er in den Jahren zuvor anders gelebt hätte.

Harrys Erkrankung ruft eine erstaunliche, aber wenig bekannte Tatsache aus der Gesundheitsstatistik in Erinnerung: 70 Prozent aller Amerikaner, die auf der Intensivstation gelegen haben, hätten das vermeiden können. Das klingt vielleicht etwas unwahrscheinlich, ist aber wahr. Die meisten Menschen, die auf der Intensivstation behandelt werden müssen, leiden an Krankheiten, die vermeidbar gewesen wären, wenn sich der Betreffende rechtzeitig für eine andere Lebensweise entschieden hätte.

Harrys Fall ist nicht ungewöhnlich. Laut statistischen Prognosen werden 45 Prozent aller Amerikaner an irgendeiner Art von Herzinsuffizienz erkranken. Harrys Geschichte geht allerdings noch weiter. Zum Zeitpunkt seines Herzinfarkts wurde er außerdem wegen einer Krebserkrankung behandelt. Auch das sollte nicht unbedingt überraschen, da wir der Statistik entnehmen können, daß etwa 23 Prozent aller Amerikaner an Krebs erkranken. Doch hat auch Krebs, wie Herzkrankheiten und andere lebensbedrohende Gesundheitsprobleme, zum Beispiel Bluthochdruck, Schlaganfall und Erwachsenendiabetes, etwas mit der bisherigen Lebensweise des Erkrankten zu tun und wäre in vielen Fällen zu vermeiden gewesen.

Leider ist Harrys Geschichte hier noch nicht zu Ende. Man weiß zwar heute, daß richtige Ernährung ein wichtiger Faktor bei der Vermeidung von Krankheiten ist, die mit der Lebensweise eines Menschen zusammenhängen; dennoch bestand Harrys erste Mahlzeit nach der Verlegung von der Intensivstation aus einem Steak, einer Backkartoffel mit Soße und einem Glas Milch. Und Harry lag nicht etwa in einem beliebigen

Gemeindekrankenhaus, sondern in einer der besten Kliniken des Landes. Es ist schwer zu begreifen, daß man einem Mann, der an Krebs und an einer Herzkrankheit litt, eine Mahlzeit servierte, die viel Fett und tierisches Eiweiß enthielt, wo man doch aus Forschungsergebnissen weiß, daß eine fett- und eiweißreiche Ernährung unter Umständen für die Entwicklung von Krebs und Herzkrankheiten verantwortlich sein kann. Dies ist ein Beispiel dafür, welche Geisteshaltung in der heutigen Medizin vorherrscht: Millionengelder werden für die Behandlung von Krankheiten ausgegeben; für prophylaktische Maßnahmen fehlen jedoch oft die Mittel.

Glauben Sie, daß es Ihnen ähnlich wie Harry ergehen könnte, oder leben Sie so, daß ähnliche Risiken für Sie ziemlich unwahrscheinlich sind?

Um herauszufinden, ob und wie Ihre Lebensweise Ihre Gesundheit und die Ihnen zur Verfügung stehende Energie beeinflußt, haben wir einen wissenschaftlich gesicherten Test entwickelt, den *«High Energy Lifestyle Inventory»*-Test (HELI). Durch diesen Test kann festgestellt werden, ob Ihre Lebensweise Ihnen die nötige Energie für ein gesundes Leben garantiert. Es handelt sich um 80 Fragen und Aussagen aus vier verschiedenen Lebensbereichen: Körperverfassung, Reaktionen in verschiedenen Situationen am Arbeitsplatz, in der Familie oder mit Freunden, psychische Einstellungen und emotionelle Verhaltensweisen und Ansichten in bezug auf persönliche Beziehung zu anderen. Außerdem wird durch den HELI-Test gemessen, wieviel Streß Sie Ihrer Meinung nach aushalten müssen und welche medizinisch-psychologischen Faktoren sonst noch eine Rolle spielen, die nach den Ergebnissen wissenschaftlicher Forschung den allgemeinen Gesundheitszustand und die Energie eines Menschen beeinflussen können.

Da es sich beim HELI-Test um einen Fragebogen handelt, den jeder selbst ausfüllen muß, hängt die Richtigkeit der Beurteilung davon ab, wie ehrlich und gewissenhaft der einzelne die Fragen beantwortet. Wir haben ihn über vier Jahre entwickelt, haben ihn an Tausenden von Menschen getestet, um sicher zu sein, daß jeder Punkt für die Aussage wichtig ist und zu präzisen Ergebnissen führt.

Wir haben mit einzelnen Klienten und mit Firmen zusammengearbeitet, haben Details immer wieder abgeändert und neu getestet, bis ein zuverlässiger, statistisch einwandfreier Testbogen entwickelt war, der den Standards anderer etablierter psychologischer Testmethoden entspricht.

Schließlich wurde der Fragebogen 1987 an 30000 Personen in sechs Großstädten geschickt: New York, Boston, Dallas, Chicago, San Francisco und Los Angeles. Die Auswahl geschah willkürlich aus einer Zahl von 100 000; von den 30 000 antworteten 4393, das sind 14,6 Prozent, die als repräsentativ für die ursprünglich 100 000 Probanden gelten konnten, wie eine nachträgliche Untersuchung der Haushalte ergab, die nicht geantwortet hatten. Experten der Amerikanischen Vereinigung Medizinischer Psychotherapeuten prüften noch einmal das Konzept des HELI-Tests und seine Ergebnisse und bestimmten ihn zur Vorstellung an der jährlichen Konferenz der medizinischen Psychotherapeuten 1987. Man kann also heute davon ausgehen, daß es sich beim HELI-Test um eine zuverlässige Methode handelt, durch die sich die Lebensweise eines Menschen in bezug auf Gesundheit und Energie beurteilen läßt.

Die Ergebnisse der Umfrage von 1987 wurden mit Hilfe eines Computers ausgewertet und ergaben, daß etwa 50 Prozent der Befragten allein durch ihre Lebensweise ihre Gesundheit stark gefährdeten. Von dieser Gruppe zeigten 55 Prozent eine gefährliche Disposition zu Arthritis, 45 Prozent zu Herzkrankheiten, 43 Prozent zu Bluthochdruck und 29 Prozent mußten als krebsgefährdet gelten. (Die Summierung der Zahlen ergibt mehr als 100 Prozent, weil manche Menschen für mehr als ein Krankheitsbild disponiert waren.) Diese Zahlen sind durchaus bedrohlich und zeigen deutlich, daß wir unsere Lebensweise unbedingt prüfen und wenn nötig ändern müssen.

Wenn Sie herausfinden möchten, ob Sie im Rahmen Ihrer Lebensweise mit ausreichend Energie versorgt werden, so daß sich Ihr Körper vor Krankheiten schützen kann, füllen Sie den nachfolgenden Fragebogen genau und ehrlich aus. Aber beachten Sie bitte: Der HELI-Test kann eine gründliche, medizinische Untersuchung nicht ersetzen. Wenn Sie Fragen bezüglich Ihres Gesundheitszustandes haben, wenden Sie sich bitte an Ihren Arzt.

Einschätzung der persönlichen Energie aufgrund der Lebensweise

1. Körperliches Altern

In der folgenden Tabelle finden Sie Symptome, Situationen und Verhaltensweisen, die Ihnen wahrscheinlich aus eigener Erfahrung bekannt sind. Bei jeder Aussage sollten Sie anhand der Skala festlegen, ob und inwieweit Sie diese Aussage für sich akzeptieren oder ablehnen. Wenn Sie also mit der Aussage einverstanden sind, kreuzen Sie die Zahl am rechten Ende der Skala an, wenn Sie vollständig anderer Meinung sind, die Zahl ganz links. Wenn Ihre Meinung irgendwo dazwischen liegt, kreuzen Sie bitte die Zahl in der Position an, die Ihrer Einstellung am ehesten entspricht. Wenn Sie zum Beispiel einer Aussage gegenüber eher indifferent sind, kreuzen Sie die 4 an. Lassen Sie keinen Punkt aus. Es gibt bei diesem Testbogen keine richtigen oder falschen Antworten; was allein zählt, ist Ihre persönliche Meinung.

1. Ich habe manchmal Schmerzen im Brustkorb, aber mein Herz ist in Ordnung. — nein 7 6 5 4 3 2 1 ja
2. Ich bin manchmal außer Atem. — nein 7 6 5 4 3 2 1 ja
3. Ich leide unter Kopfschmerzen. — nein 7 6 5 4 3 2 1 ja
4. Ich muß häufig urinieren. — nein 7 6 5 4 3 2 1 ja
5. Ich habe keinen Appetit (oder: Ich esse dauernd). — nein 7 6 5 4 3 2 1 ja
6. Mir wird häufig ohne Grund schwindlig. — nein 7 6 5 4 3 2 1 ja
7. Ich liege nachts häufig wach oder habe große Probleme mit dem Einschlafen. — nein 7 6 5 4 3 2 1 ja
8. Ich bin müde. — nein 7 6 5 4 3 2 1 ja
9. Mein Mund und/oder mein Rachen ist oft trokken. — nein 7 6 5 4 3 2 1 ja
10. Mir ist oft schwer ums Herz. — nein 7 6 5 4 3 2 1 ja
11. Mein Magen ist verkrampft. — nein 7 6 5 4 3 2 1 ja
12. Ich habe keine Energie. — nein 7 6 5 4 3 2 1 ja
13. Ich friere leicht. — nein 7 6 5 4 3 2 1 ja
14. Ich muß mich manchmal ohne Grund übergeben. — nein 7 6 5 4 3 2 1 ja
15. Mein Nacken (Schultern, Augen, Brustkorb, Kreuz, Hände, Hals) ist empfindlich, steif oder schmerzt. — nein 7 6 5 4 3 2 1 ja
16. In letzter Zeit scheine ich eine Erkältung und Grippe nach der anderen zu haben. — nein 7 6 5 4 3 2 1 ja
17. Nachmittags bin ich erschöpft. — nein 7 6 5 4 3 2 1 ja
18. Ich habe eine schlechte Körperhaltung. — nein 7 6 5 4 3 2 1 ja
19. Zum Frühstück und Mittag esse ich sehr wenig, die meisten Kalorien nehme ich abends zu mir. — nein 7 6 5 4 3 2 1 ja
20. Ich kann mich leicht aus dem Stand nach vorne beugen und meine Zehen berühren, ohne daß mir der Rücken weh tut. — nein 1 2 3 4 5 6 7 ja
21. Ich kann Treppen hinaufgehen, ohne daß ich ins Schnaufen komme. — nein 1 2 3 4 5 6 7 ja
22. Ich nehme nicht mehr als sieben Drinks in der Woche und nie mehr als zwei hintereinander. — nein 1 2 3 4 5 6 7 ja
23. Ich schlafe mindestens sieben Stunden jede Nacht. — nein 1 2 3 4 5 6 7 ja

24.	Ich esse wenig Rind-, Schweine- und Hammelfleisch, wenig Gebratenes und andere fetthaltige Nahrung.	nein 1 2 3 4 5 6 7 ja
25.	Ich esse täglich viel frisches Obst, Gemüse und Vollkornprodukte.	nein 1 2 3 4 5 6 7 ja
26.	Ich vermeide weißen Zucker, Salz und denaturierte Nahrung (Junk-food).	nein 1 2 3 4 5 6 7 ja
27.	Meistens hält man mich für jünger, als ich bin.	nein 1 2 3 4 5 6 7 ja
28.	Ich mache mindestens viermal in der Woche je 20 Minuten Gymnastik für Herz und Kreislauf.	nein 1 2 3 4 5 6 7 ja
29.	Ich habe viel Energie.	nein 1 2 3 4 5 6 7 ja
30.	Ich fühle mich wohl nach einem Tag körperlicher Anstrengung.	nein 1 2 3 4 5 6 7 ja
31.	Wenn nötig, kann ich lange arbeiten, ohne müde und schlecht gelaunt zu sein.	nein 1 2 3 4 5 6 7 ja

Addieren Sie die angekreuzten Zahlen und stellen Sie in der folgenden Tabelle fest, wie Sie abgeschnitten haben.

Punktzahl	*Energiemenge/Gefährdungsgrad*
31–139	wenig Energie/stark gefährdet
140–184	durchschnittliche Energie/mäßig gefährdet
185–217	viel Energie/wenig gefährdet

Ihre Punktzahl sagt aus, ob Sie schnell oder langsam altern, ein Prozeß, der eng mit Ihrer körperlichen Gesundheit und der Energiemenge, die Ihnen zur Verfügung steht, zusammenhängt. Wir möchten wetten, daß Sie bei einer niedrigen Punktzahl älter aussehen und sich auch älter fühlen, als Sie sind, daß Sie sich nicht selten so richtig durch einen Tag schleppen müssen und daß Sie, kurz gesagt, einfach nicht mehr sehr viel Freude am Leben haben.

Niedrige Punktzahlen (31–139) sind häufig ein Zeichen dafür, daß der Betreffende verschiedene gesundheitliche und psychische Probleme hat, wie zum Beispiel

Bluthochdruck	Mißtrauen
Herzkrankheiten	Rauchen
Magen- und Darmgeschwüre	sich übermäßig gestreßt fühlen
Gicht	Unglücklichsein
Übergewicht	größerer Taillen- als Hüftumfang

Durchschnittliche Punktzahlen (140–184): Glauben Sie nicht, daß Sie sich in Sicherheit wiegen können, nur weil Sie unter diese Kategorie fallen! Denken Sie daran, wie häufig in unserer Wohlstandsgesellschaft Herz- und Krebskrankheiten sind. Wichtig ist bei der Interpretation Ihrer Zahlen, welcher Kategorie Sie sich annähern. Je näher Sie an der «Viel Energie»-Kategorie liegen, desto wahrscheinlicher ist es, daß Sie auch dazugehören können. Je näher Sie an der «Wenig Energie»-Kategorie liegen, desto mehr laufen Sie Gefahr, schließlich in diese Kategorie abzurutschen, wenn Sie Ihre Lebensweise nicht ändern.

Überdurchschnittliche Punktzahlen (185–217): Sie haben wahrscheinlich

eine gute körperliche Gesundheit,
eine gute geistige Gesundheit,
ein Ihrem Körperbau entsprechendes Gewicht,
einen geringeren Taillen- als Hüftumfang,
das Gefühl, daß Sie über Ihre Gesundheit bestimmen,
gute Beziehungen zu anderen Menschen.

Die Gesamtpunktzahl der Skala des körperlichen Alterns gibt Ihnen einen guten Maßstab dafür, ob Ihre Lebensweise Sie körperlich mit der nötigen Energie versorgt. Es lohnt sich aber, die Aussagen etwas genauer zu analysieren, auch wenn die persönliche Gesamtsumme in der höchsten Kategorie lag.

Zwischensumme für Ernährung

Addieren Sie Ihre Punkte von Aussage 22, 24, 25 und 26, und teilen Sie die Summe durch 4. Damit erhalten Sie Ihre Zwischensumme in puncto Ernährung, die nicht unter 5 liegen sollte. Schauen Sie sich jetzt jede dieser Aussagen noch einmal einzeln an. Für eine optimale Energieversorgung und damit Gesundheit sollte keiner dieser Werte unter 5 liegen. Schreiben Sie Ihre Zwischensumme auf.

Zwischensumme für körperliche Aktivität

Addieren Sie Ihre Punkte der Aussagen 20, 21, 28 und 30, und teilen Sie die Summe durch 4. Damit erhalten Sie die Zwischensumme in bezug auf körperliche Aktivität, die nicht unter 5 liegen sollte. Schauen Sie sich jetzt jede dieser Aussagen noch einmal einzeln an. Für eine optimale Energieversorgung und damit Gesundheit sollte keiner dieser Werte unter 5 liegen. Besonders 28 sollten Sie möglichst mit einer 7 beantworten können, um Herzkrankheiten vorzubeugen. Wie Sie in Kapitel 18 sehen werden, ist es für eine gesunde, energiereiche Lebensweise wichtig, viermal in der Woche Übungen zu machen, die Herz und Kreislauf anregen. Schreiben Sie die Zwischensumme auf.

2. Individuelle Verhaltensweisen

Im folgenden werden häufig auftretende Situationen geschildert, die mit dem Arbeitsplatz, der Familie oder dem sozialen Leben zu tun haben. Überlegen Sie, wie Sie sich in ähnlichen Situationen verhalten haben oder würden, und kreuzen Sie danach die entsprechende Zahl an.

32.	Wenn ich mir das nächstemal etwas zum Anziehen kaufe, werde ich das kaufen, was mir am besten gefällt, und nicht, was die Mode diktiert.	nein 1 2 3 4 5 6 7 ja
33.	Wenn ich wieder einmal mit jemandem eine Meinungsverschiedenheit habe, will ich mich aktiv um eine Lösung bemühen, statt still zu hoffen, daß sich alles von alleine klären wird.	nein 1 2 3 4 5 6 7 ja
34.	Wenn ich an einem schwierigen Projekt arbeite, versuche ich alles alleine zu machen, anstatt um Hilfe zu bitten.	nein 1 2 3 4 5 6 7 ja
35.	Als ich das letztemal etwas erfolgreich abschloß, war ich darauf bedacht, daß mich meine Kollegen lobten.	nein 7 6 5 4 3 2 1 ja
36.	Ich sehe am liebsten Filme und Fernsehsendungen, in denen der Held alles im Alleingang schafft.	nein 1 2 3 4 5 6 7 ja
37.	Wenn ich jemanden mißverstehe, liegt es eigentlich immer an dem anderen, weil er nicht deutlich sagt, was er will.	nein 7 6 5 4 3 2 1 ja
38.	Ich bin in meinen Arbeitsleistungen nicht davon abhängig, wie gut andere arbeiten.	nein 1 2 3 4 5 6 7 ja
39.	Bei der letzten Beförderung konnte ich zu Recht sagen: «Das war aber nun Zeit; diese Beförderung habe ich wirklich verdient.»	nein 1 2 3 4 5 6 7 ja
40.	Ich habe immer geglaubt, daß es nur von meinem eigenen Bemühen abhängt, wie erfolgreich ich im Beruf bin.	nein 1 2 3 4 5 6 7 ja
41.	Wenn ich erfahre, daß jemand etwas Negatives über mich gesagt hat, mache ich mir gleich Sorgen, andere könnten seiner Meinung sein.	nein 7 6 5 4 3 2 1 ja

Addieren Sie die angekreuzten Zahlen, und stellen Sie in der folgenden Tabelle fest, wie Sie abgeschnitten haben.

Punktzahl	*Energiemenge/Gefährdungsgrad*
10–40	wenig Energie/stark gefährdet
41–62	durchschnittliche Energie/mäßig gefährdet
63–70	viel Energie/wenig gefährdet

Die meisten Menschen, die ein gesundes und erfülltes Leben bis ins Alter führen, glauben daran, daß sie über ihr eigenes Leben bestimmen. Zweifellos haben Menschen, die gesund alt werden, ihr Leben bis zum letzten Tag fest in der Hand. Und solche Menschen schneiden bei dem Teil des HELI-Tests, bei dem es um individuelles Verhalten geht, wie auch in ähnlichen Tests, immer sehr gut ab.

Auch für Sie gilt: Je mehr Sie bei Ihren Handlungen davon ausgehen, daß Sie selbst für Ihr Leben verantwortlich sind, desto erfolgreicher, gesünder und glücklicher werden Sie sein. Sozialwissenschaftliche Untersuchungen der letzten 50 Jahre haben immer wieder bewiesen, daß Menschen, die selbst die Verantwortung für das, was sie tun, übernehmen, erfolgreicher sind als diejenigen, die all ihre Erfolge und Mißerfolge anderen zuschreiben. Letztere gehen davon aus, daß andere eben mehr Macht haben, daß dieses oder jenes dem Glück oder Schicksal oder Zufall unterworfen ist, und sie sind nicht so gesund und glücklich, wie sie eigentlich sein könnten. Selbst Patienten im Krankenhaus haben bessere Chancen, wenn sie eine gewisse Kontrolle über ihr Leben behalten. Man konnte nachweisen, daß Patienten, die aktiv an ihrem eigenen Heilungsprozeß teilnahmen, eher und auch schneller geheilt wurden als solche, die passiv alles über sich ergehen ließen.

Wenn Sie bei diesem Abschnitt des Tests gut abgeschnitten haben, sind Sie wahrscheinlich auch körperlich fit. Es gibt sicher auch Menschen in Ihrem Leben, denen Sie ganz vertrauen können. Und selbst wenn Sie einen anstrengenden Beruf haben oder sich in einer stressigen Situation befinden, sind Sie wahrscheinlich davon überzeugt, daß Sie damit fertig werden können.

Sollten Sie schlecht abgeschnitten haben, so lohnt es sich, ernsthaft darüber nachzudenken, was Sie von persönlicher Verantwortlichkeit halten. Glauben Sie, daß es vor allen Dingen von Ihnen abhängt, was in Ihrem Leben geschieht, sei es gut oder schlecht? Oder halten Sie es für wahrscheinlicher, daß Glück und Schicksal etwas damit zu tun haben oder daß man Sie manipuliert, damit Sie auf eine bestimmte Art und Weise handeln? Es ist nun einmal so, daß echte Veränderungen in Ihrem

Leben nur stattfinden können, wenn Sie sich mit dem Gedanken vertraut machen, daß Sie fähig sind, Ihr Leben selbst zu steuern. Wer ständig das Gefühl hat, daß etwas mit ihm geschieht, setzt auch selten Vertrauen in andere Menschen und neigt zu der Auffassung, daß jeder ihn nur ausnutzen will. Und stressigen Situationen ist er schon gar nicht gewachsen.

Außerdem hat sich herausgestellt, daß solche Menschen häufig aus Familien kommen, in denen Erkrankungen wegen zu hohem Blutdruck, Herzinsuffizienz und Krebs registriert wurden. Es ist zwar nachgewiesen, daß Vererbung bei der Anfälligkeit für diese Krankheiten eine Rolle spielen kann; wir glauben aber, daß diese Rolle häufig überschätzt wird. Wenn man diese Anfälligkeit vom Standpunkt der Verantwortlichkeit für das eigene Leben betrachtet, kann man zu dem Schluß kommen, daß stark Gefährdete häufig ihre Gene für ihren körperlichen Zustand verantwortlich machen. Nicht selten glauben sie fest an die Wunder der modernen Medizin (die mächtigen «anderen» im Gesundheitswesen), die ihnen immer wieder mit einer Pille oder der richtigen Operation helfen können. Und vielleicht sind sie sogar fest davon überzeugt, daß alles sowieso vom Schicksal oder von den Sternen vorherbestimmt ist.

Wenn Sie der Meinung sind, daß Sie über die wichtigsten Bereiche Ihres Lebens sowieso keine Kontrolle haben, leugnen Sie schlicht die Tatsache, daß Sie sich selbst zu einem gesünderen, energiereicheren, produktiveren Leben verhelfen können, zu mehr Lebensfreude und Befriedigung dadurch, daß Sie die Verantwortung dafür übernehmen, was mit Ihnen geschieht. Wenn Sie sich entscheiden, selbst aktiv an allem, was mit Ihrem Leben zusammenhängt, teilzunehmen, können Sie sich und Ihren Körper verändern.

Niedrige Werte (10–40) stehen oft in Zusammenhang mit
häufigem Kränkeln,
schlechter Körperverfassung,
Mißtrauen anderen Menschen gegenüber,
Streßbelastungen, die unerträglich zu sein scheinen,
überdurchschnittlich vielen Fällen von zu hohem Blutdruck,
Herz- und Krebserkrankungen in der Familie.

Durchschnittliche Werte (41–62): Je niedriger Ihre Punktzahl ist, desto größer ist die Wahrscheinlichkeit, daß Sie mit einem der Probleme aus der niedrigen Kategorie konfrontiert werden. Sie sollten keine Zeit verlieren und endlich Ihr Leben selbst in die Hand nehmen, wenn Sie gesünder und energiegeladener sein möchten.

Hohe Werte (63–70) deuten häufig hin auf
gute persönliche Beziehungen zu anderen,
auf unschädliche Streßbewältigung,
körperliches Fitsein,
normales Gewicht,
eine hohe Gesamtpunktzahl nach Auswertung des ganzen HELI-Tests.

3. Persönliche Einstellungen

Im folgenden sind einige Verhaltensweisen und/oder Einstellungen aufgeführt, die Sie vielleicht aus Ihrem täglichen Leben kennen. Bitte kreuzen Sie wieder ehrlich an, was für Sie gilt.

42.	Ich kann mich nur schlecht auf meine Arbeit konzentrieren.	nein 7 6 5 4 3 2 1 ja
43.	Ich traue niemandem.	nein 7 6 5 4 3 2 1 ja
44.	Ich kann mich nur schwer entscheiden.	nein 7 6 5 4 3 2 1 ja
45.	Am Arbeitsplatz bin ich eigentlich die ganze Zeit nervös.	nein 7 6 5 4 3 2 1 ja
46.	Ich reagiere zu stark auf das, was am Arbeitsplatz abläuft.	nein 7 6 5 4 3 2 1 ja
47.	Kleinigkeiten regen mich auf.	nein 7 6 5 4 3 2 1 ja
48.	Ich schiebe alles auf die lange Bank.	nein 7 6 5 4 3 2 1 ja
49.	Ich kann mich einfach nicht für einen Weg entscheiden und dann auch entsprechend handeln.	nein 7 6 5 4 3 2 1 ja
50.	Ich scheine Menschen selten richtig zu beurteilen.	nein 7 6 5 4 3 2 1 ja
51.	Ich arbeite viel und bringe dann noch Unerledigtes nach Hause.	nein 7 6 5 4 3 2 1 ja
52.	Ich tue viel sinnlose Arbeit, um mir den Anschein zu geben, beschäftigt zu sein.	nein 7 6 5 4 3 2 1 ja
53.	Ich habe zu niemandem an meinem Arbeitsplatz Vertrauen.	nein 7 6 5 4 3 2 1 ja
54.	Ich arbeite mehr und angestrengter als die meisten anderen.	nein 7 6 5 4 3 2 1 ja
55.	Ich bin auf jedem Gebiet sehr ehrgeizig.	nein 7 6 5 4 3 2 1 ja

Addieren Sie wieder die angekreuzten Zahlen, und stellen Sie in der folgenden Tabelle fest, wie Sie abgeschnitten haben.

Punktzahl	*Energiemenge/Gefährdungsgrad*
14–59	wenig Energie/stark gefährdet
60–87	durchschnittliche Energie/mäßig gefährdet
88–98	viel Energie/wenig gefährdet

Kennen Sie jemanden, der sich an einer Aufgabe festbeißt oder an einer Arbeit festhält, obgleich er sie haßt? Leidet dieser Mensch häufig unter Verstopfung? Kennen Sie jemanden, der sich immer nur darüber beklagt, wie sehr seine Eltern ihn vernachlässigt und sein Leben verpfuscht haben? Hat er Asthma? Kennen Sie jemanden, der angeblich nie erhält, was er verdient, aber davon träumt, sich irgendwie zu rächen? Hat er ein Magengeschwür? Kennen Sie jemanden, der immer nur klagt, daß er in seinem Beruf oder seiner Ehe gefangen ist und nichts dagegen tun kann? Hat dieser Mensch rheumatische Beschwerden?

Was haben diese Menschen gemeinsam? Sie filtern ihr Leben durch eine Reihe von Einstellungen, die erwiesenermaßen beim Auftreten bestimmter Krankheiten eine Rolle spielen. Natürlich wehrt sich das Unterbewußtsein gegen jegliche bewußte positive Veränderung, wenn man seiner eigenen Person und seinem Leben gegenüber im Grunde negativ eingestellt ist.

Sie können an der Punktzahl wie an einem Barometer ablesen, wie Ihre Sichtweise Ihre Energie und damit Ihre Gesundheit beeinflußt. Immer mehr neigt man heute in der Medizin und Psychologie aufgrund von Forschungsergebnissen dazu, einen gewissen Zusammenhang zwischen Gesundsein und positiver Einstellung zu sehen. Das erscheint uns logisch; wenn Sie Ihre Energie in negativen Gedanken über sich selbst und Ihr Leben verschwenden, dann muß dadurch Ihr Energiehaushalt auf ungesunde Weise beeinflußt werden. Wir haben eine repräsentative Auswahl von 4393 Amerikanern befragt und herausgefunden, daß diejenigen, die zum Beispiel selten jemandem vertrauten, häufig unter zu hohem Blutdruck, Herzkrankheiten und Magen- und Darmgeschwüren litten.

Wenn Sie bei diesem Abschnitt des Tests eine hohe Punktzahl erreicht haben, setzen Sie wahrscheinlich Vertrauen in andere und haben eine gesunde Einstellung zu Ihrem Können und ein angemessenes Konkurrenzverhalten. Mit anderen Worten, wenn nötig, können Sie mit viel Ehrgeiz an eine Sache herangehen, aber Sie haben auch keine Schwierigkeiten zu kooperieren, wenn eine Zusammenarbeit mit anderen sinnvoll ist. Zuviel Ehrgeiz kann schaden. Ein sehr ehrgeiziger und dazu noch mißtrauischer Mensch arbeitet meistens zuviel, weiß nicht, wie er sich entspannen kann, und schuftet so lange, bis er zusammenbricht. Das ist das klassische Verhalten des sogenannten «A-Typs», der besonders für Herzinfarkte anfällig ist. Glücklicherweise kann man auch ein solches Verhalten noch ändern, wenn man wirklich will. Wenn Sie eine niedrige Punktzahl haben, müssen Sie ernsthaft darüber nachdenken, wie Sie lernen können, mit anderen zusammenzuarbeiten und ihnen zu vertrauen.

Niedrige Werte (14–59) deuten nicht selten hin auf
- zu hohen Blutdruck,
- Herzkrankheiten,
- Schwierigkeiten, sich zu entspannen,
- Magen- und Darmgeschwüre,
- Arthritis,
- zuviel Ehrgeiz,
- schädliches Konkurrenzverhalten,
- eine energieraubende Lebensweise,
- schlechte Körperverfassung.

Durchschnittliche Werte (60–87): Ergebnisse, die in diese Kategorie fallen, kann man am besten im Vergleich zu der unteren und der oberen Kategorie interpretieren. Je mehr Sie sich der oberen Kategorie annähern, desto wahrscheinlicher ist es, daß Sie Einstellungen entwickeln können, die Ihr Energiesystem nicht mit negativen, krankheitsfördernden Botschaften belasten. Diese Einstellungen können Sie selbst finden, wenn Sie sich bewußt um mehr Kontakt und Kooperation mit den Menschen Ihrer Umgebung bemühen, besonders mit Menschen, für die gegenseitige Unterstützung und Offenheit wichtig sind.

Je niedriger Ihre Punktzahl ist, desto größer ist die Gefahr, daß Sie mit den Problemen zu tun haben werden, die in der niedrigen Kategorie aufgelistet sind. Wenn Sie zum Beispiel übermäßig ehrgeizig sind oder anderen nur schwer trauen können, laufen Sie Gefahr, eines Tages unter zu hohem Blutdruck oder Herzkrankheiten zu leiden. Wir wollen damit nicht sagen, daß Sie nur wegen einer bestimmten Einstellung zu einem Bereich Ihres Lebens eine spezielle Krankheit entwickeln müssen, sondern lediglich, daß Sie für diese Krankheiten anfälliger sind als Menschen, die diese Einstellungen nicht haben. Sie können trainieren, wie man auch mal fünf gerade sein läßt, wie man sich richtig entspannt. Denken Sie immer daran, daß es nur an Ihnen liegt, wie Ihr Leben in Zukunft aussehen wird.

Hohe Werte (88–98) deuten häufig hin auf
eine vernünftige Einstellung zu Ehrgeiz und Konkurrenzverhalten,
die Fähigkeit, mit anderen zusammenzuarbeiten,
körperliches Fitsein,
eine Lebensweise, die allgemein Gesundheit und Energie fördert.

4. Persönliche Beziehungen zu anderen

Nachfolgend sind Aussagen aufgeführt, die mit Gefühlen und Ansichten zu tun haben, die Sie vielleicht manchmal sich selbst oder auch anderen gegenüber haben. Bitte kreuzen Sie ehrlich an, was auf Sie zutrifft.

56.	Ich gerate leicht durcheinander, wenn mich jemand anspricht.	nein 7 6 5 4 3 2 1 ja
57.	Ich kann es einfach nicht ertragen, mit bestimmten Personen zusammenzusein.	nein 7 6 5 4 3 2 1 ja
58.	Ich kann es nicht ausstehen, wenn Menschen emotionell werden.	nein 7 6 5 4 3 2 1 ja
59.	Ich kann niemandem sagen, was ich fühle.	nein 7 6 5 4 3 2 1 ja
60.	Ich fühle nichts.	nein 7 6 5 4 3 2 1 ja
61.	Ich mache mir oft Sorgen.	nein 7 6 5 4 3 2 1 ja
62.	Ich bin unglücklich.	nein 7 6 5 4 3 2 1 ja
63.	Ich stelle mir oft schreckliche Dinge vor.	nein 7 6 5 4 3 2 1 ja
64.	Manchmal bin ich wie gelähmt und kann überhaupt nicht reagieren.	nein 7 6 5 4 3 2 1 ja
65.	Das Leben scheint so unwirklich.	nein 7 6 5 4 3 2 1 ja
66.	Ich weiß auch nicht, was mit mir los ist, ich bin immer so gereizt.	nein 7 6 5 4 3 2 1 ja
67.	Ich habe oft das Gefühl, als müßte ich jede Sekunde explodieren.	nein 7 6 5 4 3 2 1 ja
68.	Mir ist schließlich klargeworden, daß andere mich immer nur ausnutzen.	nein 7 6 5 4 3 2 1 ja
69.	In letzter Zeit langweilt mich alles, meine Arbeit, meine Freunde, meine Familie, überhaupt mein ganzes Leben.	nein 7 6 5 4 3 2 1 ja
70.	Ich bin innerlich sehr unzufrieden und weiß nicht, warum.	nein 7 6 5 4 3 2 1 ja
71.	Ich bin vergeßlich.	nein 7 6 5 4 3 2 1 ja
72.	Wenn ich morgens aufstehe, freue ich mich schon auf den Tag.	nein 1 2 3 4 5 6 7 ja
73.	Ich habe meistens das Gefühl, daß ich über mein Leben selbst bestimmen kann.	nein 1 2 3 4 5 6 7 ja

74.	Ich habe gute Freunde und bin häufig mit anderen zusammen.	nein 1 2 3 4 5 6 7 ja
75.	Ich fühle mich kompetent bei dem, was ich tue.	nein 1 2 3 4 5 6 7 ja
76.	Ich lerne gern etwas Neues dazu.	nein 1 2 3 4 5 6 7 ja
77.	Ich habe neue berufliche Interessen, ein neues Hobby oder ein Ziel, das ich mir für nächstes Jahr gesetzt habe.	nein 1 2 3 4 5 6 7 ja
78.	Manchmal ist mir ohne Grund zum Heulen zumute.	nein 7 6 5 4 3 2 1 ja
79.	Ich bin gerne mit Menschen aller Altersklassen zusammen.	nein 1 2 3 4 5 6 7 ja
80.	Ich betätige mich gern körperlich.	nein 1 2 3 4 5 6 7 ja

Addieren Sie die angekreuzten Zahlen, und stellen Sie in der folgenden Tabelle fest, wie Sie abgeschnitten haben.

Punktzahl	*Energiemenge/Gefährdungsgrad*
25– 80	wenig Energie/stark gefährdet
81–159	durchschnittliche Energie/mäßig gefährdet
160–175	viel Energie/wenig gefährdet

Im allgemeinen bedeutet eine hohe Punktzahl, daß Sie mit Ihrem Leben zufrieden sind, daß Sie auf eine Weise leben, die Sie ausreichend mit Energie versorgt, und daß Sie mit dem Streß in Ihrem Leben gut fertig werden. Wie Sie mit Streß umgehen, ist wichtiger als der Grad der Streßbelastung. Menschen, die wegen Überforderung krank werden, müssen nicht unbedingt mehr aushalten als andere; der Unterschied liegt darin, daß sie Belastungen hilfloser gegenüberstehen, daß sie sich nicht davor schützen können und daß der Streß sie körperlich und seelisch beeinflußt.

Auch hier stellte sich heraus, daß Menschen mit niedriger Punktzahl häufiger aus Familien kamen, in denen überdurchschnittlich oft zu hoher Blutdruck, Herzkrankheiten und Krebs der Lunge, des Darms und der Geschlechtsorgane festgestellt wurden. Solche Menschen sind also weitaus gefährdeter, weil sie nicht nur durch eine ungesunde Lebensweise, sondern auch noch genetisch belastet sind.

Niedrige Punktzahlen (25–80) deuten nicht selten hin auf
Magen- und Darmgeschwüre,
Herzkrankheiten,
Dickdarmentzündung,
schlechte Körperverfassung,

Unzufriedenheit mit dem Leben,
eine energieraubende Lebensweise,
Rauchen,
Vorkommen von Herzkrankheiten, Darmkrebs, Lungenkrebs und Krebs der Geschlechtsorgane in der Familie.

Durchschnittliche Punktzahlen (81–159): Fällt Ihnen außer der Überzeugung, daß der Mensch für sein eigenes Leben verantwortlich ist, noch eine andere wichtige Eigenschaft ein, die Menschen auszeichnet, die gesund alt werden? Wir fanden im Verlauf unserer Untersuchungen heraus, daß beinahe alle alten Menschen, die gesund und zufrieden waren, auch sehr gute Beziehungen zu ihrer Familie und zu ihren Freunden hatten; sie hatten häufig viele gute Freunde, die einander beistehen und helfen. Denken Sie daran, wenn Sie sich überlegen, was Ihre Punktzahl bedeutet; wollen Sie wirklich auf diesem Gebiet nur durchschnittlich sein?

Je mehr sich Ihre Punktzahl der oberen Kategorie annähert, desto wahrscheinlicher ist es, daß Sie ein paar wirklich gute, befriedigende Beziehungen mit anderen Menschen aufbauen können, wenn Sie sich nur die Mühe machen, mehr Menschen kennenzulernen, und sich auch die Zeit nehmen, Ihr Leben zu genießen. Je näher Ihre Punktzahl an der unteren Kategorie liegt, desto gefährdeter sind Sie für die genannten gesundheitlichen Schwierigkeiten. Sie müssen lernen, wie man mit Streß besser fertig wird; wahrscheinlich würde Ihnen schon ein Urlaub sehr guttun.

Hohe Punktzahlen (160–175) deuten häufig hin auf
ein gutes, zufriedenes Lebensgefühl,
eine gesunde Lebensweise,
körperliches Fitsein.

5. Ihre Gesamtpunktzahl für den HELI-Test

Addieren Sie die Zwischensummen der einzelnen Abschnitte:
Körperliches Altern
Individuelle Verhaltensweisen
Persönliche Einstellungen
Persönliche Beziehungen zu anderen Menschen

Stellen Sie in der folgenden Tabelle fest, wie Sie bei dem ganzen Test abgeschnitten haben:

Punktzahl	*Energiemenge/Gefährdungsgrad*
80–325	wenig Energie/stark gefährdet
326–494	durchschnittliche Energie/mäßig gefährdet
495–560	viel Energie/wenig gefährdet

Niedrige Gesamtsumme (80–325) deutet häufig hin auf
Magen- und Darmgeschwüre,
Herzkrankheiten,
Dickdarmentzündung,
Arthritis,
Krebs,
Unglücklichsein,
Mißtrauen anderen gegenüber,
energieraubenden Streß, dem man hilflos gegenübersteht,
Weigerung, Verantwortung für das eigene Leben zu übernehmen,
Weigerung, Verantwortung für die eigene Gesundheit zu übernehmen.

Durchschnittliche Gesamtsumme (326–494): Was diese Punktzahl bedeutet, kann man am besten daran ablesen, wie nah sie der höheren oder niedrigen Kategorie kommt. Je mehr Sie sich der obersten Kategorie annähern, desto wahrscheinlicher ist es, daß Sie eines Tages zu den energievollen Menschen gehören, wenn Sie die ernste Absicht haben, Ihre Lebensweise einmal genau unter die Lupe zu nehmen und da Änderungen anzustreben, wo Sie Ihre Energien steigern können. Je näher Sie an der niedrigen Kategorie liegen, desto wahrscheinlicher ist es, daß Sie irgendwann mit gesundheitlichen Problemen konfrontiert werden, die mit Ihrer den Energiehaushalt belastenden Lebensweise zusammenhängen, es sei denn, Sie sind fest entschlossen, an Ihrem Leben drastisch etwas zu verändern. Am besten, Sie fangen gleich damit an, indem Sie sich der Prozesse, die in Ihrem Leben ablaufen, bewußt werden. Die Methoden, nach denen Sie vorgehen können, sind in späteren Kapiteln ausführlich beschrieben.

Hohe Gesamtsumme (495–560) deutet häufig hin auf
sehr gute körperliche Kondition,
viel Energie,
gute Gesundheit,

die Überzeugung, für das eigene Leben verantwortlich zu sein,
die Überzeugung, für die eigene Gesundheit verantwortlich zu sein,
eine allgemeine Zufriedenheit,
sehr gute persönliche Beziehungen zu anderen und verläßliche Freunde und Bekannte.

Erkennen und Verändern von negativen Einstellungen

Sie haben durch die Zwischensummen und die Gesamtsumme des HELI-Tests einen Überblick bekommen, in welche Richtung Sie Ihre Lebensweise führen wird, wenn Sie sie beibehalten, aufwärts oder abwärts. Was man aus den Summen nicht ablesen kann, sind Teilbereiche Ihres Lebens, an denen Sie vor allen Dingen arbeiten sollten. Man kann die Testergebnisse aber noch auf eine Weise auswerten, durch die Ihnen manches klarwerden wird. Wir halten diese Methode für einfach und nützlich.

Viele der Testaussagen haben mit persönlichen Einstellungen zu tun und damit, was man in bestimmten Situationen oder auch über andere Menschen denkt und fühlt, und häufig sind diese Einstellungen und Betrachtungsweisen einem nicht einmal bewußt. Es kann also sein, daß man sich unabsichtlich, nur durch unsinnige, der eigenen Person abträgliche Behauptungen, Ansichten und Einstellungen, Lebensverhältnisse schafft, die einem schaden. Sie können leicht Ihr ärgster Feind sein!

In Aussage 75 sollen Sie zum Beispiel Stellung nehmen zu: Ich fühle mich kompetent bei dem, was ich tue. Wenn Sie sich hier nur wenige Punkte geben, dann kann man beinahe davon ausgehen, daß Sie das, was Sie tun, nie richtig machen. Sie können aber diesen für Sie ungünstigen Sachverhalt durch einen Handlungsplan vollkommen verändern, der Sie dazu bringt, daß Sie bei dem, was Sie tun, wirklich kompetent sind. Ein solcher Handlungsplan beruht auf einer Kombination von Methoden, die wir in Teil III dieses Buches behandeln. Sie können zum Beispiel mit täglichen Visualisierungsübungen beginnen, etwa, indem Sie sich vorstellen, Sie seien gerade zum «Mitarbeiter des Monats» gewählt worden. Diese Methode kann in Kombination mit einer gesteigerten Aufmerksamkeit am Arbeitsplatz dazu führen, daß Sie Ihre Leistungen um 100 Prozent steigern und daß diese Veränderung Ihnen auch bewußt ist.

Erbanlagen, Umweltfaktoren und persönliche Lebensweise

Es gibt noch einige wichtige Faktoren, die der HELI-Test nicht messen kann. In den vergangenen 20 Jahren haben sorgfältige Untersuchungen gezeigt, wie genetische Faktoren, Umwelteinflüsse und individuelle Lebensweise einzeln und kombiniert auf zukünftige schwerwiegende gesundheitliche Schwierigkeiten hinweisen können. Folgende Tatsachen sollten Sie vielleicht zusätzlich berücksichtigen, wenn Sie Ihre Lebensweise über die Aussage des HELI-Tests hinaus beurteilen wollen. Bemerkenswert ist, daß die meisten der Faktoren mit Ausnahme der Veranlagung beeinflußbar sind. Wir sind der Meinung, daß Sie viele Krankheiten vermeiden können, selbst wenn Sie dafür genetisch prädestiniert zu sein scheinen. Wir gehen sogar noch weiter und behaupten, daß viele der angeblich «genetischen» Faktoren überhaupt nicht vererbt wurden, sondern die Folge einer ungesunden Lebensweise sind, die von einer Generation an die nächste weitergegeben wurde. Denken Sie immer daran, daß das, was Ihnen Ihre Großmutter beibrachte, nicht unbedingt richtig sein muß.

Rauchen und Gesundheit

Auf welche Weise Rauchen das Wohlbefinden eines Menschen beeinflußt, ist hinreichend dokumentiert. Raucher sind häufiger krank als Nichtraucher. Sie sind seltener zufrieden mit ihrem Leben, sind anderen gegenüber mißtrauischer, leiden stärker an Streß und weigern sich, die Verantwortung für ihre Gesundheit selbst zu übernehmen. Es wird niemanden überraschen, daß Raucher beim HELI-Test am schlechtesten abschnitten und die niedrigste Punktzahl für körperliches Fitsein erhielten. Aus Forschungsergebnissen geht eindeutig hervor, daß jeder zweite Raucher an den Folgen des Rauchens sterben wird.

Gewicht und Gesundheit

Auch hier konnte durch wissenschaftliche Untersuchungen gezeigt werden, daß Menschen mit Übergewicht im Hinblick auf Herzkrankheiten, Krebs, Erwachsenendiabetes und andere Krankheiten stärker gefährdet sind als Normalgewichtige. Männer mit zuviel Gewicht erkranken zweimal so häufig an Prostatakrebs wie Männer mit normalem Gewicht.

Hüftumfang und Taillenweite

Bitte messen Sie Ihren Hüftumfang und Ihre Taillenweite. Welche Zahl ist größer? Wissenschaftliche Untersuchungen lassen den Schluß zu, daß mehr Taillen- als Hüftweite selbst bei Normalgewicht auf eine größere Anfälligkeit für Herzkrankheiten, Schlaganfall, zu hohen Blutdruck, Diabetes, Gallenprobleme und Menstruationsprobleme hinweisen kann.

Krebs

Männer erkranken hauptsächlich an Lungen- und Prostatakrebs, aber auch Kolon- und Blasenkrebs. Bei Frauen diagnostiziert man eher Brust- und Lungenkrebs, außerdem Gebärmutter- und Kolonkrebs. Unsere Untersuchungen ergaben, daß Krebs häufiger bei denen auftrat, die sehr ehrgeizig waren, sehr viel arbeiteten, anderen Menschen mißtrauten und körperlich nicht besonders fit waren. Krebs war auch mit einer niedrigen HELI-Punktzahl korreliert, mit Übergewicht, einem größeren Taillen- als Hüftumfang, Rauchen, unzureichender Gesundheitsvorsorge und mit familiärer Veranlagung. Bei Frauen zum Beispiel, deren Mutter und/ oder Schwester an Brustkrebs erkrankt ist, besteht die doppelte Wahrscheinlichkeit, daß auch sie diesen Krebs entwickeln. Wenn Kolonkrebs bei Verwandten ersten Grades auftritt, besteht sogar die vierfache Wahrscheinlichkeit, selbst an Kolonkrebs zu erkranken. Bei Prostatakrebs spricht man von einer drei- bis sechsfachen Gefährdung, sofern Verwandte ersten Grades von diesem Krebs befallen sind. Übergewichtige Männer, die viel Fleisch, Milch, Käse und Eier zu sich nehmen, verdreifachen ihr Risiko für Prostatakrebs.

Es ist erwähnenswert, daß Krebs häufiger in den besser gestellten Schichten der Bevölkerung auftritt. Die Ergebnisse klinischer Untersuchungen lassen den Schluß zu, daß fettreiche Ernährung dafür verantwortlich ist. Wir stellten nicht selten fest, daß die finanziell gut gestellten Teilnehmer an unserem stationären Programm nahezu 70 Prozent der Kalorien durch Fett zu sich nahmen.

Herzkrankheiten/Schlaganfall

Unsere Untersuchungen ergaben, daß Herzkranke im allgemeinen Raucher waren, daß Herzprobleme in ihren Familien nicht unbekannt waren, daß sie oft Übergewicht auf die Waage brachten, daß ihr Taillenumfang größer war als ihr Hüftumfang, sie bei unserem HELI-Test schlecht abgeschnitten hatten und mit zuviel Streß in ihrem täglichen Leben konfrontiert wurden. Durch unsere landesweite Umfrage erfuhren wir außerdem, daß Herzkranke häufig auch sehr mißtrauische Menschen und oft unglücklich in ihrem Leben waren. Und selten empfanden sie eine Verantwortung ihrer eigenen Gesundheit gegenüber.

Zu hoher Blutdruck

Menschen mit zu hohem Blutdruck erwiesen sich oft als mißtrauisch anderen Menschen gegenüber; sie waren übergewichtig und in schlechter körperlicher Verfassung. Auch bei ihnen übertrafen die Taillenmaße nicht selten die Hüftmaße. Sie waren selten wirklich mit ihrem Leben zufrieden, und häufig trat zu hoher Blutdruck auch noch bei anderen Familienmitgliedern auf.

Arthritis

Übergewichtige Menschen hatten nach unseren Untersuchungsergebnissen häufig unter Arthritis zu leiden, ebenso wie Menschen, die unter starkem Streß standen, körperlich nicht besonders fit waren, die rauchten, in Städten arbeiteten und wohnten und sich oft auch weigerten, die Verantwortung für die eigene Gesundheit zu übernehmen.

Diabetes

Das Auftreten von Diabetes stand in Korrelation mit viel täglichem Streß, Übergewicht, übermäßiger Taillenweite, zu großem Ehrgeiz, wenig Vertrauen in andere und zu hohem Blutdruck. Aus anderen Untersuchungen ging hervor, daß bei männlichen Diabetikern das Risiko, an den Herzkranzgefäßen zu erkranken um 70 Prozent und bei weiblichen sogar um 200 Prozent erhöht war. In vielen Fällen aber läßt sich Erwachsenendiabetes durch Änderung der Lebensweise abschwächen.

Magen- und Darmgeschwüre

Es wird niemanden überraschen, daß Geschwüre des Verdauungstrakts in direkter Beziehung zum täglichen Streßaufkommen stehen; viele Magen-/Darmkranke leiden außerdem unter Gewichtsproblemen, arbeiten und leben in einer ungesunden Umgebung und vernachlässigen die eigene Gesundheit.

Beeinflussung erblicher Belastung

Wahrscheinlich sind Sie wie die meisten Menschen von den Ergebnissen des HELI-Tests leicht deprimiert; außerdem ist Ihnen bewußt, daß genetische und Umwelt-Faktoren bei Erkrankungen eine Rolle spielen, und Sie schließen daraus, daß Sie mindestens durch einen oder gar mehr Faktoren für eine bestimmte ernsthafte Krankheit prädestiniert sind. Wir sind in einer ähnlichen Situation. David ist von beiden Eltern her erblich belastet; viele seiner männlichen Verwandten starben relativ jung an Herzinfarkt, Diabetes oder Krebs. Joely hat lange in einer Großstadt gelebt (wir zogen vor fünf Jahren aufs Land), und in ihrer Familie traten Krebs und Arthritis und bei den weiblichen Verwandten eines Elternteils vermehrt Herzkrankheiten auf.

Muß das nun heißen, daß David wie sein Vater, Großvater und Onkel an einem Herzinfarkt sterben und Joely Arthritis bekommen wird?

Ganz sicher nicht! Im Gegensatz zu unseren Verwandten führen wir heute ein ganz anderes Leben, ein Leben, das uns Kraft und Energie gibt. Es ist nicht schwer, und es funktioniert. Auch Sie können so leben. Bevor Sie weiterlesen, sollten Sie sich eine Aufstellung der Dinge machen, die Sie Ihrer Meinung nach ändern müssen, um ein energiegeladenes und im besten Sinne waches Leben zu führen. Im folgenden Absatz machen wir einige Vorschläge dazu.

Persönliche Liste von Veränderungen der Lebensweise

Schauen Sie sich noch einmal genau an, was Sie auf dem HELI-Test angekreuzt haben, und schreiben Sie auf, was Sie Ihrer Meinung nach verändern sollten, wenn Sie das «Nie mehr müde»-Programm absolvieren wollen, etwa, welche neuen Verhaltensweisen Sie sich angewöhnen sollten. Wenn Sie zum Beispiel bei der Ernährungszwischensumme weniger als fünf Punkte errechnet haben, müssen Sie sich unbedingt ein paar

Eßgewohnheiten ab- und neue, gesündere angewöhnen. Zum jetzigen Zeitpunkt können Sie noch nicht erwarten, daß Ihre Liste komplett ist. Es ist nur eine erste Fassung, die Sie im Verlauf der Arbeit mit diesem Buch abändern und vervollständigen werden.

3 Warum viele Menschen dauermüde sind

«Mann, bin ich fertig! Der Tag heute war wirklich anstrengend!»

«Können wir heute abend nicht zu Hause bleiben, mein Schatz? Ich bin so erschöpft.»

«Ich verstehe das einfach nicht; ich habe sieben Stunden fest geschlafen und war immer noch müde, als ich aufwachte!»

«Eigentlich fehlt mir nichts, Herr Doktor, ich habe nur irgendwie überhaupt keine Energie mehr!»

Wie oft haben Sie solche oder ähnliche Klagen schon gehört? Wie oft haben Sie selbst etwas Ähnliches gesagt? Wahrscheinlich ziemlich häufig, denn sonst hätten Sie dieses Buch nicht in die Hand genommen, in der Hoffnung, endlich zu erfahren, was man gegen diese deprimierende chronische Müdigkeit tun kann.

Häufig können Sie sich nicht einmal aufraffen, die Dinge zu tun, die Ihnen Spaß machen, und so geht es vielen anderen auch.

Bitte füllen Sie die folgende Tabelle aus, um eine Vorstellung davon zu bekommen, wieviel Energie Sie wirklich besitzen. In diesem Fall erfolgt keine Auswertung, Sie sollen sich auf diese Weise nur ganz klar über Ihren Zustand werden.

Diese Tabelle ist sinnvoll in zweierlei Hinsicht; zum einen soll Ihnen ganz deutlich bewußt werden, wie oft Sie eigentlich körperlich und geistig erschöpft und unzufrieden mit Ihrem Zustand sind. Zweitens lernen Sie, daß Müdigkeit für jeden etwas ganz anderes bedeutet. Es handelt sich um einen Zustand, ein Gefühl, das sich nicht objektiv messen, vergleichen, definieren oder beschreiben läßt. Die Worte, die Sie wählen, können Ihre eigene Müdigkeit notdürftig erfassen, auf keinen Fall aber die Müdigkeit eines anderen Menschen beschreiben.

Die «Wie müde bin ich»-Checkliste

Kreuzen Sie bitte die Ausdrücke an, die Ihren Zustand am ehesten beschreiben, und zwar in der Spalte, die Ihren Vorstellungen am nächsten kommt.

	manchmal	häufig	meistens
geschlaucht			
schläfrig			
ausgebrannt			
abgespannt			
erschöpft			
verausgabt			
ausgelaugt			
lustlos			
mitgenommen			
energielos			
lethargisch			
groggy			
geschafft			
erledigt			
fertig			
müde			
ausgepumpt			
verbraucht			
kaputt			
schwerfällig			

Eine Definition für chronische Müdigkeit

Chronische Müdigkeit ist ein komplexes, frustrierendes, vielschichtiges Syndrom, daß sich nicht leicht medizinisch oder psychologisch behandeln läßt. Es ist das anhaltende Gefühl, daß man einfach nicht genug Energie hat, um mit den normalen Anforderungen und Pflichten des täglichen Lebens fertig zu werden. Wer unter chronischer Müdigkeit leidet, möchte am liebsten alles stehen- und liegenlassen und sich ausruhen. Chronische Müdigkeit führt in extremen Fällen dazu, daß komplexe Aufgaben nicht mehr ausgeführt werden können oder daß die Betroffenen uneinsichtig und aggressiv werden.

Es wird Ihnen auffallen, daß diese Definition die Art der Müdigkeit ausschließt, die als Folge einer kurzen Nacht und/oder einer schweren körperlichen Anstrengung auftritt. Eine solche Müdigkeit ist normal und kann gewöhnlich mit ein paar Stunden Schlaf überwunden werden. Wir meinen hier auch nicht Müdigkeit als Folge eines gesundheitlichen Problems. Wenn Sie also eigentlich gesund, aber dennoch dauernd müde sind, dann versuchen Sie es doch einmal mit unseren Methoden, die Ihnen zu einer energiereichen Lebensweise und damit zu mehr Lebensfreude verhelfen können.

Die körperlichen Ursachen für Müdigkeit

Was Sie am liebsten essen, kann Ihnen am meisten schaden

Wir nehmen Energie durch Nahrung zu uns; vielen Menschen ist es aber nicht bewußt, daß manche Nahrungsmittel auch Energie rauben können. Das kann passieren, wenn man auf ein bestimmtes Nahrungsmittel besonders empfindlich reagiert.

«Ich habe aber keine Nahrungsmittelallergie, das kann es also nicht sein», meinen Sie vielleicht. Das ist aber nicht ganz richtig. Es besteht ein großer Unterschied zwischen einer Allergie gegen und einer Empfindlichkeit auf eine bestimmte Gruppe von Lebensmitteln. Bei einer Allergie reagiert das Immunsystem des Körpers sofort auf einen bestimmten Stoff; Sie müssen zum Beispiel husten, niesen, bekommen Ausschlag, Magen- oder Darmverstimmungen. Ursache und Wirkung ist ganz deutlich sichtbar; jedesmal, wenn ein bestimmtes Nahrungsmittel in den Körper gelangt, zeigt sich sofort eine körperliche Reaktion.

Eine Empfindlichkeit auf ein bestimmtes Lebensmittel ist etwas ganz anderes. Ursprünglich wurde ein solches Syndrom als «maskierte Allergie» bezeichnet, da die Reaktion nicht sofort erfolgt. Es kann sogar sein, daß man sich anfangs besser fühlt, nachdem man das Nahrungsmittel zu sich genommen hat. Das scheint ein Widerspruch zu sein; wenn man sich aber überlegt, wie der Körper biochemisch auf Streß reagiert, dann erscheint es weniger paradox. Sie geraten in eine streßreiche Situation und fühlen sich anfangs energiegeladen und hellwach. Hormone werden ins Blut ausgeschüttet, um auf «Kampf» oder «schnellen Rückzug» vorzubereiten. Bei einer Überempfindlichkeitsreaktion läuft es ähnlich ab. Die negativen Symptome zeigen sich erst später, wenn der Körper die Belastung nicht mehr aushalten kann. Diese negative Reaktion kann erst drei bis fünf Tage auftreten, nachdem man das betreffende Nahrungsmittel zu sich genommen hat. Ganz typische Symptome für eine Nahrungsmittelempfindlichkeit sind zum Beispiel:

- Chronische Müdigkeit, die auch nach einer ausreichenden Schlafperiode nicht vergeht;
- Kopfschmerzen, Schmerzen im Brustraum;
- Übermäßige Schleimabsonderung, Niesen, laufende Nase;
- Blähungen, Durchfall;
- Unangenehme Hautausschläge und Ekzeme.

Wichtig ist, daß maskierte Nahrungsmittelempfindlichkeiten nur mit Ausdauer und Bemühen identifiziert und korrigiert werden können. Man kann zum Beispiel das Nahrungsmittel, auf das man vermutlich reagiert, fünf Tage lang weglassen. Wenn die Symptome dann verschwinden, nimmt man dieses Nahrungsmittel wieder zu sich und achtet darauf, ob die Reaktion wieder auftritt. Diese komplizierte Methode muß für jedes verdächtige Lebensmittel separat durchgeführt werden. Man kann auch (nur unter ärztlicher Aufsicht) fünf Tage lang fasten, bis alle Symptome verschwunden sind. Wenn Sie sich trotzdem in dieser Zeit gut und vital fühlen, ist es sehr wahrscheinlich, daß alle Ihre Symptome mit einer Überempfindlichkeit bestimmten Nahrungsmitteln gegenüber zu tun haben. Sie nehmen dann nacheinander die einzelnen Nahrungsmittel wieder in Ihren Essensplan auf und achten genau darauf, ob und wann Ihr Körper reagiert. Auch dies ist eine komplizierte Methode, die viel Zeit kostet.

Eine dritte Methode zur Identifizierung von Nahrungsmitteln, die unangenehme Symptome verursachen, ist der «zytotoxische Bluttest». Er wurde von zwei Medizinern, einem Ehepaar, an der medizinischen Fakultät der Washington-Universität in St. Louis entwickelt. Manche Ärzte schwören darauf, andere halten den Test für zu ungenau. Man kann Untersuchungsergebnisse für beide Einschätzungen finden, positive Meinungen überwiegen allerdings. Natürlich wäre ein einfacher verläßlicher Bluttest einer der anderen Methoden vorzuziehen. Wir haben ihn ausprobiert, und zumindest in unserem Fall waren die Ergebnisse mit denen identisch, die wir schon durch die Fastenmethode erhalten hatten.

Wenn Sie vermuten, daß Sie vielleicht auf manche Speisen empfindlich reagieren, schreiben Sie einmal auf, was Ihnen am besten schmeckt und was Sie deshalb am häufigsten essen. Wahrscheinlich werden die Nahrungsstoffe darunter sein, die Ihre Probleme verursachen. Oft gehören dazu: Weizen, Mais, Tomaten, Rohrzucker, Schokolade, Fisch, Huhn, Kuhmilch, Hefe, Käse, Speck, künstliche Nahrungsmittelzusätze und Lebensmittelfarbstoffe.

Unsere Eltern waren im allgemeinen besonders bemüht, uns richtig zu ernähren, und es war nicht ihre Schuld, daß man damals der Ansicht war, zu einer gesunden Mahlzeit gehörten Fleisch, Kartoffeln, Sahnesoßen, Käse, Butter und Weißbrot. Selbst heute versucht uns die Werbung in Presse und Fernsehen einzureden, daß Zucker schnelle Energie liefere und deshalb etwas Süßes zwischendurch gesund sei. Dabei weiß man längst aus ernährungswissenschaftlichen Untersuchungen, daß diese Behauptung einfach falsch ist. Wenn man hauptsächlich fett-, zucker- und eiweißreiche Kost zu sich nimmt, dabei aber komplexe Kohlehydrate und Ballaststoffe bei der Ernährung vernachlässigt, enthält man dem Körper nicht nur wichtige Vitamine und Mineralstoffe vor, sondern setzt sich auch einer größeren Gefahr aus, an Krebs, zu hohem Blutdruck, Herzinsuffizienz, Arterienverkalkung, Diabetes, Osteoporosis und Arthritis zu erkranken. Außerdem fühlt man sich bei einer solchen Ernährungsweise meistens energielos. Ihr Körper muß so viel Energie darauf verwenden, die Giftstoffe der falschen Ernährung unschädlich zu machen und auszuscheiden, daß nur wenig Energie für tägliche Aktivitäten übrigbleibt. In Teil II dieses Buches finden Sie alles, was Sie für die Erstellung Ihres individuellen Ernährungsprogramms wissen müssen.

Schwangere oder stillende Frauen haben besondere Ernährungsbedürfnisse. Wie aber steht es mit anderen Frauen? Sollten sie sich anders ernähren als Männer, um ihren Energiebedarf zu decken? Grundsätzlich nein. Das «Nie mehr müde»-Ernährungsprogramm, das in Teil II umrissen wird, wirkt auf Männer wie auf Frauen gleichermaßen energiesteigernd.

Was Sie trinken, kann Sie müde machen

Die meisten kohlensäurehaltigen Getränke enthalten sehr viel Zucker, belasten dadurch das Immunsystem und sind letzten Endes für chronische Müdigkeit verantwortlich. Der Einwand: «Ich trinke aber nur künstlich gesüßte Getränke ohne Zucker», hilft hier leider wenig. Auch künstliche Farbstoffe, Geschmacksstoffe und Süßmittel sind eine Belastung für den Energiehaushalt.

Wie ist es mit Kaffee? Da das Koffein stark stimuliert, fühlt man sich zwar anfangs wach und energiegeladen. Aber schon nach kurzer Zeit läßt die Wirkung nach, und so füllt man sich seine Tasse erneut und immer wieder. Der Körper wird durch diese dauernden Energiestöße zu stark belastet, das ständige Auf und Ab führt schließlich zu Müdigkeit und

Lethargie und schwächt dazu noch das Immunsystem. Eine oder zwei Tassen Kaffee oder Tee am Morgen und eine Tasse zwischen halb vier und halb fünf am Nachmittag können dazu beitragen, daß man geistig rege und wach bleibt, mehr dagegen hat meist negative Folgen. Sie können sich aber auch ohne Koffein und seine möglicherweise schädlichen Nebenwirkungen eine geistige Wachsamkeit und Beweglichkeit erhalten, nämlich dann, wenn Sie die Methoden aus unserem «Nie mehr müde»-Programm anwenden. Besser ist also, auf das Koffein in Kaffee, Tee, Schokolade und Cola zu verzichten.

Zentralheizung und Fliegen kann müde machen

Fachleute sind der Meinung, daß wir uns häufig so energielos fühlen, weil unser Körper im Laufe des Tages viel Flüssigkeit abgibt. Besonders in zentralgeheizten und in klimatisierten Räumen (auch Flugzeugen) verliert der Körper mehr Flüssigkeit als in einer feuchteren Umgebung. Alkoholische und koffeinhaltige Getränke können da nicht viel ausrichten, denn sie wirken harntreibend, entziehen also dem Körper Flüssigkeit. Besser ist es, täglich acht bis zwölf Glas reines Wasser zu trinken. Wir empfehlen statt Leitungswasser reines Quellwasser mit natürlicher Kohlensäure, die für eine schnellere Absorption in das Gewebe sorgt. Achten Sie auf einen niedrigen Salzgehalt des Wassers.

Sitzen macht müde

Sicher ist auch Ihnen bewußt, daß Sie sich, um Herz und Kreislauf gesund zu erhalten und um nicht zuzunehmen, täglich körperlich betätigen sollten. Wenn Sie tagsüber im wesentlichen sitzen, im Büro und im Auto auf dem Hin- und Rückweg zur Arbeit, dann fühlen Sie sich am Ende des Tages oft sehr müde, auch wenn Sie sich geistig nicht besonders anstrengen mußten. Denn auch in sitzender Position sind die Muskeln angespannt, besonders, wenn man sich unter Druck fühlt, und ermüden. Dabei kommt es nicht darauf an, ob Sie am Schreibtisch oder am Küchentisch arbeiten. Obgleich Sie das Gefühl haben, sich eigentlich beim Sitzen sehr wenig zu bewegen, werden Ihre Muskeln stimuliert und angespannt, wahrscheinlich mehr als normal, besonders in der oberen Rückenpartie, in Nacken, Schultern, Gesicht und Stirn. Diese Anspannung läßt die Muskeln sich verkrampfen und behindert so den Blut- und Sauerstofftransport in den einzelnen Muskelzellen. Das bedeutet, daß die Muskeln weniger gut mit Nährstoffen versorgt und daß auch Abbauprodukte wie Milchsäure weniger leicht abtransportiert werden können. Im «Nie mehr müde»-Übungsprogramm Teil IV zeigen wir Ihnen, wie Sie Ihre Muskeln mit mehr sauerstoffreichem Blut versorgen und auf diese Weise Ihre Energie steigern können.

Frauen und Körperfitneßprogramme

Bedeutet das Syndrom der ewig erschöpften Hausfrau, daß Frauen unter ganz speziellen Problemen leiden? Die Antwort ist nein. Dr. Evalyn S. Gendel untersuchte den körperlichen Zustand von hundert Frauen und stellte fest, daß diejenigen, die sich körperlich betätigten (ohne Profisportlerinnen zu sein) seltener über ständige Müdigkeit klagten. Auch litten sie weit weniger unter Allergien, Verdauungsproblemen und anderen Krankheiten als die Vergleichsgruppe. Frauen wie Männer haben mehr Energie und weniger gesundheitliche Probleme, wenn sie körperlich aktiv sind. Das sollte eigentlich niemanden überraschen. Dr. Gendel meint, daß der Unterschied darin läge, auf welche Weise Frauen und Männer von ihren Ärzten behandelt würden. Wenn ein Mann wegen chronischer Müdigkeit zu seinem Arzt ginge, dann «wird er geheilt (ihm zu einem körperlichen Fitneßprogramm geraten), der Frau aber werden lediglich Beruhigungstabletten verschrieben».

Die Ermüdung des Gehirns

Um konzentriert zu arbeiten, braucht das Gehirn viel Sauerstoff; unter Sauerstoffmangel arbeitet es weniger gut. Sie können weniger scharf denken und sind nicht so produktiv, wie Sie sein möchten. Um einer Ermüdung des Gehirns vorzubeugen, müssen Sie lernen, wie Sie ihm mehr Sauerstoff durch körperliche Bewegung, durch entsprechende Ernährung und durch richtige Atmung zuführen können. Wir zeigen Ihnen später, wie es gemacht wird. Ein wichtiger Punkt in unserem «Nie mehr müde»-Programm ist eine Steigerung der Sauerstoffzufuhr.

Körperrhythmen und -zyklen

Sie haben den Rhythmen und Zyklen Ihres Körpers wahrscheinlich nie viel Beachtung geschenkt, es sei denn, Sie mußten über weite Strecken in eine vollkommen andere Zeitzone fliegen. Plötzlich laufen Ihre körperlichen Rhythmen nicht mehr synchron mit Ihrer Umgebung, Ihr Körper scheint in seinen Funktionen durcheinanderzugeraten. Sie sind müde, wenn Sie eigentlich wach sein sollten und umgekehrt; die Verdauung funktioniert nicht mehr wie sonst; Sie sind schwerfälliger im Denken und leisten weniger. Wenn Sie lange genug in der neuen Umgebung bleiben, dann wird sich Ihre innere Uhr entsprechend umstellen. Aber manchmal kann es bis zu drei Wochen dauern, ehe Sie sich wieder ganz normal fühlen und Ihre alte Energie zurückgewonnen haben.

Jedes Lebewesen unterliegt bestimmten Rhythmen und Zyklen. Bei Menschen ist der wichtigste innere Rhythmus der «circadiane» oder 24-Stunden-Rhythmus. Er hängt mit der täglichen Drehung der Erde zusammen (Tag-/Nachtzyklus und Schlaf-/Wachseinzyklus) und hat einen großen Einfluß auf unser Leben. Dieser Rhythmus ist dafür verantwortlich, daß wir uns innerhalb eines Zeitraums von 24 Stunden manchmal müder und energieloser fühlen als zu anderen Zeiten während dieser Periode. Auch Stimmung und Blutdruck verändern sich innerhalb der 24 Stunden; ebenso sind Körpertemperatur, Hormonspiegel, Leistungsfähigkeit und Puls bestimmten rhythmischen Schwankungen unterworfen. Mit jeder Erdumdrehung steigt und fällt der Grad Ihrer Energie.

Innerhalb dieses 24-Stunden-Rhythmus gibt es individuelle Unterschiede. Mancher steht gern früh auf, ein anderer findet abends nicht ins Bett und schläft morgens lange. Unsere Arbeitswelt, die eine bestimmte Leistung von uns meistens zwischen neun Uhr früh und fünf Uhr nachmittags erwartet, nimmt darauf keine Rücksicht. Auch wenn Sie abends am produktivsten wären, müssen Sie meistens morgens schon an Ihrem Arbeitsplatz stehen, selbst wenn Sie dann kaum die Augen aufhalten können.

Es gibt noch andere biologische Rhythmen, die Einfluß auf uns haben. Bekannt ist zum Beispiel, daß viele Frauen Schwankungen in bezug auf Stimmung, Energie und Appetit zeigen, je nachdem, in welchem Abschnitt ihrer monatlichen Periode sie sind. Der Menstruationszyklus hat häufig auch großen Einfluß auf ihr Verhalten. (Übrigens gibt es jetzt Untersuchungsergebnisse, die darauf hinweisen, daß auch Männer ähnliche Zyklen durchmachen.)

Außer den täglichen und monatlichen Zyklen gibt es auch noch Rhythmen, die mit den vier Jahreszeiten zusammenhängen. Man spricht zum

Beispiel von Frühjahrsmüdigkeit. Im Frühling bereitet sich der Körper auf die höheren Temperaturen des Sommers vor, indem die Körpertemperatur leicht gesenkt wird, was durch eine Verdünnung des Blutes erreicht wird. Während dieses Prozesses hat man das Gefühl, zeitweilig weniger Energie zu haben, also müde zu sein. Ist Ihnen auf der anderen Seite jemals aufgefallen, wieviel energiegeladener Sie im Sommer sind, gesetzt den Fall, es ist nicht zu heiß? Das liegt daran, daß Sie jetzt mehr dem natürlichen Licht ausgesetzt sind als im Winter. Natürliches Licht erhöht Energie und Leistungsfähigkeit. Nachdem wir durch wissenschaftliche Untersuchungen von dieser Tatsache überzeugt worden waren, sorgten wir dafür, daß die Lichtquelle in unserem Büro das volle Sonnenspektrum aufwies und damit fast die gleiche Qualität hat wie natürliches Licht. Wir konnten einen großen Unterschied zu unserer früheren Energie und Leistungsfähigkeit feststellen. Wenn im Herbst und Winter die natürliche tägliche Lichtmenge abnimmt, werden manche Menschen so stark negativ davon beeinflußt, daß sie in schwere Depressionen verfallen. Allerdings sind ihnen auch ausgesprochene Hochs in Frühjahr und Sommer nicht unbekannt. Dieses Symptom weist auf ein ernsthaftes Leiden *(seasonal affective disorder, SAD)* hin, das heute meistens mit Phototherapie (Lichttherapie) behandelt wird.

Chirurgen ist schon lange bekannt, daß der Blutkreislauf des Menschen von den Mondphasen beeinflußt wird. Manche Chirurgen operieren deshalb nicht zu Zeiten von Vollmond, da sie dann Probleme mit Blutungen erwarten. Das scheint uns logisch, wenn man bedenkt, daß der menschliche Körper zu 80 Prozent aus Wasser besteht und deshalb von den Mondzyklen ebenso beeinflußt wird wie das Meer bei Ebbe und Flut. Einige Wissenschaftler glauben sogar Beweise dafür zu haben, daß auch aggressives Verhalten bis hin zu Gewaltverbrechen mit den Mondrhythmen zu tun hat und häufiger zu Zeiten von Vollmond auftritt. Man hat Korrelationen zwischen dem Auftreten von Sonnenflecken und Schwankungen in der Blutzellenkonzentration im menschlichen Körper festgestellt wie auch eine Zunahme von plötzlichen Epidemien, Todesfällen und Nervenzusammenbrüchen.

Machen Sie sich bewußt, wann Sie besonders wenig und wann Sie besonders viel Energie besitzen. Eine Zwischenmahlzeit aus dem 7-Tage-Programm kann Ihnen über eine flaue Zeitspanne hinweghelfen. Wenn Sie die Ratschläge für energiespendende Übungen und Ernährungsweisen befolgen, werden Sie die energiearmen Perioden des Tages immer seltener spüren und die Energie-Hochs noch ausdehnen.

Umwelteinflüsse

Sie sollten sich so häufig wie möglich natürlichem Sonnenlicht aussetzen. Wenn Sie in einer Gegend leben, wo die Sonne nicht besonders oft scheint, raten wir Ihnen zu einer Haus- und Arbeitsplatzbeleuchtung, die das volle Sonnenspektrum bringt. Vielleicht werden Sie schon dadurch eine Abnahme Ihrer chronischen Müdigkeit feststellen können. Doch meist wird das nicht ausreichen, denn es gibt noch andere Faktoren in Ihrer Umgebung, die für Ermüdungserscheinungen verantwortlich sind. Unsere technologisch hoch entwickelte Welt bringt uns zwar viele Vorteile, verseucht unsere Umwelt aber auch mit Chemikalien und lädt sie elektromagnetisch auf, was beides unserer Gesundheit schadet. Wer zum Beispiel in Städten wie Kairo oder Los Angeles lebt, die oft unter Smog leiden, weiß aus Erfahrung, daß die unreine, sauerstoffarme Luft, die er einatmet, müde macht. Die Luftverschmutzung gehört zu den Umweltfaktoren, die den Energiehaushalt am stärksten belasten. Andere Faktoren sind verschmutztes Trinkwasser, mit Pestiziden verseuchte Nahrung, der Streß durch zuviel Menschen, gefährliche Chemikalien, die von synthetischen Stoffen, Farben und sogar Möbelstücken in die Luft abgegeben werden. Man kann sich gegen viele dieser Gefahren einigermaßen schützen. Man kann in eine Gegend ziehen, wo die Luft noch sauber ist; man kann die Luft in Haus, Büro und sogar Auto filtern. Man kann unverseuchte Nahrungsmittel und reines Quellwasser kaufen. Man muß sich der Gefahren nur bewußt werden und etwas mehr an Zeit, Kraft und Geld investieren.

Medizinische Gründe für Müdigkeit

Müdigkeit hat nur selten mit echten gesundheitlichen Problemen zu tun. Dennoch raten wir Ihnen zu einer gründlichen Untersuchung, um diese Möglichkeit auszuschließen. Denn selbstverständlich kann eine chronische Müdigkeit auch medizinische Gründe haben wie etwa:

- *Infektionen.* Akut wie auch chronisch können sie für einen andauernden Erschöpfungszustand verantwortlich sein. Dazu gehören unter anderem die meisten Virusinfektionen, Mononukleose, Gehirnabszesse, Hirnhautentzündung, bakterielle Infektionen, Tuberkulose, Parasitenbefall und Osteomyelitis. Zu extremen Erschöpfungszuständen führen das Epstein-Barr-Syndrom und eine Pilzinfektion, Candida albicans.
- *Blutarmut (Anämie).* Sie wissen sicher, daß chronische Müdigkeit

von einer Eisenmangelanämie herrühren kann. Bevor Sie aber zu den Eisenpillen greifen, lassen Sie sich von Ihrem Arzt untersuchen. Denn es gibt auch noch andere Arten von Anämien. Sie alle können durch einen einfachen Bluttest festgestellt werden. Frauen leiden eher unter Anämie als Männer.

- *Probleme des endokrinen Systems* (Drüsen mit innerer Sekretion). Verschiedene Schilddrüsenleiden und Erwachsenendiabetes können starke Erschöpfungszustände hervorrufen.
- *Drogenmißbrauch.* Der übermäßige Gebrauch von Rauschmitteln wie Alkohol, Nikotin, Koffein, Barbituraten und Beruhigungsmitteln kann chronische Müdigkeit zur Folge haben.
- *Krebs.* Müdigkeit kann ein frühes Zeichen für Krebsbefall sein.
- *Nebenwirkungen von Medikamenten.* Müdigkeit tritt häufig als Nebenwirkung von Beruhigungsmitteln, Antihistaminen, Krampfmitteln, Ovulationshemmern, Insulin und Tetracyclinen (Breitbandantibiotika) auf, ebenso bei zu hohen Dosierungen von Vitamin A oder D.
- *Schlafstörungen.* Viele Menschen nehmen täglich Schlaftabletten, obgleich solche Mittel nur kurzfristig wirksam sind. Nach etwa einer Woche greifen sie in den normalen Schlafrhythmus ein. Störungen des Schlafrhythmus aber können für chronische Müdigkeit verantwortlich sein. Wenn Schlaflosigkeit oder häufiges Aufwachen durch eine Krankheit, wie zum Beispiel Magengeschwüre, Asthma, Angina pectoris oder ein endokrines Leiden, verursacht wird, weiß der Arzt Rat. Wenn Ihre Schlafprobleme jedoch mit Ihrer Lebensweise zusammenhängen, dann kann Ihnen vielleicht das «Nie mehr müde»-Programm helfen.

Die psychischen Gründe von chronischer Müdigkeit

Müdigkeit und Streß

Wir wollen uns in diesem Buch nur mit den psychischen Umständen beschäftigen, die dazu führen, daß man sich dauernd müde fühlt oder körperliche Leiden entwickelt. Diese körperlichen Symptome, die Auswirkungen der psychischen Situation auf den Körper, bezeichnen wir als Streß. Wir verwenden den Begriff Streß nicht im Sinne von «Druck von außen», sondern meinen damit die physiologische Reaktion des Körpers auf den Druck von außen; den Auslöser, der diese Reaktion hervorruft, nennen wir Streßfaktor.

Streß, in diesem Sinne als biologische Reaktion auf psychischen Druck verstanden, ist eine völlig normale Reaktion, etwa wenn Ihr Leben bedroht wird. Eine solche Reaktion läuft automatisch ab und ist ein Überlebensmechanismus. Wenn der prähistorische Mensch zum Beispiel von einem Säbelzahntiger bedroht wurde, mußte er, ohne zu überlegen, entscheiden, ob er mit Flucht oder Angriff reagieren sollte. Er brauchte also einen sofortigen Energiestoß. Diesen Mechanismus nennt man Kampf-/Flucht-Reaktion. Die Nebennieren schütten vermehrt Adrenalin in den Blutkreislauf aus und bereiten den Körper auf absolute Wachsamkeit und Bereitschaft vor. Der Blutzuckerspiegel erhöht sich, um den Muskeln die Energie zu liefern, die für Flucht oder Kampf nötig ist. Diese biochemische Reaktion des Körpers ist sinnvoll und notwendig, sofern sie in einer lebensbedrohlichen Situation ausgelöst wird.

Schwierigkeiten entstehen erst dann, wenn diese Kampf-/Flucht-Reaktion ständig ausgelöst wird, weil Sie innerlich immer wieder so reagieren, als ob Sie in Gefahr wären, obgleich es sich keineswegs um lebensbedrohende Situationen handelt. Als Folge tritt dann eine chronische Müdigkeit und ein erhöhtes Risiko für andere Krankheiten auf. So werden zum Beispiel die Nebennieren überbeansprucht und funktionieren nicht mehr so, wie sie sollten. Das ist besonders bedenklich, weil diese Drüsen eine wichtige Rolle bei der Gesunderhaltung des Körpers spielen und nicht nur für die Kampf-/Flucht-Reaktion verantwortlich sind. Zum Beispiel produzieren sie eine Reihe von Hormonen, die für den Stoffwechsel von Eiweiß, Nukleinsäuren, Fett und Kohlehydraten notwendig sind. Auch der Natrium- und Kaliumhaushalt wird von den Hormonen der Nebennieren beeinflußt. Andere Hormone derselben Drüsen regeln die Reaktion des Immunsystems, fördern die Wundheilung und versorgen die Muskeln. Es ist deshalb gefährlich, wenn das Hormonsystem der Nebennieren durch chronischen Streß geschädigt wird oder sogar zusammenbricht.

Woher weiß man nun, ob man nur etwas angestrengt ist oder sich bereits unter schwerem Streß befindet? Folgende Warnzeichen sollten Sie beachten:

- *Erhöhte Herzschlagfrequenz*. Können Sie sich noch daran erinnern, wie Ihnen das Herz im Hals schlug, als Sie das erstemal um eine Gehaltserhöhung ersuchten oder ein Mädchen, das Sie bewunderten, um eine Verabredung baten? Schlägt Ihr Herz immer noch schneller, wenn eine wichtige Sitzung bevorsteht, wenn ein Vorgesetzter an Ihrer Arbeit Kritik übt, wenn Sie sich mit Ehepartner oder Kindern streiten? Und fühlen Sie sich danach leer und ausgepumpt?

- *Erhöhte Atemfrequenz.* Wenn in Liebesgeschichten davon die Rede ist, wie jemand mit atemloser Spannung den Geliebten erwartet, dann wird damit eigentlich eine Streßreaktion beschrieben. Wenn Sie sich beeilen müssen, um einen wichtigen Termin einzuhalten, atmen Sie dann schneller als sonst, müssen Sie häufig innehalten, um zu Atem zu kommen? Und wenn der Druck vorbei ist, sind Sie dann erschöpft?
- *Feuchte Hände, Schwitzen.* Wenn Sie das nächstemal zu einem Vorstellungsgespräch gehen, sollten Sie sich die Handflächen abtrocknen, bevor Sie dem zukünftigen Chef die Hand geben. Feuchte Hände sind ein offensichtliches Zeichen von Streß, und Leute wie Personalchefs achten darauf.
- *Schlafstörungen.* Zuviel schlafen, häufiges Aufwachen in der Mitte der Nacht oder Einschlafschwierigkeiten gelten als Streßsymptome.
- *Vermindertes Interesse an Sex.* Eine schwach ausgebildete Libido ist häufig die Folge von streßbedingter Müdigkeit. Die Übungen, die wir in unserem «Nie mehr müde»-Programm vorschlagen, steigern das sexuelle Interesse. Das allein kann schon ein guter Grund sein, dieses Programm zusammen mit Ihrem Partner zu absolvieren.
- *Zittern.* Wenn Sie oft frieren oder häufig ohne ersichtlichen Grund zittern, kann es sich um ein Streßsymptom handeln, dem gewöhnlich ein überwältigendes Schlafbedürfnis folgt.
- *Angespannte Muskeln.* Haben Sie häufig einen steifen Nacken, sind Ihre Schultern verspannt, oder haben Sie Probleme mit dem Kreuz? Dauernde Muskelanspannung ist sehr anstrengend und kann Sie sehr erschöpfen.
- *Veränderungen in der Wahrnehmung.* Streß kann dafür verantwortlich sein, daß Sie alles verschwommen sehen, oder auch, daß Sie die Welt um sich herum verzerrt wahrnehmen. Zum Beispiel kann es Ihnen so vorkommen, als liefen manche Ereignisse viel langsamer ab, als es in Wirklichkeit der Fall ist.
- *Erhöhte oder verminderte Konzentrationsfähigkeit.* Auch ein kurzzeitig gesteigertes Konzentrationsvermögen kann ein Zeichen für Streß sein. Wer Angler ist, kennt das Gefühl, wenn ein Fisch angebissen hat: Das ganze Wesen ist vollkommen auf dieses Ereignis konzentriert. Auf der anderen Seite kann Streß auch dafür verantwortlich sein, daß Sie sich schlecht konzentrieren können. Es ist sehr anstrengend und ermüdend, wenn man sich in einer streßreichen Situation um Konzentration bemühen muß.
- *Magenbeschwerden.* Unter Streß hört der Magen-Darm-Trakt nahezu auf zu funktionieren. Die Folge davon können Krämpfe sein,

Übelkeit und ähnliches; außerdem wird auch die Nahrung dann oft nicht richtig verwertet.

Ursachen psychischen Stresses

Der Grad des Gestreßtseins hängt nicht unbedingt davon ab, wie viele anstrengende und einschneidende Dinge in Ihrem Leben passieren. Es kommt im wesentlichen darauf an, wie Sie persönlich damit fertig werden. Wenn Sie beim HELI-Test im Abschnitt «Verhaltensweisen» nur 62 oder weniger Punkte erzielt haben, kann es sein, daß Sie mit dem Streß, dem Sie ausgesetzt sind, nicht zurechtkommen. Als häufigste Ursachen für psychischen Streß und psychische Müdigkeit gelten:

Einschneidende Lebensveränderungen

Im Leben jedes Menschen gibt es streßfördernde Ereignisse und Veränderungen, zum Beispiel eine neue Stellung, finanzielle Rückschläge, die Geburt eines Kindes. Wenn Sie ein Ihnen adäquates Leben führen, dann werden Sie wahrscheinlich auch mit den Veränderungen in Ihrem Leben zurechtkommen. Wenn nicht, kann es Probleme für Sie geben. Die Auswirkungen von streßreichen Situationen oder Ereignissen sind kumulativ, vor allen Dingen, wenn viele Veränderungen innerhalb einer relativ kurzen Zeitspanne eintreten. Psychiater haben untersucht, welche Ereignisse besonders streßfördernd sind. Dazu gehören der Tod eines Ehepartners, eine Scheidung, eine schwere Krankheit, Heirat und Verlust einer Stellung. Wenn mehrere dieser Ereignisse innerhalb einer kurzen Zeitspanne stattfinden, ist die Belastung durch Streß besonders groß.

Zwischenmenschliche Beziehungen

Nichts ist psychisch anstrengender als Probleme in zwischenmenschlichen Beziehungen. Auf ihre Standardfrage an die Teilnehmer ihrer Seminare und Workshops, welche drei Ereignisse sie in letzter Zeit psychisch am meisten belastet haben, erhält Joely oft fast identische Antworten. Beinahe ausnahmslos haben diese Ereignisse mit Beziehungen zu anderen Menschen zu tun, vor allen Dingen mit Menschen, denen man nicht ausweichen kann, wie Ehepartnern, Kindern, Eltern, Schwiegereltern, Vorgesetzten und Nachbarn. Wenn Ihre Beziehungen zu anderen Menschen Sie psychisch belasten oder wenn Sie weniger als 159

Punkte bei dem Abschnitt des HELI-Tests erzielt haben, der mit Beziehungen zu tun hat, sind Sie stärker als andere gefährdet im Hinblick auf bestimmte Krankheiten, zum Beispiel Herzinfarkt oder Magen- und Darmgeschwüre. Außerdem fühlen Sie sich wahrscheinlich ständig erschöpft. Das «Nie mehr müde»-Programm soll Ihnen zeigen, wie Sie mit Streß kräftesparender umgehen können, indem Sie Ihre Anspannung abbauen und das Immunsystem stärken. Es kann jedoch eine gute psychologische Beratung nicht ersetzen, die Ihnen hilft, die Ursache für Ihre zwischenmenschlichen Konflikte und entsprechende Lösungen zu finden.

Streß durch den Beruf

Es ist normal, daß man nach einem Tag schwerer Arbeit müde ist; es gibt aber auch eine Art nervöser Erschöpfung, die sich nach einem Tag einstellt, der psychisch besonders anstrengend war. Die erste Art von Müdigkeit ist meist bereits nach einer Nacht vorbei, die nervöse Erschöpfung aber läßt sich nur schwer abschütteln, wird leicht chronisch und führt oft zur Schlaflosigkeit. Häufig hat Streß am Arbeitsplatz damit zu tun, daß man mit seinen Kollegen nicht zurechtkommt. Eine Beratung kann da helfen oder auch der Wechsel in eine befriedigendere Arbeitsumgebung, sofern das möglich ist.

Müdigkeit kann auch die Folge von dauernder Zeitnot sein. Wenn Sie sich dauernd nach Terminen richten müssen, die unrealistisch und nicht einzuhalten sind, stehen Sie ständig unter Streß. David ist zum Beispiel geradezu terminhörig. In den letzten fünf Jahren hat er sich allmählich davon etwas freigemacht, aber hin und wieder läßt er sich noch von Uhr oder Kalender tyrannisieren. Joely hat ihm vorgeschlagen, in solchen Situationen sich selbst mit folgendem Gebet etwas auf die Schippe zu nehmen und so den Druck zu mildern: Lieber Gott, hilf mir dabei, diesen Termin einzuhalten, auch wenn ich ihn mir selbst auferlegt habe und er vollkommen unnötig ist!

Persönliche Einstellungen

Auch Ihre Einstellungen haben etwas damit zu tun, ob Sie sich in Ihrer Haut wohl fühlen oder nicht. Es handelt sich nicht um Streß, wenn man sich einmal kurzfristig über jemanden oder etwas aufregt oder zwei Tage am Arbeitsplatz nichts Richtiges geleistet hat. Von Streß spricht man erst bei einer immer wieder auftretenden körperlichen und psychischen Belastung, die für körperliche Abnutzungserscheinungen, für chronische

Müdigkeit und schließlich auch für Krankheiten verantwortlich sein kann. Wenn Sie bei dem Abschnitt «persönliche Einstellungen» des HELI-Tests weniger als 87 Punkte erreicht haben, sollten Sie einmal gründlich über sich, Ihre Gefühle und Einstellungen zur eigenen Person und zu Ihrem Leben nachdenken. Vielleicht finden Sie dort die Ursache dafür, warum Sie dauernd erschöpft und müde sind.

Jeder kennt vielleicht die lähmende Müdigkeit, die einen befällt, wenn man etwas Langweiliges erledigen muß. Sobald einem aber eine Aufgabe gestellt wird, die einen wirklich interessiert und fordert, ist man voller Elan und Energie. Die innere Einstellung zu dem, was man tut, hat also eine ganz deutliche physiologische Wirkung. Aber nicht immer ist der Zusammenhang zwischen Streß, Einstellung und Müdigkeit so klar ersichtlich. Zum Beispiel haben Sie vielleicht unbewußt keine besonders gute Meinung von sich selbst und glauben deshalb, daß Sie nichts richtig machen können, egal was. Das «Nie mehr müde»-Programm kann Ihr Selbstbild verbessern; Sie gewinnen neue Energie, werden besser aussehen und sich auch besser fühlen. Wenn aber mangelndes Selbstbewußtsein oder auch Wutgefühle tieferliegende Ursachen haben, die vom Bewußtsein unterdrückt werden, kann vielleicht eine psychotherapeutische Beratung helfen, diese energieraubenden Gefühle aufzuspüren und zu überwinden.

Depressionen und Angstzustände

Depressionen äußern sich meistens in chronischer Müdigkeit; andere Symptome hängen von Geschlecht und Alter des Kranken ab. Wenn Männer unter Depressionen leiden, sind sie häufig pessimistisch, neigen zu Schuldgefühlen und empfinden so etwas wie eine lähmende Hilflosigkeit. Bei Frauen machen sich Depressionen anfangs als Kopfschmerzen, Schlaflosigkeit und in einer Neigung bemerkbar, sich von anderen zu isolieren. (Nach einem tragischen Ereignis in Ihrem Leben ist es allerdings ganz normal, daß Sie eine Zeitlang unter Depressionen und Angstzuständen leiden.) Das «Nie mehr müde»-Programm kann Ihnen in dieser Situation helfen. Als Ergänzung zur psychotherapeutischen Behandlung von Depressionen und/oder Angstzuständen werden heute immer häufiger anstrengende Körperübungen verschrieben, wie wir sie auch in unser Programm aufgenommen haben.

Vielleicht sagen Sie jetzt: «Das klingt ja alles furchtbar kompliziert. Werde ich jemals herausfinden, warum ich immer so müde bin?» Sie haben recht, die Gründe für eine chronische Müdigkeit sind zahlreich und komplex. Aber lassen Sie sich nicht entmutigen. Wenn es keine körperliche Ursache für Ihre Müdigkeit gibt, dann ist es gut möglich, daß Ihre Lebensweise in irgendeiner Hinsicht dafür verantwortlich ist. Und wenn das der Fall ist, dann kann Ihnen durch das «Nie mehr müde»-Programm geholfen werden.

4 Jeder Mensch ist ein «lebendes Energiesystem»

Wenn Sie möglichst viel von der Lektüre dieses Buches profitieren wollen, müssen Sie zunächst einmal alles vergessen, was Sie jemals über «die Realität» gelernt haben.

Sie müssen sich von dem Konzept freimachen, daß Materie fest sei und Sie aus festem Gewebe bestünden.

Sie müssen von der Vorstellung Abschied nehmen, Ihr Körper und Ihre physische Kondition seien innerlich schon vorprogrammiert.

Das menschliche Energiesystem

Wenn Sie weitreichende Veränderungen in Ihrem Leben bewirken möchten, müssen Sie erst verstehen, daß Sie ein lebendes Energiesystem sind und daß Prinzipien aus der Quantenphysik auch auf Sie wie auf alle anderen Energiesysteme des Universums zutreffen.

Man hat Ihnen zweifellos in der Schule beigebracht, daß Ihr Körper aus Muskeln, Geweben, Zellen, Blut und Knochen besteht. Mit der Weiterentwicklung der Wissenschaft erkannte man, daß jeder Teil des menschlichen Körpers, wie alles andere im Universum auch, aus Atomen besteht, die sich wiederum aus subatomaren Teilchen zusammensetzen, den Elektronen, Protonen und Neutronen zum Beispiel. Der Physiker Fred Alan Wolf beschreibt ein Atom in seinem Buch «Der Quantensprung ist keine Hexerei» folgendermaßen: «Um sich die Größe eines Golfballatoms vorstellen zu können, müssen Sie einen Golfball auf die Größe unserer Erdkugel vergrößern. Das Atom hätte dann die Größe eines Golfballs. Um einen Begriff von der Größe eines Atomkerns zu bekommen, vergrößern Sie in Gedanken das golfballgroße Atom auf die Ausdehung eines Fußballfeldes. Der Atomkern hätte dann die Größe eines Reiskorns in diesem Fußballstadion.»

Innerhalb dieses winzigen Atoms befinden sich unglaubliche elektromagnetische Energien. Da der menschliche Körper aus Atomen besteht, folgt daraus, daß auch jede Körperzelle diese gleiche Energie aufweist. Anders ausgedrückt: Der Körper *ist* elektromagnetische Energie. Diese Energie ist für die Kurve verantwortlich, die beim Elektrokardiogramm das Pumpen des Herzens anzeigt sowie auch für die Kurven, die beim Elektroenzephalogramm die Gehirnwellen repräsentieren. Unter Wissenschaftlern der westlichen Welt ist es eine ziemlich neue und erstaunliche Entdeckung, daß jeder Mensch ein in sich geschlossenes Energiesystem darstellt. In den Ländern des fernen Ostens war man sich dessen schon seit Jahrhunderten bewußt. Die chinesische Medizin lehrt schon lange, daß Menschen in erster Linie Energiesysteme sind und daß es für die körperliche und geistige Gesundheit jedes einzelnen außerordentlich wichtig ist, seine Energiefelder im Gleichgewicht zu halten.

Hochenergiephysik – jenseits von Einstein

Neueste Erkenntnisse der Quantenphysik fügen schon heute der subatomaren Welt und dem elektromagnetischen Konzept von Energie noch eine andere Dimension hinzu. Wissenschaftliche Hypothesen sprechen von «Superstrings» aus Energie als den fundamentalen Bausteinen des Universums, die jeder um viele Milliarden kleiner sind als ein Atom. Ganz vereinfacht, besagt diese Theorie, daß das Universum und alles, was es enthält, aus einem kosmischen Netzwerk vibrierender Energiefäden besteht. Henry Stapp, ein bekannter Physiker der Universität von Kalifornien in Berkeley, drückt das so aus: Wir sind alle miteinander durch «ein Netz von Beziehungen» verknüpft. Mit anderen Worten, wenn man die Welt vom subatomaren Standpunkt aus betrachtet, besteht sie aus vibrierenden Energiefäden, die sich nur in der Art und Weise ihrer Vibration voneinander unterscheiden. Sämtliche Energien des Universums sind nach dieser These eng miteinander vernetzt.

Energiekommunikation

Auch aus klassischen physikalischen Experimenten können wir schließen, daß Energien sich auf der subatomaren Ebene beeinflussen.

In einem berühmten Experiment wird eine Lichtquelle vor eine Leinwand gestellt, die zwei vertikale Schlitze hat. Das Licht fällt durch die Schlitze auf eine lichtempfindliche fotografische Platte und hinterläßt ein bestimmtes Muster. Wenn nur ein Schlitz geöffnet ist, verursacht das Licht einen unscharfen Kreis auf der Mitte der Platte.

Wie, vermuten Sie, wird das Muster aussehen, wenn das Licht durch beide Schlitze fällt? Vielleicht erwarten Sie zwei Kreise, oder vielleicht vereinigen sich beide Kreise zu einem größeren, helleren Kreis? In Wirklichkeit zeigen sich auf der Platte vertikale Lichtbänder von unterschiedlicher Intensität, wobei die hellsten in der Mitte und die dunkelsten an beiden Enden liegen. Physiker wissen, daß diese Bänder durch das Phänomen der «Interferenz» entstehen: Lichtpartikel werden durch beide Schlitze geschickt, stoßen zusammen und beeinflussen einander.

Was passiert aber, wenn wir diese Interferenz ausschalten, indem wir statt kontinuierlicher Lichtstrahlen eine Lichtquelle verwenden, die individuelle Lichtpartikel, Photonen, aussendet? Wenn nur ein Schlitz offen ist, hinterläßt das Photon einen hellen Punkt dort, wo mit kontinuierlicher Lichtquelle und zwei offenen Schlitzen kein Licht hinkam.

Wenn wir jetzt beide Schlitze öffnen, würden wir vielleicht erwarten, daß keine Interferenz stattfindet, da von der Photonenlichtquelle immer nur ein Photon auf einmal ausgesandt wird. Das ist aber nicht der Fall. Wenn beide Schlitze geöffnet sind, werden keine Lichtpunkte dort registriert, wo die Photonen sichtbar wurden, als nur ein Schlitz offen war.

Wie kann das sein? Die zentrale Frage wurde von Gary Zukav in seinem Buch «Die tanzenden Wu Li Meister» folgendermaßen ausgedrückt: «Als wir unser Photon abgeschossen hatten und es durch den ersten Schlitz drang, wie ‹wußte› es, daß es zu einer Stelle der Platte gehen durfte, die dunkel sein mußte, wenn der andere Schlitz offen war? Mit anderen Worten, wie wußte das Photon, daß der andere Schlitz geschlossen war?»

Die Physiker sind zwangsläufig zu dem Schluß gekommen, daß da irgendeine Art von «Bewußtsein» am Werk ist, eine Kommunikation zwischen den Photonen. Wenn wir grundsätzlich aus Superstrings vibrierender Energie bestehen, so scheint es nicht vollkommen abwegig zu sein, daß wir, ebenso wie Photonen, mit anderen Formen von Energie auf der gleichen Ebene «kommunizieren» können.

All das klingt vielleicht etwas sehr unwirklich, aber viele neue wissenschaftliche Untersuchungen stützen dieses Konzept. So lassen sich zum Beispiel über Biofeedback Änderungen im Blutdruck eines Menschen, in seiner Hauttemperatur, Muskelanspannung und anderen physiologischen Zuständen bewirken, die allein durch das Gehirn gesteuert sind. Über Gedankenkräfte können wir unserem Körper mitteilen, daß er die Temperatur der Haut erhöhen oder senken soll, die Blutgefäße sich erweitern oder verengen und die Muskeln angespannt oder entspannt sein sollen. Wir können also heute bewußt über das Gehirn physiologische Veränderungen bewirken, die man früher für unwillkürliche körperliche Reaktionen gehalten hat.

Ein Hauptanliegen dieses Buches ist, Ihnen Mut zu machen, diese Fähigkeiten selbst zu entwickeln. Sie können die nötigen Techniken erlernen, ohne an ein Biofeedback-Gerät angeschlossen zu sein. Wir zeigen Ihnen, wie Sie schrittweise Ihre Energie steigern und so die positiven Ergebnisse des «Nie mehr müde»-Programms noch verbessern können. Sie brauchen nur Ihr Energiebewußtsein zu erschließen.

Wie man ein Energiebewußtsein entwickelt

Wenn wir die Quantentheorie als Modell verwenden, können wir das Energiebewußtsein als die Summe aller Ebenen von menschlichem Bewußtsein definieren. Dazu gehören unter anderem das Ich und das Es, das Unbewußte und das Unterbewußtsein, durch Meditation, Hypnose und Trance veränderte Bewußtseinszustände und das höhere Bewußtsein. In all diesen Zuständen manifestieren sich verschiedene Ebenen von Energiebewußtsein.

Ihr Energiebewußtsein ist überall, in Ihren Zellen, und es umgibt Ihren Körper. Auf der subatomaren Ebene ist es mit dem universalen Energienetz verknüpft. Hinzu kommt, daß der Verlauf Ihres Lebens davon abhängt, wie stark Sie Ihr Energiebewußtsein entwickelt haben. Viele Physiker sind der Meinung, daß es keine feste Realität gibt, sondern daß Realität wahrscheinlich aus Serien von Wahrscheinlichkeitswellen besteht, aus einer unendlichen Anzahl von Ereignissen, die stattfinden *können*. Der Verlauf Ihres Lebens hat nichts mit Zufällen zu tun, sondern ist die Folge Ihrer eigenen bewußten und unbewußten Handlungen. Wenn also Realität, wie die Physik heute behauptet, nur eine Reihe von Wahrscheinlichkeiten ist, dann ist das, was für Ihr Leben Realität wird, durch Ihre eigenen Entscheidungen bestimmt. Sie sind also nicht nur ein passiver Beobachter in Ihrem Leben, sondern nehmen aktiv gestaltend am Verlauf Ihres Lebens teil.

Wenn Sie bewußt eine Entscheidung fällen, können Sie damit wichtige Veränderungen bewirken. Auch eine unbewußte Entscheidung kann eine einschneidende Wirkung haben, nur sind diese Veränderungen selten positiv. Ob es Ihnen gefällt oder nicht, Tatsache ist, daß Ihre eigene Lebensrealität davon abhängt, welche Entscheidungen Sie fällen oder nicht fällen. Sie können Ihrem Körper zum Beispiel positive Botschaften zukommen lassen oder ihn vernachlässigen und nicht beachten. Sie können sich entscheiden, ein wohlwollender, aktiver Teilnehmer in

Ihrem eigenen Leben zu sein, oder Sie können auf diese Macht verzichten. Ein solcher Verzicht aber führt zu Entropie; nach dem physikalischen Gesetz von der Nichtumkehrbarkeit von Vorgängen bedeutet das, daß Systeme mit der Zeit zusammenbrechen, wenn nichts gegen den Zerfallsprozeß getan wird. Je mehr bewußte Entscheidungen Sie treffen, die für Sie als Energiesystem vorteilhaft sind, desto mehr Energie werden Sie zur Verfügung haben.

Machen Sie den Quantensprung!

Wir schlagen Ihnen deshalb vor, einen Quantensprung in Ihrem eigenen Glaubenssystem zu unternehmen: Seien Sie offen für Möglichkeiten!

- Seien Sie offen für die Möglichkeit, daß Sie entscheidende Veränderungen in bezug auf Ihre Gesundheit und Energie machen können, indem Sie bewußt am Verlauf Ihres Lebens teilnehmen.
- Seien Sie offen für die Möglichkeit, daß Sie die praktischen Informationen über Ernährung, körperliche Übungen, richtiges Atmen und Visualisierung in den nächsten Kapiteln mit der explosiven Kraft Ihrer bewußten Entscheidung kombinieren und sich so ein gesünderes, energiereicheres Leben schaffen können.

Sauerstoff – der Schlüssel zu mehr Energie

Veränderungen der Lebensweise, die mit Sauerstoff und damit mit der verfügbaren Energiemenge zu tun haben, sollten nicht allzu schwer fallen. Sauerstoff ist der wichtigste Treibstoff für den Körper, wichtiger als Essen und Trinken. Wenn Sie die Sauerstoffaufnahme Ihres Körpers vergrößern können, nehmen Sie damit auch mehr Energie zu sich und werden seltener müde sein.

Wir wollen uns einmal genauer ansehen, wie Energie mit Hilfe von Sauerstoff produziert wird.

Der Körper spaltet die Nahrung auf in Glucose, Aminosäuren und Fette. Glucose verbindet sich in den Körperzellen mit Sauerstoff, und nach einer Reihe von biochemischen Reaktionen entsteht Adenosintriphosphat oder ATP, wobei normalerweise ein Glucosemolekül zu 36 ATP-Molekülen wird. ATP ist die eigentliche Energiequelle des Körpers. Wenn nicht genug Sauerstoff in den Zellen zur Verfügung steht, fermentiert die Glucose und produziert lediglich zwei Moleküle ATP und Milchsäure. Wissenschaftler nennen das eine «unelegante» Lösung des Energiebedarfs, da durch diesen Prozeß nur zwei Moleküle ATP hergestellt werden. Die entstehende Milchsäure entzieht den Muskeln überdies noch Energie.

Bei ausreichend Sauerstoff dagegen können 36 ATP-Moleküle produziert werden, dem Körper steht somit weitaus mehr Energie zur Verfügung. Wir sprechen hier von einer «eleganten» Lösung, da so auf die sauberste und schnellste Weise das gewünschte Ergebnis erzielt wird.

Vielleicht fragen Sie jetzt: «Warum soll ich nicht genug Sauerstoff haben?» Schließlich atmet doch jeder und sollte deshalb auch genug Sauerstoff zur Verfügung haben. Leider aber ist das nicht so einfach.

Streß zum Beispiel schränkt die Sauerstoffzufuhr ein. Wenn wir gestreßt sind, spannen wir unsere Muskeln, vor allem die des Oberkörpers, an, die Blutzufuhr wird gedrosselt und da die Blutzellen den Sauerstoff transportieren, gelangt weniger Sauerstoff in die Zellen. Auch bestimmte Lebensgewohnheiten haben einen Einfluß auf die Sauerstoffversorgung. Durch Rauchen wird zum Beispiel Lungengewebe zerstört und damit die Menge des Sauerstoffs, die mit jedem Atemzug über die Lunge ins Blut gelangt, eingeschränkt. Falsche Atemtechnik beeinflußt die Sauerstoffaufnahme ebenfalls negativ. Körperliche Untätigkeit kann die Kapazität der Lungen herabsetzen. Eine Ernährungsweise, die Cholesterinablagerungen an den Gefäßwänden fördert, ist für eine schlechtere Durchblutung verantwortlich. Zuviel Salz in der Ernährung erhöht den Blutdruck und verschlechtert die Durchblutung. Sie sehen also, daß es eine ganze Reihe von Gründen gibt, die dafür verantwortlich sein können, daß Ihr Körper «nicht ausreichend» mit Sauerstoff versorgt wird.

Wenn Ihren Zellen nicht ausreichend Sauerstoff zugeführt wird, müssen sie einen Teil der Glucose in Milchsäure umwandeln und können nur zwei kümmerliche ATP-Moleküle produzieren. Wenn Sie Ihrem Körper mehr Sauerstoff zuführen, ermöglichen Sie Ihren Zellen die «elegante» Alternative. Eine Herz und Kreislauf stärkende Gymnastik erhöht zum Beispiel die Sauerstoffmenge, die in den Blutkreislauf gelangt. Wenn Sie sich für ein körperliches Übungsprogramm entscheiden, verändern Sie etwas ganz Entscheidendes in Ihrem Leben, indem Sie Ihrem Körper die Möglichkeit geben, mehr Energie zu produzieren.

Aber auch Ihre innere Einstellung hat Einfluß auf eine solche Entscheidung. Sind Sie Ihrer Meinung nach jemand, der gerne aktiv ist, der es genießt, wenn er sich körperlich fit fühlt? Oder betrachten Sie ein körperliches Übungsprogramm nur als Strafe? Fühlen Sie sich durch die

Beschränkung auf bestimmte Nahrungsmittel, die dem Körper Energie geben, in Ihrer Freiheit beschnitten, oder würden Sie ein solches Programm gerne einmal ausprobieren? Vielleicht klingen diese Fragen für Sie nach Haarspalterei, aber es ist nun einmal so, daß Ihre Einstellungen Ihre individuelle Realität bestimmen. Sie können mit Hilfe der Methoden für innere Programmierung in Teil III lernen, Ihre Realität neu zu definieren. Es liegt in Ihrem Entscheidungsbereich, ob Sie jugendlicher und schlanker aussehen und ob Sie Ihre Sauerstoffzufuhr mit körperlichen Übungen und der richtigen Ernährung steigern. Es hängt von Ihnen ab, ob Sie visualisieren wollen, wie Ihre Körperzellen mehr ATP produzieren, wie Ihre Energie zunimmt und Sie nie mehr müde sind.

Ihre neue persönliche Realität hängt davon ab, als wen Sie sich selbst sehen und erleben wollen.

Schnelles Energietanken

Die folgende Übung wird nur zehn Minuten Ihrer Zeit in Anspruch nehmen und Sie schnell mit Extraenergie versorgen. Diese und ähnliche Energieübungen tauchen in Abständen immer wieder in diesem Buch auf. Sie können Sie aber jederzeit und in jedem Stadium des Programms machen. In den ersten fünf Schritten ähneln sich die Übungen; sie sollen Sie entspannen und Ihr Unterbewußtsein auf die spezielle Energieprogrammierung des sechsten Schrittes vorbereiten. Dieser sechste Schritt ist bei jeder Energieübung ein anderer und läßt Ihrem Unterbewußtsein eine besondere Energiebotschaft zukommen. Der siebte Schritt ist wieder für alle Übungen gleich und bringt Sie in die bewußte Realität zurück.

Im Gegensatz zu anderen Therapeuten glauben wir nicht, daß die Selbstprogrammierung nach ganz festen Regeln ablaufen muß, um erfolgreich zu sein. Es hat sich allerdings herausgestellt, daß die meisten unserer Klienten das schrittweise Vorgehen, das wir in diesem Buch beschreiben, bevorzugen. Die ersten Schritte werden jedesmal wiederholt, bis Sie Ihnen selbstverständlich werden und das eigentliche Selbstprogrammieren intensiviert und vertieft werden kann. Sie können die ersten fünf Anweisungen auf Tonband sprechen oder sich von jemandem vorlesen lassen, bis Sie sie auswendig können, aber Sie brauchen sich nicht sklavisch daran zu halten, um von diesen Übungen zu profitieren.

1. Schritt: Es sich bequem machen

Legen Sie sich auf den Fußboden, oder setzen Sie sich bequem in einen Sessel oder Stuhl mit Armlehnen. Wählen Sie eine Zeit, in der Sie nicht gestört werden können und während der es im Haus oder in der Wohnung möglichst still ist. Diese Übung dauert nur zehn Minuten; Sie können sich aber auch mehr Zeit dazu nehmen.

2. Schritt: Sich einstimmen

Schließen Sie die Augen, und atmen Sie tief und langsam durch die Nase ein. Dehnen Sie dabei erst den Bauch, dann die Taillengegend und schließlich den Oberkörper, wobei Sie die Schultern leicht heben, um noch mehr Luft und damit Sauerstoff in die Lungen zu ziehen. Halten Sie die Luft an, während Sie bis vier zählen, und atmen Sie dann langsam wieder durch den Mund aus. Sie werden fühlen, wie Ihre Schultern sich entspannen und senken und wie die Muskeln Ihres Oberkörpers sich entkrampfen. Dabei sagen Sie sich: «Ich habe das Recht, mir diese Zeit zu nehmen. Es ist wichtig, daß ich mich regeneriere. Je mehr Sauerstoff ich meinem Körper zuführe, desto gesünder, vitaler und produktiver fühle ich mich.»

3. Schritt: Rückwärts zählen

Sie lassen die Augen geschlossen und atmen wieder tief ein und aus. Stellen Sie sich nun nacheinander jeden Muskel Ihres Körpers vor, und Sie werden merken, daß Sie schon etwas entspannter sind als vor den Atemübungen. Zählen Sie nun bei jedem langen Atemzug von fünf an rückwärts. Atmen Sie bei fünf tief ein, atmen Sie bei fünf langsam wieder aus. Stellen Sie sich vor, Sie gingen langsam eine Treppe Stufe für Stufe hinunter. Der nächste Atemzug ist Stufe vier und so weiter, bis Sie auf eins angekommen sind. Mit jedem Atemzug und jeder Stufe sind Sie ein Stück entspannter. Nachdem Sie mit Atemzug eins auf der untersten Stufe angekommen sind, stellen Sie sich vor, Sie gingen durch einen wunderschönen saftig-grünen Wald; die Luft ist angenehm warm und einladend. Sie gehen auf einen kristallklaren See zu und legen sich in das weiche Gras am Ufer des Sees. Sie sind allein, fühlen sich ganz sicher und entspannt. Die Sonne wärmt Ihnen Körper und Seele.

4. Schritt: Verinnerlichen des ersten Teils von Schritt 3

Achten Sie darauf, wie es sich anfühlt, wenn man gleichzeitig entspannt und aufmerksam ist. Sagen Sie sich: «Immer, wenn ich die Atemübungen mache und von fünf bis eins rückwärts zähle, erreiche ich eine tiefere Bewußtseinsebene, bin ich entspannter und kreativer.»

5. Schritt: Registrieren der inneren Energie

Atmen Sie jetzt normal, und achten Sie auf die Geräusche und Empfindungen Ihres Körpers. Denken Sie immer daran, daß der Körper ein Energiesystem darstellt, daß er aus einem Netzwerk vibrierender Energiefäden besteht. Lassen Sie diese Fäden in Harmonie miteinander schwingen, und fühlen Sie, wie Sie sich dadurch komplett und ganz vorkommen. Wenn Ihnen unwillkürlich andere Gedanken in den Sinn kommen, tun Sie so, als ob Sie Ihren Körper nur beobachten. Lassen Sie diese Gedanken ohne Beurteilung kommen und gehen. Konzentrieren Sie sich weiterhin auf die Vibration Ihrer Energiefäden.

6. Schritt: Energieprogrammierung

Alle Übungen zum «schnellen Energietanken» unterscheiden sich in diesem Schritt.

7. Schritt: Zurückkehren

Entspannt gehen Sie zurück zu der Treppe. Zählen Sie langsam von eins bis fünf, während Sie die Treppe hinaufgehen. Wenn Sie oben sind, öffnen Sie langsam die Augen. Lassen Sie sich Zeit, sich wieder zu orientieren. Dann nehmen Sie ihren normalen Tagesablauf erfrischt und mit mehr Energie wieder auf.

Schnelles Energietanken, Nr. 1
Ein Tagtraum für den richtigen Anfang

Schritte 1 bis 5: Siehe oben.

6. Schritt: Energieprogrammierung

Atmen Sie langsam und tief ein und aus, und stellen Sie sich dabei vor, wie der Sauerstoff in jede Körperzelle dringt. Sie merken, wie Müdigkeit und Anspannung von Ihnen abfallen und Sie entspannt, aber aufmerksam sind. Atmen Sie mit jedem Atemzug Energie ein und Müdigkeit und Streß aus. Stellen Sie sich vor, daß die Energie in Ihren Körper als reines weißes Licht eindringt.

Jetzt fühlen Sie sich eins mit Ihrem innersten Selbst, sind entspannt, aber aufmerksam. Nun stellen Sie sich vor, wie Sie sein möchten. Sie stehen vor einem Spiegel und sehen sich als der Mensch, der Sie schon immer sein wollten. Sie sagen sich zum Beispiel: «Ich werde ein Theaterstück schreiben und Regie führen, und ich werde darin mich selbst spielen. Das Stück wird ein großer Erfolg sein, denn es gibt nichts, was ich in meinem Leben nicht erreichen kann.» Sie können alle Methoden aus diesem Buch verwenden, um ein wirklich erstklassiges Stück auf die Bühne zu bringen. Ihre Familie und Freunde als Zuschauer sind von jeder Bewegung, jeder Veränderung, die Sie in Ihrer Lebensweise vornehmen, begeistert. Sie blicken auf die Zuschauer und fühlen, wie sehr Sie jeder bewundert. Sie hören den begeisterten Applaus und wissen, daß das gerade in diesem Augenblick passiert.

7. Schritt: wie oben.

5 Zu müde für Sex?

Larry fehlte nichts. 15 Jahre lang hatte er 14 Stunden pro Tag gearbeitet, und jetzt lief sein Geschäft blendend. Er hatte ein teures Haus in der besten Gegend, hatte eine Sammlung von antiken Autos in der Garage stehen, hatte ein Sommerhaus am See und so viel Geld, daß er nicht wußte, wohin damit. Und dennoch verließ ihn seine Frau nach 25 Jahren Ehe wegen eines anderen Mannes, ohne ihren Nerzmantel und ihren Mercedes mitzunehmen.

Sie brachte selbst eine Reihe von Erklärungen und Entschuldigungen vor, die wir aber alle vernachlässigen können. Die Wahrheit war einfacher: Larrys Frau ging mit einem anderen Mann davon, weil Larry beinahe immer zu müde für Sex war. Und das war leicht zu erklären. Larry hatte sich so sehr mit seinem Geschäft identifiziert, daß er seinen Körper vollkommen vernachlässigte. Er stand nicht nur wegen seines Geschäfts ständig unter Streß, sondern auch, weil er eine völlig unausgewogene Lebensweise hatte. Er hatte zu hohen Blutdruck, war nikotinsüchtig, aß zu fett und liebte Schokolade. Er war auch so an die Aufregung, die sein Beruf mit sich brachte, und damit an die hohe Adrenalinausschüttung seines Körpers gewöhnt, daß er abends müde und hungrig nach Hause kam. Er aß sein Abendbrot im allgemeinen vor dem Fernseher und schlief beinahe regelmäßig bald darauf ein. Offenbar wurde das Thema Sex nie erwähnt, Larry war viel zu müde dafür.

Da heute der Erfolg im Beruf so wichtig ist, läßt sich daraus beinahe zwangsläufig folgern, daß viele Menschen, Männer wie Frauen, keine Freude mehr am Sex haben. Wie Larry sind viele von uns am Ende des Tages so erschöpft, daß wir im Bett nur noch schlafen möchten. Viele sind unglücklich darüber, daß sie so wenig Energie, aber auch so wenig Interesse an Sex haben. In einer großen New Yorker Tageszeitung wurden vor nicht langer Zeit die Ergebnisse einer Befragung von jungen Frauen zwischen 18 und 35 über ihre sexuellen Gewohnheiten veröffentlicht. 56 Prozent sagten, daß sie weniger häufig mit ihrem Partner sexuell zusammen seien, als sie eigentlich wollten, und 54 Prozent waren einfach zu müde für Sex. Ein Spezialist für Ehe- und Familienberatung und Sexualtherapie gibt an, daß 45 Prozent seiner Klienten, Frauen wie Männer, behaupten, sie seien chronisch müde. Die Folge davon seien Schwierigkeiten in ihrem Sexualleben.

Warum sind *Sie* zu müde für Sex?

Wie wir schon in Kapitel 3 sagten, kann chronische Müdigkeit viele Ursachen haben; körperliche Faktoren bis zu psychischen Blockierungen und eine falsche Lebensweise können dafür verantwortlich sein. Gleichgültig aber, woran es liegt, man ist einfach zu müde für Sex, und das hat verhängnisvolle Folgen: Selbstachtung und Selbstverständnis als Mann oder Frau leiden; das Gefühl der intimen Nähe zum Partner geht verloren, und da diese intime Verbundenheit auch andere persönliche Beziehungen beeinflußt, verlaufen auch die weniger zufriedenstellend. Und nicht zuletzt enthalten Sie sich eine der schönsten Freuden vor.

Zu müde für Sex: die körperlichen Ursachen

Rauchen

Mediziner haben schon lange gewußt, daß Rauchen die Blutgefäße verengt, und in letzter Zeit hat sich herausgestellt, daß dadurch auch die Durchblutung des Penis herabgesetzt und die Fähigkeit zur Erektion vermindert wird. Wenn ein Raucher dazu noch mit Krankheiten zu tun hat, die die Gefäße in Mitleidenschaft ziehen, wie Arteriosklerose, Diabetes, Bluthochdruck und ein zu hoher Cholesterinspiegel im Blut, ist das Risiko einer Impotenz und natürlich auch chronischer Müdigkeit stark erhöht. Hinzu kommt, daß sich bei schweren Zigarettenrauchern auch Abnormitäten im Sperma feststellen lassen. Der Zusammenhang zwischen Rauchen und verminderter sexueller Leistungskraft ist bisher zwar nur bei Männern untersucht worden, aber man vermutet wahrscheinlich zu Recht, daß die sexuelle Erlebnisfähigkeit auch der weiblichen Raucher eingeschränkt ist. Verengte Blutgefäße behindern zwar nicht die sexuelle Funktion, wie es beim Mann der Fall ist. Aber man kann durchaus davon ausgehen, daß eine verminderte Durchblutung der weiblichen Geschlechtsorgane auch die sexuellen Empfindungen der Frau verringert. Wenn eine Frau sexuell erregt ist, werden Brüste, Klitoris und Vagina besonders stark durchblutet; das erhöht die sexuelle Spannung und damit den sexuellen Genuß. Bei gedrosselter Durchblutung wird eine Frau beim Sex auch weniger empfinden.

Beschädigung der Blutgefäße

Bei Diabetes, Bluthochdruck, erhöhtem Cholesterin- und/oder Triglyceridspiegel werden die Blutgefäße verengt. So gelangt auch weniger Blut in die Sexualorgane, wodurch eine Erektion erschwert und die sexuelle Empfindung herabgesetzt wird. Medizinwissenschaftler in Paris, die sich besonders mit dem Thema Impotenz beschäftigen, untersuchten die Wirkung von Gefäßverengung auf die Potenz und verglichen zu diesem Zweck die Daten von 440 impotenten Männern mit denen von potenten Männern gleichen Alters. Der Blutdruck in den Arterien des Penis war bei den Männern signifikant niedriger, auf die zwei oder drei der oben erwähnten Risikofaktoren zutrafen. Wenn drei dieser Faktoren vorhanden waren, lag die Wahrscheinlichkeit bei 100 Prozent, daß der Mann organisch impotent war, das heißt, er war körperlich unfähig zu erigieren. (Bei einer psychisch bedingten Impotenz ist der Mann körperlich fähig, zum Beispiel im Schlaf oder beim Aufwachen, eine Erektion zu haben, kann aber aus psychischen Gründen mit seiner Partnerin zusammen nicht zur Erektion kommen oder sie aufrechterhalten.)

Candida, ein echtes Problem

Müdigkeit allein ist schon Grund genug, um das Interesse an Sex zu verlieren, aber Candidiase, eine Pilzinfektion, hat einen noch größeren Einfluß auf die Libido. Auch hier ist chronische Müdigkeit wieder eines der Symptome.

Eine chronische Infektion mit Candida albicans kann eine Reihe von physiologischen, neurologischen und psychischen Symptomen verursachen. Offensichtlich werden durch die Reizung zum Beispiel der Scheide das Interesse an Sex und die sexuelle Reaktion vermindert, aber nicht die Reizung allein ist für eine eingeschränkte Libido verantwortlich. Ergebnisse von japanischen Wissenschaftlern deuten darauf hin, daß eine solche Pilzinfektion auch die Funktion verschiedener Drüsen beeinträchtigen kann, einschließlich der Drüsensysteme für Sexualhormone. Die Sproßpilze scheinen die Rezeptoren für die Sexualhormone zu blockieren, so daß die Botschaft der sexuellen Erregung nicht weitergeleitet wird. Eine Frau mit chronischer Candida-Infektion wird unter Umständen schließlich keine sexuelle Erregung mehr verspüren, und zusammen mit chronischer Müdigkeit verringert das die Chancen für ein befriedigendes Sexualleben extrem.

Fettleibigkeit

Übergewicht bringt in bezug auf ein befriedigendes Sexualleben doppelte Probleme, da es sowohl körperliche wie psychische Folgen hat. Zuviel Gewicht macht körperlich müde; Herz und Kreislauf werden stark belastet, da das Herz das Blut durch ein weitaus größeres System von Venen und Arterien pumpen muß, und auch die anderen Organe werden durch Übergewicht überbeansprucht.

Auch vom psychologischen Standpunkt aus ist Fettleibigkeit ein echtes Handicap. Es fällt schwer, sexuelle Gefühle zu entwickeln, wenn man sich nicht für sexy hält. Viele übergewichtige Männer und Frauen vermeiden Sex, da sie sich nicht als attraktiv empfinden. Manche strafen sich mit dieser sexuellen Enthaltsamkeit für die Maßlosigkeit, die sie beim Essen zeigen. Das geht bis zu der festen Überzeugung, sie verdienten keinerlei sexuelle Freuden und müßten ihr Verlangen unterdrücken.

Die Medizin definiert Fettleibigkeit als 20 Prozent über dem für Alter, Geschlecht und Größe normalen Gewicht. Viele Menschen, die sich selbst für zu dick halten, sind klinisch nicht übergewichtig. Doch da sie mehr wiegen, als ihnen lieb ist, zweifeln sie an ihrem Sex-Appeal.

Ernährung

Es ist Freitag abend, Gott sei Dank! Sie sind zu zweit in Ihrem Lieblingsrestaurant. Das Essen ist köstlich, der Wein wunderbar und die Nachspeise ein Gedicht! Sie sitzen bei Kerzenlicht, und leise Musik spielt im Hintergrund. Sie denken voller Vorfreude an die Fortsetzung dieses romantischen Abends zu Hause.

Zwei Stunden später befinden Sie sich auf der Heimfahrt; Sie sind satt und müde und müssen die Autofenster öffnen, um nicht einzuschlafen. Zu Hause quälen Sie sich mühsam die Treppen hinauf, lassen sich ins Bett fallen und schlafen prompt ein. Ein romantischer Abend?

Dieses Szenario ist nicht an den Haaren herbeigezogen. Wie wir schon an anderer Stelle gesagt haben, wirkt sich unser Lieblingsessen nicht immer positiv auf uns aus und versorgt uns mit Kraft und Energie. Viele Menschen leiden sogar unter Nahrungsmittelallergien oder reagieren auf bestimmte Speisen überempfindlich. Nicht selten sind extreme Müdigkeit, Geblähtsein, Magendrücken, Kopfschmerzen und Ausschlag die Folge eines «guten» Essens, und es ist kein Wunder, daß uns dann nach allem anderen als nach Sex zumute ist.

Wenn Ihnen obige Beschreibung eines romantischen Abends bekannt vorkommt, dann reagieren Sie wahrscheinlich auf bestimmte Nahrungsmittel besonders stark, und es ist ziemlich wahrscheinlich, daß Sie diese sogar besonders gern essen. Die köstlichen Gerichte im Restaurant sind nicht selten zu fett, zu süß, enthalten zuviel Fleisch und wenig oder gar keine komplexen Kohlehydrate. Ihr Körper ist nun durch die Verdauung von Fett und Eiweiß so stark in Anspruch genommen, daß wenig Energie für irgend etwas anderes bleibt wie etwa Sex. Dazu kommt, daß der weiße Zucker, der in dem himmlischen Nachtisch reichlich vorhanden war, eine Streßreaktion auslöst: Der Blutzuckerspiegel steigt steil an, Sie empfinden ein kurzzeitiges körperliches Hochgefühl, das aber sehr bald von einem Erschöpfungszustand abgelöst wird, dann nämlich, wenn der Blutzuckerspiegel rapide wieder absinkt. Wenn wir zwischen einer Gourmetmahlzeit und einem romantischen Abend wählen müssen, entscheiden wenigstens wir uns für letzteren!

Drogen, Alkohol und Sex

Wenn Ihnen an einem aktiven Sexualleben gelegen ist, lassen Sie sich nicht einreden, daß Drogen und/oder Alkohol Sie potenter machen. Genau das Gegenteil ist der Fall.

Alkohol dämpft die Funktionen des Nervensystems und damit das sexuelle Verlangen. Das nach einem Drink anfangs erhöhte sexuelle Interesse hat nur etwas mit Enthemmung zu tun. Doch diese Wirkung hält nicht an. Letzten Endes unterdrückt Alkohol die neurologischen Sexualreflexe.

Auch Drogen wie Amphetamine, Barbiturate, Kokain, Marihuana und Heroin beeinträchtigen die sexuellen Funktionen. Rezeptpflichtige Medikamente enthalten häufig Bestandteile, die zu Erschöpfung und/oder Impotenz führen können, wie zum Beispiel Medikamente gegen zu hohen Blutdruck, Antihistamine, Beruhigungsmittel und andere Psychopharmaka. Die «Nie mehr müde»-Lebensweise kann eine wirkungsvolle Alternative für eine Medikamententherapie sein. Sprechen Sie dieses Thema mit Ihrem Arzt an, vielleicht können Sie Ihren Blutdruck durch eine Diät, durch körperliche Übungen und Entspannungsmethoden senken statt mit Hilfe von Medikamenten. Sie werden eine Steigerung Ihres sexuellen Genusses erleben und wieder mehr Freude am Sex haben. Wenn Sie sich auf einen romantischen Abend freuen, sollten Sie Drogen möglichst vermeiden und höchstens ein Glas Wein trinken.

Zu müde für Sex: psychische Faktoren

Überholte Einstellungen zu Sex und Vorurteile

Können Sie sich leicht vorstellen, wie ein junges Paar miteinander schläft? Natürlich können Sie das. Wie ist es mit einem Paar in den Vierzigern oder Fünfzigern, Siebzigern oder Achtzigern? Kommt es Ihnen merkwürdig vor, daß Paare in dem Alter noch miteinander schlafen? Dann sind auch Sie dem Gerücht aufgesessen, sexuelles Verlangen und sexuelle Fähigkeiten verschwänden, wenn wir älter werden.

Es gibt weder für Männer noch für Frauen eine Altersgrenze, ab der sie unwillkürlich aufhören, an Sex Interesse zu haben und sexuell aktiv zu sein. Wenn Männer sich ihre Gesundheit auch nur einigermaßen erhalten, können sie noch als Achtzig- und Neunzigjährige Erektionen haben. Wir glauben, daß es für Männer, die ihre Lebensweise nach unserem Programm ausrichten, überhaupt keine obere Grenze geben muß.

Wenn ein junger Mann entsprechend geistig oder körperlich stimuliert wird, wird er innerhalb von drei bis fünf Sekunden eine vollständige Erektion erreichen. Ein Mann zwischen Fünfzig und Siebzig wird dazu vielleicht zwei- bis dreimal so lange brauchen, also auch er hat in nur sechs bis fünfzehn Sekunden eine Erektion. Ältere Männer haben dabei einen ganz besonderen Vorteil, der häufig übersehen wird. Junge Männer kommen oft sehr schnell zum Höhepunkt, ältere Männer können eine Erektion länger aufrechterhalten, bevor es zum Orgasmus kommt. Viel spricht für Alter und Erfahrung auch auf diesem Gebiet! Dr. William Masters meinte, daß jeder an Sex bis ins hohe Alter Freude haben kann, der gesund ist, der einen interessierten und interessanten Partner hat und auch regelmäßig sexuell aktiv ist.

Depressionen

Depressionen können den sexuellen Genuß empfindlich dämpfen. Forschungsergebnisse zeigen, daß 51 bis 73 Prozent aller depressiven Menschen weniger Interesse an Sex haben als vor der Depression; hinzu kommen noch Begleiterscheinungen wie extreme Müdigkeit, wenig Energie, Gereiztheit, Angstzustände, geringes Selbstbewußtsein und der Wunsch, sich von anderen abzukapseln, was häufig zu Konflikten zwischen dem Betroffenen und seinem Partner führt. Oft liegt hierin dann der Grund für eine spätere Scheidung.

Zu gestreßt für Sex

Ein Zeichen dafür, daß jemand unter zuviel Streß steht, ist ein vermindertes Interesse an Sex. Wer starkem Streß ausgesetzt ist, schläft oft weniger gut und ist häufig einfach zu müde.

Wenn in einer Beziehung etwas zwischen den Partnern nicht stimmt, dann leidet meistens auch die sexuelle Seite ihres Zusammenlebens darunter. Stellen Sie sich nun einmal eine Situation vor, in der zwei Eheleute sich darüber streiten, wer nun wieder zuviel Geld ausgegeben hat. Sie schreien einander an, knallen Türen. Versuchen Sie sich nun auszumalen, wie sich dieses Paar wieder versöhnt, zärtlich miteinander ist und ins Bett geht. Wird das Bild plötzlich undeutlich? Haben Sie Probleme mit dieser Vorstellung? Das wäre kein Wunder, denn im allgemeinen hat ein bitterer Streit kein so gutes Ende.

Es gibt zwar Paare, die Sex immer dann besonders aufregend finden, wenn sie sich vorher ordentlich gestritten haben. Den meisten Menschen aber nimmt die Wut, besonders wenn es unterdrückte Wutgefühle sind, jegliche Lust am sexuellen Zusammensein. Wenn Wut offen ausgedrückt wird, kann man damit umgehen und eine Lösung finden. Wenn aber die Zähne zusammengebissen und Zorn und Enttäuschung heruntergeschluckt werden, kann daran eine Beziehung zugrunde gehen.

Sind Sie heimlich erleichtert, wenn Ihr Partner zu müde für die Liebe ist? Sind Sie innerlich anfangs ärgerlich, wenn Sie merken, daß Ihr Partner Lust auf Sex hat? Suchen Sie nach Gründen, seine körperlichen Zärtlichkeiten oder auch bevorzugten Positionen abzulehnen? Das wäre häufig ein Zeichen für unterdrückte Wutgefühle. Unterdrückter Zorn und Groll sind wie Termiten; sie unterhöhlen die Basis Ihrer Beziehung.

Wie steht es mit «echter Müdigkeit»?

«Du lieber Himmel», sagen Sie jetzt vielleicht zu sich selbst, «darf ich nicht wenigstens hin und wieder schlicht zu müde für sexuelle Aktivitäten sein?» Natürlich dürfen Sie das. Müdigkeit ist nicht immer eine Folge von Krankheit und muß auch nicht immer psychische Gründe haben. Manchmal ist man einfach zu müde, weil man den ganzen Tag schwer gearbeitet hat. Wenn beide Partner einen Beruf ausüben, registrieren sie häufig ein vermindertes Interesse an Sex. Sie haben nicht selten nicht nur jeder einen Beruf, sondern auch Kinder, haben gesellschaftliche Verpflichtungen und außerdem bisweilen jeder das Bedürfnis, etwas Zeit für sich zu haben. Kein Wunder, daß dann häufig das Liebesleben zu kurz kommt.

Gutgestellte Paare, bei denen beide beruflich erfolgreich sind, beklagen sich häufig darüber, daß ihr sexuelles Beisammensein nicht mehr spontan ist, daß Sex ihnen nicht mehr soviel Spaß macht, daß das Spielerische verlorengegangen ist. Eine Lösung wäre, daß solche Paare ihre Spontaneität planen!

Das bedeutet, daß sie bewußt für einen Ausgleich in ihrem Leben sorgen müssen. Wenn sie festgestellt haben, daß sie dauernd zu müde für Sex sind, müssen sie eine Zeit dafür reservieren. Zum Beispiel richten einige unserer Freunde es so ein, daß sie regelmäßig allein mit dem Partner ein Wochenende in einem Hotel verbringen. Ihre Kinder lassen sie bei Freunden oder nehmen sich einen Babysitter. Auf ähnliche Weise können Sie auch einen gemütlichen Abend zu zweit zu Hause planen. Sie müssen sich darüber klarwerden, wo Ihre Prioritäten liegen, und sich dann trotz Arbeit und täglicher Pflichten eine Zeit einräumen, in der Sie nur füreinander da sind und ohne Streß sexuell zusammensein können.

Wie Sie Ihre sexuelle Energie steigern können

Wenn Sie glauben, daß Sie meistens zu müde für Sex sind, gibt es auch für Sie Möglichkeiten, an dieser Situation etwas zu ändern.

Lassen Sie sich als erstes gründlich untersuchen. Scheuen Sie sich nicht, mit Ihrem Arzt über Ihr vermindertes Interesse an Sex zu sprechen. Er kann feststellen, ob körperliche Ursachen dafür vorliegen, die zu behandeln sind, oder auch vorschlagen, was Sie an Ihrer Lebensweise ändern könnten, um Krankheiten oder schlechten Angewohnheiten entgegenzuwirken, die Ihr Interesse an Sex mindern könnten.

Wenn Sie glauben, daß Ihr geringes Interesse von sexuellen Problemen in Ihrer Vergangenheit oder daher rührt, daß mit der Beziehung zu Ihrem Partner etwas nicht stimmt, sollten Sie sich professionell beraten und helfen lassen. Die Psychotherapeutin Penelope Young meint dazu: «Niemand braucht heute zu glauben, daß er eben keine gute Beziehung und kein befriedigendes Sexualleben haben kann. Glücklicherweise kennen wir heute die Dynamik einer gesunden Beziehung und wissen, wie sie funktioniert. Wir können unseren Klienten beibringen, wie man besser kommuniziert, und ihnen helfen, die Probleme mit ihrem Partner effektiver zu lösen. Wir wissen heute auch mehr über Sexualität. Es gibt zum Beispiel einfache Methoden, wie Frauen ihre Orgasmusfähigkeit steigern und wie Männer einen vorzeitigen Samenerguß verhindern können.»

Haben Sie den Mut, lebenslange Angewohnheiten abzulegen, die Sie dauernd müde machen.

Werden Sie körperlich fit. Haben Sie mehr Energie. Lernen Sie besser mit Streß umgehen, und ändern Sie Ihre Einstellung zum Leben!

Im «Nie mehr müde»-Programm werden die hauptsächlichen Gründe für chronische Müdigkeit aktiv angepackt. Die Rezepte aus dem Ernährungsprogramm schaffen Energie, sorgen für ein gesundes Gewicht und normalisieren Cholesterinspiegel und Blutdruck. Durch das Übungsprogramm werden Depressionen abgebaut und Ihre Fähigkeit erhöht, mit dem täglichen Streß fertig zu werden. Die Methoden für schnelles Energietanken helfen nicht nur dann, wenn Sie tagsüber die Müdigkeit zu überwältigen droht, sondern sie tragen auch zur Verbesserung Ihres Selbstbilds bei, was sich wiederum den Menschen Ihrer Umgebung mitteilt.

Angenommen, Sie leiden unter keinem ernsthaften körperlichen oder psychischen Problem, dann wird Ihnen eine Veränderung Ihrer Lebensweise nach unserem Programm die Energie geben, die Sie für eine befriedigende sexuelle Beziehung brauchen.

6 Ernährung, Liebe und Energie

Wir machen mit den Teilnehmern unserer Workshops häufig eine Art spielerischer Übung, bei der sie bestimmte Begriffe mit anderen Wörtern assoziieren müssen. Zum Beispiel sollen sie spontan sagen, welche Begriffe sie mit Essen verbinden. Meistens werden dann Wörter genannt wie: Sicherheit, Schuldgefühle, Trost, Energie, Belohnung, und immer ist die Gruppe damit einverstanden, daß die Bedeutung von Essen in einem Wort zusammengefaßt werden kann: Liebe.

Eine amerikanische Liebesgeschichte, die traurig, aber wahr ist

John B. hatte schon Probleme mit erhöhtem Blutdruck, als er noch in den Dreißigern war. Durch Medikamente konnte sein Blutdruck auf Normalwerte gesenkt werden, aber diese Mittel bewirkten, daß John ständig müde war und er allmählich impotent wurde. Schließlich war John so depressiv und müde, daß er so gut wie nie mehr mit seiner Frau Sally ausging. Johns Arzt meinte, er arbeite zuviel und solle einmal Ferien machen. John überhörte diesen Rat.

Die Ehe von John und Sally wurde immer schlechter. Sally fühlte sich verständlicherweise vollkommen vernachlässigt und war sexuell unbefriedigt. Jeden Abend fiel John nach dem Essen erschöpft ins Bett. Manche Abende war er sogar zu müde, um die Treppen ins Schlafzimmer hinaufzusteigen, und schlief schon im Sessel vor dem Fernsehapparat ein. Es gab keinerlei intime Zärtlichkeiten mehr in ihrer Beziehung. Sally ließ sich scheiden und heiratete bald darauf einen Mann mit mehr Energie.

John litt unter dem Gefühl der Unzulänglichkeit und fing an, sich mit Süßigkeiten und kalorienreicher Nahrung zu trösten. Nach einem Jahr war sein Cholesterinspiegel auf 300 gestiegen, und John erlitt einen schweren Herzinfarkt. Später mußte er sich einer Herzoperation unterziehen. Als er aus dem Krankenhaus entlassen wurde, fuhr er als erstes zu seiner Lieblingsbude und genehmigte sich einen doppelten Cheeseburger und ein Milchshake. John wußte, wo er Trost und Liebe finden konnte, oder?

Die Psychologie von Essen und Liebe

Wir werden den Begriff «Diät» in unserem «Nie mehr müde»-Programm nicht verwenden, denn dieses Wort ruft häufig Gefühle von Wut, Schuld und Frustrationen hervor. Seit Ihrer Geburt sind Sie mit Essen auch gefühlsmäßig verbunden, war orale Befriedigung durch Essen sehr wichtig. Mit der Muttermilch oder der Flasche waren auch Gefühle wie Liebe, Sicherheit, Vertrauen, sinnliche Anregung und Befriedigung eng verbunden. Kein Wunder, daß schon das Wort Diät viele Menschen an Entzug, an physisches oder seelisches Verhungern denken läßt.

Als Kinder wurden wir oft für braves Verhalten mit einer Leckerei belohnt oder aber bestraft, indem man uns unser Lieblingsessen für einige Zeit vorenthielt. Diese Verbindung von Belohnung bzw. Bestrafung mit Essen konditionierte uns sozusagen auf bestimmte Nahrungsmittel. (Durch die Werbung wird diese emotionelle Abhängigkeit auch des Erwachsenen vom Essen noch verstärkt. In den Vereinigten Staaten kommen auf jeden Dollar für die Gesundheitsforschung 100 Dollar, die Firmen für Nahrungsmittelwerbung ausgeben.)

Das Kind und der Jugendliche lernen, daß besondere Nahrungsrituale häufig mit angenehmen gesellschaftlichen Ereignissen und auch mit religiösen Festen verbunden sind. Bestimmte Speisen werden mit bestimmten Gefühlen assoziiert. Zum Beispiel gilt Kaviar als ganz besonders luxuriös und teuer unter Erwachsenen. Frisches Brot, dick mit Marmelade und Butter bestrichen, läßt uns an schöne Zeiten in unserer Kindheit denken. «Intime kleine Abendessen für zwei» versprechen Romantik und Sex. Manche Nahrungsmittel, wie gewisse Pilze, haben angeblich Zauberkräfte. In manchen Religionen oder bestimmten Kulturkreisen gelten verschiedene Lebensmittel als tabu. Mohammedaner und Juden dürfen zum Beispiel kein Schweinefleisch essen, Mormonen keinen Alkohol oder koffeinhaltige Getränke trinken. Manche Gerichte werden sogar geschlechtsspezifisch zugeordnet: Steak und Kartoffeln sind etwas für einen richtigen Mann; Damen dagegen bevorzugen bei einer Gartenparty Kanapees und kleine Häppchen.

Was bedeutet das alles? Eigentlich nur, daß es nicht leicht ist, Eßgewohnheiten zu ändern, auch wenn es aus gesundheitlichen Gründen unbedingt notwendig wäre. Denn beim Essen spielen Gefühle und Einstellungen eine Rolle, die mit Liebe, mit Sicherheit, gesellschaftlichem Status, mit Vertrauen und anderen Aspekten, die uns zu einem bestimmten Verhalten motivieren, zu tun haben. Glücklicherweise sind Eßgewohnheiten angelernt, und ebenso wie sie erlernt wurden, können sie auch wieder verlernt werden.

Wie man die gesunden Nahrungsmittel lieben lernt

Obgleich unser Programm für richtiges Essen vor allen Dingen Ihre Energie steigern und Ihre Gesundheit verbessern soll und sich weniger auf eine Gewichtsreduktion konzentriert, wird sich Ihr Gewicht automatisch normalisieren, und Sie werden abnehmen, ohne daß Sie Kalorien zählen oder hungern müssen. Eines aber ist unbedingt notwendig: Sie müssen sich an unsere Richtlinien halten.

Den nachstehenden zehn Schritten zur dauerhaften Veränderung Ihrer Eßgewohnheiten werden Sie leicht folgen können:

1. Setzen Sie sich Ziele für Ihre Ernährungsweise.

Psychologen haben sich lange mit dem Verhältnis zwischen Zielsetzung und Zielerreichung beschäftigt. Untersuchungen haben immer wieder gezeigt, daß diejenigen im Studium, bei der Arbeit und auch in zwischenmenschlichen Beziehungen mehr Erfolg haben, die ein Gefühl für Verantwortung entwickelt haben und davon überzeugt sind, daß sie ihr eigenes Leben meistern können. Man kann diesen Aspekt der eigenen Persönlichkeit am besten stärken, indem man sich ganz spezielle Ziele setzt, und zwar solche, die auch meßbar sind.

Beispiel eines schlecht gesetzten Ziels:

- Ich werde gesünder essen.

Beispiel eines gut gesetzten, meßbaren Ziels:

- In drei Monaten werde ich keinen koffeinhaltigen Kaffee mehr trinken.

2. Unterteilen Sie die Ziele in bezug auf richtige Ernährung in Teilziele, die in absehbarer Zeit erreichbar sind.

Beispiele:

- Heute werde ich koffeinfreien Kaffee kaufen. (Es gibt auch entkoffeinierte Bohnen zum Selbstmahlen.)
- Heute abend werde ich unseren normalen Kaffee 3:1 mit koffeinfreiem mischen und in einem besonderen Behälter aufbewahren.

- Alle drei Wochen werde ich den Anteil von koffeinfreiem Kaffee an der Mischung vergrößern, bis ich schließlich nur noch rein koffeinfreien Kaffee verwende.
- Ich werde überlegen, ob ich nicht auch koffeinfreien Kaffee am Arbeitsplatz trinken kann.

Psychisch kann es besonders schwierig sein, ein Nahrungsmittel plötzlich wegzulassen, wenn dadurch eine gesellschaftliche oder gefühlsmäßige Leere geschaffen wird. Für manche Menschen ist die Kaffeepause zum Beispiel eine Zeit der Entspannung, oder sie gehen nach der Arbeit mit Kollegen noch einen trinken, um zwanglos zusammenzusein. Wenn es plötzlich keinen Nachtisch mehr geben soll, was verwöhnt Sie dann nach einem harten Arbeitstag? Wenn Sie diese lieben Gewohnheiten aus Ihrem täglichen Leben verbannen, werden Sie sich wahrscheinlich benachteiligt fühlen und ärgerlich oder wütend werden.

Nun kommt es darauf an, akzeptablen Ersatz zu finden. Koffeinfreier Kaffee schmeckt und duftet wie normaler Kaffee. Probieren Sie Kräutertees statt Schwarztee. Auch heißes Wasser mit einem Schuß Zitrone schmeckt erstaunlich gut. Statt eines alkoholischen Drinks können Sie das nächste Mal eine «Virgin Mary», eine «Bloody Mary» ohne Wodka bestellen oder Mineralwasser mit einem Spritzer Limone. Sie müssen auch nicht auf Ihren geliebten Nachtisch verzichten, sondern es gibt auch gesunde, leckere Nachspeisen wie Bratäpfel ohne Zucker, frische Erdbeeren oder Popcorn ohne Fett.

3. Belohnen Sie sich sofort nach jedem Erfolg.

Entscheiden Sie schon vorher, womit Sie sich belohnen wollen, wenn Sie Ihr Ziel erreichen. Das mag Ihnen unnötig vorkommen, doch Sie betrachten das Ganze noch zu sehr als Vernunftmensch. In jedem von uns steckt ein Kind, das belohnt werden will, wenn es brav war. Dieses Kind wird sich gegen Veränderungen sträuben, es sei denn, man kann ihm zeigen, daß die Arbeit auf dieses Ziel hin auch Spaß macht, und Belohnungen sind unbedingt etwas Angenehmes. Die Belohnung muß nicht viel Geld kosten, muß aber etwas sein, was Ihnen wirklich Freude macht.

Vernünftige Belohnungen:

- ein Buch, das Sie schon immer einmal lesen wollten. Jetzt nehmen Sie sich einfach die Zeit dafür.
- ein spontaner Kinobesuch
- zur Maniküre gehen
- jemanden dafür bezahlen, Schnee zu schaufeln oder den Rasen zu mähen, wenn es das nächstemal nötig ist.

4. Achten Sie darauf, daß die Belohnung zu Ihren gesunden Eßgewohnheiten paßt.

Unpassende Belohnung:

- ein großer Eisbecher

Passende Belohnungen:

- ein Bratapfel mit Zimt
- ein neuer Kriminalroman
- ein neues Kochbuch: Wie man mit wenig Fett kocht

Sie müssen sich die Belohnung selbst ausdenken. Die Belohnung, die jemand anders für Sie aussucht, würde vielleicht ihn motivieren, Sie aber wahrscheinlich nicht.

5. Legen Sie fest, wo Sie essen.

Beispiel:

- Erlauben Sie sich nicht mehr, im Schlafzimmer oder beim Fernsehen zu essen. Zum Essen ist ab jetzt nur noch das Eßzimmer oder die Küche da.

6. Motivieren Sie sich selbst, nur noch gesund zu essen.

- Werfen Sie zum Beispiel alle Süßigkeiten und all die leckeren Kleinigkeiten fort, die viel Zucker und Fett enthalten.
- Gehen Sie in den nächsten Lebensmittelladen oder ins Reformhaus, und besorgen Sie sich Gesundes zum Knabbern für zwischendurch. Probieren Sie mal etwas Neues.

7. Versuchen Sie Ihre Familie und Freunde dazu zu bringen, Sie in Ihrem Bemühen zu unterstützen.

- Bitten Sie Ihren Ehepartner, Ihnen bei der Planung zu helfen, wie man allmählich den Zuckerverbrauch der Familie vermindert.
- Bitten Sie einen Freund, Sie jedesmal leise und sanft zu erinnern, wenn Sie etwas Süßes essen.

8. Beurteilen Sie Ihre Erfolge und Mißerfolge immer von neuem.

Wenn Sie zum Beispiel wieder in Ihr altes Eßverhalten zurückfallen, dann überlegen Sie, warum Sie das getan haben, und sprechen Sie auch mit anderen darüber. Wenn Sie sich zum Beispiel nicht beherrschen konnten und ein paar Riegel Schokolade gegessen haben, überhäufen Sie sich nicht mit Vorwürfen. Überlegen Sie statt dessen, wodurch dieses Verhalten wohl verursacht wurde. Kaufen Sie Ihre Zeitung nicht an einem Stand, wo auch Schokolade zum Verkauf ausliegt. Nehmen Sie Obst mit, wenn Sie während der Arbeit mitten am Morgen oder mitten am Nachmittag ein Tief haben. Wenn Sie dazu neigen, zu essen, wenn Sie müde sind oder sich aufgeregt haben, halten Sie immer eine gesunde Leckerei parat, wie zum Beispiel die Nachspeisen aus unserem 7-Tage-Programm.

9. Lassen Sie sich das Genießen von gesunder Nahrung von jemandem beibringen, der von dieser Ernährungsweise überzeugt ist.

Treten Sie einem Gesundheitsclub bei. Suchen Sie sich neue Freunde unter denen, die schon wissen, wie man ein Leben mit optimaler Energie lebt. Der Mensch ist ein Sozialwesen, und wir neigen dazu, diejenigen nachzuahmen, mit denen wir zusammen sind. Lassen Sie sich von Berichten über Männer und Frauen animieren, die schwere gesundheitliche Probleme durch richtige Ernährung und körperliche Ertüchtigung überwinden konnten und heute lebenslustig und aktiv sind.

10. Halten Sie sich immer wieder vor Augen, was Sie erreichen wollen.

Stellen Sie eine Liste der Ziele auf, die Sie in bezug auf die richtige Ernährung verfolgen. Hängen Sie sich eine Kopie über Ihren Arbeitsplatz und kleben Sie eine zweite an den Spiegel im Badezimmer. Sie sollten Ihre Ziele immer vor Augen haben und gleich das durchstreichen, was Sie erreicht haben.

Energie, Ernährung und Liebe haben viel miteinander zu tun

Wie wir schon gesagt haben, müssen Sie Ihre gefühlsmäßige Einstellung zum Essen verändern, wenn Sie Ihre Eßgewohnheiten ändern wollen. Das bedeutet aber, daß Sie sich mit sehr wichtigen Gefühlen beschäftigen müssen, besonders mit Ihrem Bedürfnis nach Liebe und Sicherheit.

Als wir begannen, das Ernährungsprogramm zur Energiesteigerung auf uns anzuwenden, merkten wir, daß wir dauernd wieder in unsere alten Gewohnheiten verfielen, die uns vermittelten: «Wenn wir bestimmte Nahrungsmittel essen, fühlen wir uns geliebt.» Zum Beispiel verwöhnten wir uns selbst gern nach einem schweren Arbeitstag mit einem Schüsselchen Eis. Uns wurde klar, daß wir der Versuchung nicht widerstehen konnten, besonders, wenn wir unter Streß standen. Um also nicht rückfällig zu werden, sorgten wir dafür, daß wir Eis, Kartoffelchips und ähnliche Naschereien einfach nicht im Haus hatten. Wenn sie nicht da waren, konnten wir sie auch nicht essen.

Weder Sie noch Ihre Familie werden das Gefühl haben, etwas entbehren zu müssen, wenn Sie gesunde, leckere Kleinigkeiten für zwischendurch im Haus haben. Kaufen Sie Ihr Lieblingsobst, selbst wenn es teuer ist. Schließlich haben Sie früher auch mehr für eine bessere Eismarke ausgegeben, ohne viel darüber nachzudenken. Wie häufig haben Sie viel Geld für alkoholische Getränke auf den Tisch gelegt, ohne mit der Wimper zu zucken? Und wie oft haben Sie sich gesträubt, die teuren Himbeeren zu kaufen, obgleich Sie sich nichts Besseres vorstellen können? Es ist wirklich häufig lächerlich, wofür wir, ohne zu zögern, Geld ausgeben und was wir uns verkneifen, weil es uns zu teuer scheint. Es wird Zeit, daß Sie sich selbst wichtiger nehmen und sich gesunde Leckereien erlauben, auch wenn sie etwas teurer sind.

Sie müssen lernen, Ihre Mahlzeiten auf gesunde Weise schmackhaft zuzubereiten; die Betonung liegt auf «schmackhaft». Wenn Ihnen das Essen nicht schmeckt, werden Sie es nicht anrühren, auch wenn Sie wissen, daß es gut für Sie ist. Dafür möchten wir Ihnen einen kleinen Trick verraten, der vielleicht auch Ihnen helfen kann. Wenn wir ein neues Rezept ausprobieren, achten wir darauf, daß die komplette Mahlzeit außer diesem neuen Gericht auch etwas enthält, das wir besonders gern essen. Wenn es dann kein besonderer Erfolg ist, dann versöhnt uns der vertraute Teil der Mahlzeit wieder, und wir sind weder hungrig, noch fühlen wir uns benachteiligt. Besonders für Kinder kann dieser Aspekt sehr wichtig werden. Es wird Ihnen Spaß machen, verschiedene wohlschmeckende Speisen durch besondere Zubereitungsarten noch zu verfeinern.

Um möglichst viel Energie aus der Nahrung zu ziehen, müssen Sie sie so zubereiten, daß die Nährstoffe erhalten bleiben. Zum Beispiel sollten Sie viele Speisen nur dämpfen oder dünsten statt in Wasser kochen. Gewöhnen Sie sich daran, viel rohes Obst und Gemüse und Salate ohne fetthaltige Salatsoßen zu essen. Wichtig ist auch, daß Sie die verschiedenen Bestandteile einer Mahlzeit in der richtigen Reihenfolge zu sich nehmen. Eiweißreiche Nahrungsmittel wie Fisch oder Tofu sollten zuerst gegessen werden; danach kommen dann Nahrungsmittel, die schneller durch den Verdauungstrakt bewegt werden wie Getreideprodukte, gedämpfte Blattgemüse, rohes Gemüse und Obst; sie helfen, die eiweißhaltigen Speisen schneller durch das Verdauungssystem zu befördern.

Schnelles Energietanken, Nr. 2
Essen und Liebe

Schritte 1 bis 5:

Siehe Anleitungen in Kapitel 4 für schnelles Energietanken Nr. 1.

Schritt 6: Energieprogrammierung

Atmen Sie langsam und tief ein und aus, und stellen Sie sich vor, wie der Sauerstoff in jede Zelle Ihres Körpers dringt. Fühlen Sie, wie Müdigkeit und Anspannung von Ihnen abfallen und Sie entspannt und wach werden. Mit jedem Atemzug atmen Sie mehr Energie ein und Müdigkeit und Streß aus. Stellen Sie sich die Energie als reines weißes Licht vor, das langsam in Sie eindringt.

Jeder Aspekt Ihres Selbst ist jetzt entspannt und dennoch wach, Sie befinden sich in Harmonie mit sich selbst und stellen sich vor, wie Sie durch einen wunderschönen Gemüsegarten gehen. Er ist sehr hübsch angelegt, Sie nehmen die Form und Farbe jeder Pflanze wahr. Sie sehen Ihr Lieblingsgemüse und pflücken es. Sie berühren sanft seine Oberfläche, halten es behutsam in der Hand und fühlen, wie es sich in Ihre Handfläche schmiegt. Sie legen es vorsichtig auf den Boden und gehen weiter.

Jetzt sind Sie im Obstgarten angelangt, und Sie genießen die Farbenvielfalt der vielen Obstsorten, die hier wachsen. Sie atmen den Duft der Blüten ein und pflücken Ihre Lieblingsfrucht. Sie beißen hinein und genießen die Süße und das Aroma.

Sie schlendern weiter durch den Garten und werden sich bewußt, wie Energie von Büschen und Bäumen ausgeht. Sie setzen sich unter einen schönen Apfelbaum und fühlen die Harmonie des wunderbaren, schöpferischen, universalen Energiesystems, zu dem all diese Obst- und Gemüsepflanzen gehören. Sie machen sich bewußt, daß die Energie dieser Pflanzen sich letztendlich mit der Energie Ihrer eigenen Zellen verbinden wird.

Schritt 7: Zurückkehren

Richten Sie sich nach den Anleitungen in Kapitel 4, schnelles Energietanken Nr. 1.

II Das «Nie mehr müde»-Ernährungsprogramm

7 Energiereiche Nahrung gegen Übergewicht und zu hohen Cholesterinspiegel

«Ich würde zwar gern auch etwas abnehmen», sagte Alex bei unserem ersten Gespräch, «aber ich mache mir mehr Sorgen um meinen Cholesterinspiegel. Ich war ein Jahr lang bei einem Herzspezialisten in Behandlung. Er hat mich auf eine Art von Flüssigkeitsdiät gesetzt, weil ich abnehmen muß, aber ich habe im letzten Jahr sogar ein paar Pfund zugenommen. Mein Cholesterinspiegel liegt bei 260, viel höher als normal, aber mein Arzt sagte mir, daß ich da erblich belastet bin und daß der Wert nie unter 220 liegen wird.»

Alex litt außerdem stark unter Allergien und konnte nicht mehr selbst Auto fahren. «Meine Allergiemittel machen mich immer so müde, daß ich Gefahr laufe, am Steuer einzuschlafen», sagte er, «ich war früher immer voller Energie, aber in den letzten Jahren strengt mich alles viel mehr an, und ich brauche meine ganze Energie, um das zu tun, was ich tun muß. Für das, was ich tun möchte, habe ich einfach keine Kraft mehr.»

Da der Cholesterinspiegel unserer Kursteilnehmer normalerweise in den ersten sieben Tagen um 15 Prozent sinkt, machten wir Alex Mut; auch er könne damit rechnen. Wir versprachen ihm außerdem, daß er abnehmen und seine Energie steigern würde.

Wir erzählen unseren Klienten mit Gewichtsproblemen immer, daß Kalorien unwichtig sind. «Wenn Sie die richtigen Nahrungsmittel zu sich nehmen, müssen Sie keine Kalorien zählen», versprachen wir also auch Alex. Er nahm uns beim Wort, und als wir ihn während der Woche beobachteten, kamen uns Bedenken, ob wir mit Alex nicht die Ausnahme gefunden hätten, die die Regel bestätigt. Er aß alles, was ihm in die Finger kam, und bestellte meist noch nach.

Allerdings hielt er sich streng an die Ernährungsrichtlinien zur Senkung des Cholesterinspiegels und nahm auch konsequent an den körperlichen Übungen teil. Nach einer Woche wurden alle Kursteilnehmer gewogen und gemessen und ihr Cholesterinspiegel überprüft. Als Alex seine Werte sah, schüttelte er den Kopf: «Ich habe fünf Zentimeter weniger Taillenweite als vorher; wer hätte das geglaubt!» Sein Cholesterinspiegel war um 30 Prozent von 260 auf 182 gesunken. Er hatte außerdem nach ein paar Tagen seine Allergiemedikamente abgesetzt und fühlte sich so energiegeladen, daß er fragte, ob er sein körperliches Übungsprogramm nicht erweitern könne. Wir rieten ihm allerdings davon ab.

Einen Monat später berichtete Alex, daß er weitere sechs Pfund abgenommen habe, obgleich er nach wie vor viel äße. «Und ich fühle mich so gut», meinte er, «ich bin dauernd unterwegs, habe wahnsinnig viel zu tun, aber kann länger und konzentrierter arbeiten, als ich es je für möglich gehalten hätte.»

Etwa einmal im Monat meldet sich Alex bei uns. Er nimmt immer noch langsam, aber stetig ab, und sein Cholesterinspiegel liegt jetzt bei 176. Das bedeutet, daß sich keine Ablagerungen mehr an seinen Gefäßwänden bilden. Er braucht seine Allergiemedikamente nicht mehr und behauptet, seine Leistungen würden in jeder Hinsicht besser.

Sind Sie an diesem Programm interessiert?

Beantworten Sie dafür nur diese drei Fragen mit ja oder nein.

1. Möchten Sie ohne Diät ein normales Gewicht halten können?
2. Sind Sie an einem Ernährungsprogramm interessiert, bei dem Sie zwischen den Mahlzeiten essen *sollen*?
3. Würden Sie am liebsten mit einer Methode abnehmen, bei der Sie keine Hungergefühle haben?

Jeder, der an unserem Kurs teilnehmen will, muß diese Fragen beantworten, und natürlich wird nur selten mit einem Nein geantwortet. Wenn Sie auf mindestens eine dieser Fragen mit Ja geantwortet haben oder wenn Sie sich einfach nur energiegeladener fühlen möchten, lesen Sie weiter.

Die fünf Regeln der Ernährungsweise zur Energiesteigerung

Es gibt nur fünf Regeln bei unserer Ernährungsweise zur Energiesteigerung; an die allerdings müssen Sie sich unbedingt halten:

1. Nicht mehr als 20 Prozent Ihrer täglichen Kalorien dürfen Sie über Fett zu sich nehmen.

2. Nicht mehr als 10 Prozent Ihrer täglichen Kalorien dürfen Sie über tierisches Eiweiß zu sich nehmen.
3. Achten Sie unbedingt darauf, daß Ihre Nahrung keine künstlichen Zusätze, keine Konservierungsstoffe oder verfeinerte, also zum Beispiel raffinierte, gebleichte und geschälte Produkte enthält. Dazu gehören unter anderem weißer Zucker, weißes Mehl und weißer Reis.
4. Nehmen Sie viele verschiedene Nahrungsmittel in Ihren Speiseplan auf.
5. Machen Sie mindestens viermal in der Woche körperliche Übungen, um Herz und Kreislauf anzuregen und zu kräftigen. Wenn Sie abnehmen wollen, sollten Sie diese Übungen fünfmal in der Woche machen.

Wenn Sie sich an diese Regeln halten, brauchen Sie keine Kalorien zu zählen. Die Menge der Kalorien ist weniger wichtig als die Zusammensetzung und Qualität der Speisen. Sie ersehen aus Alex' Geschichte, was möglich ist. Auch Sie können ähnliche Ergebnisse erzielen. In diesem Teil des Buches werden wir ausführlich erklären, wie man diesen Regeln folgen kann. Wundern Sie sich nicht, wenn

- Ihnen diese neue Ernährungsweise ausgesprochen gut gefällt,
- Sie den Regeln leicht folgen können und es Ihnen keine Mühe macht, sich daran zu halten,
- Sie gesünder, glücklicher und energiegeladener sind als je zuvor.

Konzentrieren Sie sich auf die Möglichkeit, daß die oben erwähnten Reaktionen wirklich eintreffen, wenn Sie im Zuge der inneren Programmierung mit sich selbst und auch mit anderen sprechen. Fällen Sie bewußt Entscheidungen, die Sie in Ihrem Bemühen, Ihre Lebensweise und damit Ihr Leben zu verbessern, unterstützen.

Schnelles Energietanken, Nr. 3
Öffnen Sie der Energie die Tür

Schritte 1 bis 5:

Siehe Anleitungen in Kapitel 4, schnelles Energietanken Nr. 1.

Schritt 6: Energieprogrammierung

Atmen Sie tief und langsam ein und aus, und stellen Sie sich vor, wie der Sauerstoff in jede Zelle Ihres Körpers dringt. Sie nehmen wahr, wie Müdigkeit und Angespanntsein von Ihnen abfallen und wie Sie mit jedem Atemzug Energie einatmen und Müdigkeit und Streß ausatmen. Stellen Sie sich die Energie als reines weißes Licht vor, das langsam in Ihren Körper eindringt.

Sie befinden sich mit jedem Aspekt Ihres Selbst in Harmonie, sind entspannt, aber wach und stellen sich jetzt vor, daß Sie auf ein großes, schönes Marmorgebäude zugehen, das mitten in einem Wald steht. Sie erreichen die Eingangstür und lesen auf einem Messingschild: «Eingang zu den unbegrenzten Möglichkeiten».

Halten Sie einen Moment inne. Überlegen Sie, was es bedeuten würde, wenn Sie mit jedem Tag gesünder würden, wenn Sie mit jedem Tag Ihre Energie und Vitalität steigern könnten. Stellen Sie sich vor, wie Sie neue und köstliche Speisen zu sich nehmen, die Ihrem Körper genau die richtigen Nährstoffe zuführen. Stellen Sie sich vor, daß Sie Ihr Ideal von körperlichem Fitsein und Gesundheit verwirklichen. Jetzt treten Sie durch die Tür. Sie schreiten durch dieses wunderbare Gebäude der unbegrenzten Möglichkeiten. Öffnen Sie sich diesen Möglichkeiten. Prägen Sie sich die Möglichkeiten in Herz und Geist ein, und kehren Sie dann langsam durch den Wald an Ihren Ausgangspunkt zurück.

Schritt 7: Zurückkehren

Folgen Sie den Anleitungen aus Kapitel 4, schnelles Energietanken Nr. 1.

8 Die Beziehung zwischen Fett und Energie

Sicher gehören Sie zu den Menschen, die wissen, daß sie weniger fett essen sollten. Wissen Sie aber auch, warum? Möchten Sie gern wissen, warum?

In diesem Kapitel erfahren Sie,

- warum Fett dick macht,
- wie man die 20-Prozent-Fett-Regel des «Nie mehr müde»-Programms anwendet,
- warum Sie nie mehr Ihre Kalorien zählen müssen,
- welche unglückliche Beziehung zwischen Fett und Energie besteht,
- wie Fett und Cholesterin zusammenhängen,
- welche Nahrungsmittel viel Fett enthalten,
- wie Sie schnell und einfach ausrechnen können, wieviel Fett in den Nahrungsmitteln enthalten ist, die Sie kaufen,
- wie man fetthaltige Nahrungsmittel durch köstliche Speisen ersetzen kann, die nicht dick machen.

Warum sollte man weniger fett essen?

Laut Aussagen der «American Medical Association» ist eine fettreiche Ernährungsweise eine der Hauptursachen für das Entstehen von Herzkrankheiten und Krebs. Nach den Richtlinien der AMA sollten wir nicht mehr als 30 Prozent unseres Kalorienbedarfs über Fett zu uns nehmen. Wir glauben, daß selbst dieser Wert noch zu hoch liegt. Nach medizinischen Forschungsergebnissen ist noch keine Reduzierung von Erkrankungen an Brust-, Kolon- und Rektalkrebs festzustellen, sofern noch 30 bis 45 Prozent der Kalorien dem Körper über Fett zugeführt werden. Erst wenn dieser Wert auf 20 Prozent gebracht wird, zeigen sich auch signifikant niedrigere Krebsraten.

Es ist sehr viel sinnvoller zu bestimmen, welcher Prozentsatz der Kalorien vom Fettanteil in der Nahrung stammt, als einfach die Gesamtkalorien zu zählen. Bei Ratten, die in Tierexperimenten ein relativ kalorienarmes, aber im Verhältnis fettreiches Futter bekamen, war die Krebsrate nach wie vor hoch. Diese Beziehung zwischen fettreicher Ernährung und Krebsbefall ist auch an Menschen nachgewiesen worden. Die traditionelle Ernährungsweise in Italien zum Beispiel (Nudeln, Brot, wenig Fleisch und Milchprodukte) hat in den letzten Jahrzehnten eine große Wandlung durchgemacht; von 1910 bis 1980 vergrößerte sich der Fleischverbrauch um das Fünffache und der gesamte Fettverbrauch um das Dreifache. Mit dem Mehrverbrauch von Fett in der italienischen Ernährung sind auch die Brust- und Kolonkrebsraten in der Bevölkerung angestiegen.

Machen Sie sich keine Gedanken um Kalorien!

Aus drei Gründen können wir das bedenkenlos sagen:

- Die Kalorienmenge allein sagt noch nichts über die Qualität Ihrer Ernährung aus.
- Die Kalorienmenge allein sagt auch noch nichts über den Fettanteil in Ihrer Ernährung aus.
- Das ewige Kalorienzählen kann einen verrückt machen!

Wir kennen eine weitaus wirksamere Methode, wie Sie den Fettanteil in Ihrer Nahrung kontrollieren können. Es ist ganz einfach: Vermeiden Sie jegliche Nahrungsmittel, die mehr als 20 Prozent ihrer Kalorien aus dem Fett beziehen. Wir werden später noch verschiedene schädliche Nahrungsmittel auflisten, um Ihnen die Kontrolle etwas zu erleichtern.

Wenn Sie nie etwas zu sich nehmen, das mehr als 20 Prozent seiner Kalorien aus dem Fettanteil gewinnt, und wenn Sie sich an die Eiweißregel halten, die in Kapitel 9 aufgestellt wird, brauchen Sie nie wieder in Ihrem ganzen Leben Kalorien zu zählen.

- Sie werden Ihr Normalgewicht halten können.
- Sie werden nie unter Hunger leiden, denn Sie können jederzeit eine schmackhafte, gesunde Zwischenmahlzeit zu sich nehmen.
- Sie werden Ihrem Körper durch die richtige Ernährung Energie zuführen statt nehmen.

Heißt das nun, daß Sie nie wieder etwas essen dürfen, das auf der Liste der fettreichen Speisen steht, wenn Sie sich an die 20-Prozent-Regel halten wollen? Nein, das nicht. Wenn Sie aber hin und wieder etwas Fettes essen wollen, werden Sie Kalorien zählen müssen, damit Sie sicher sein können, daß der Fettanteil Ihres gesamten Menüs nicht mehr als 20 Prozent der Gesamtkalorien liefert.

Warum macht Fett so dick?

Fett liefert pro Gramm 2,25mal so viele Kalorien wie Kohlehydrate oder Eiweiß! Man weiß schon lange, daß Fett neun Kalorien pro Gramm liefert, Kohlehydrate und Eiweiß dagegen nur vier Kalorien. Dr. Mark Hegsted von der Harvard-Universität hat kürzlich herausgefunden, daß diese Werte sogar noch etwas zu niedrig angesetzt sind und daß Fett in Wirklichkeit eher elf Kalorien pro Gramm liefert. Üblicherweise wird die entstehende Wärme, also die Kalorienmenge, im Labor mit Laborinstrumenten gemessen. Dr. Hegsted behauptet nun, daß der Körper das Fett weitaus effizienter verbrennen kann, und andere wissenschaftliche Untersuchungen unterstützen diese These.

Hinzu kommt, daß der Körper sich weniger anstrengen muß, wenn er Fett umsetzen muß, als wenn er Kohlehydrate verdaut. So werden nur drei Prozent der Fettkalorien dazu verwendet, das Fett zu verarbeiten und zu speichern. Von 100 Fettkalorien kann der Körper also 97 speichern. Im Gegensatz dazu verbraucht der Körper 23 Prozent der Kohlehydratkalorien, um Kohlehydrate zu verbrennen und zu speichern, wenn Sie sie in Form von Gemüsen, Vollkornprodukten und ähnlichem zu sich nehmen. Das bedeutet, daß nur 77 Prozent der Kohlehydratkalorien gespeichert werden. Es werden zwar jegliche Kalorien, die der Körper nicht verbraucht, als Körperfett gespeichert, gleichgültig von welcher Nährstoffgruppe sie stammen; es ist für den Körper aber weitaus einfacher, Nahrungsfett in Körperfett umzuwandeln als Kohlehydrate oder Eiweiße.

Welche Beziehung besteht zwischen Fett und Energie?

Fettzellen haben nicht besonders viel zu tun. Sie sind im wesentlichen dazu da, Fett zu speichern, und diese Aufgabe erledigen sie auch sehr gut. Normalerweise speichert der menschliche Körper genug Fett, um zwei bis drei Monate überleben zu können, selbst wenn er kaum noch etwas zu essen bekommt. Eigentlich brauchen wir diesen veralteten Fettspeicherungsmechanismus nicht mehr, es sei denn, wir müssen ein- bis zweimal im Jahr mit einer Hungerperiode rechnen. Eine gewisse Menge Körperfett braucht der menschliche Körper natürlich immer, allein schon, um wichtige Organe durch eine Fettzellschicht vor Verletzungen zu schützen.

Bei einer Frau sollten 22 Prozent ihres Gewichts vom Körperfett gestellt werden, bei einem Mann etwa 15 Prozent. Wenn der Fettanteil größer ist, ist der Körper in seinen laufenden Funktionen stärker belastet. Zum Beispiel muß das Herz mehr Blut und damit Nährstoffe durch viele Kilometer von Blutgefäßen pumpen. Bei jeder Bewegung werden Muskeln und Gelenke stärker von dem Extragewicht belastet. Wenn Sie das für übertrieben halten, versuchen Sie doch einmal folgendes: Nehmen Sie einen Sack von 25 Pfund auf den Rücken, und steigen Sie eine Treppe hinauf. Versuchen Sie es dann mit 50 Pfund. Spüren Sie die Mehrbelastung der Bänder, Gelenke und Muskeln?

Abgesehen von den bekannten gesundheitlichen Problemen durch zuviel Körperfett läßt sich auch feststellen, daß übergewichtige Menschen oft sehr wenig Energie haben. Der Körper schafft es gerade, die vielen Fettzellen zu füttern und das Extragewicht herumzuschleppen und hat einfach nicht mehr genug Energie für irgend etwas anderes.

Möchten Sie Ihre Energie steigern? Dann befreien Sie sich von dem überflüssigen Fett.

Das Jo-Jo-Syndrom

Viele Menschen machen eine Schlankheitsdiät nach der anderen. Doch sobald sie mit der Diät aufhören, nehmen sie die verlorenen Pfunde wieder zu und meistens noch etwas dazu, obgleich sie Stein und Bein schwören, daß sie immer noch wenig essen. Also probieren sie wieder die neueste Diät, und wieder nehmen sie ab, nur um das Gewicht plus ein paar Extrapfunde sofort wieder auf die Waage zu bringen, sobald sie mit der Schlankheitskur aufgehört haben.

Man spricht in diesem Zusammenhang häufig vom Jo-Jo-Syndrom. Bis vor kurzem konnten sich Ernährungsfachleute dieses Phänomen nicht erklären. Ihre erste Reaktion war immer, die verzweifelten Diätabsolventen auch noch zu beschuldigen, «geschummelt» zu haben. Schließlich allerdings mußten die Wissenschaftler zugeben, was jene immer schon gewußt hatten: daß man bei einer Diät zunimmt, obgleich man weniger ißt.

Warum es mit Schlankheitsdiäten nicht klappt

Ernährungswissenschaftler arbeiteten Schlankheitsdiäten ursprünglich nach physikalischen Gesetzen aus, nämlich nach dem Gesetz von der Energieerhaltung. Daraus folgt, daß sich das Gewicht auf ein festes Gewicht einpendeln wird, wenn man täglich nur die Anzahl von Kalorien zu sich nimmt, die der Körper auch verbrennt. Das bedeutet, daß ich Gewicht verlieren muß, wenn ich weniger Kalorien zu mir nehme, als ich verbrauche. Das klingt logisch, ist aber leider nicht unbedingt der Fall. Der Grund dafür liegt in einem Körpermechanismus, der sich an einen Sollwert hält. Das Ganze funktioniert so ähnlich wie ein Thermostat bei einer Zentralheizung. Statt einer Schwelle, bei deren Überschreitung die Heizung anspringt, besteht im Körper eine Gewichtsschwelle; wenn diese Schwelle unterschritten wird, das Gewicht also abnimmt, wird der Stoffwechsel automatisch verlangsamt, um das Treibstoffsystem des Körpers an die Nahrungsmenge anzupassen, die zum Verbrauch vorhanden ist. Dieser Gewichtssollwert verhindert starke Gewichtsschwankungen und ist genetisch festgelegt. Man kann diesen Wert allerdings verstellen, indem man seinen Lebensstil ändert.

Der Sollwertmechanismus war für den Jäger und Sammler vergangener Jahrtausende absolut lebenswichtig, weil nahrungsreiche Zeiten mit Hungerperioden abwechselten. Wenn man ungefähr täglich 500 Kalorien weniger ißt als bisher, löst das automatisch eine Verlangsamung des Stoffwechsels aus. Das bedeutet, daß der Körper jetzt aus weniger Kalorien die gleiche Menge Energie beziehen kann und den Überschuß als Körperfett speichert, was dem Urmenschen half, Hungerzeiten zu überstehen. Unglücklicherweise gibt es diesen Mechanismus auch in der heutigen Zeit noch, in der Hungerperioden für die meisten von uns sehr selten geworden sind. Wenn Sie also mit einer Schlankheitsdiät beginnen und täglich 500 Kalorien weniger zu sich nehmen, dann kommt auch heute noch der entwicklungsgeschichtliche Sollwert zum Tragen, verlangsamt Ihren Stoffwechsel und speichert als Körperfett, was er als Überfluß an Kalorien betrachtet. Und leider findet diese Stoffwechselverlangsamung schon 48 Stunden nach Beginn einer Hungerkur statt.

Deprimierend ist außerdem, daß ab Zwanzig sich der Stoffwechsel um ein Prozent pro Jahr verlangsamt. Wenn Sie also als junger Mensch Ihr Idealgewicht besaßen und seitdem die gleiche Kalorienmenge zu sich nehmen und ebenso aktiv bleiben wie früher, werden Sie trotzdem zunehmen, weil der Stoffwechsel langsamer abläuft wie früher. Jeder Mensch über Dreißig weiß, wovon wir sprechen. Wenn ein langsamerer Stoffwechsel also wohl unvermeidlich ist, sollen wir dann einfach aufgeben und sagen: «Warum soll ich mich abmühen? Ich kann ja doch nichts ändern. Gib mir lieber mal die Keksdose und das Eispaket rüber»? Natürlich nicht! Sie können nämlich trotzdem etwas dagegen tun.

Körperliche Betätigung legt den Sollwert neu fest

Obgleich der Sollwert genetisch bedingt ist, können wir ihn durch eine bestimmte Lebensweise verändern. Körperliche Betätigung fünfmal in der Woche, um Herz und Kreislauf anzuregen, kann den Wert verschieben, so daß ein geringeres Körpergewicht jetzt als Normalgewicht «erkannt» wird und nicht automatisch eine Verlangsamung des Stoffwechsels ausgelöst wird. Körperliche Betätigung erhöht den Stoffwechsel sofort, und noch stundenlang hinterher wird vermehrt Körperfett verbrannt.

Eine Zwischenbemerkung von Dave

«Ich war immer ganz schlank, bis ich mit Anfang Zwanzig zum Militär ging. Vorher konnte ich täglich Tausende von Kalorien zu mir nehmen, die mein Körper verbrauchte, ohne daß ich ein Gramm zunahm. Als ich nach meiner Militärzeit nach Hause zurückkehrte, war ich entsetzt, daß ich nicht mehr in meine Zivilkleidung paßte.»

Ähnliches mußte Joelys Bruder erleben, der Anfang Zwanzig ist. Er kam uns vor nicht langer Zeit besuchen, und der ganzen Familie fiel auf, daß er etwas rundlicher aussah. «Ich nehme nie zu», behauptete er, «egal, was ich esse. Mein Körper verbraucht alles.» Schließlich stellte er sich aber doch auf die Waage; er hatte zehn Pfund zugenommen. Sie hätten sein Gesicht sehen sollen! Auch bei ihm hatte sich der Stoffwechsel verändert.

Das «Nie-mehr-müde»-Programm kann diesem metabolischen Altern entgegenarbeiten, indem es bewirkt, daß Sie Körperfett verlieren und an Muskelgewebe zunehmen. Muskelzellen verbrauchen Kalorien, im Gegensatz zu den fettspeichernden Zellen. Je mehr Muskelgewebe Sie also haben, desto schneller läuft Ihr Stoffwechsel ab und desto mehr Sauerstoff verbrauchen Ihre Körperzellen. Größerer Sauerstoffverbrauch wiederum bedeutet eine vermehrte Produktion von ATP-Energiemolekülen. Wenn Sie nun auch noch weniger Fett durch die Nahrung zu sich nehmen, wird Ihr Körper allmählich seine Fettreserven abbauen, die er über viele Jahre angelegt hat. Dieser Prozeß kann aber nicht ablaufen ohne die regelmäßigen Übungen zur Stärkung von Herz und Kreislauf (s. Teil IV).

Wir haben den Erfolg unseres Programms an unseren Kursteilnehmern ablesen können. Alle verloren an Fett- und gewannen an Muskelgewebe. Taillenweite und Hüftumfang nahmen selbst bei denen ab, die nach den sieben Kurstagen noch annähernd dasselbe Gewicht wie vorher hatten. Muskelgewebe ist schwerer als Fettgewebe, und obgleich manche an ihrem Gewicht nach dem 7-Tage-Programm keinen großen Unterschied feststellen konnten, hatten sie dennoch «Fettgewicht» verloren und an «Muskelgewicht» gewonnen.

Ed zum Beispiel war sehr enttäuscht, daß er nach den sieben Tagen nur vier Pfund abgenommen hatte. Er war aber froh, daß sein Cholesterinspiegel von 282 auf 240 und sein Triglyceridspiegel von 279 auf 182 gesunken war. Am letzten Abend des Kurses veranstalten wir immer ein vornehmes Abendessen, für das sich jeder so elegant wie möglich anzieht. Als Ed erschien, grinste er über das ganze Gesicht: «Seht euch mal diesen Hemdkragen an», meinte er und hielt den Kragen etwa fünf Zentimeter von seinem Hals ab. «Und ich habe mir gerade ein Dutzend dieser Hemden anfertigen lassen. Aber das Geld habe ich gern umsonst ausgegeben.» Dann zeigte er uns seinen Hosenbund: «Ich habe das Gefühl, als ob ich die Hosen von jemand anderem anhabe. Ich mußte meinen Gürtel um zwei Löcher enger stellen, damit mir die Hosen nicht herrunterrutschten! Das ist wirklich unglaublich.» Aber so unglaublich ist es eigentlich gar nicht. Die richtige Ernährung zur Energiesteigerung hat zusammen mit dem körperlichen Übungsprogramm eine synergistische Wirkung, die auch Sie erfahren können.

Das Konzept des Sollwertmechanismus beim Stoffwechsel und der Kombination von Ernährungsweise und sportlicher Betätigung ist so wichtig, daß wir es noch einmal in Kapitel 18 aufgreifen, wenn wir über Übungen zu vermehrter Sauerstoffverbrennung sprechen. Man kann nicht oft genug wiederholen, daß richtige Ernährung und körperliche Bewegung zusammenkommen müssen, um dauerhafte Veränderungen im Körperhaushalt zu erreichen.

Fett und Cholesterin

Cholesterin und Fett haben viel miteinander zu tun. Wenn Sie unserer ersten Regel der richtigen Ernährung zur Energiesteigerung folgen und darauf achten, daß nicht mehr als 20 Prozent Ihrer Kalorien vom Fettanteil der Nahrung gestellt werden, brauchen Sie sich um das Cholesterin keine Sorgen zu machen; Sie schränken damit auch automatisch die Cholesterinmenge ein. Sie müssen sich allerdings auch an die zweite Regel halten, das heißt, nicht mehr als 10 Prozent Ihres Kalorienbedarfs durch tierisches Eiweiß decken lassen. (Wir gehen auf Eiweiß in der Nahrung in Kapitel 9 noch genauer ein.) Wenn Sie diese beiden Regeln beachten, können Sie sicher sein, daß Sie mit Ihrer Nahrung nicht zuviel Cholesterin zu sich nehmen. Sie werden statt dessen biochemische Prozesse in Ihrem Körper zu Ihrem Vorteil verändern.

Wissen Sie, wie hoch Ihr Cholesterinspiegel ist? Sie sollten unbedingt über Ihren Blutdruck informiert sein, sollten wissen, wie Cholesterin- und Triglyceridspiegel aussehen und was Sie nüchtern für einen Blutzukkerwert haben. Diese Werte sind leicht zu messen und sagen sehr viel über Ihren Gesundheitszustand aus. Beinahe jede ernsthafte Erkrankung zeigt sich anfangs in der Veränderung einer dieser Werte; wenn Sie diese Werte niedrig halten können, wird Ihre Gesundheit um so besser sein. Viele Firmen haben Betriebsärzte, die diese Untersuchungen kostenlos durchführen; Sie können die Tests auch bei Ihrem Hausarzt machen lassen. Er braucht nur eine Blutprobe, und in spätestens 24 Stunden liegen die Ergebnisse meist schon vor.

Lassen Sie sich nicht damit abspeisen, daß Ihr Wert innerhalb des durchschnittlichen Bereichs liegt, sondern fragen Sie nach den Zahlen selbst. Es stimmt zwar, daß man einen Cholesterinspiegel zwischen 180 und 300 als durchschnittlich bezeichnet, aber denken Sie daran, daß durchschnittlich 45 Prozent der Bevölkerung herzkrank wird! Möchten Sie wirklich zu diesem Durchschnitt gehören? Wir nicht. Außerdem weiß man aus neueren Untersuchungen, daß der Cholesterinspiegel eines gesunden Menschen sehr viel niedriger ist als der sogenannte durchschnittliche.

Im *Journal of the American Medical Association* wurden die Ergebnisse einer Untersuchung veröffentlicht, aus denen eindeutig hervorgeht, daß auch bei einigermaßen geringfügig erhöhten Cholesterinwerten die Gefahr steigt, an einer Herzkrankheit zu sterben. Nachstehende Tabelle gibt eine Zusammenfassung der Untersuchungsergebnisse.

Cholesterinwerte	*Todesrate*
182–202	um 29% erhöht im Verhältnis zu Werten unter 182
203–220	um 73% erhöht
221–244	um 121% erhöht
245 und mehr	um 242% erhöht

Das Risiko, an einer Herzkrankheit zu sterben, besteht außerdem bereits bei jungen Menschen, die viel niedrigere Cholesterinwerte haben als die, die man ursprünglich für gefährlich hielt. Sehen Sie sich folgende Tabelle genau an; Sie brauchen sich nicht lange zu überlegen, welche Cholesterinwerte Sie am liebsten hätten.

Cholesterinwerte	*Krankheitsstadium*
200 oder mehr	Arteriosklerose nimmt zu, die Arterien verengen sich infolge von Ablagerungen.
160–199	Arterienverengung hat wahrscheinlich aufgehört, aber die Ablagerungen sind vorhanden und stellen weiterhin eine Gefährdung dar.
weniger als 160	Es bestehen gute Aussichten, daß die Ablagerungen abgebaut werden.

Woher stammt das Fett in Ihrer Ernährung?

Besonders viel Fett enthalten: manche Fleischsorten, Milchprodukte, Öle, Nüsse und Salatsoßen. Mit Hilfe der folgenden Liste könne Sie schnell herausfinden, welcher Prozentsatz von Kalorien bei einem Nahrungsmittel von dem darin enthaltenen Fett stammt:

Fettgehalt häufig verwendeter Nahrungsmittel

Nahrungsmittel	prozentualer Anteil der Kalorien aus dem Fettgehalt
Tierische Nahrungsmittel	
Fleisch	
Rind	71–81
Ausnahmen:	
mageres Fleisch aus der Flanke	33
Beefsteakhack (Tartar)	50
Kalb	49–61
Lamm	66–79
Schwein, einschließlich Schinken und Speck	70–78
Ausnahme:	
magerer gekochter Schinken	60
Huhn und Pute	
weißes Fleisch ohne Haut	18–20
dunkles Fleisch ohne Haut	32–37
Ente ohne Haut	55–65
Taube, weißes Fleisch ohne Haut	30
Wurst, einschließlich Fleischwurst, Würstchen, Salami	74–81

Eier und Milchprodukte

Eier	
Eiweiß	sehr gering
Eigelb	79
ganzes gekochtes Ei	64
Butter	99
Käse (Gorgonzola, Cheddar, Parmesan, Emmentaler)	60–75
Ausnahmen:	
Rahmkäse	89
Hüttenkäse (4 % Fett)	35
Hüttenkäse (2 % Fett)	20
Milch	
Buttermilch	20
Vollmilch (3,5 % Fett)*	48
Fettarme Milch (1,8 % Fett)*	34
Magermilch (0,2 % Fett)*	5
Sahne (Kaffeesahne, Schlagsahne)	78–95
Saure Sahne	86
Sahneersatz (kein Milchprodukt), Schlagsahneersatz	50–69
Sahneeis	44–65

Pflanzliche Nahrungsmittel

Margarine	99
Öle	100
Nüsse, Samen	71–87
Ausnahme:	
Eßkastanien	6
Avocados	82
Oliven	90

Zusammengesetzte Lebensmittel

Salatsoßen	83–97
Mayonnaisen	96–98

* Es handelt sich um deutsche Durchschnittswerte; in der Schweiz und in Österreich können die prozentualen Fettanteile um wenige Zehntelprozente verschieden sein.

Aus dem Leben gegriffen: ein Stück in zwei Akten

Im folgenden werden zwei Situationen geschildert, die Sie auf ähnliche Weise sicher schon erlebt haben und die Ihnen zeigen sollen, auf welche Weise der hohe Fettanteil in Ihrer Nahrung zustande kommt.

1. Akt: Ein besonders gutes Abendessen

Sie haben sicher auch schon von diesem wunderbaren Restaurant gehört. Angeblich bekommt man dort das größte, saftigste Steak, das man je gesehen hat, dazu eine gebackene Kartoffel mit reichlich Butter und saurer Sahne, Gemüse an einer köstlichen Käsesoße und Knoblauchbrot mit Parmesan. Als Vorspeise wird die berühmte Cremesuppe mit Muscheln empfohlen und als Nachtisch verschiedene süße Köstlichkeiten, von denen man am liebsten eine doppelte Portion bestellt, selbst wenn man noch so satt ist. Eigentlich wollten Sie da schon immer einmal essen, und eines Tages tun Sie es auch.

Kommt Ihnen das bekannt vor? Sicherlich, aber wahrscheinlich haben Sie noch nie analysiert, wie hoch der Fettanteil einer solchen Mahlzeit ist. Wir beginnen mit der Butter, bei der beinahe 100 Prozent der Kalorien vom Fett gestellt werden; bei der sauren Sahne sind es 86 Prozent, beim Käse 60 bis 70 Prozent. Die köstliche Cremesuppe mit Muscheln besteht hauptsächlich aus Sahne (83 Prozent Fettkalorien) und Butter.

Wahrscheinlich hat man Ihnen beigebracht, Steak sei eine gute Eiweißquelle. Es ist aber eine noch bessere Fettquelle! 81 Prozent seiner Kalorien stammen vom Fett, und da zählen wir den Fettrand noch nicht einmal mit, sondern berücksichtigen nur die Fettadern, die das Fleisch durchziehen und so wunderbar saftig machen.

Und die Nachspeise? Eine doppelte Portion kommt ganz sicher nicht in Frage, denn Sie sind nach dem Knoblauchbrot, der Cremesuppe, dem großen Steak, der Kartoffel und dem Gemüse mit Käsesoße ziemlich satt. Statt also die Schokoladentorte aus sieben Schichten zu bestellen, begnügen Sie sich mit einem Eis mit Früchten. Die Früchte sind zwar gesund, aber das Eis zieht wieder etwa 60 Prozent seiner Kalorien aus dem Fett. Alles in allem kann man sagen, daß etwa 70 bis 80 Prozent der Kalorien der gesamten Mahlzeit von dem darin enthaltenen Fett stammen.

So schlemmen Sie wahrscheinlich nicht besonders häufig – oder doch? Wie ist es nun mit einer harmlosen Kleinigkeit am Mittag?

2. Akt: Ein kalorienarmes Mittagessen

Sie hatten heute fürchterlich viel zu tun und haben keine Zeit, richtig Mittagessen zu gehen. Eine Kollegin schlägt vor, Ihnen einen Sandwich mitzubringen, den Sie dann am Schreibtisch essen können. Sie achten sehr darauf, nicht zuviel zu essen, und bestellen deshalb einen einfachen Sandwich mit Thunfischsalat. Dazu gibt es normalerweise ein Tütchen Kartoffelchips; Sie entscheiden dagegen und bestellen lieber etwas Kohlsalat. Auch zum Nachtisch lassen Sie sich nicht zum Softeis verführen, sondern trinken nur einen Kaffee mit Sahne.

Wenn Sie sich die Zusammensetzung Ihrer Mittagsmahlzeit einmal genauer betrachten, werden Sie feststellen, daß etwa 60 bis 70 Prozent der Kalorien aus dem Fett der Mayonnaise des Thunfischsalates und des Kohlsalates und in der Kaffeesahne stammen.

Auch in einem Restaurant kann man fettarm essen. Sie werden die Nahrungsmittel mit niedrigem Fettgehalt bald erkennen können, wenn Sie zum Beispiel die Liste der gesunden Nahrungsmittel zur Energiesteigerung in Kapitel 13 zu Rate ziehen und lernen, wie die Informationen auf den Konservenetiketten zu interpretieren sind.

Zehn wichtige Informationen für die Umstellung auf eine fettarme Ernährungsweise

1. Bestimmung des prozentualen Anteils der Fettkalorien anhand der Inhaltsangabe auf dem Etikett

Mit etwas Kopfrechnen oder einem Taschenrechner können Sie aufgrund der Auszeichnung des Nahrungsmittels leicht ausrechnen, wie hoch der Kalorienanteil des Fettes ist. Sie müssen lediglich wissen:

1 Gramm Fett = 9 Kalorien
1 Gramm Kohlehydrate = 4 Kalorien
1 Gramm Eiweiß = 4 Kalorien

Wir werden gemeinsam das folgende Beispiel Schritt für Schritt durchgehen, und danach können Sie sich selbst an einer anderen Packung aus Ihrem Küchenschrank versuchen.

Fettarme Milch (1,8% Milchfett)

Nährstoffinformation pro Portion	
Portion	100 g
Kalorien (kcal)	47
Eiweiß	3,3 g
Kohlehydrate	4,8 g
Fett	1,8 g
Kalzium	0,12 g
Natrium	0,05 g

1. Wichtig ist die Gesamtzahl der Kalorien pro 100 Gramm Milch.
2. Multiplizieren Sie die angegebenen Gramm Fett mit neun, so erhalten Sie die Kalorienmenge jeder Portion, die vom Fett geliefert wird, in unserem Beispiel also 16,2 Kalorien pro Portion (1,8 g Fett mal neun Kalorien pro Gramm).
3. Teilen Sie die Fettkalorien durch die Gesamtkalorien pro Portion; jetzt ist ein Taschenrechner sehr praktisch, es sei denn, Sie waren im Kopfrechnen immer besonders gut! In unserem Beispiel wird 16,2 durch 47 geteilt, das Ergebnis ist 0,34 oder 34 Prozent. Dieser Wert liegt viel zu hoch für unsere obere Grenze von 20 Prozent Fettkalorien.

Schauen Sie sich das Etikett noch einmal an. Hat Sie nicht auch die Auszeichnung «1,8% Milchfett» in Sicherheit gewiegt? Wenn doch nur 1,8 Prozent Fett in der Milch enthalten sind, wo kommen dann die 34 Prozent her? Das liegt daran, daß hier von zwei unterschiedlichen Begriffen ausgegangen wird. Der Milchhändler ist ehrlich, wenn er von 1,8 Prozent spricht, meint damit aber den Anteil, den das Fett am Gesamtgewicht oder Volumen einnimmt. Unsere Prozentangabe dagegen bezieht sich auf den Anteil der Fettkalorien an den Gesamtkalorien. Fettarme Milch besteht im wesentlichen aus Wasser, und der Anteil des Fettvolumens am Gesamtvolumen beträgt deshalb nur 1,8 Prozent. Wenn wir aber den Kalorienanteil betrachten, den das Fett an den Gesamtkalorien einnimmt – unserer Meinung nach eine realistischere und gesündere Betrachtungsweise –, stellen wir fest, daß die Fettkalorien mehr als 30 Prozent der Gesamtkalorien ausmachen. Diese Betrachtungsweise ist sehr wichtig, wenn Sie besonders das Fett in Ihrer Ernährung einschränken wollen.

Es geschehen doch noch Zeichen und Wunder!
Joely berichtet

Ich war entsetzt, als ich erfuhr, daß all die wunderbaren Milchprodukte, die ich jetzt statt Fleisch zu mir nahm, genausoviel Fett und Cholesterin enthielten wie Fleisch. Im ersten Moment biß ich die Zähne zusammen und gelobte mir: Dann nehme ich eben nur noch Magermilch zu meinem Müsli! Mein Entschluß kam allerdings etwas ins Wanken, als ich mir das erste Mal Magermilch in die Schüssel goß: Himmel, diese Milch sah ja grau aus! Und was noch schlimmer war, sie schmeckte auch ausgesprochen grau und langweilig. Dennoch wollte ich an meinem Entschluß festhalten und goß mir eine Woche lang jeden Morgen graue Milch über mein Müsli, und eine Woche lang war ich jeden Morgen schon mißmutig, wenn ich mich an den Frühstückstisch setzte.

Schließlich entschloß ich mich zu einem Kompromiß. Ich kaufte nicht mehr Magermilch, sondern fettarme Milch, die natürlich mit über 30 Prozent Fettkalorien immer noch mehr Fett enthielt, als mir lieb war, aber es war immerhin besser als die 50 Prozent Fettkalorien der Vollmilch. Und was wichtiger war, sie schmeckte eben wie richtige Milch und sah auch so aus. Zwei Monate lang war ich mit dieser Lösung sehr zufrieden, bis ich eines Tages Milch kaufen wollte und nur noch Vollmilch oder Magermilch erhältlich war. Sollte ich nun brav sein und die Magermilch nehmen, oder sollte ich mich von meinen Geschmacksnerven dazu verführen lassen, nach der Vollmilch zu greifen? Die Entscheidung fiel mir nicht besonders schwer, nicht, weil ich immer das Richtige tue, sondern weil ich wußte, daß David sehen würde, was ich eingekauft hatte. Ich nahm also die Magermilch. Und als ich am nächsten Morgen diese Milch mit meinem Müsli aß, war es wirklich nicht mehr so schlimm wie früher, sondern schmeckte sogar ganz gut. Sie müssen da wohl etwas an der Zusammensetzung verändert haben, dachte ich. Der eigene Geschmack kann sich doch nicht so radikal verändern, nur weil man jetzt daran gewöhnt war, weniger fette Milch zu trinken?

Nach meiner Erfahrung geht es vielen Menschen, die ihre Ernährungsweise umstellen, ähnlich wie mir. Wenn Sie versuchen, mit fettarmer Milch auszukommen und dann das Gefühl haben, daß das Leben ohne Vollmilch auf den Cornflakes oder im Kaffee nicht mehr lebenswert sei, dann bleiben Sie einstweilen bei der Vollmilch. Veränderungen in der Ernährungsweise müssen oft schrittweise vorgenommen werden. Auf manche Sachen kann man einigermaßen leicht verzichten, bei anderen muß man sich viel Zeit lassen und sich ganz allmählich an kleine Veränderungen gewöhnen.

2. Gefrorene Fertiggerichte haben häufig einen hohen Fettanteil

Wenn man Sie fragen würde, ob ein kalorienarmes Fertiggericht wenig Fett enthält, was würden Sie antworten? Die meisten Menschen würden nachsehen, wieviel Kalorien das Gericht hat und wenig Kalorien mit wenig Fett gleichsetzen.

Sehen Sie sich aber die Etiketten einmal genauer an, und entscheiden Sie selbst. Ein abgepacktes Essen mit gebackenem Fisch und Gemüse zum Beispiel ist mit 220 Kalorien pro Portion ausgezeichnet. Von diesen 220 Kalorien stammen allerdings 108 vom Fett, das bedeutet, 49 Prozent der Gesamtkalorien sind Fettkalorien. Ein anderes kalorienarmes Fertiggericht aus Huhn hat 270 Kalorien, enthält aber 18 Gramm Fett oder 60 Prozent Fettkalorien. Auch bei einem Gericht aus Rindfleisch und Schweinefleisch mit Soße werden 33 Prozent der Kalorien vom Fett geliefert. Ein paniertes Fischgericht liefert nur 290 Kalorien pro Portion. Zum einen muß man dieses Etikett sorgfältig lesen, um zu begreifen, daß in diesem Paket zwei Portionen enthalten sind. Zum zweiten aber gilt: Gleichgültig, ob Sie eine oder beide Portionen essen, pro Portion nehmen Sie 19 Gramm Fett zu sich, 59 Prozent der Kalorien sind Fettkalorien.

3. Eine gesunde Mahlzeit braucht nicht unbedingt eine lange Zubereitungszeit

Wenn Sie müde und erschöpft nach einem langen Arbeitstag nach Hause kommen, keine Energie haben, sich lange etwas zu kochen, und deshalb immer wieder zu den «schlanken» Fertiggerichten greifen, dann schwanken Sie beim Lesen des vorangegangenen Absatzes sicher zwischen Verzweiflung und Wut. Was sollen Sie denn bloß unserer Meinung nach essen?

Glücklicherweise läßt sich eine gesunde Mahlzeit leicht und schnell zubereiten. Zum Beispiel:

Dünsten Sie Fischfilet im Backofen in einer zugedeckten Form, den Boden mit ungefähr einem halben Zentimeter Flüssigkeit, entweder Magermilch oder Weißwein, bedeckt. Wenn Sie Wein mögen, wird Ihnen dieses Rezept besonders gut schmecken, der Alkohol verdunstet beim Dünsten nahezu vollständig. Wenn Sie der Geruch von garendem Fisch stört, nehmen Sie Milch, die den Geruch absorbiert und den Fisch gleichzeitig saftig hält. Der Fisch sollte je nach Dicke des Stückes acht bis zwölf Minuten bei gut 200 Grad im Ofen gegart werden. Gefrorene Fertiggerichte brauchen länger! Backen Sie ein paar Kartoffeln im Mikrowellenherd, und servieren Sie unsere leckere Quarksoße dazu (Rezept 37), Petersilie, Schnittlauch, mexikanische Tomatensoße mit wenig Salz, etwas Senf, oder Chilibohnengemüse, geraspelte rohe Zucchini, rote Bete, Karotten . . . Die Liste ließe sich noch seitenlang fortführen. Das allerwichtigste ist aber, daß Sie diese Mahlzeiten schnell und ohne große Kenntnisse zubereiten können.

4. Gute Alternativen zu vollfetten Milchprodukten

Glücklicherweise gibt es heute schon Milch, Joghurt, Hüttenkäse und Quark in magerer Qualität. Sie müssen allerdings sorgfältig auf die Auszeichnung achten. Um höchstens 20 Prozent der Kalorien vom Fettanteil zu beziehen, darf die Milch nicht mehr als 0,5 Prozent Milchfett enthalten. Magerer Hüttenkäse, Magerquark und Magerjoghurt haben nur etwa 20 Prozent Fettkalorien.

Man kann sich zum Beispiel aus magerem Hüttenkäse oder Magerquark und/oder Magerjoghurt eine gutschmeckende «falsche» saure Sahne zubereiten. Der Hüttenkäse oder Quark wird im Mixer cremig geschlagen und mit Joghurt, Zitronensaft oder auch Knoblauch oder Senf abgeschmeckt. Wir würzen am liebsten mit Gewürzsalz (siehe Einkaufsliste in Kapitel 23). Man kann auf diese Weise einen köstlichen Dip zubereiten, der besonders zu rohen Gemüsen gut schmeckt und bei Partys allgemein beliebt ist.

Butter und Margarine bestehen zu nahezu 100 Prozent aus Fett, das heißt, die Gesamtkalorien werden beinahe zu 100 Prozent von den Fettkalorien geliefert. Margarine wird allerdings heute fast immer nur aus rein pflanzlichen Fetten hergestellt und enthält deshalb kein Cholesterin. Aber auch bei Margarine müssen Sie sorgfältig auf das Etikett achten. Viele Margarinesorten enthalten auch hydrierte (gehärtete) Fette, die den Körper dazu veranlassen, Cholesterin herzustellen. Obgleich diese Fette also kein Cholesterin enthalten, entstehen beim Härtungsprozeß gesättigte Fettsäuren, die den Körper zur Cholesterinproduktion anregen. Statt Butter oder Margarine auf Brötchen oder Toast zu streichen, versuchen Sie doch einmal die Marmeladen, die nur aus Frucht hergestellt sind, ohne viel Zucker oder andere Süßmittel.

Es gibt leider keine echte Alternative zu Käse, der soviel Fett wie ein Steak enthält. Selbst sogenannte «magere» Käsesorten mit angeblich 50 Prozent weniger Kalorien als normaler Käse, erhalten immer noch 40

Prozent ihrer Kalorien aus dem Fett. Sie sollten versuchen, Käse nur zum Würzen zu verwenden, zum Beispiel geriebenen Parmesankäse sparsam über Nudeln oder gekochte Gemüse streuen. So schmecken Sie den Käse, bleiben aber dennoch unterhalb der 20-Prozent-Fettkalorien-Grenze.

5. Geteilte Eier können Ihnen viel Fett ersparen

Trennen Sie das Eiweiß vom Eigelb, und verwenden Sie nur das Eiweiß. Das Eigelb hat 79 Prozent Fettkalorien, das Eiweiß hingegen ist nahezu fettfrei. Sie können den Fettgehalt jedes Rezeptes mit Eiern vermindern, wenn Sie statt des ganzen Eies zwei Eiweiß verwenden. Wenn man für ein Rezept also zwei Eier braucht, nehmen Sie statt dessen vier Eiweiß.

Was soll man nun mit dem übriggebliebenen Eigelb tun? Ich glaube, in jedem Seminar und jedem Workshop hat bisher jemand diese Frage gestellt. Unsere Antwort ist immer: Werfen Sie es weg! Sie verschwenden damit zwar etwas Geld, sparen sich aber möglicherweise Unsummen an Arzt- und Krankenhauskosten. Wenn es Ihnen sehr schwer fällt, immer all das Eigelb fortzuwerfen, geben Sie Ihrem Hund oder Ihrer Katze hin und wieder eins zu fressen. Das macht das Fell glänzend.

6. Fleisch ist nicht unbedingt gut für Sie

Wir nehmen viel Fett durch Rind- und Schweinefleisch zu uns. Weißes Geflügelfleisch dagegen hat weniger als 20 Prozent Fettkalorien, wenn man die Haut nicht mit ißt. Fisch ist eine ausgezeichnete Alternative zu Fleisch; weißer Fisch und Schalentiere (Muscheln, Krabben, Hummer) haben weniger als 20 Prozent Fettkalorien. Dunkleres Fischfleisch wie Makrele, Hering, Sardinen, Forelle, Schwertfisch und Lachs haben einen höheren Fettgehalt, aber es handelt sich dabei nicht um schädliches Fett, sondern um Omega-3-Fettsäuren, eine Substanz, von der nachgewiesen werden konnte, daß sie HDL-Werte (gesundes Cholesterin) erhöht und LDL-Werte (ungesundes Cholesterin) senkt. Wissenschaftler entdeckten die gesunde Wirkung von Omega-3-Fettsäuren, als sie Eskimos untersuchten, die beinahe nur von Fischfett leben, Herz- und Kreislaufprobleme, die mit fettreicher Ernährung zusammenhängen, aber nicht kennen. Das schien all dem zu widersprechen, was man bisher über den Zusammenhang zwischen Krankheit und fettreicher Ernährung herausgefunden hatte, bis man feststellte, daß Omega-3-Fettsäuren wie ein Schutzschild gegen diese Krankheiten wirken.

Wahrscheinlich hat man auch Ihnen gesagt, daß Meeresfrüchte zuviel Cholesterin enthalten und Sie deshalb möglichst darauf verzichten sollten. Damals hatte man aber zwischen dem Cholesterin aus Fleisch und den Sterinen aus Fisch keinen Unterschied gemacht. Heute weiß man, daß Fisch-Sterine keine Ablagerungen an Gefäßwänden bilden wie Cholesterin. Sie können also getrost wieder Krabben, Hummer, Muscheln und ähnliche Köstlichkeiten essen; sie enthalten wenig Fett und Cholesterin, außer, Sie nehmen viel Buttersoße oder eine würzige Mayonnaise dazu oder essen Fisch am liebsten paniert und knusprig in Fett gebraten.

Fischfette sind geeignet,

- den Cholesterinspiegel zu senken,
- den Triglyceridspiegel (Fettsäuren im Blut) zu senken,
- Ekzeme, Schuppenflechte und Arthritis zu mildern,
- den Blutdruck zu senken und
- Blutgerinnsel zu vermeiden.

7. Man kann auch mit wenig Fett braten

Sie backen und braten wahrscheinlich nicht mehr in schwimmendem Fett (wenigstens hoffen wir das!), aber Sie verwenden doch noch Butter oder Öl zum Anbraten und Dünsten. Sie können Ihre Mahlzeiten aber mit noch weniger Fett zubereiten, ohne auf den vollen Geschmack zu verzichten, wenn Sie das Gemüse in etwas entfetteter Hühnerbrühe oder Gemüsebrühe andünsten. Fetten Sie den Boden der Pfanne ganz dünn mit einem leichten Öl ein, bräunen Sie Gemüse, Fisch oder Geflügel unter dauerndem Umwenden schnell, und geben Sie etwas Brühe hinzu. Zwiebeln, Paprika, Pilze und so weiter lassen sich auf diese Weise wunderbar dünsten, schmecken köstlich und sind nahezu fettfrei.

8. Gute Alternativen zu Öl in Rezepten

Für die meisten Backrezepte braucht man Öl oder Butter und Zucker. Sie können auf beides verzichten, wenn Sie statt dessen die gleiche Menge Fruchtsaftkonzentrat wie Öl verwenden. Dann brauchen Sie auch keinen Zucker mehr. Wenn in einem Rezept zum Beispiel zwei Eßlöffel Öl und ein Eßlöffel Zucker angegeben ist, nehmen Sie statt dessen zwei Eßlöffel Apfelsaftkonzentrat und keinen Zucker. Sie werden im Geschmack keinen Unterschied feststellen können, aber Ihr Körper wird es Ihnen danken. Fruchtkonzentrate oder gefrorene

Fruchtsaftkonzentrate sind in Reformhäusern zu bekommen. Ihr Körper verarbeitet den Fruchtzucker in diesen Konzentraten auf andere Weise als weißen Zucker (mehr darüber in Kapitel 12).

9. Fertige Salatsoßen müssen sorgfältig ausgesucht werden

Wie oft haben Sie im Zuge einer neuen Schlankheitskur nur einen Salat zum Mittag bestellt? Sie häufen sich Ihren Teller an der Salatbar voll mit gesunden rohen Gemüsen; soweit so gut. Dann geraten Sie an die Salatsoßen und krönen das Ganze mit zwei großen Löffeln einer der guten, mayonnaisehaltigen Salatsoßen! Damit haben Sie einen gesunden Imbiß, bei dem nur etwa fünf bis zehn Prozent der Kalorien aus dem Fett stammten, in eine Mahlzeit verwandelt, die etwa 85 Prozent Fettkalorien enthält.

Auch wenn Sie eine kalorienarme Salatsoße kaufen wollen, ist Vorsicht geboten; Sie sollten sehr sorgfältig alles lesen, was auf dem Etikett steht. Manche dieser «leichten» Soßen enthalten immer noch zuviel Fett. In Kapitel 23 finden Sie Vorschläge für fettarme Fertigsoßen und auch Rezepte, wie Sie sie selbst machen können.

10. Achten Sie auf die Etiketten, wenn Sie Kleinigkeiten für zwischendurch kaufen

Kekse, Kräcker und andere Leckereien, die man im Supermarkt kauft, enthalten im allgemeinen viel Fett und Zucker. Selbst wenn mit großer Schrift «ohne Cholesterin» auf der Packung steht, sind sie häufig mit gehärteten Fetten zubereitet, die bekanntlich die Cholesterinproduktion des Körpers anregen. Im Reformhaus findet man gesunde Kleinigkeiten für zwischendurch, allerdings darf man sich nicht allein durch die Tatsache einlullen lassen, daß man sie im Reformhaus gekauft hat. In Kapitel 23 finden Sie Vorschläge für gesunde Zwischenmahlzeiten. In Kapitel 12 sind Nahrungsmittel aufgeführt, die dem Körper nicht nur keine Energie zuführen, sondern ihn sogar noch schwächen. Diese müssen Sie auf alle Fälle vermeiden!

9 Eiweiß und Energie: neue Erkenntnisse ersetzen alte falsche Vorstellungen

Machen Sie diesen kurzen Test, um herauszufinden, wieviel Sie von Eiweiß wissen:

	richtig	falsch
1. Eiweiß findet sich nur in Fleisch, Geflügel, Fisch, Eiern und Milchprodukten.		
2. Das wichtigste Nährstoffelement von Fleisch ist Eiweiß.		
3. Das wichtigste Nährstoffelement von Milchprodukten ist Eiweiß.		
4. Viel Fett bedeutet immer viel Cholesterin.		
5. Wenn man abnehmen möchte, sollte man seinen Hamburger ohne Brötchen essen.		

Korrekterweise hätten Sie überall «falsch» ankreuzen müssen. Ja, es stimmt, alle diese Behauptungen entsprechen nicht den Tatsachen. Die Rolle des Eiweißes im Rahmen der richtigen Ernährung wird besonders häufig falsch eingeschätzt. Wir wollen uns die Behauptungen einmal etwas genauer ansehen und versuchen, mit den Mißverständnissen aufzuräumen.

Eiweißquellen und -bedarf

Die meisten Menschen sind der Auffassung, daß Eiweiß ein wesentlicher Bestandteil von Fleisch ist; vielleicht wissen sie darüber hinaus, daß auch Fisch, Eier und Milchprodukte Eiweiß enthalten. Nicht viele werden wissen, daß auch Gemüse, Obst, Getreide, Bohnen und Nüsse Eiweiß enthalten. Die folgende Tabelle macht deutlich, wie eiweißreich nichttierische Nahrungsmittel sind. (Die Zahlen basieren auf Angaben des US-Landwirtschaftsministeriums.)

Nahrungsmittel (100 g)	Eiweiß (Gramm)	Prozentkalorien durch Eiweiß	Fett	Kohlehydrate
Mandeln	18,6	11	76	13
Brokkoli, roh	3,6	27	8	66
Weintrauben	1,3	6	12	82
Erbsen, gekocht	2,9	26	5	69
Linsen, ungekocht	24,7	25	2	74
Pilze	2,7	25	9	55
Haferflocken	2,0	13	15	73
Dicke Bohnen, ungekocht	22,9	26	3	72
Kartoffeln, gebacken, mit Schale	2,6	8	1	91
Grüne Bohnen	1,6	16	8	76
Zucchini	1,2	29	13	57

(Die Zahlen sind auf- bzw. abgerundet, und die Prozentsummen ergeben deshalb nicht unbedingt 100 Prozent.)

Nach Angaben der «National Academy of Sciences» brauchen Sie sehr viel weniger Eiweiß, als Sie bisher wahrscheinlich zu sich nahmen. Jungen zwischen elf und 14 brauchen etwa 45 Gramm Eiweiß pro Tag, später etwa 56 Gramm. Mädchen zwischen elf und 18 brauchen etwa 46 Gramm Eiweiß pro Tag und Frauen ab 19 nur noch 44 Gramm.

Obgleich wir nicht soviel Eiweiß, wie bisher immer vermutet, brauchen, so ist es doch für den menschlichen Körper lebenswichtig. Eiweiß wird zur Reparatur von Körperzellen und für das Zellwachstum gebraucht. Körpereiweiß wird im Körper aus Aminosäuren zusammengebaut. Er kann alle Aminosäuren bis auf neun, den sogenannten essentiellen Aminosäuren, aus Kohlehydraten und Stickstoff herstellen. Diese neun Aminosäuren werden essentielle genannt, weil wir sie über unsere Nahrung zu uns nehmen müssen. Fleisch enthält zwar die meisten essentiellen Aminosäuren, aber sie kommen u. a. auch in Gemüsen vor.

Ein anderes Vorurteil hat mit sogenannten «vollständigen» und «unvollständigen» Eiweißen zu tun. Tierisches Eiweiß wird gerne als «vollständig» bezeichnet, weil es alle neun essentiellen Aminosäuren in ausgewogenem Verhältnis enthält. Gemüseeiweiß dagegen nennt man «unvollständig», weil die essentiellen Aminosäuren dort nicht im selben Verhältnis wie beim Fleisch vorhanden sind. Es stimmt, daß manche Gemüse mehr von der einen Aminosäure enthalten als von der anderen, bei anderen Gemüsen ist das Verhältnis vielleicht gerade umgekehrt.

Neue Erkenntnisse der Ernährungswissenschaft besagen aber, daß der Körper nicht alle neun essentiellen Aminosäuren gleichzeitig braucht. Er kann sie vielmehr in der Leber speichern und je nach Bedarf abziehen.

Solange Ihr Körper also alle neun essentiellen Aminosäuren erhält, ist es gleichgültig, woher sie stammen. Während der Verdauung wird jegliche Nahrung sowieso in ihre Einzelbestandteile, Moleküle, aufgespalten, und dem Körper ist es egal, ob die essentiellen Aminosäuren von pflanzlichem oder tierischem Eiweiß stammen.

Fleisch ist keine gute Eiweißquelle

Wenn es gleichgültig ist, woher wir unsere neun essentiellen Aminosäuren bekommen, warum soll man sie dann nicht auch durch Fleisch beziehen? Die Antwort darauf ist, daß Fleisch (Rind, Schwein, Lamm) und Milchprodukte keine besonders effizienten Eiweißlieferanten sind und dazu noch zuviel Fett enthalten. Worauf es aber bei unserem Ernährungsprogramm in erster Linie ankommt, ist das Vermeiden von Fett. In der folgenden Tabelle finden Sie Fett- und Eiweißgehalt verschiedener Fleischsorten und Milchprodukte aufgelistet:

	Eiweiß	Prozentkalorien durch	
	in Gramm	Eiweiß	Fett
Fleisch, 100 g			
Speck, gebraten und abgegossen	30,4	20	77
T-bone-Steak, gegrillt	19,5	16	82
Fleischwurst	13,3	19	74
Wiener Würstchen	13,1	18	78
Magerer Schinken, gebacken	24,2	28	70
Schweinebraten	23,5	24	74
Schweinerippchen	14,5	16	83
Milchprodukte, 100 g			
Vollmilch (3,5% Milchfett)	3,3	20	48
Magermilch (0,2% Milchfett)	3,3	38	5
Scheibletten	23,2	25	73
Roquefort- u. ä. Käse	21,5	23	73
Eier, ganz	12,9	32	64
Eiweiß	10,9	93	Spuren

Die Tabelle macht deutlich, daß das Fett aus Fleisch und Milchprodukten weitaus mehr Kalorien liefert als das Eiweiß. Bedeutet das nun, daß Sie nie wieder Fleisch und Milchprodukte essen dürfen? Natürlich nicht. Sie sollten allerdings bei beidem möglichst zurückhaltend sein. Es gibt andere eiweißreiche Nahrungsmittel, die einen geringeren Fettgehalt haben als Fleisch. Und wenn Sie Milchprodukte mit wenig Fett verwenden, versorgen Sie Ihren Körper dennoch mit dem lebenswichtigen Kalzium, das Sie aber auch über andere Nahrungsmittel oder auch in Form von Kalziumtabletten (siehe Kapitel 11) zu sich nehmen können, ohne daß Sie sich um das Fett der Milchprodukte Gedanken machen müssen.

Wenn Sie auf Fleisch nicht verzichten möchten, kaufen Sie möglichst mageres, und achten Sie auf die Herkunft. Seit diversen Hormonfleisch- und anderen Skandalen wissen inzwischen wohl die meisten, daß künstliche Hormon-, Antibiotika- und andere Abgaben an Schlachtvieh für den Konsumenten Risiken bergen können. Fleisch von Tieren aus tiergerechten, kontrollierten Haltungen (achten Sie auf Etiketten, oder fragen Sie Ihren Fleischer) hingegen kann in der Hinsicht bedenkenloser konsumiert werden.

Fisch übrigens enthält viel Eiweiß und, mit ein paar Ausnahmen, nur sehr wenig Fett.

Fisch und Meeresfrüchte 100 g, roh	Eiweiß Gramm	Prozentkalorien durch Eiweiß	Prozentkalorien durch Fett
Seewolf	17,6	68	27
Kabeljau	17,6	90	10
Krabbe, Krebs, gekocht	17,3	74	18
Flunder, Seezunge	16,7	85	9
Schellfisch	18,3	93	1
Hummer	17,3	74	19
Makrele	19,0	40	57
Lachs	20,0	67	28
Austern	8,4	51	25

Noch ein Wort zum Cholesterin

Wir haben bisher über Eiweißquellen gesprochen; wissen Sie aber auch, wo man Cholesterin findet? Cholesterin ist ein Bestandteil jedes tierischen Nahrungsmittels, findet sich also in allen Fleischsorten, in Fisch, Eiern und Milchprodukten. Alles, was laufen, kriechen, schwimmen oder fliegen kann, hat Cholesterin. Pflanzliche Nahrungsmittel dagegen enthalten kein Cholesterin, selbst solche, die zu 100 Prozent aus Fett bestehen wie Olivenöl oder Sonnenblumenöl. Cholesterin kommt weder in Gemüsen, Früchten, Getreide noch in Nüssen vor. Das ist der Hauptgrund dafür, warum konsequente Vegetarier, die auch keine Eier und Milchprodukte essen, einen sehr niedrigen Cholesterinspiegel haben.

Drei Gründe, warum man weniger Eiweiß essen sollte

1. Zuviel Eiweiß macht müde

Was passiert, wenn Sie zuviel Wasser in ein Glas gießen? Das Wasser läuft über und wird verschwendet. Etwas Ähnliches passiert, wenn Sie zuviel Eiweiß zu sich nehmen. Zum einen kann der Körper das Eiweiß als solches nicht speichern, sondern er spaltet es auf in Aminosäuren und speichert sie in der Leber. Zum anderen kann auch das nicht unbegrenzt geschehen. Wenn Ihr Körper genug Aminosäuren gespeichert hat, werden die überflüssigen Moleküle abgebaut, Stickstoff wird frei und zu Harnsäure umgewandelt. Harnsäure wird als Gift über die Nieren im Urin ausgeschieden. Nachdem der Stickstoff aber aus dem Aminosäuremolekül entfernt ist, wird der Rest des Moleküls als normale Energiequelle behandelt und abgebaut oder, wenn er nicht verbrannt werden kann, als Fett gespeichert, auf Ihren Hüften, Oberschenkeln und als Rollen um die Taille.

Um die schädliche Harnsäure aus dem System zu spülen, zieht der Körper außerdem Wasser aus dem Gewebe. Das kann bedeuten, daß der Magnesium-Kalium-Haushalt der Zellen gestört wird, was sich als Müdigkeit bemerkbar macht. Außerdem werden durch das Ausscheiden der Harnsäure auch die Nieren belastet, und eine chronische Überbeanspruchung der Nieren kann schließlich zu ernsthaften Gesundheitsschäden führen.

2. Zuviel Eiweiß kann Kalziummangel zur Folge haben

Erinnern Sie sich an die Werbespots der Haarpflegemittel-Hersteller, in denen immer vom pH-Wert die Rede ist? Der pH-Wert des Blutes, das Verhältnis von sauren und basischen Anteilen im Blut, ist noch viel wichtiger. Zuviel Eiweiß senkt den pH-Wert des Blutes und macht es saurer. Um diese Säure wieder auszugleichen, wird den Knochen Kalzium entzogen. Die Knochen brauchen allerdings das Kalzium, um stabil zu bleiben; Kalziummangel kann Osteoporose zur Folge haben. Das ist auch ein Grund, warum Menschen, die abnehmen wollen und deshalb ihren Hamburger ohne Brötchen essen, genau das Falsche tun. Zum einen werden etwa 50 Prozent der Hamburgerkalorien durch das Fett im Fleisch geliefert, beim Brötchen sind es weniger als 20 Prozent. Zum anderen ist es wahrscheinlich, daß das Eiweiß des Hamburgers eine Extrabelastung für den schon mehr als ausreichend mit Eiweiß versorgten Körper darstellt.

3. Zuviel Eiweiß erhöht das Krebsrisiko

Der dritte Grund, warum man nicht zuviel Eiweiß essen soll, hat mit dem vermehrten Krebsrisiko zu tun. Sie sind es sicher schon lange müde, von immer neuen Krebsgefahren zu hören. Aber ist es nicht besser, dessen müde zu sein, aber davon zu wissen und etwas dagegen tun zu können, als müde und krank zu sein, weil Sie nichts dagegen getan haben? Nicht das Eiweiß an sich ist schädlich, sondern nur das Zuviel. Manche Experten behaupten zwar, daß man das Krebsrisiko durch Fett nicht von dem durch tierisches Eiweiß trennen kann, da beides immer zusammen vorkommt. Aber in Laborversuchen hat man Fett von Eiweiß getrennt und hat Anzeichen dafür gefunden, daß tierisches Eiweiß ein noch größeres Krebsrisiko darstellt als Fett. Um ganz sicherzugehen, sollten Sie den Konsum von tierischem Eiweiß einschränken. Was aber ist eine sichere, akzeptable Menge?

Ein paar einfache Regeln

Wieviel Fleisch oder Fisch man am Tag essen sollte, dafür gibt es im wahrsten Sinne des Worte seine «Faust»regel: Ballen Sie Ihre Hand zu einer Faust und schauen Sie von oben auf Ihre Hand; die Fläche vom Handgelenk bis zu den Handknöcheln stellt die Größe für das Stück Fleisch dar, das Sie am Tag essen können. Wenn Ihr Freund ein größeres Stück als Sie bekommt, weil er eine größere Faust hat, dann ist das wahrscheinlich auch sinnvoll, weil er größer ist als Sie. Die Dicke des Stückes sollte aber 13 Millimeter nicht überschreiten.

Wenn Sie gewöhnlich zwei- bis dreimal am Tag Fleisch essen, werden Sie wahrscheinlich nicht wissen, was Sie denn bloß statt dessen essen sollen. Die Speisepläne des 7-Tage-Programms in Kapitel 10 können Ihnen gute Anregungen für Alternativen geben. Das Ganze ist wirklich im wesentlichen eine Sache der Gewohnheit. Seien Sie nicht überrascht, wenn Ihnen die «neuen» gesunden Mahlzeiten mindestens so gut schmecken wie das, was Sie bisher gegessen haben.

Gute Nachrichten: keine Müdigkeit am Nachmittag mehr!

Wer kennt diese Situation nicht? Sie mußten mit Geschäftsfreunden gemeinsam zu Mittag essen, haben viel zuviel gegessen und getrunken und versuchen sich nun mühsam am Nachmittag wach zu halten, weil Sie doch noch bestimmte Dinge unbedingt erledigen müssen. Es gibt zwei Gründe, warum Ihnen das so schwerfällt. Zum einen haben Sie wahrscheinlich zuviel und zu fett gegessen, das heißt, der Körper ist sehr damit beschäftigt, alles zu verdauen, und das Gehirn wird weniger gut durchblutet. Zum anderen sind Sie vielleicht auch deshalb besonders müde, weil Sie reichlich Kohlehydrate in Form von Brot, Nachspeise und Alkohol zu sich genommen haben. Eine Mahlzeit, die reich an Kohlehydraten ist, kann laut wissenschaftlichen Ergebnissen eine lähmende Müdigkeit auslösen. Das gilt in verstärktem Maße für Frauen.

Diese Schwierigkeiten lassen sich leicht vermeiden:

- Entscheiden Sie sich für ein leichtes Mittagessen, das nicht mehr als zehn Prozent seiner Kalorien aus tierischem Eiweiß bezieht und mindestens 65 bis 70 Prozent aus Gemüsen.
- Beginnen Sie die Mahlzeit mit etwas Eiweißhaltigem. Wenn Sie zuerst Kohlehydrate essen, werden Sie müde.
- Nicht mehr als 20 Prozent der Kalorien sollten vom Fett geliefert werden.
- Verzichten Sie auf Brot, süße Nachspeisen und Alkohol.

Sie werden überrascht sein, wie fit und energiegeladen Sie sich am Nachmittag fühlen werden!

Schnelles Energietanken, Nr. 4
Ein energiespendendes Mittagessen

Schritte 1 bis 5:

Siehe Anleitungen für schnelles Energietanken Nr. 1 in Kapitel 4.

Schritt 6: Energieprogrammierung

Atmen Sie langsam und tief ein und aus, und stellen Sie sich vor, wie der Sauerstoff in jede Zelle Ihres Körpers eindringt. Sie merken, wie Anspannung und Müdigkeit von Ihnen abfallen und Sie entspannt und wach sind. Mit jedem Atemzug atmen Sie Energie ein und Müdigkeit und Streß aus. Stellen Sie sich die Energie als reines weißes Licht vor, das langsam in Ihren Körper eindringt.

Sie sind mit jedem Aspekt Ihres Selbst in Harmonie, sind entspannt und wach und stellen sich vor, wie Sie in Ihr Lieblingsrestaurant in der Stadt gehen. Sie sind mit Geschäftskollegen verabredet und haben keinerlei Bedenken wegen der Besprechung, die während des Essens stattfinden wird. Sie wissen sogar, daß Sie hinterher erfrischt und beschwingt wieder in Ihr Büro zurückkehren werden. Sie stellen sich vor, wie Sie Ihren Lieblingsfisch bestellen, nur mit Knoblauch gegrillt, ohne Butter und Öl; dazu gibt es ein köstliches Gemüse, nur leicht gedämpft, wieder ohne Butter und Öl, und einen frischen Salat, zu dem Sie sich Essig und Olivenöl separat servieren lassen. Das ganze Essen ist ein wahrer Genuß, und Sie fühlen sich voller Energie.

Ihre Besprechung ist beendet, und Sie kehren unbeschwert und selbstbewußt in Ihr Büro zurück. Beobachten Sie sich, wie Sie selbst noch am späten Nachmittag ausdauernd und produktiv sind. Ihr Körper hat keinerlei Mühe, das leichte Essen zu verdauen, und Sie fühlen die Energie, die Ihnen dadurch zuteil wird. Sie fühlen mit Befriedigung, daß Sie in Zukunft keine Probleme mehr mit Geschäftsessen haben werden.

Schritt 7: Zurückkehren

Richten Sie sich nach den Anleitungen für schnelles Energietanken Nr. 1 in Kapitel 4.

10 Energieaufbau in sieben Tagen

Können Sie sich noch erinnern, wann Sie sich zuletzt nur Zeit für sich selbst und Ihre eigenen Bedürfnisse genommen haben? Wenn es Ihnen so geht wie den meisten von uns, werden Sie darauf antworten: «Ich kann mich nicht erinnern, daß ich jemals die Möglichkeit dazu gehabt habe. Das ist ein Luxus, den ich mir bei meinen Pflichten in Familie und Beruf nicht erlauben kann.»

Wir behaupten aber, daß es kein Luxus, sondern eine absolute Notwendigkeit ist, hin und wieder Zeit für sich zu reservieren, in der Sie sich nur um das eigene Wohlergehen kümmern. Auf lange Sicht werden Sie auf diese Weise zufriedener und produktiver sein und mehr Energie für Ihre Aufgaben als Elternteil und liebevoller Partner haben.

Unser 7-Tage-Programm zur Energiesteigerung hat sich bewährt; nutzen Sie die Möglichkeit, wenigstens eine Woche lang nur an sich selbst und Ihr eigenes Wohlergehen zu denken. Am meisten werden Sie davon haben, wenn Sie sich für diese sieben Tage von Verpflichtungen in Beruf und Familie freimachen können und sich nur auf sich selbst konzentrieren.

Wenn das nicht möglich ist, können Sie dem Programm dennoch folgen, wenn auch etwas weniger intensiv. Es ist jedoch besser, wenigstens einen Teil des Programms zu absolvieren, als überhaupt nichts an Ihrer Lebensweise zu verändern. Selbst ein Schritt bringt Sie Ihrem Ziel näher, auch wenn Sie mehr als sieben Tage brauchen werden, um das ganze Programm durchzuziehen. Das sollte Sie nicht entmutigen. Damit das Programm besser in Ihren Zeitplan paßt, haben wir es in drei verschiedene Intensitätsgrade eingeteilt. Vergessen Sie nicht, daß es nur der Beginn einer dauernden Veränderung Ihrer Lebensweise sein soll. Es ist ein Anfang und nicht ein Abschluß. Wenn Sie sich von den normalen Verpflichtungen sieben Tage lang freimachen können und sich nur auf das Programm konzentrieren, werden Sie erstaunliche Veränderungen erleben: Sie werden Gewicht verlieren, und besonders an Hüfte, Taille und Oberschenkeln abnehmen; Ihr Cholesterin- und Triglyceridspiegel wird sinken, ebenso Ihr Blutdruck, und Sie werden energiegeladener sein als je zuvor. Wenn Sie wegen anderer Verpflichtungen die Veränderungen in Ihrer Lebensweise nur allmählich vornehmen können, werden Sie schließlich zu den gleichen Ergebnissen kommen, nur wird es länger dauern. Es wird die beste Investition an Zeit sein, die Sie je gemacht haben!

Vorbereitungen auf das Energieprogramm

Bevor Sie mit dem 7-Tage-Programm beginnen, sollten Sie folgende Punkte beachten:

1. Lassen Sie Ihre Cholesterin-, Triglycerid- und Blutzuckerwerte bestimmen. Diese Daten, einschließlich der Blutdruckwerte bilden die Basis, die Sie später mit den neuen Werten vergleichen können, um physiologische Veränderungen eindeutig festzustellen. Lassen Sie sich also gleich einen zweiten Termin von Ihrem Arzt geben, damit diese Werte nach der Absolvierung des 7-Tage-Programms neu bestimmt werden.
2. Sprechen Sie mit Ihrem Arzt über das vorgesehene Körperübungsprogramm; er sollte damit einverstanden sein. Lassen Sie sich ein Kaliumpräparat verschreiben, wenn Sie glauben, daß Sie mehr als normal schwitzen werden. Vermehrter Flüssigkeitsverlust kann den Kaliumhaushalt durcheinanderbringen und Sie müde machen.
3. Bestimmen Sie die Herzschlagrate, die Sie bei den Übungen zur Stärkung von Herz und Kreislauf erreichen sollten, um davon zu profitieren (Anleitung in Kapitel 19). Lernen Sie, wie man seinen Puls vor, während und nach den körperlichen Übungen mißt. Die Übungen werden auf Herz und Kreislauf wenig Wirkung haben, wenn der Puls zu niedrig bleibt. Wenn Ihnen das Pulsmessen schwerfällt, können Sie sich eines der Pulsmeßgeräte anschaffen, die es in verschiedensten Ausführungen und Preisklassen gibt. Es ist sehr wichtig, daß Sie Ihren Puls korrekt bestimmen können, wenn Ihnen die Übungen zur Stärkung von Herz und Kreislauf etwas nützen sollen.
4. Besorgen Sie sich bequeme Turnschuhe! Unbequeme Schuhe verursachen Blasen, und nichts ist der Motivation, sich sportlich zu betätigen, abträglicher als schmerzende Blasen.
5. Gestalten Sie Ihr körperliches Training abwechlungsreich. Wenn Sie den Intensitätsgrad 2 oder 3 des 7-Tage-Programms zur Energiesteigerung absolvieren wollen, werden Sie mehr als einmal pro Tag trainieren. Jede Art von körperlicher Betätigung, die wir in Kapitel 20 vorschla-

gen, etwa Gehen, Schwimmen und Fahrradfahren, fordert unterschiedliche Muskeln auf die verschiedenste Art und Weise. Am besten wechseln Sie also in der Wahl Ihrer Übungen zur Stärkung von Herz und Kreislauf ab, damit Ihr ganzer Körper gut durchtrainiert wird. Außerdem werden so die einzelnen Muskelgruppen nicht zu sehr belastet und deshalb nicht schmerzen. Dehnen als Teil des Übungsprogramms wird auch gegen steife Muskeln helfen.

6. Planen Sie Ihre Einkäufe, damit Sie die notwendigen Zutaten für die Rezepte auch zu Hause haben. Sonst kann es passieren, daß Sie das, was Ihnen fehlt, durch eine ungesunde Alternative ersetzen.

7. Wenn Sie sich für diese Woche freimachen können, planen Sie mindestens eine Massage, wenn nicht mehr, für diese Zeit ein. Auch ein entspannendes warmes Bad oder eine Whirlpoolmassage einmal am Tag können Wunder wirken.

8. Machen Sie sich auf Veränderungen in Ihrem Verdauungssystem gefaßt. Im Rahmen des «Nie mehr müde»-Ernährungsprogramms nehmen Sie wahrscheinlich mehr Ballaststoffe zu sich, als Ihr Körper gewohnt ist. Das kann bewirken, daß Sie sich anfangs etwas gebläht fühlen, aber dieser Zustand vergeht schnell, sobald sich der Körper an die neue, gesunde Art der Ernährung gewöhnt hat. Diese vorübergehenden Symptome können gemildert werden, indem Sie mehr Wasser trinken, mindestens acht Glas pro Tag. Kaltes Wasser wird vom Körper schneller absorbiert, Wasser mit Kohlensäure gelangt schneller in den Blutkreislauf. Vielleicht können Sie sich Mineralwasser mit natürlichen Geschmacksstoffen besorgen, allerdings ohne Zucker und ohne chemische Zusätze.

9. Lassen Sie sich von Ihrem Arzt ein gutes Vitamin-Mineralien-Präparat empfehlen. Da die meisten Teilnehmer unseres 7-Tage-Programms abnehmen möchten, sieht der Speiseplan vor, daß weniger Kalorien zugeführt werden, als der Körper für das Aufrechterhalten des Ist-Zustands braucht; dadurch wird er jedoch nicht ausreichend mit Vitaminen und Mineralien versorgt. Sie brauchen also ein Zusatzpräparat. Wenn Sie das Programm abgeschlossen haben und wieder mehr essen, können Sie wahrscheinlich auch die Vitamine absetzen. Befolgen Sie aber weiterhin die fünf Regeln der richtigen Ernährung zur Energiesteigerung in Kapitel 7.

Wo sollen Sie beginnen?

Es gibt drei Intensitätsgrade für das 7-Tage-Programm zur Energiesteigerung. Welcher für Sie der richtige ist, hängt von zwei Kriterien ab: erstens von Ihrem HELI-Testergebnis (siehe Kapitel 2) und zweitens von Ihrem Cholesterinspiegel. Richten Sie Ihr persönliches Programm danach aus, welchem Intensitätsgrad Ihre Werte entsprechen. Wenn Sie aufgrund Ihres HELI-Tests in Intensitätsgrad 2 gehören, aufgrund Ihres Cholesterins aber in Grad 3, fangen Sie mit Intensitätsgrad 3 an.

Intensitätsgrad 1
Gesamtsumme des HELI-Tests: 495–560
Cholesterinspiegel: weniger als 160

Intensitätsgrad 2
Gesamtsumme des HELI-Tests: 326–494
Cholesterinspiegel: 160–199

Intensitätsgrad 3
Gesamtsumme des HELI-Tests: 80–325
Cholesterinspiegel: 200 und mehr

Intensitätsgrad 1: 7-Tage-Plan

Diesen Plan können Sie ohne große Probleme mit Ihrem normalen Tagesablauf vereinbaren, obgleich es natürlich generell besser ist, diese sieben Tage nur an sich und das eigene Wohlbefinden zu denken; wenn Ihnen das nicht möglich ist, können Sie unser Programm neben Ihrem normalen Arbeitstag auf diesem Intensitätsgrad gut mitmachen. Die Dehnübungen nach der morgendlichen Kreislaufgymnastik können Sie auch am Abend machen, wenn Ihnen morgens die Zeit dafür fehlt. Der genaue Fahrplan für den Intensitätsgrad 1 beginnt auf Seite 122.

Intensitätsgrad 2: 7-Tage-Plan

Dieses Programm ist mäßig intensiv. Sie sollten, wenn irgend möglich, sich sieben Tage von Ihren routinemäßigen Pflichten freimachen, um an diesem Programm voll teilnehmen zu können, zum Beispiel am Körpertraining zweimal täglich. Der genaue Fahrplan für Intensitätsgrad 2 beginnt auf Seite 128.

Intensitätsgrad 3: 7-Tage-Plan

Dieses Programm ist sehr konzentriert und bewirkt, daß Ihr Cholesterinspiegel rapide sinkt, Sie an Gewicht und Umfang verlieren, sich weniger nervös und gestreßt fühlen und mehr Energie haben. Dieser Plan schließt dreimal täglich ein Körpertraining ein und zweimal schnelles Energietanken. Dieses Programm können Sie nur absolvieren, wenn Sie sich eine Woche dafür freinehmen. Der genaue Fahrplan für Intensitätsgrad 3 beginnt auf Seite 133.

Intensitätsgrad 1: 1. Tag

Vor dem Frühstück	Körpertraining zur Energiesteigerung Entweder: 40 Minuten gehen oder 30 Minuten Laufband oder 30 Minuten schwimmen oder 20 Minuten Heimfahrrad oder 20 Minuten joggen
Frühstück	Heißer Frühstücksbrei mit Rosinen (Rezept 1) Getränk, siehe Kapitel 23
Vormittags: Schnelles Energietanken	Schnelles Energietanken Nr. 1 (Kapitel 4). Visualisierungsübungen sollten nie auf vollen Magen gemacht werden; warten Sie, bis die letzte Mahlzeit verdaut ist.
Vormittags: Zwischenmahlzeit	Nach Wahl (siehe Vorschläge, Kapitel 23)
Mittag	Bunter Sandwich (Rezept 8) Getränk
Nachmittags: Schnelles Energietanken	Nr. 2 (Kapitel 6)
Nachmittags: Zwischenmahlzeit	Rohe Gemüse, besonders Karotten
Abendessen	Pochierter Lachs in Wein mit Tomaten-Kapern-Soße (Rezept 21) Domino-Kartoffeln (Rezept 29) Pikant-süßes Karottengemüse (Rezept 28) Getränk
Nachspeise	Bratapfel mit Rosinen (Rezept 48)
Energie-Dehnen	Siehe Kapitel 21, Dehnen

Sich verwöhnen lassen	Täglich mindestens einmal nach Wahl:	
	ein warmes Bad	kosmetische
	Sauna/Dampfbad	Gesichtsbehandlung
	Whirlpool	Massage
	Maniküre/Pediküre	Friseur

Tagesnährwert-Tabelle 1363 Kalorien

Nährstoff	Kohlehydrate	Fett	Gesamteiweiß	Tier. Eiweiß
Kalorien	73%	9%	15%	7%
Menge	257,9 g	14,5 g	53,0 g	22,7 g

Anmerkung: Wenn Sie nicht abnehmen wollen oder körperlich sehr aktiv sind, wollen Sie vielleicht Ihre tägliche Kalorienmenge erhöhen. Das ist möglich, ohne daß Sie deshalb auf die Energiesteigerung verzichten müssen, die Ihnen in diesem Programm versprochen wird. Essen Sie einfach mehr Getreide, Gemüse und Obst.

Intensitätsgrad 1: 2. Tag

Vor dem Frühstück	Körpertraining zur Energiesteigerung
Frühstück	Frühstücksflocken mit Obst (Rezept 2)
	Getränk
Vormittags:	
Schnelles Energietanken	Nr. 3 (Kapitel 7)
Zwischenmahlzeit	Nach Wahl, siehe Vorschläge (Kapitel 23)
Mittag	Quinoa-Tomaten-Suppe (Rezept 11)
	Salat mit Pestosoße (Rezept 33)
	Getränk
Nachmittags:	
Schnelles Energietanken	Nr. 4 (Kapitel 9)
Zwischenmahlzeit	Rohe Gemüse, besonders Karotten
Abendessen	Huhn mit Nudeln (Fettuccine) (Rezept 14)
	Spinat mit Tomaten und Fetakäse (Rezept 26)
	Getränk
Nachspeise	2 kalifornische BERAH-Kekse (Rezept 45)
Energie-Dehnen	Siehe Kapitel 21, Dehnen
Sich verwöhnen lassen	Nach Wahl

Tagesnährwert-Tabelle 1442 Kalorien

Nährstoff	Kohlehydrate	Fett	Gesamteiweiß	Tier. Eiweiß
Kalorien	70%	10%	19%	9%
Menge	259,2 g	16,5 g	70,8 g	34 g

Anmerkung: siehe 1. Tag.

Intensitätsgrad 1: 3. Tag

Vor dem Frühstück	Körpertraining zur Energiesteigerung
Frühstück	Heißer Frühstücksbrei mit Rosinen (Rezept 1) Getränk
Vormittags:	
Schnelles Energietanken	Nr. 5 (Kapital 12)
Zwischenmahlzeit	Nach Wahl, siehe Vorschläge
Mittag	Schmackhafte Fajitas (Rezept 13) Getränk
Nachmittags:	
Schnelles Energietanken	Nr. 6 (Kapitel 13)
Zwischenmahlzeit	Rohe Gemüse, besonders Karotten
Abendessen	Rindfleisch mit Gemüse auf chinesische Art (Rezept 16) Bunter Salat mit Himbeer-Vinaigrette-Salatsoße (Rezepte 34 und 38) Getränk
Nachspeise	Fruchtmixgetränk (Rezept 50)
Energie-Dehnen	Siehe Kapitel 21, Dehnen
Sich verwöhnen lassen	Nach Wahl

Tagesnährwert-Tabelle 1332 Kalorien

Nährstoff	Kohlehydrate	Fett	Gesamteiweiß	Tier. Eiweiß
Kalorien	78%	10%	12%	4%
Menge	273,5 g	16,5 g	44,3 g	12,3 g

Anmerkung: siehe 1. Tag.

Intensitätsgrad 1: 4. Tag

Vor dem Frühstück	Körpertraining zur Energiesteigerung
Frühstück	Omelett aus Eiweiß (Rezept 3) Vollweizentoast mit Marmelade (siehe Einkaufsliste, Kapitel 23) Getränk
Vormittags:	
Schnelles Energietanken	Nr. 7 (Kapitel 15)
Zwischenmahlzeit	Nach Wahl, siehe Vorschläge
Mittag	Überbackene Gemüse-Käse-Schnitte (Rezept 7) Getränk
Nachmittags:	
Schnelles Energietanken	Nr. 8 (Kapitel 15)
Zwischenmahlzeit	Rohe Gemüse, besonders Karotten
Abendessen	Jakobsmuscheln mit Artischockensoße und Reis (Rezept 25) Würzige grüne Bohnen mit Tomaten (Rezept 30) Getränk
Nachspeise	Gebackene Banane (Rezept 49)
Energie-Dehnen	Siehe Kapitel 21, Dehnen
Sich verwöhnen lassen	Nach Wahl

Tagesnährwert-Tabelle 1298 Kalorien

Nährstoff	Kohlehydrate	Fett	Gesamteiweiß	Tier. Eiweiß
Kalorien	75%	7%	16%	9%
Menge	250,1 g	10,4 g	53,8 g	29 g

Anmerkung: siehe 1. Tag.

Intensitätsgrad 1: 5. Tag

Vor dem Frühstück	Körpertraining zur Energiesteigerung
Frühstück	Haferflockenpfannkuchen (Rezepte 4, 5, 6) Fruchtbelag (Rezept 43) Getränk

Vormittags:	
Schnelles Energietanken	Nr. 9 (Kapitel 16)
Zwischenmahlzeit	Nach Wahl, siehe Vorschläge
Mittag	Nahrhafte Erbsensuppe (Rezept 10) Salat mit cremiger Dillsoße (Rezept 39) Getränk
Nachmittags:	
Schnelles Energietanken	Nr. 10 (Kapitel 17)
Zwischenmahlzeit	Rohe Gemüse, besonders Karotten
Abendessen	Fisch und Chips (Rezept 24) Süß-saurer Rotkohl (Rezept 31) Getränk
Nachspeise	Orangen-Bananen-Speise (Rezept 46)
Energie-Dehnen	Siehe Kapitel 21, Dehnen
Sich verwöhnen lassen	Nach Wahl

Tagesnährwert-Tabelle 1268 Kalorien

Nährstoff	Kohlehydrate	Fett	Gesamteiweiß	Tier. Eiweiß
Kalorien	72%	6%	22%	11%
Menge	233,1 g	8,2 g	72,6 g	37,1 g

Anmerkung: siehe 1. Tag.

Intensitätsgrad 1: 6. Tag

Vor dem Frühstück	Körpertraining zur Energiesteigerung
Frühstück	Frühstücksflocken mit Obst (Rezept 2) Getränk
Vormittags:	
Schnelles Energietanken	Nr. 12 (Kapitel 18)
Zwischenmahlzeit	Nach Wahl, siehe Vorschläge
Mittag	Thunfischburger (Rezept 9) Getränk
Nachmittags:	
Schnelles Energietanken	Nr. 16 (Kapitel 22)
Zwischenmahlzeit	Rohe Gemüse, besonders Karotten
Abendessen	Zucchini-Bohnen-Auflauf (Rezept 19) Reis (Rezept 27) Salat mit Himbeer-Vinaigrette-Soße (Rezept 38) Getränk
Nachspeise	Orangenfruchteis (Rezept 44)
Energie-Dehnen	Siehe Kapitel 21, Dehnen
Sich verwöhnen lassen	Nach Wahl

Tagesnährwert-Tabelle 1331 Kalorien

Nährstoff	Kohlehydrate	Fett	Gesamteiweiß	Tier. Eiweiß
Kalorien	74%	10%	16%	8%
Menge	250,3 g	14,9 g	54,9 g	25,5 g

Anmerkung: siehe 1. Tag.

Intensitätsgrad 1: 7. Tag

Vor dem Frühstück	Körpertraining zur Energiesteigerung
Frühstück	Heißer Frühstücksbrei mit Rosinen (Rezept 1) Getränk
Vormittags:	
Schnelles Energietanken	Nr. 13 (Kapitel 19)
Zwischenmahlzeit	Nach Wahl, siehe Vorschläge
Mittag	Spaghetti mit Soße und Käse (Rezept 12) Gemüseschnellgericht (Rezept 32) Getränk
Nachmittags:	
Schnelles Energietanken	Nr. 14 (Kapitel 20)
Zwischenmahlzeit	Rohe Gemüse, besonders Karotten
Abendessen	Huhn auf süß-saure Art mit Reis oder Nudeln (Rezept 15) Getränk
Nachspeise	Daniels Biskuitrolle (Rezept 47)
Energie-Dehnen	Siehe Kapitel 21, Dehnen
Sich verwöhnen lassen	Nach Wahl

Tagesnährwert-Tabelle 1376 Kalorien

Nährstoff	Kohlehydrate	Fett	Gesamteiweiß	Tier. Eiweiß
Kalorien	74%	8%	18%	10%
Menge	253 g	12 g	60,3 g	35,8 g

Anmerkung: siehe 1. Tag.

Intensitätsgrad 2: 1. Tag

Vor dem Frühstück	Körpertraining zur Energiesteigerung Entweder: 40 Minuten gehen oder 30 Minuten Laufband oder 30 Minuten schwimmen oder 20 Minuten Heimfahrrad oder 20 Minuten joggen
Frühstück	Heißer Frühstücksbrei mit Rosinen (Rezept 1) Getränk (siehe Vorschläge, Kapitel 23)
Vormittags: Schnelles Energietanken	Schnelles Energietanken Nr. 1 (Kapitel 4). Visualisierungsübungen sollten nie auf vollen Magen gemacht werden; warten Sie, bis die letzte Mahlzeit einigermaßen verdaut ist.
Zwischenmahlzeit	Nach Wahl (siehe Vorschläge, Kapitel 23)
Mittag	Spaghetti mit Soße und Käse (Rezept 12) Salat mit Pestosoße (Rezept 33) Getränk
Nachmittags: Schnelles Energietanken	Nr. 2 (Kapitel 6)
Körpertraining zur Energiesteigerung	Siehe «Vor dem Frühstück»
Energie-Dehnen	Siehe Kapitel 21, Dehnen
Zwischenmahlzeit	Rohe Gemüse, besonders Karotten
Sich verwöhnen lassen	Täglich mindestens einmal nach Wahl: ein warmes Bad Whirlpool Sauna/Dampfbad Maniküre/Pediküre kosmetische Gesichtsbehandlung Massage Friseur
Abendessen	Pochierter Lachs in Wein mit Tomaten-Kapern-Soße (Rezept 21) Domino-Kartoffeln (Rezept 29) Würzige grüne Bohnen mit Tomaten (Rezept 30) Getränk
Nachspeise	Orangenfruchteis (Rezept 44)

Tagesnährwert-Tabelle 1282 Kalorien

Nährstoff	Kohlehydrate	Fett	Gesamteiweiß	Tier. Eiweiß
Kalorien	69%	11%	17%	9%
Menge	217,8 g	15 g	55,2 g	27,4 g

Anmerkung: Wenn Sie nicht abnehmen wollen oder körperlich sehr aktiv sind, wollen Sie vielleicht Ihre tägliche Kalorienmenge erhöhen. Das ist möglich, ohne daß Sie deshalb auf die Energiesteigerung verzichten müssen, die Ihnen in diesem Programm versprochen wird. Essen Sie einfach mehr Getreide, Gemüse und Obst.

Intensitätsgrad 2: 2. Tag

Vor dem Frühstück	Körpertraining zur Energiesteigerung
Frühstück	Frühstücksflocken mit Obst (Rezept 2)
	Getränk
Vormittags:	
Schnelles Energietanken	Nr. 3 (Kapitel 7)
Zwischenmahlzeit	Nach Wahl, siehe Vorschläge
Mittag	Bunter Sandwich (Rezept 8)
	Getränk
Nachmittags:	
Schnelles Energietanken	Nr. 4 (Kapitel 9)
Körpertraining zur Energiesteigerung	
Energie-Dehnen	Siehe Kapitel 21, Dehnen
Zwischenmahlzeit	Rohe Gemüse, besonders Karotten
Sich verwöhnen lassen	Nach Wahl
Abendessen	Fisch und Chips (Rezept 24)
	Pikant-süßes Karottengemüse (Rezept 28)
	Getränk
Nachspeise	Bratapfel mit Rosinen (Rezept 48)

Tagesnährwert-Tabelle 1203 Kalorien

Nährstoff	Kohlehydrate	Fett	Gesamteiweiß	Tier. Eiweiß
Kalorien	74%	7%	19%	11%
Menge	227 g	9,3 g	59,9 g	32,3 g

Anmerkung: siehe 1. Tag.

Intensitätsgrad 2: 3. Tag

Vor dem Frühstück	Körpertraining zur Energiesteigerung
Frühstück	Frühstücksflocken mit Obst (Rezept 2) Getränk
Vormittags:	
Schnelles Energietanken	Nr. 5 (Kapitel 12)
Zwischenmahlzeit	Nach Wahl, siehe Vorschläge
Mittag	Thunfischburger (Rezept 9), Getränk
Nachmittags:	
Schnelles Energietanken	Nr. 6 (Kapitel 13)
Körpertraining zur Energiesteigerung	
Energie-Dehnen	Siehe Kapitel 21, Dehnen
Zwischenmahlzeit	Rohe Gemüse, besonders Karotten
Sich verwöhnen lassen	Nach Wahl
Abendessen	Gemüse-Lasagne (Rezept 17) Salat mit cremiger Dillsoße (Rezept 39) Getränk
Nachspeise	Fruchtmixgetränk (Rezept 50)

Tagesnährwert-Tabelle 1210 Kalorien

Nährstoff	Kohlehydrate	Fett	Gesamteiweiß	Tier. Eiweiß
Kalorien	73%	9%	17%	6%
Menge	224,8 g	11,8 g	51,3 g	18,3 g

Anmerkung: siehe 1. Tag.

Intensitätsgrad 2: 4. Tag

Vor dem Frühstück	Körpertraining zur Energiesteigerung
Frühstück	Omelett aus Eiweiß (Rezept 3) Vollweizentoast mit Marmelade (siehe Vorschläge in Kapitel 23) Getränk
Vormittags:	
Schnelles Energietanken	Nr. 7 (Kapitel 15)
Zwischenmahlzeit	Nach Wahl, siehe Vorschläge
Mittag	Nahrhafte Erbsensuppe (Rezept 10) Salat mit Pestosoße (Rezept 33) Getränk

Nachmittags:	
Schnelles Energietanken	Nr. 8 (Kapitel 15)
Körpertraining zur Energiesteigerung	
Energie-Dehnen	Siehe Kapitel 21, Dehnen
Zwischenmahlzeit	Rohe Gemüse, besonders Karotten
Sich verwöhnen lassen	Nach Wahl
Abendessen	Zucchini-Bohnen-Auflauf (Rezept 19)
	Salat mit Himbeer-Vinaigrette-Soße (Rezept 38)
	Getränk
Nachspeise	Orangen-Bananen-Speise (Rezept 46)

Tagesnährwert-Tabelle 1255 Kalorien

Nährstoff	Kohlehydrate	Fett	Gesamteiweiß	Tier. Eiweiß
Kalorien	72%	9%	19%	9%
Menge	229,6 g	12,2 g	61,4 g	27,2 g

Anmerkung: siehe 1. Tag.

Intensitätsgrad 2: 5. Tag

Vor dem Frühstück	Körpertraining zur Energiesteigerung
Frühstück	Heißer Frühstücksbrei mit Rosinen (Rezept 1)
	Getränk
Vormittags:	
Schnelles Energietanken	Nr. 9 (Kapitel 16)
Zwischenmahlzeit	Nach Wahl, siehe Vorschläge
Mittag	Quinoa-Tomaten-Suppe (Rezept 11)
	Salat mit Pestosoße (Rezept 33)
	Getränk
Nachmittags:	
Schnelles Energietanken	Nr. 10 (Kapitel 17)
Körpertraining zur Energiesteigerung	
Energiedehnen	Siehe Kapitel 21, Dehnen
Zwischenmahlzeit	Rohe Gemüse, besonders Karotten
Sich verwöhnen lassen	Nach Wahl
Abendessen	Huhn mit Nudeln (Fettuccine) (Rezept 14)
	Spinat mit Tomaten und Fetakäse (Rezept 26)
	Getränk
Nachspeise	Gebackene Banane (Rezept 49)

Tagesnährwert-Tabelle 1231 Kalorien

Nährstoff	Kohlehydrate	Fett	Gesamteiweiß	Tier. Eiweiß
Kalorien	67%	11%	21%	10%
Menge	204,7 g	14,3 g	65,2 g	30,7 g

Anmerkung: siehe 1. Tag.

Intensitätsgrad 2: 6. Tag

Vor dem Frühstück	Körpertraining zur Energiesteigerung
Frühstück	Haferflockenpfannkuchen (Rezepte 4, 5 oder 6)
	Fruchtbelag (Rezept 43)
	Getränk
Vormittags:	
Schnelles Energietanken	Nr. 12 (Kapitel 18)
Zwischenmahlzeit	Nach Wahl, siehe Vorschläge
Mittag	Überbackene Gemüse-Käse-Schnitte (Rezept 7)
	Getränk
Nachmittags:	
Schnelles Energietanken	Nr. 14 (Kapitel 20)
Körpertraining zur Energiesteigerung	
Energie-Dehnen	Siehe Kapitel 21, Dehnen
Zwischenmahlzeit	Rohe Gemüse, besonders Karotten
Sich verwöhnen lassen	Nach Wahl
Abendessen	Jakobsmuscheln mit Artischockensoße und Reis (Rezept 25)
	Gemüseschnellgericht (Rezept 32)
	Getränk
Nachspeise	2 kalifornische BERAH-Kekse (Rezept 45)

Tagesnährwert-Tabelle 233 Kalorien

Nährstoff	Kohlehydrate	Fett	Gesamteiweiß	Tier. Eiweiß
Kalorien	72%	8%	18%	8%
Menge	227,5 g	11,2 g	55 g	25,1 g

Anmerkung: siehe 1. Tag.

Intensitätsgrad 2: 7. Tag

Vor dem Frühstück	Körpertraining zur Energiesteigerung
Frühstück	Frühstücksflocken mit Obst (Rezept 2) Getränk
Vormittags:	
Schnelles Energietanken	Nr. 16 (Kapitel 22)
Zwischenmahlzeit	Nach Wahl, siehe Vorschläge
Mittag	2 schmackhafte Fajitas (Rezept 13) Getränk
Nachmittags:	
Schnelles Energietanken	Nr. 14 (Kapitel 20)
Körpertraining zur Energiesteigerung	
Energie-Dehnen	Siehe Kapitel 21, Dehnen
Zwischenmahlzeit	Rohe Gemüse, besonders Karotten
Sich verwöhnen lassen	Nach Wahl
Abendessen	Kartoffelpuffer mit Apfelmus (Rezept 18) Süß-saurer Rotkohl (Rezept 31) Getränk
Nachspeise	Daniels Biskuitrolle (Rezept 47)

Tagesnährwert-Tabelle 1241 Kalorien

Nährstoff	Kohlehydrate	Fett	Gesamteiweiß	Tier. Eiweiß
Kalorien	81%	7%	12%	2%
Menge	257,9 g	10,3 g	38,1 g	7,3 g

Anmerkung: siehe 1. Tag.

Intensitätsgrad 3: 1. Tag

Vor dem Frühstück	Körpertraining zur Energiesteigerung Entweder: 40 Minuten gehen oder 30 Minuten Laufband oder 30 Minuten schwimmen oder 20 Minuten Heimfahrrad oder 20 Minuten joggen
Frühstück	Heißer Frühstücksbrei mit Rosinen (Rezept 1) Getränk (siehe Vorschläge, Kapitel 23)
Vormittags: Schnelles Energietanken	Schnelles Energietanken Nr. 1 (Kapitel 4). Visualisierungsübungen sollten nie mit vollem Magen

	gemacht werden; warten Sie, bis die letzte Mahlzeit einigermaßen verdaut ist.
Körpertraining zur Energiesteigerung	Siehe «Vor dem Frühstück»
Zwischenmahlzeit	Apfel oder Birne
Mittag	Spaghetti mit Soße und Käse (Rezept 12) Salat mit Himbeer-Vinaigrette-Soße (Rezept 38) Getränk
Nachmittags:	
Schnelles Energietanken	Nr. 2 (Kapitel 6)
Körpertraining zur Energiesteigerung	
Energie-Dehnen	Siehe Kapitel 21, Dehnen
Zwischenmahlzeit	Rohe Gemüse, besonders Karotten
Sich verwöhnen lassen	Täglich mindestens einmal nach Wahl: ein warmes Bad Whirlpool Sauna/Dampfbad Maniküre/Pediküre kosmetische Gesichtsbehandlung Massage Friseur
Abendessen	Pochierter Fisch in Weinsoße (Rezept 23) Würzige grüne Bohnen mit Tomate (Rezept 30) Gemüseschnellgericht mit Soße (Rezept 32) Getränk
Nachspeise	Gebackene Banane (Rezept 49)

Tagesnährwert-Tabelle 1227 Kalorien

Nährstoff	Kohlehydrate	Fett	Gesamteiweiß	Tier. Eiweiß
Kalorien	69%	10%	21%	11%
Menge	212 g	13 g	63,4 g	33,2 g

Anmerkung: Wenn Sie nicht abnehmen wollen oder körperlich sehr aktiv sind, wollen Sie vielleicht Ihre tägliche Kalorienmenge erhöhen. Das ist möglich, ohne daß Sie deshalb auf die Energiesteigerung verzichten müssen, die Ihnen in diesem Programm versprochen wird. Essen Sie einfach mehr Getreide, Gemüse und Obst.

Intensitätsgrad 3: 2. Tag

Vor dem Frühstück	Körpertraining zur Energiesteigerung
Frühstück	Heißer Frühstücksbrei mit Rosinen (Rezept 1) Getränk
Vormittags:	
Schnelles Energietanken	Nr. 3 (Kapitel 7)
Körpertraining zur Energiesteigerung	
Zwischenmahlzeit	Nach Wahl (siehe Vorschläge, Kapitel 23)
Mittag	Bunter Sandwich (Rezept 8) Getränk
Nachmittags:	
Schnelles Energietanken	Nr. 4 (Kapitel 9)
Körpertraining zur Energiesteigerung	
Energie-Dehnen	Siehe Kapitel 21, Dehnen
Zwischenmahlzeit	Rohe Gemüse, besonders Karotten
Sich verwöhnen lassen	Nach Wahl
Abendessen	Pochierter Lachs in Wein mit Tomaten-Kapern-Soße (Rezept 21) Domino-Kartoffeln (Rezept 29) Getränk
Nachspeise	Orangenfruchteis (Rezept 44)

Tagesnährwert-Tabelle 1193 Kalorien

Nährstoff	Kohlehydrate	Fett	Gesamteiweiß	Tier. Eiweiß
Kalorien	69%	9%	18%	8%
Menge	207,7 g	12,5 g	52,5 g	22,7 g

Anmerkung: siehe 1. Tag.

Intensitätsgrad 3: 3. Tag

Vor dem Frühstück	Körpertraining zur Energiesteigerung
Frühstück	Omelett aus Eiweiß (Rezept 3) Toastbrötchen mit Marmelade (siehe Vorschläge, Kapitel 23) Getränk
Vormittags:	
Schnelles Energietanken	Nr. 5 (Kapitel 12)

Körpertraining zur Energiesteigerung	
Zwischenmahlzeit	Nach Wahl, siehe Vorschläge
Mittag	Nahrhafte Erbsensuppe (Rezept 10) Salat mit Pestosoße (Rezept 35) Getränk
Nachmittags:	
Schnelles Energietanken	Nr. 6 (Kapitel 13)
Körpertraining zur Energiesteigerung	
Energie-Dehnen	Siehe Kapitel 21, Dehnen
Zwischenmahlzeit	Rohe Gemüse, besonders Karotten
Sich verwöhnen lassen	Nach Wahl
Abendessen	Backkartoffel mit San-Diego-Chili (Rezept 20) Salat mit cremiger Dillsoße (Rezept 39) Getränk
Nachspeise	Bratapfel mit Rosinen (Rezept 48)

Tagesnährwert-Tabelle 1193 Kalorien

Nährstoff	Kohlehydrate	Fett	Gesamteiweiß	Tier. Eiweiß
Kalorien	80%	4%	16%	3%
Menge	241,6 g	5,8 g	49 g	10,2 g

Anmerkung: siehe 1. Tag.

Intensitätsgrad 3: 4. Tag

Vor dem Frühstück	Körpertraining zur Energiesteigerung
Frühstück	Heißer Frühstücksbrei mit Rosinen (Rezept 1) Getränk
Vormittags:	
Schnelles Energietanken	Nr. 7 (Kapitel 15)
Körpertraining zur Energiesteigerung	
Zwischenmahlzeit	Nach Wahl, siehe Vorschläge
Mittag	Thunfischburger (Rezept 9) Getränk
Nachmittags:	
Schnelles Energietanken	Nr. 8 (Kapitel 15)
Körpertraining zur Energiesteigerung	
Energiedehnen	Siehe Kapitel 21, Dehnen

Zwischenmahlzeit	Rohe Gemüse, besonders Karotten
Sich verwöhnen lassen	Nach Wahl
Abendessen	Kartoffelpuffer mit Apfelmus (Rezept 18) Pikant-süßes Karottengemüse (Rezept 28) Getränk
Nachspeise	Fruchtmixgetränk (Rezept 50)

Tagesnährwert-Tabelle 1238 Kalorien

Nährstoff	Kohlehydrate	Fett	Gesamteiweiß	Tier. Eiweiß
Kalorien	78%	8%	14%	3%
Menge	241,8 g	10,9 g	43,3 g	9 g

Anmerkung: siehe 1. Tag.

Intensitätsgrad 3: 5. Tag

Vor dem Frühstück	Körpertraining zur Energiesteigerung
Frühstück	Haferflockenpfannkuchen (Rezepte 4, 5 oder 6) Fruchtbelag (Rezept 43) Getränk
Vormittags:	
Schnelles Energietanken	Nr. 9 (Kapitel 16)
Körpertraining zur Energiesteigerung	
Zwischenmahlzeit	Nach Wahl, siehe Vorschläge
Mittag	Quinoa-Tomaten-Suppe (Rezept 11) Rohe Gemüse, zum Beispiel Karotten, Selleriestangen, Gurke mit würzigem Dip (Rezept 36) Getränk
Nachmittags:	
Schnelles Energietanken	Nr. 10 (Kapitel 17)
Körpertraining zur Energiesteigerung	
Energie-Dehnen	Siehe Kapitel 21, Dehnen
Zwischenmahlzeit	Rohe Gemüse, besonders Karotten
Sich verwöhnen lassen	Nach Wahl
Abendessen	Köstlicher Gemüse-Fisch-Eintopf (Rezept 22) Salat mit Himbeer-Vinaigrette-Soße (Rezept 38) Getränk
Nachspeise	Gebackene Banane (Rezept 49)

Tagesnährwert-Tabelle 1044 Kalorien

Nährstoff	Kohlehydrate	Fett	Gesamteiweiß	Tier. Eiweiß
Kalorien	74%	9%	17%	8%
Menge	194,7 g	10 g	45,6 g	21,2 g

Anmerkung: siehe 1. Tag.

Intensitätsgrad 3: 6. Tag

Vor dem Frühstück	Körpertraining zur Energiesteigerung
Frühstück	Heißer Frühstücksbrei mit Rosinen (Rezept 1) Getränk
Vormittags:	
Schnelles Energietanken	Nr. 11 (Kapitel 17)
Körpertraining zur Energiesteigerung	
Zwischenmahlzeit	Nach Wahl, siehe Vorschläge
Mittag	Überbackene Gemüse-Käse-Schnitte (Rezept 7) Getränk
Nachmittags:	
Schnelles Energietanken	Nr. 12 (Kapitel 18)
Körpertraining zur Energiesteigerung	
Energie-Dehnen	Siehe Kapitel 21, Dehnen
Zwischenmahlzeit	Rohe Gemüse, besonders Karotten
Sich verwöhnen lassen	Nach Wahl
Abendessen	Gemüse-Lasagne (Rezept 17) Spinat mit Tomaten und Fetakäse (Rezept 26) Getränk
Nachspeise	Bratapfel mit Rosinen (Rezept 48)

Tagesnährwert-Tabelle 1144 Kalorien

Nährstoff	Kohlehydrate	Fett	Gesamteiweiß	Tier. Eiweiß
Kalorien	76%	9%	14%	3%
Menge	220,7 g	12 g	41,5 g	9 g

Anmerkung: siehe 1. Tag.

Intensitätsgrad 3: 7. Tag

Vor dem Frühstück	Körpertraining zur Energiesteigerung
Frühstück	Frühstücksflocken mit Obst (Rezept 2) Getränk
Vormittags:	
Schnelles Energietanken	Nr. 13 (Kapitel 19)
Körpertraining zur Energiesteigerung	
Zwischenmahlzeit	Nach Wahl, siehe Vorschläge
Mittag	Schmackhafte Fajitas (Rezept 13) Getränk
Nachmittags:	
Schnelles Energietanken	Nr. 14 (Kapitel 20)
Körpertraining zur Energiesteigerung	
Energie-Dehnen	Siehe Kapitel 21, Dehnen
Zwischenmahlzeit	Rohe Gemüse, besonders Karotten
Sich verwöhnen lassen	Nach Wahl
Abendessen	Zucchini-Bohnen-Auflauf (Rezept 19) Süß-saurer Rotkohl (Rezept 31) Getränk
Nachspeise	Gebackene Birne mit Himbeeren (Rezept 51)

Tagesnährwert-Tabelle 1114 Kalorien

Nährstoff	Kohlehydrate	Fett	Gesamteiweiß	Tier. Eiweiß
Kalorien	75%	11%	14%	6%
Menge	224,6 g	14 g	41 g	18 g

Anmerkung: siehe 1. Tag.

11 Nahrungsergänzungen zur Energiesteigerung

In diesem Kapitel erfahren Sie, welche Vitamine und Mineralien physischen und psychischen Streß lindern helfen und wie wir selbst die Leistungsfähigkeit unseres Körpers steigern können. Wir verraten Ihnen,

- was Vitamine und Mineralien gegen Streß ausrichten können, wieviel Sie täglich zu sich nehmen sollten, worin die Nebenwirkungen einer Überdosis bestehen und welche Symptome bei einem Mangel zu erwarten sind;
- worin Vitamine und Mineralien, die Ihre Energie steigern und Streß bekämpfen können, natürlich enthalten sind.

Warnung: Vitamine und Mineralien als Ergänzung zur Nahrung sollten nur nach ärztlicher Empfehlung genommen werden.

Nahrungsergänzungen und Energie

Vitamine und Mineralien sind die Katalysatoren, die dafür sorgen, daß Ihr Körper gut funktioniert. So wie ein Auto eine bestimmte Art von Treibstoffzusammensetzung braucht, um optimal zu funktionieren, so braucht auch Ihr Körper bestimmte Bestandteile in der Nahrung, damit der Stoffwechsel optimal ablaufen kann. Ohne sie kann das System nur verlangsamt funktionieren, und Sie fühlen sich schlapp und ohne Energie.

Es geht also nicht darum, ob man diese Vitamine und Mineralien dem Körper zuführen sollte oder nicht, sondern nur, in welcher Form. Obgleich sich Wissenschaftler seit vielen Jahren mit diesem Thema beschäftigen, sind sie noch zu keinem eindeutigen Ergebnis gekommen. Theoretisch sollte niemand zusätzliche Vitamine und Mineralien brauchen, sofern er sich ausgewogen ernährt. Und doch werden sie als Tabletten und Kapseln in großen Mengen verkauft, weil viele Menschen meinen, allein durch ihre Ernährung nicht mehr ausreichend mit Spurenelementen versorgt zu werden. Diese Befürchtungen sind nicht grundlos, wie folgende Tabelle zeigt:

Unsere moderne Umwelt ist für den Verlust natürlicher Energiequellen verantwortlich:

Problem	Grund	Energieverlust durch
Nährstoffarmer Boden	Falsche Anbaumethoden Falsche Düngemethoden	Fehlen wichtiger Nährstoffe in der Nahrung
Denaturierte Nahrungsmittel	Nahrungsmittelbehandlung für längere Haltbarkeit	Entzug wichtiger Nährstoffe aus der Nahrung
Nahrung nicht frisch	Nahrung zu lange auf dem Transport unterwegs und/oder nach dem optimalen Frischedatum verkauft	Verminderung des Nährstoffgehalts
Verunreinigung	Folge der Industrialisierung: Schadstoffbelastung von Wasser, Boden, Luft	Giftstoffe aus der Umwelt gelangen in die Nahrung
Künstliche Chemikalien als Nahrungszusätze	Konservierungsstoffe, Wachse, Dünger, Fungizide, Pestizide, Farbstoffe, Geschmacksstoffe	Unvollkommene Nahrungsverwertung
Streß	«Schnelles Leben» in der heutigen Zeit, Probleme am Arbeitsplatz, Lärm und Hektik	Entzug wichtiger Nährstoffe aus dem Körper

Glücklicherweise mehren sich die Anhaltspunkte, daß zusätzliche Gaben von Vitaminen und Mineralien vor dem Einfluß einer immer bedrohlicheren Umgebung schützen können. Das läßt sich durchaus als eine Art von Versicherungspolice bezeichnen. Gesunde Menschen können höchstwahrscheinlich ein anerkanntes Multi-Vitamin-Präparat ohne ärztliche Überwachung nehmen. Zur Eruierung des individuellen Bedarfs unterschiedlicher Ergänzungen sollte man einen Arzt oder Ernährungsfachmann zu Rate ziehen.

Antistreß-Vitamine

Wasserlösliche Vitamine werden vom Körper besonders schnell verbraucht, wenn er unter Streß steht. Und es sind gerade diese Vitamine, die Sie in schwierigen Lebenssituationen am nötigsten brauchen. Vitamine der B-Gruppe sind deshalb häufig Bestandteil einer Antistreß-Vitaminkapsel.

Warnung: B-Vitamine müssen immer im richtigen Verhältnis zueinander genommen werden. Bei Überdosis oder Einzeleinnahme eines Vitamins der B-Gruppe werden mit dem Zuviel dieses Vitamins auch alle anderen B-Vitamine ausgeschieden, was bedeutet, daß sich Mangelerscheinungen der anderen B-Vitamine zeigen können. Wenn Sie beispielsweise nur Vitamin B_1 zusätzlich einnehmen, können Sie bald mit Mangelsymptomen der anderen Vitamine dieser Gruppe rechnen. Sämtliche B-Vitamine müssen deshalb immer in Form eines ausgewogenen Präparates genommen werden.

Experimentieren Sie nicht mit Ihren eigenen Mischungen von B-Vitaminen herum; das beste ist, Sie ernähren sich so ausgewogen, daß Sie ganz automatisch mit B-Vitaminen im richtigen Verhältnis versorgt werden.

Vitamin B_1: Thiamin

Thiamin nennt man auch das «Anti-Alterungs-Vitamin». Der Körper braucht Thiamin für seinen Eiweiß- und Glucosestoffwechsel. Die richtige Menge B_1 gibt Ihnen Ausdauer und Energie.

Thiamin

- schützt den Herzmuskel,
- unterstützt das Wachstum,
- stärkt die Muskeln von Magen und Darm,
- schützt vor Verstopfung, hilft bei der Verdauung und hält den Darm beweglich,
- hilft gegen zuviel Gewebeflüssigkeit,
- hilft bei Bleivergiftung.

Vitamin B_1 hilft bei der Neutralisation von Säuren, die beim Glucosestoffwechsel entstehen. Andernfalls können sich diese Säuren in schädlichen Konzentrationen im Gehirngewebe anreichern, können den Herzmuskel reizen und Nervenzellen schädigen. Ein schwerer Mangel an Vitamin B_1 verursacht Beriberi, Neuritis, Ödeme.

Was Sie über Vitamin B_1 (Thiamin) wissen sollten

Löslich in: Wasser
Täglicher Mindestbedarf: 1–1,5 mg

Mangelsymptome	Symptome einer Überdosierung	Wodurch Vitamin B_1 zu schnell aufgebraucht wird
Appetitverlust Verlangsamter Herzschlag Chronische Verstopfung Gereiztheit Diabetes Depressionen Nervöse Erschöpfung Wenig Muttermilch Darmstörungen Magenstörungen Vergeßlichkeit Müdigkeit Kurzatmigkeit Schmerzempfindlichkeit	Dieselben wie bei einem allgemeinen Vitamin-B-Mangel (siehe Warnung am Anfang des Kapitels)	Alkohol Tabak Kaffee Zucker Konservierungsmittel Rohe Muscheln Denaturierte Nahrungsmittel (z. B. durch Schälen und/oder Bleichen)

Thiamin kommt in vielen tierischen und pflanzlichen Nahrungsmitteln vor. Sie sollten sich allerdings hauptsächlich an die pflanzlichen halten, da Sie Fette und Cholesterin in Ihrer Ernährung ja einschränken wollen. Wir führen deshalb hier und im folgenden vorwiegend pflanzliche Vitaminquellen an.

Nahrungsmittel, die Vitamin B_1 (Thiamin) enthalten

	Menge	Prozent des täglichen Mindestbedarfs
Brauereihefe	1 Eßlöffel	83
Sonnenblumenkerne	30 g	43
Weizenkeime	30 g	33
Bohnen, gekocht		
Schwarze Bohnen	1 Becher	29
Pintobohnen	1 Becher	22
Kidneybohnen	1 Becher	18
Limabohnen	1 Becher	17
Sojabohnen, gekocht	1 Becher	25
Kastanien, geröstet	1 Becher	23
Austern, roh	1 Becher	23
Weizenkleie	⅔ Becher	20
Haferkleie	30 g	20
Paranüsse	30 g	19
Haferflocken, gekocht	1 Becher	17
Grieß, gekocht	1 Becher	16
Pekannüsse	30 g	16
Kartoffel, gebacken mit Schale	1	15
Avocado	1	13
Spargel	1 Becher	12
Brauner Reis, gekocht	1 Becher	12
Lachs, gebacken	90 g	12
Rosenkohl, gekocht	1 Becher	11

1 Becher = ungefähr 300 ml

Vitamin B_2: Riboflavin

Riboflavin könnte man auch das Anti-Katarakt-(Grauer Star)-Vitamin nennen. Vitamin B_2 ist notwendig für das Körperwachstum, für gesunde Augen und allgemeines körperliches Wohlbefinden.

Riboflavin

- sorgt für gesunde Haut, Nägel und Haar,
- unterstützt die Funktion der Schilddrüse,
- ist für Oxidierung und Energiehaushalt notwendig,
- hilft beim Eiweißstoffwechsel und bei der Eisenaufnahme.

Erste Mangelsymptome sind wunde Stellen um den Mund herum, Lichtempfindlichkeit, mangelnde Ausdauer.

Was Sie über Vitamin B_2 (Riboflavin) wissen sollten

Löslich in: Wasser
Täglicher Mindestbedarf: 1,3–1,7 mg

Mangelsymptome	Symtome einer Überdosierung	Wodurch Vitamin B_2 zu schnell aufgebraucht wird
Lichtempfindlichkeit Mangelnde Ausdauer Verdauungsstörungen Grauer Star (Linsen-trübung) Haarausfall Depressionen Wunde rote Zunge Rote Augen	Dieselben wie bei einem allgemeinen Vitamin-B-Mangel (siehe Warnung am Anfang des Kapitels)	Alkohol Tabak Kaffee Zucker Denaturierte Nahrungs-mittel (z. B. durch Schälen und/oder Bleichen)

Wie B_1 ist auch B_2 wasserlöslich. Überschüssiges B_2 wird über den Urin ausgeschieden und im allgemeinen im Körper nicht gespeichert. Bisher hat man keine giftige Überdosierung von Vitamin B_2 feststellen können.

Nahrungsmittel, die Vitamin B_2 (Riboflavin) enthalten

	Menge	Prozent des täglichen Mindestbedarfs
Joghurt, mager	1 Becher	31
Austern, roh	1 Becher	25
Brauereihefe	1 Eßlöffel	20
Magermilch	1 Becher	20
Brokkoli, gekocht	1 Becher	19
Spinat, gekocht	1 Becher	19
Pilze, roh	1 Becher	18
Mandeln	30 g	13
Spargel, gekocht	1 Becher	13
Avocado	1	12
Forelle, gebacken	120 g	12
Weizenkleie	⅔ Becher	12
Weizenkeime	30 g	12
Rosenkohl, gekocht	1 Becher	11
Löwenzahnblätter, gekocht	1 Becher	11

1 Becher = ungefähr 300 ml

Vitamin B_3: Niazin

Niazin wird auch häufig als das Anti-Pellagra-Vitamin bezeichnet und spielt eine wichtige Rolle bei der Gesunderhaltung des Nervensystems, der Haut und des Kreislaufs. Man vermutet, daß es manche Formen von Migräne verhindern kann. Niazin ist wichtig für

- den Stoffwechsel von Eiweiß, Fett und Kohlehydraten,
- das Senken des Cholesterinspiegels und
- hält wach und aktiv.

Unter Niazin versteht man auch Nikotinamid und Nikotinsäure. Der tägliche Mindestbedarf variiert von einem Menschen zum anderen.

Was Sie über Vitamin B_3 (Niazin) wissen sollten

Löslich in: Wasser
Täglicher Mindestbedarf: 10–13 mg

Mangelsymptome	Symptome einer Überdosierung	Wodurch Vitamin B_3 zu schnell aufgebraucht wird
Mundgeruch	Rote, gereizte Haut	Alkohol
Psychische Störungen	Leberschaden	Mais
Mund- und Lippengeschwüre	Magengeschwüre	Kaffee
Appetitlosigkeit	Gelbsucht	Zucker
Depressionen		Konservierte Nahrungsmittel
Erschöpfung		Denaturierte Nahrungsmittel (z. B. durch Schälen und/oder Bleichen)
Kopfschmerzen		Antibiotika
Magenverstimmung		
Schlaflosigkeit		
Übelkeit		
Pickel		
Muskelschwäche		

B_3 ist wie B_1 wasserlöslich. Es ist wissenschaftlich erwiesen, daß massive Dosierungen von B_3 schwere Leberschäden, Magengeschwüre und Diabetes verursachen können. Der Anteil von Niazin an einem ausgewogenen Vitamin-B-Präparat ist sehr viel höher als der anderer B-Vitamine.

Nahrungsmittel, die Vitamin B_3 (Niazin) enthalten

	Menge	Prozent des täglichen Mindestbedarfs
Thunfisch, in Wasser (Dose)	90 g	67
Hühnerbrust, gebacken	90 g	59
Austern, roh	1 Becher	30
Putenbrust, gebacken	90 g	30
Lachs, gebacken	90 g	28
Erdnüsse, fettfrei geröstet	30 g	20
Avocado	1	17
Kartoffel, gebacken, mit Schale	1	17
Brauereihefe	1 Eßlöffel	15
Pilze, roh	1 Becher	15
Weizenkleie	⅔ Becher	15
Brauner Reis, gekocht	1 Becher	14
Maismehl, Vollkorn	1 Becher	12
Spargel, gekocht	1 Becher	10
Kastanien, geröstet	1 Becher	10
Weizenkeime	30 g	10

1 Becher = ungefähr 300 ml

Vitamin B_5: Pantothensäure

Pantothensäure könnte man auch das Energie- oder Antistreß-Vitamin nennen. Es spielt eine wichtige Rolle bei der Umwandlung von Fett und Zucker in Energie. Je größer der psychische oder körperliche Streß, desto mehr Vitamin B_5 braucht der Körper.

Pantothensäure

- beugt Falten und frühzeitigem Altern vor,
- stimuliert die Nebennieren,
- reguliert den Blutzuckerspiegel,
- erhöht Energie und Vitalität,
- schützt vor Infektionen,
- ist notwendig für alle Heilungsvorgänge.

Man hat mit Pantothensäure auch Allergien, Arthritis, Haarausfall, Karies und zu niedrige Blutzuckerwerte behandelt.

Was Sie über Vitamin B_5 (Pantothensäure) wissen sollten

Löslich in: Wasser
Täglicher Mindestbedarf: variiert zwischen 4–50 mg

Mangelsymptome	Symptome einer Überdosierung	Wodurch Vitamin B_5 zu schnell aufgebraucht wird
Streßempfindlichkeit	Dieselben wie bei einem	Alkohol
Graues Haar	allgemeinen Vitamin-B-	Tabak
Magenbeschwerden	Mangel (siehe Warnung	Kaffee
Allergien, Asthma	am Anfang des Kapitels)	Zucker
Haarausfall		Streß
Depressionen		
Schmerzende Füße		
Niedrige Blutzuckerwerte		
Muskelkrämpfe		
Niedriger Blutdruck		
Gereiztheit		
Duodenalgeschwür		
Durchfall		

Wissenschaftler kennen bisher keine Fälle, wo Pantothensäuremangel natürlich aufgetreten ist. Ein Überschuß wird durch den Urin ausgeschieden. Eine toxische Dosis für Vitamin B_5 ist bisher nicht bekannt.

Nahrungsmittel, die Vitamin B_5 (Pantothensäure) enthalten

	Menge	Prozent des täglichen Mindestbedarfs
Brauner Reis, gekocht	1 Becher	21
Weizenkleie oder Weizenkeime	1 Becher	16
Getreidemischung, Vollkorn	1 Becher	15
Joghurt, mager	1 Becher	15
Brokkoli, roh	1 Becher	12
Pilze, roh	1 Becher	12
Pintobohnen, getrocknet	1 Becher	12
Erbsen, roh	1 Becher	11
Kohl, gekocht	1 Becher	11
Blumenkohl, roh	1 Eßlöffel	10
Brauereihefe	1 Becher	10

1 Becher = ungefähr 300 ml

Vitamin B_6: Pyridoxin

Pyridoxin, das «Beruhigungsvitamin», wird vom Körper für die Aktivierung von Enzymen und Enzymsystemen und für die Antikörperproduktion gebraucht, die vor bakteriellen Infektionen schützt. Vitamin B_6 spielt auch eine Rolle bei der Synthese von DNS und RNS. Es gibt Hinweise darauf, daß B_6 Blasenkrebs vorbeugt.

Pyridoxin

- ist gut für die Verdauung und schützt vor Hautkrankheiten,
- verhindert Karies,
- ist wichtig für den Natrium-Kalium-Haushalt des Körpers,
- hilft bei Schlaflosigkeit.

Vitamin B_6 ist außerdem gegen die Parkinsonsche Krankheit sowie bei Arthritis, Rheuma, geistiger Retardierung, sexuellen Problemen, Entzündungen der Bauchspeicheldrüse und Hypoglykämie (zu niedriger Blutzuckerspiegel) eingesetzt worden.

Was Sie über Vitamin B_6 (Pyridoxin) wissen sollten

Löslich in: Wasser
Täglicher Mindestbedarf: 2–2,5 mg

Mangelsymptome	Symptome einer Überdosierung	Wodurch Vitamin B_6 zu schnell aufgebraucht wird
Akne, Hautkrankheiten Anämie Arthritis Gereiztheit Haarausfall Depressionen Lernprobleme Schwäche Wundstellen an Lippen und im Mund Mundgeruch Karies Migräne Vorzeitiges Altern	150-mg-Dosierung kann schläfrig machen; bei mehr als 200 mg können nach Absetzen Entzugserscheinungen auftreten.	Alkohol Tabak Kaffee Ovulationshemmer Röntgenbestrahlung

Ein Überschuß des wasserlöslichen Vitamins B_6 wird über den Urin ausgeschieden. Man hat noch keine toxische Dosierung für B_6 feststellen können.

Nahrungsmittel, die Vitamin B_6 (Pyridoxin) enthalten

	Menge	Prozent des täglichen Mindestbedarfs
Brauner Reis, gekocht	1 Becher	50
Banane	1	33
Avocado	1	28
Kastanien, geröstet	1 Becher	26
Karottensaft	1 Becher	25
Mais, gekocht	1 Becher	24
Weizenkleie	1 Becher	23
Feigen, getrocknet	10	21
Vollweizenmehl	1 Becher	20
Cantaloupe (Melonenart)	½	15
Rosinen	1 Becher	15
Mango	1	14
Ananassaft	1 Becher	12
Wassermelone	1 Becher	12
Blattgemüse, gekocht	1 Becher	12
Backpflaumen	10	11
Brauereihefe	1 Eßlöffel	10
Weizenkeime	30 g	10

1 Becher = ungefähr 300 ml

Vitamin H: Biotin

Biotin ist für den Fett- und Eiweißstoffwechsel wichtig; ohne Biotin kann die Pantothensäure vom Körper nicht verwertet werden.

Biotin

- hilft bei der Verwertung der B-Komplex-Vitamine,
- ist für das Zellwachstum wichtig,
- fördert den Haarwuchs und hemmt Haarausfall.

Der Körper kann Biotin selbst im Darm herstellen, wenn die richtige Menge der richtigen Bakterien vorhanden ist. Biotinmangel tritt auf, wenn viel rohes Hühnereiweiß (von etwa 20 Eiern pro Tag) verzehrt wird.

Was Sie über Vitamin H (Biotin) wissen sollten

Löslich in: Wasser
Täglicher Mindestbedarf: 0,15–0,3 mg

Mangelsymptome	Symptome einer Überdosierung	Wodurch Vitamin H zu schnell aufgebraucht wird
Trockene Haut Depressionen Erschöpfung, Anämie Appetitlosigkeit Fehlende Ausdauer Ekzeme, Haarausfall Schuppen, Seborrhoe Lungenentzündung Herzabnormitäten Schläfrigkeit Halluzinationen	Dieselben wie bei einem allgemeinen Vitamin-B-Mangel (siehe Warnung am Anfang des Kapitels)	Alkohol Kaffee Rohes Eiweiß Zucker Antibiotika Konservierte Nahrungsmittel Denaturierte Nahrungsmittel (z. B. durch Schälen und/oder Bleichen)

Überschüssiges Biotin wird über den Urin ausgeschieden. Eine toxische Dosierung für Biotin ist bisher nicht festgestellt worden.

Nahrungsmittel, die Vitamin H (Biotin) enthalten

	Menge	Prozent des täglichen Mindestbedarfs
Sojamehl	1 Becher	33
Brauner Reis, gekocht	1 Becher	12
Ei	1	7
Pilze	1 Becher	7
Erdnüsse, fettfrei geröstet	30 g	5
Rosinen	1 Becher	5
Banane	1	4
Krebs, Hummer	120 g	4
Cantaloupe (Melonenart)	½	4
Vollweizenmehl	1 Becher	4
Magermilch	1 Becher	3

1 Becher = ungefähr 300 ml

Vitamin M: Vitamin B_C, Folsäure

Folsäure hat sich als das «Heil-Vitamin» einen Namen gemacht, da es für die Bildung von Antikörpern wichtig ist und so Infektionen verhindern und heilen hilft. Folsäure und Vitamin B_{12} sind für die Bildung von roten Blutkörperchen wichtig, und zusammen mit Vitamin C spielen sie eine große Rolle beim Eiweißstoffwechsel. Folsäure kann gegen frühzeitiges Ergrauen helfen und ist für die Zellteilung notwendig.

Folsäure sorgt dafür, daß der Körper Zucker und Aminosäuren verwerten kann. Ein Mangel an Folsäure kann zu ernsthaften Hautproblemen führen und für schlechte Durchblutung und Haarausfall verantwortlich sein.

Was Sie über Vitamin M (Folsäure) wissen sollten

Löslich in: Wasser
Täglicher Mindestbedarf: 0,4 mg

Mangelsymptome	Symptome einer Überdosierung	Wodurch Vitamin M zu schnell aufgebraucht wird
Haarausfall Hautkrankheiten Kreislaufstörungen Depressionen Anämie Erschöpfung Graues Haar Verdauungsprobleme Schlaflosigkeit Zungenbrennen Gedächtnisschwäche Fruchtbarkeitsstörungen Gehschwierigkeiten Sprachstörungen	Dieselben wie bei einem allgemeinen Vitamin-B-Mangel (siehe Warnung am Anfang des Kapitels)	Alkohol Kaffee Tabak Zucker Streß Konservierte und/oder denaturierte Nahrungsmittel (z. B. durch Schälen, Bleichen) Kochhitze Sulfonamide Fieber Ovulationshemmer

Überschüssige Folsäure wird über den Urin ausgeschieden. Bisher hat man noch keine toxische Dosierung für Folsäure festgestellt.

Nahrungsmittel, die Vitamin M (Folsäure) enthalten

	Menge	Prozent des täglichen Mindestbedarfs
Brauereihefe	30 g	48
Schwarze Augenbohnen, gekocht	1 Becher	42
Spinat, gekocht	1 Becher	41
Rote Bete, gekocht	1 Becher	33
Spargel, gekocht	1 Becher	22
Limabohnen, gekocht	1 Becher	20
Brokkoli, gekocht	1 Becher	18
Rosenkohl, gekocht	1 Becher	14
Ananassaft	1 Becher	14
Cantaloupe (Melonenart)	½	11
Orange	1	10

1 Becher = ungefähr 300 ml

Vitamin B_{12}: Cobalamin

Cobalamin wird auch manchmal das «rote Vitamin» genannt, weil es für Regenerierung und Produktion der roten Blutkörperchen sehr wichtig ist. Cobalamin oder Cyanocobalamin spielt auch eine Rolle bei der Gesunderhaltung der Nervenscheiden, so daß die Reizübertragung gesichert ist.

Vitamin B_{12}

- sorgt für einen gesunden Appetit,
- beugt Anämie vor,
- fördert das Wachstum bei Kindern,
- ist notwendig für die Produktion und Erhaltung der roten Blutkörperchen.

Was Sie über Vitamin B_{12} (Cobalamin) wissen sollten

Löslich in: Wasser
Täglicher Mindestbedarf: 0,001–0,005 mg

Mangelsymptome	Symptome einer Überdosierung	Wodurch Vitamin B_{12} zu schnell aufgebraucht wird
Verlangsamte Reflexe Depressionen Erschöpfung Perniziöse Anämie Schwäche in Armen und Beinen Gehschwierigkeiten Sprachstörungen Gedächtnisschwäche Nervosität Konzentrationsschwäche Wundstellen im Mund Appetitlosigkeit bei Kindern	Dieselben wie bei einem allgemeinen Vitamin-B-Mangel (siehe Warnung am Anfang des Kapitels)	Alkohol Kaffee Kalziummangel B_6-Mangel Tabak Leberkrankheit Konservierungsstoffe Abführmittel

Überschüssiges Vitamin B_{12} wird über den Urin ausgeschieden. Man hat bisher noch keine toxische Dosierung für B_{12} festgestellt.

Der Körper stellt bei einer gesunden Darmflora Vitamin B_{12} selbst im Darm her. Manche Ernährungsfachleute sind der Meinung, daß der Körper nicht ausreichend B_{12} herstellen kann und daß Vegetarier, die nicht nur kein Fleisch, sondern auch weder Eier noch Milchprodukte zu sich nehmen, innerhalb von fünf bis sechs Jahren Mangelsymptome zeigen werden, dann nämlich, wenn das B_{12}, das in der Leber gespeichert war, aufgebraucht ist. Über diesen Punkt sind sich aber auch Fachleute noch nicht einig. Wenn Sie nicht wissen, ob Sie durch Ihre Ernährungsweise genug Vitamin B_{12} zu sich nehmen, lassen Sie sich von Ihrem Arzt oder einem Ernährungsfachmann beraten.

Nahrungsmittel, die Vitamin B_{12} (Cobalamin) enthalten

	Menge	Prozent des täglichen Mindestbedarfs
Frühstücksflocken (siehe Vorschläge Kapitel 23)	1 Becher	50–230
Forelle, gebacken	120 g	189
Hüttenkäse, mager	1 Becher	53
Magermilch	1 Becher	31
Hühnerbrust, gebacken	120 g	17
Thunfisch, in Wasser (Dose)	1 Becher	13

1 Becher = ungefähr 300 ml

Cholin

Cholin nimmt wie das Inosit (Muskelzucker) an der Bildung des Lecithins teil, einer Substanz, die sich in allen Körperzellen findet. Lecithin ist für die Verwertung der fettlöslichen Vitamine A, D, E und K wichtig. Manche Fachleute halten die vorhandenen Daten für unzureichend, um Cholin und Inosit zu den Vitaminen zu zählen, andere reihen sie in die Gruppe der B-Vitamine ein. Cholin ist für die Verarbeitung der im Blut gelösten Fettmoleküle notwendig und

- verhütet Fettablagerungen in der Leber,
- wirkt den Cholesterinablagerungen an den Gefäßwänden entgegen,
- verhütet Gallensteine,
- senkt zu hohen Blutdruck.

Bei einer normalen, gesunden Ernährungsweise produziert der Körper ausreichend Cholin. Wissenschaftler sind sich nicht einig, wie hoch der tägliche Mindestbedarf ist; man geht von etwa 1000 mg aus. Ein langfristiger Cholinmangel kann Bluthochdruck, Arterienverkalkung und Fettablagerungen in der Leber zur Folge haben.

Was Sie über Cholin wissen sollten

Löslich in: Wasser
Täglicher Mindestbedarf: nicht bekannt

Mangelsymptome	Symptome einer Überdosierung	Wodurch Cholin zu schnell aufgebraucht wird
Fettunverträglichkeit Bluthochdruck Leberzirrhose Blutende Magengeschwüre Herzprobleme	Toxische Dosis unbekannt (siehe Warnung über B-Vitamine am Anfang des Kapitels)	Alkohol Kaffee Zucker

Cholin ist wasserlöslich; überflüssiges Cholin wird deshalb über den Urin ausgeschieden, das heißt, im allgemeinen nicht im Körper angereichert. Bisher ist keine toxische Dosis festgelegt worden. Auch für Cholin gilt die Warnung: Nur als Bestandteil eines ausgewogenen Vitamin-B-Präparats einnehmen!

Nahrungsmittel, die Cholin enthalten

	mg Cholin/100 g
Weizenkeime	505
Brauereihefe	300
Nüsse	220
Hülsenfrüchte	120
Zitrusfrüchte	85
Vollweizenbrot	80
Blattgemüse	80
Obst, außer Zitrusfrüchte	44
Rüben	40

Inosit

Inosit nimmt wie Cholin an der Bildung des Lecithins teil, einer Substanz, die sich in den Körperzellen findet. Lecithin ist für die Verwertung der fettlöslichen Vitamine (A, D, E und K) wichtig. Inosit soll Haarausfall verhindern helfen. Es senkt den Cholesterinspiegel im Blut und kräftigt den Herzmuskel.

Viele Wissenschaftler sind der Meinung, daß der Körper ausreichend

Inosit herstellen kann. Außerdem enthalten viele Nahrungsmittel Inosit. Der tägliche Mindestbedarf konnte bisher nicht festgestellt werden, man vermutet, daß er wie bei Cholin bei etwa 1000 mg liegt. Ein Inositmangel kann einen hohen Cholesterinspiegel, Augenprobleme und Verstopfung zur Folge haben.

Was Sie über Inosit wissen sollten

Löslich in: Wasser
Täglicher Mindestbedarf: nicht bekannt

Mangelsymptome	Symptome einer Überdosierung	Wodurch Inosit zu schnell aufgebraucht wird
Hoher Cholesterinspiegel Verstopfung Ekzeme Augenprobleme Haarverlust	Toxische Dosis nicht bekannt (siehe Warnung über B-Vitamine am Anfang des Kapitels)	Alkohol Kaffee

Ein Überschuß des wasserlöslichen Inosits wird im allgemeinen über den Urin ausgeschieden und normalerweise nicht im Körper angereichert. Eine toxische Dosis ist noch nicht festgestellt worden. Auch für Inosit gilt die Warnung: Nur als Bestandteil eines ausgewogenen Vitamin-B-Präparats einnehmen!

Nahrungsmittel, die Inosit enthalten

	mg Inosit/100 g
Weizenkeime	690
Brauner Reis	330
Zitrusfrüchte	210
Nüsse	180
Melasse	180
Hülsenfrüchte	160
Blattgemüse	100
Vollweizenbrot	100
Sojamehl	70

Vitamin C

Vitamin C ist für sämtliche Heilprozesse des Körpers wichtig, schützt vor Streß und gilt allgemein als Entgiftungsmittel. Es ist notwendig für die Funktion des Immunsystems.

Vitamin C

- fördert die Verdauung,
- schützt den Körper vor Giften,
- verhütet oder mildert erwiesenermaßen Erkältungssymptome,
- ist wichtig für gesunde Zähne, Zahnfleisch und Knochen.

Da der Körper Vitamin C selbst nicht herstellen kann, müssen wir es über die Nahrung und/oder als Präparat zu uns nehmen. Vitamin C spielt eine entscheidende Rolle bei der Produktion von Kollagen, einem körpereigenen Eiweiß und wichtigen Bestandteil von Knochen, Zähnen, Haut und Muskeln. Skorbut ist eine Folge von Vitamin-C-Mangel.

Was Sie über Vitamin C (Ascorbinsäure) wissen sollten

Löslich in: Wasser
Täglicher Mindestbedarf: 30–70 mg

Mangelsymptome	Symptome einer Überdosierung	Wodurch Vitamin C zu schnell aufgebraucht wird
Anämie Blutendes Zahnfleisch Kurzatmigkeit Blaue Flecken Anfälligkeit für Infektionen Muskelkrämpfe Nasenbluten Verdauungsprobleme Skorbut Geschwollene Gelenke Karies	Toxische Dosis: 5000–15 000 mg Brennen beim Wasserlassen Durchfall Hautausschlag Nierensteine	Antibiotika Aspirinprodukte (Acetylsalicylsäure) Cortison Tabak Streß

Vitamin C ist wasserlöslich und wird in ziemlich hohen Dosen eingenommen, um Erkältungen abzukürzen und die Heilung von Infektionen zu beschleunigen. Es galt bisher als nicht toxisch, weil angeblich der Überschuß über den Urin ausgeschieden wird. Heute gibt es jedoch Anzeichen dafür, daß hohe Dosierungen von Vitamin C die Bildung von Nierensteinen begünstigen. Am besten lassen Sie sich von Ihrem Arzt oder Ernährungsfachmann beraten, bevor Sie langfristig hohe Dosen Vitamin C einnehmen.

Nahrungsmittel, die Vitamin C (Ascorbinsäure) enthalten

	Menge	Prozent des täglichen Mindestbedarfs
Cantaloupe (Melonenart)	½	188
Brokkoli, gekocht	1 Becher	162
Paprikaschote, grün	1	158
Papaya	1	153
Erdbeeren	1 Becher	140
Kiwi	1	123
Rosenkohl, gekocht	1 Becher	118
Orange	1	117
Mango	1	95
Spargel, gekocht	1 Becher	82
Grapefruit	½	68
Kastanien, geröstet	1 Becher	62
Kohl, gekocht	1 Becher	60
Kartoffel, gebacken, mit Schale	1	43

1 Becher = ungefähr 300 ml

Antistreß-Mineralien

Um mit Streß fertig zu werden, braucht der Körper vor allen Dingen vier Mineralien: Kalzium, Kalium, Magnesium und Zink.

Warnung: Zusätzliche Mineralien sollten nur nach Beratung mit dem Arzt oder Ernährungsfachmann eingenommen werden.

Kalzium

Kalzium ist vor allen Dingen für Knochenbildung und -erhaltung notwendig. Es spielt allerdings auch eine wichtige Rolle bei der Muskelkontraktion. Kalzium braucht der Körper

- zur Blutgerinnung,
- für einen regelmäßigen Herzschlag,
- zur Reizübertragung,
- für gesunde Zähne.

Man hat außerdem Anzeichen dafür gefunden, daß Kalzium vor der schädlichen Wirkung von radioaktivem Strontium 90 schützt. Kalzium ist unerläßlich für den Stoffwechsel der Vitamine A, C und D.

Es gibt immer mehr Hinweise darauf, daß zu eiweißreiche Ernährung Kalziummangel zur Folge hat. Mit zunehmendem Alter kann der Körper Kalzium immer weniger gut absorbieren; viele Menschen leiden heute unter Kalziummangel. Erste Anzeichen dafür sind Fuß- und Beinkrämpfe und Schlaflosigkeit.

Was Sie über Kalzium wissen sollten

Löslich in: Wasser
Täglicher Mindestbedarf: 800–1200 mg

Mangelsymptome	Symptome einer Überdosierung	Wodurch Kalzium zu schnell aufgebraucht wird
Herzklopfen Schlaflosigkeit Muskelkrämpfe Allgemeine Erschöpfung Nervosität Depressionen Poröse Knochen	Toxische Dosis nicht bekannt. Nebenwirkungen bei einigen Menschen sind möglich.	Streß Keine körperliche Bewegung Zu viele gesättigte Fette in der Nahrung

Kalzium sollte zusammen mit Magnesium eingenommen werden, im allgemeinen im Verhältnis 2:1. Besonders schwangere und stillende Frauen müssen darauf achten, ihrem Körper ausreichend Kalzium zuzuführen. Etwa 90 Prozent des körpereigenen Kalziums befindet sich in den Knochen. Viele Ernährungsfachleute sind davon überzeugt, daß der Körper alle sechs Jahre das gesamte Kalzium ersetzt. Wenn Sie nicht ausreichend Kalzium über die Ernährung zu sich nehmen, entzieht es der Körper den Knochen und Zähnen.

Zusätze von körperwichtigen Mineralien sollten immer zusammen mit einem ausgewogenen Vitaminpräparat genommen werden. Kalzium kommt in vielen tierischen und pflanzlichen Nahrungsmitteln vor. Wenn möglich sollten Sie sich an die pflanzlichen halten, da Sie Fette und Cholesterin in Ihrer Ernährung einschränken wollen. Wir geben daher hier und im folgenden vorwiegend pflanzliche Mineralquellen an.

Nahrungsmittel, in denen Kalzium vorkommt

	Menge	Prozent des täglichen Mindestbedarfs
Joghurt, mager	1 Becher	45
Magermilch	1 Becher	30
Buttermilch	1 Becher	29
Feigen, getrocknet	10	27
Melasse	2 Eßlöffel	27
Spinat, gekocht	1 Becher	25
Austern, roh	1 Becher	23
Brokkoli, gekocht	1 Becher	18
Kohl, gekocht	1 Becher	16
Hüttenkäse, mager	1 Becher	16
Grünkohl, gekocht	1 Becher	15
Löwenzahnblätter, gekocht	1 Becher	15
Garnelen, Krevetten, gekocht	120 g	13
Tofu (geronnener, eiweißreicher Sojabohnenextrakt)	100 g	11
Forelle, gebacken	120 g	10

1 Becher = ungefähr 300 ml

Kalium

Kalium könnte man als Antisäuremineral bezeichnen, weil es für das richtige Basen-Säure-Verhältnis im Blut sorgt.

Kalium

- sorgt für einen gleichmäßigen Herzschlag,
- verhindert einen zu niedrigen Blutzuckerspiegel,
- ist für die Muskelkontraktion wichtig,
- fördert Hormonausschüttungen,
- kann unter Umständen bei typischen Frauenleiden helfen.

Zuviel Zucker kann Kaliummangel bewirken. Kalium ist für den Zuckerstoffwechsel und das Bilden von Glykogen nötig; Kaliummangel kann einen zu niedrigen Blutzuckerspiegel zur Folge haben.

Was Sie über Kalium wissen sollten

Löslich in: Wasser
Täglicher Mindestbedarf: 2000–2500 mg

Mangelsymptome	Symptome einer Überdosierung	Wodurch Kalium zu schnell aufgebraucht wird
Akne Schlaflosigkeit Muskelschwäche Trockene Haut Nervosität Salzretention Ständiger Durst Verstopfung Muskelschäden Starke Erschöpfung Niedriger Blutzucker Langsamer, unregelmäßiger Herzschlag Erschwerte Reflexe Bluthochdruck	Toxische Dosis nicht bekannt	Streß Alkohol Kaffee Salz Zucker Acetylsalicylsäure (z. B. Aspirin) Abführmittel Diuretika (harntreibende Mittel) Steroide

Sie sollten Kalium in etwa der gleichen Menge wie Natrium (Kochsalz) zu sich nehmen; Ihr genauer Bedarf hängt also davon ab, wieviel Kochsalz Sie verwenden. Kalium ist eines der wichtigsten Mineralien für die Muskeln und hält sie beweglich. Etwa 90 Prozent des Kaliums, das Sie zu sich nehmen, wird im Urin wieder ausgeschieden.

Nahrungsmittel, die Kalium enthalten

	Menge	Prozent des täglichen Mindestbedarfs
Aprikosen, getrocknet	1 Becher	48
Feigen, getrocknet	10	35
Melasse	2 Eßlöffel	31
Avocado	1	29
Rosinen	1 Becher	29
Kastanien, geröstet	1 Becher	23
Kartoffel, gebacken, mit Schale	1	23
Spinat, gekocht	1 Becher	22
Limabohnen, gekocht	1 Becher	20
Kohl, gekocht	2 Becher	17
Joghurt, mager	1 Becher	15
Datteln	10	14
Rosenkohl, gekocht	1 Becher	13
Kichererbsen, gekocht	1 Becher	13
Linsen, gekocht	1 Becher	13
Banane	1	12
Magermilch	1 Becher	11
Buttermilch	1 Becher	10
Backpflaumen	5	10
Seetang, getrocknete Spirulina	30 g	10

1 Becher = ungefähr 300 ml

Magnesium

Magnesium könnte man das «Beruhigungsmineral» nennen, da es eine so wichtige Rolle bei der Funktion des Nervensystems spielt. Durch die heutige chemische Düngung des Bodens wird der Magnesiumgehalt der Nahrungsmittel vermindert, die auf diesem Boden wachsen; durch Einweichen und Kochen geht noch mehr Magnesium verloren.

Magnesium

- sorgt für ein gesundes Herz,
- ist notwendig, damit Kalzium und Kalium in nicht zu großen Mengen wieder ausgeschieden werden,
- hilft beim Regulieren des Blutzuckers und bei der Fett- und Stärkeverwertung,

- härtet Knochen und Zähne,
- ist für die Bildung von gesundem Lungengewebe mit verantwortlich,
- ist für den Vitamin-E- und -B_1-Stoffwechsel wichtig.

Magnesium wird für den Prozeß benötigt, durch den das Energiemolekül ATP hergestellt wird. Es regelt das Säure-Base-Verhältnis im Blut und den Vitamin-C- und Kalziumstoffwechsel des Körpers. Jede Körperzelle braucht Magnesium; wer seinen Körper nicht ausreichend mit Magnesium versorgt, kann schwerwiegende körperliche oder geistige Probleme bekommen. Ein Mangel an Magnesium führt außerdem zu Kalzium- und Kaliumunterversorgung, was wiederum Nierenschäden, Nierensteine und sogar Herzinfarkte zur Folge haben kann.

Was Sie über Magnesium wissen sollten

Löslich in: Wasser
Täglicher Mindestbedarf: 350 mg (Männer); 300 mg (Frauen)

Mangelsymptome	Symptome einer Überdosierung	Wodurch Magnesium zu schnell aufgebraucht wird
Schneller Puls Schlaflosigkeit Jähzorn Verwirrung Rastlosigkeit Desorientiertheit Zittern Krämpfe Vorzeitige Faltenbildung Nierensteine Muskelkrämpfe Herzinfarkt	Toxische Dosierung: 30 000 mg (Da überschüssiges Magnesium über den Darm ausgeschieden wird, wird man nur in den seltensten Fällen den Effekt einer Überdosierung spüren. Nierenkranke können in einem solchen Fall unter extremem Durst, stark durchbluteter Haut, flachem Atmen und Reflexverlust leiden.)	Alkohol Zuviel Kalzium Zu viele gesättigte Fette Übergeben Durchfall

Nur etwa 30 bis 40 Prozent des Magnesiums aus der Nahrung wird vom Körper absorbiert, der Rest wird über Urin und Stuhl ausgeschieden.

Nahrungsmittel, die Magnesium enthalten

	Menge	Prozent des täglichen Mindestbedarfs
Sojamehl	1 Becher	50
Brauner Reis, gekocht	1 Becher	49
Maismehl (Vollkorn)	1 Becher	36
Mangold, gekocht	1 Becher	28
Grünkohl, gekocht	1 Becher	24
Avocado	1	23
Kartoffel, gebacken, mit Schale	1	21
Jams, gekocht	1 Becher	18
Kohlrabi, gekocht	1 Becher	16
Haferflocken, gekocht	1 Becher	16
Grüne Erbsen, gekocht	1 Becher	15
Karottensaft	1 Becher	15
Garnelen, Krevetten, gekocht	120 g	14
Joghurt, mager	1 Becher	12
Brokkoli, gekocht	1 Becher	10
Karotten, gekocht	1 Becher	10
Schnittbohnen, gekocht	1 Becher	10
(Venus-)Muscheln, roh	4 große	10

1 Becher = ungefähr 300 ml

Zink

Zink ist besonders für das Heilen von Brand- und anderen Wunden wichtig. Es wird für die Herstellung des Insulinmoleküls gebraucht und ist deshalb von Bedeutung für den Kohlehydrat-Energie-Stoffwechsel.

Zink

- wird für die Knochen- und Zahnbildung gebraucht,
- spielt bei der Blutgerinnung eine Rolle,
- regelt den Herzschlag,
- ist unerläßlich für die Muskelaktivität,
- schützt vor den schädlichen Nebenwirkungen des radioaktiven Strontium 90,
- macht die Verwertung der Vitamine A, C und D möglich.

Zinkmangel kann zu Problemen mit den Geschlechtsorganen führen, zum Beispiel die sexuelle Reife verzögern, die Prostatadrüse vergrößern und Sterilität zur Folge haben. Zinkmangel zeigt sich als erstes an weißen Flecken in Finger- und Zehennägeln.

Was Sie über Zink wissen sollten

Löslich in: Säure
Täglicher Mindestbedarf: 15 mg

Mangelsymptome	Symptome einer Überdosierung	Wodurch Zink zu schnell aufgebraucht wird
Weiße Flecken auf Finger- und Zehennägeln Sterilität Verzögerte sexuelle Reife Erschöpfung Verlangsamte Wundheilung Vergrößerte Prostata Haarausfall Verminderter Geschlechtstrieb Appetitlosigkeit Verminderte Fähigkeit zu schmecken und zu riechen Schuppen Anfälligkeit für Infektionen	Toxische Dosis nicht bekannt; bei Überdosierung sind aufgetreten: Fieber Übergeben Durchfall	Alkohol Ovulationshemmer Zuviel Kalzium

Die körpereigenen Zinkreserven können nicht leicht verwertet werden, deshalb muß dieses Mineral dem Körper regelmäßig über die Nahrung zugeführt werden. Das ist besonders wichtig bei Streß oder in Wachstumsperioden. Wegen der Düngung mit vorwiegend chemischen Mitteln enthalten der Boden und damit die Pflanzen heute nicht mehr viel Zink.

Nahrungsmittel, die Zink enthalten

	Menge	Prozent des täglichen Mindestbedarfs
Austern	6	420
Weizenkeime	1 Becher	125
Kichererbsen, ungekocht	1 Becher	36
Brauner Reis, ungekocht	1 Becher	24
Vollweizenmehl	1 Becher	19
Joghurt, mager	1 Becher	15
Hummer	120 g	14
Linsen, gekocht	1 Becher	13
Sauerkraut	1 Becher	13
Weiße Bohnen, gekocht	1 Becher	12
Spargel, gekocht	1 Becher	9
Pilze	1 Becher	6

1 Becher = ungefähr 300 ml

Andere Nahrungsergänzungen zur Energiesteigerung

Es gibt außer den Antistreß-Vitaminen und -Mineralien noch andere Ergänzungen, die Sie vielleicht in Ihr neues Ernährungsprogramm zur Energiesteigerung aufnehmen möchten. Am wichtigsten sind unter anderen die fettlöslichen Vitamine A, D und E und die Mineralien Eisen und Selen. Sie alle sind für eine gesunde Ernährung wichtig und können uns vor den schädlichen und energieraubenden Auswirkungen heutiger Umweltprobleme schützen.

Schutzstoff	*Wirkung*	*Tägliche Dosis*
Vitamin A	gegen Infektionen für Nachtsichtigkeit gegen Altern für gesunde Hoden gegen Augenkrankheiten für gesunde Haut und gesundes Haar	4800–6000 I. E.* (etwa 1,6 mg)

* I. E. = Internationale Einheit

Vitamin D	für Knochenbildung gegen Karies gegen Zahnfleischprobleme gegen Rachitis für eine gesunde Schilddrüse	200–400 I. E.
Vitamin E	gegen Altern schützt vor Narbengewebe gegen Blutgerinnsel für gesunde Sexualorgane stärkt männliche Potenz	15 I. E.
Eisen	gegen Anämie gegen Streß für gesundes Wachstum bei Kindern für Blutbildung	10 mg für Säuglinge 15 mg für Kinder 10 mg für Männer 18 mg für gebärfähige Frauen 10 mg für Frauen nach den Wechseljahren
Selen	als Antioxidans gegen Verschmutzung von Luft, Wasser, Nahrung gegen Schädigung der roten Blutkörperchen verlangsamt möglicherweise den Alterungsprozeß vermindert Krebsgefährdung	nicht bekannt

Warnung: Überdosierungen können sehr gefährlich sein. Lassen Sie sich generell von Ihrem Arzt beraten, bevor Sie Vitamin- und Mineralienpräparate nehmen.

12 Wie man energiearme Nahrungsmittel erkennen und vermeiden lernt

Heutzutage nehmen immer mehr Menschen immer häufiger Nahrungsmittel zu sich, die mit Sprays behandelt und mit künstlichen Mitteln konserviert und gefärbt wurden, die mit Hilfe von Chemikalien in ihre Einzelkomponenten zerlegt und dann wieder neu zusammengefügt und die bestrahlt, gebleicht, eingefroren und monatelang gelagert wurden. Doch damit nicht genug; diese sogenannte Nahrung wurde mit Salz und Zucker angereichert, und dennoch salzen und zuckern wir während des Essens noch einmal tüchtig nach. Kein Wunder, daß wir als überfüttert und gleichzeitig als unterernährt gelten. Wir bezeichnen solche Nahrungsmittel als energiearm, denn sie machen müde und entziehen dem Körper auf lange Sicht Energie; außerdem haben sie eine schädliche Wirkung auf das Immunsystem des Körpers. Energiearme Nahrung kann sogar gefährliche Krankheiten verursachen.

Mit diesem kurzen Test können Sie feststellen, was Sie über energiearme Nahrungsmittel wissen:

	richtig	falsch
1. Ketchup bezieht seine Kalorien überwiegend von reifen, süßen Tomaten.		
2. Mediziner haben herausgefunden, daß Würste und Speck durch den Zusatz von Natriumnitrat für den menschlichen Verzehr ungefährlich sind.		
3. Noch niemandem hat es geschadet, wenn er etwas gegessen hat, das mit Schwefeldioxid oder Natriumbisulfit behandelt wurde.		

Bei sämtlichen Fragen hätten Sie als Antwort «falsch» ankreuzen sollen.

1. Ketchup bezieht 63 Prozent der Kalorien von dem darin enthaltenen weißen Zucker.

2. Natriumnitrat und Natriumnitrit werden in Wurst, Speck, Schinken und geräuchertem Fisch verwendet, um Bakterienwachstum zu unterbinden und die rote Farbe des Fleisches zu erhalten. Leider führen Nitrat und Nitrit zur Bildung der krebserregenden Nitrosamine. Verzichten Sie deshalb lieber auf Nahrungsmittel, die diese Konservierungsstoffe enthalten.

3. Schwefeldioxid und Natriumhydrogensulfat werden als Konservierungsstoffe für sogenannte «frische» Garnelen oder Krevetten, für Trokkenobst und auch für manche Produkte aus getrockneten Kartoffeln verwendet. Auch Weinen sind sie häufig zugesetzt, um bakterielles Wachstum zu unterbinden. Diese Zusätze zerstören das Vitamin B_1 in unserem Körper und rufen bei manchen Menschen ernsthafte allergische Reaktionen hervor.

Was Sie aus diesem Kapitel lernen können

Sie werden herausfinden,

- wie stark unsere Gefährdung für bestimmte ernsthafte Erkrankungen von den Quantitäten abhängt, in denen wir Salz, Zucker, Koffein, künstliche Zusatzstoffe, Konservierungsstoffe und denaturierte (gebleichte, geschälte, polierte, gewachste) Nahrungsmittel zu uns nehmen;
- warum uns manche Nahrungsmittel eher müde machen;
- wie Sie sich gesund und gleichzeitig schmackhaft ernähren können;
- was bei den neuesten Untersuchungen von Salz- und Zuckerersatzstoffen herausgekommen ist.

Der «weiße Tod»

Salz, Zucker, Weißmehl und weißer Reis werden auch als «weißer Tod» bezeichnet. Das klingt vielleicht übertrieben melodramatisch, drückt aber die Bedenken aus, die wir in bezug auf die Qualität behandelter Nahrungsmittel haben.

Weißer Tod Nr. 1: Salz

Haben Sie kürzlich bei McDonalds oder bei Burger King gegessen? Haben Sie sich das Übliche bestellt: doppelter Cheeseburger, Milchshake, Pommes frites und Apfeltasche? Haben Sie irgendeine Vorstellung davon, wieviel Natrium Sie damit zu sich genommen haben? Möchten Sie raten, worin das meiste Natrium enthalten war? Ob Sie es glauben oder nicht, der Cheeseburger hat sehr viel mehr Natrium als alles andere in Ihrer Mahlzeit zusammengenommen. Er enthält über 825 Milligramm Natrium, die Pommes frites «nur» 160, der Milchshake über 200 und die Apfeltasche 400 Milligramm. Mit dieser einen Mahlzeit allein haben Sie schon über 1600 Milligramm Natrium zu sich genommen, mehr, als wir als Tagesration vorgeschlagen haben, und Sie haben das Salzfaß noch nicht einmal angefaßt! Es gibt mindestens fünf gute Gründe, warum Sie weniger Salz essen sollten:

1. Zuviel Salz kann Sie töten. Es läßt sich eine direkte Verbindung zwischen Salz und Bluthochdruck ziehen. Bluthochdruck gilt als «stiller Mörder», denn häufig macht er sich durch keinerlei Symptome bemerkbar – bis es zu spät ist. Denn wenn Bluthochdruck nicht behandelt wird, kann er zu einem plötzlichen Schlaganfall oder einem Herzinfarkt führen.

2. Zuviel Salz macht müde. Es gibt eine direkte Verbindung zwischen Salz und dem Grad der Anspannung: je mehr Salz, desto mehr Anspannung. Wenn Sie aber zu gestreßt und angespannt sind, ist Ihr Immunsystem überfordert. Das kostet Energie.

3. Zuviel Salz schwemmt auf. Salz macht durstig, also trinken Sie viel. Die Flüssigkeit wird aber durch das Salz im Gewebe gebunden. Nach einem typischen Essen in einem chinesischen Restaurant kann man leicht mehrere Pfunde «Wassergewicht» mit sich herumtragen; außerdem kann es passieren, daß Sie nicht nur um die Taille zugenommen haben, sondern daß auch noch Finger und Knöchel geschwollen sind.

4. Zuviel Salz macht launisch. Es soll eine Relation zwischen zuviel Natrium und den Stimmungsschwankungen bestehen, unter denen Frauen mit PMS (Prämenstruelles Syndrom) häufig leiden.

5. Zuviel Salz kann den Nieren schaden. Zuviel Gewebeflüssigkeit drückt auf alle inneren Organe des Körpers, die dadurch in ihrer Funktion beeinträchtigt werden können. In einer solchen Situation müssen die Nieren besondes viel arbeiten, was wiederum zu einem Nierenschaden führen kann. Wenn aber die Nieren nicht ausreichend funktionieren, steigt der Blutdruck, so daß unter Umständen sogar Augen und auch Gehirn geschädigt werden können.

Unsere Vorschläge für den Umgang mit Salz

Das «Nie mehr müde»-Programm empfiehlt, möglichst die Menge von 1100 Milligramm Natrium pro Tag nicht zu überschreiten. Soviel nehmen die Teilnehmer unseres internen Kurses zu sich. Beim Kochen wird kein Salz verwendet; auf den Tischen stehen keine Salzstreuer.

Diese Regel können Sie auch zu Hause befolgen. Wenn Sie im Restaurant essen, ist es schwieriger, die Natriummenge zu kontrollieren. Sie können dem Kellner sagen, daß Sie sich salzlos ernähren müssen, und ihn bitten, in der Küche Bescheid zu sagen. Bestellen Sie nichts, was mit Käse oder einer Cremesoße angerichtet ist, solche Speisen sind meistens stark gesalzen. Und natürlich sollten Sie kein Salz zusätzlich verwenden.

Hier sind unsere «Nie mehr müde»-Salzregeln:

- Salzen Sie nicht beim Kochen.
- Salzen Sie nicht beim Essen.
- Lesen Sie sorgfältig die Etiketten. Kaufen Sie keine Nahrungsmittel mit Salzzusatz. Würzstoffe, die Natrium enthalten, werden nicht immer als Salz bezeichnet. Deshalb sollten Sie auch folgende Stoffe vermeiden: Sole oder Lake, Natriumbikarbonat, Glutamat, Natriumalginat, Natriumbenzoat, Natriumcyclamat, Natriumhydroxid, Natriumproprionat und Natriumsulfit. Im Reformhaus sollte man eigentlich keine Nahrungsmittel mit solchen Zusätzen finden, aber häufig versteckt sich da der Salzgehalt unter Angaben wie Kelp, Shoyu, Sojasoße und Tamari.
- Beim Backen sollten Sie versuchen, ohne oder nur mit einem Bruchteil der verlangten Salzmenge auszukommen. Der Geschmack der Backwaren wird dadurch nicht sehr verändert. Denken Sie daran, daß auch Backpulver Natrium enthält.

Wenn Sie salzlose Diabetikerkost kaufen, sind Sie wahrscheinlich schockiert, um wieviel teurer diese Nahrungsmittel sind. Und vielleicht haben Sie sich auch gefragt, warum es teurer ist, einen Bestandteil einfach wegzulassen. Um den tatsächlichen oder eingebildeten Geschmacksverlust zu kompensieren, werden oft andere Zutaten in größeren Mengen hinzugefügt. Salzarme Suppen zum Beispiel enthalten also mehr Fleisch, Gemüse, Gewürze und Kräuter, und das macht sie teurer. Diese Produkte kosten also nicht mehr, weil sie etwas weglassen, sondern weil sie etwas hinzufügen.

Seien Sie vernünftig, wenn es um Salz geht

Sind Sie süchtig nach Salz? Scheint Ihnen das Leben ohne Salz nicht mehr lebenswert? Dann müssen Sie sich einmal ganz ernst mit Ihrem unreifen Ich unterhalten. Wenn man nur davon spricht, daß man ihm das Salz nehmen will, wird dieses unreife Ich schon wütend. Geben Sie es ruhig zu: Sie wurden richtig wütend, als Sie unsere Salzregeln lasen. Jetzt versuchen Sie einmal Ihr unreifes Ich wie ein richtiges Kind zu behandeln. Würden Sie dieses Kind etwas essen lassen, von dem Sie wüßten, daß es schädlich ist, auch wenn das Kind noch so sehr bettelte und sogar wütend würde? Natürlich nicht, kein vernünftiger Erwachsener würde sich davon beeinflussen lassen. Sie müssen also Ihr kindliches Selbst wie ein liebevoller Erwachsener behandeln und ihm helfen, Möglichkeiten zu finden, mit weniger Salz auszukommen. Hier sind ein paar Vorschläge:

Verringern Sie Ihren Salzkonsum allmählich. Salzen Sie wie immer, aber statt das Salz direkt über die Speisen zu streuen, fangen Sie es in einer Tasse auf, und verwenden Sie dann nur einen Teil davon zum Salzen. Den Rest werfen Sie fort. Wenn Sie mutig sind, benutzen Sie nur die Hälfte von dem, was Sie in die Tasse gestreut haben; führen Sie diese Prozedur eine Woche lang durch. Sie werden sich auf diese Weise an einen weniger salzigen Geschmack gewöhnen. In der nächsten Woche schränken Sie Ihren Salzkonsum weiter ein, in der Woche darauf noch mehr. Wenn Sie länger als eine Woche brauchen, um sich an einen bestimmten Grad von Salzarmut zu gewöhnen, lassen Sie sich ruhig Zeit. Wichtig ist, daß Sie sich verpflichtet haben, mit weniger Salz auszukommen; dabei ist es unerheblich, ob Sie etwas länger dazu brauchen. Sollten Sie allerdings unter Bluthochdruck leiden, müssen Sie sofort auf Salzlosigkeit umsteigen.

Glauben Sie daran, daß auch Sie Speisen genießen lernen, die ohne Salz zubereitet sind. Auch wir haben es geschafft, ebenso wie viele unserer Kursteilnehmer. Einer rief uns zum Beispiel ein paar Monate nach dem Kursus an und meinte: «Ich wollte Ihnen das unbedingt erzählen; es wird Ihnen sicher gefallen. Neulich habe ich mir endlich wieder einmal mein Lieblingsessen bestellt, und obgleich es so zubereitet war wie immer, kam es mir zu salzig vor. Es schmeckte mir nicht mehr so gut wie früher.»

Salzersatz

Gewürze und Kräuter sind ein idealer Ersatz für Salz. Viele Anregungen können Sie den vielen guten «salzlosen» Kochbüchern entnehmen, die es heute schon gibt. Kräutermischungen sind in den meisten Supermärkten und Reformhäusern zu finden. Meistens werden sie in der «Diätabteilung» angeboten. Stellen Sie Streuer mit großen Löchern für die Kräutermischungen auf den Tisch, und benutzen Sie sie wie Salzstreuer. Sie müssen etwas herumprobieren, bis Sie das finden, was Ihnen am besten schmeckt (siehe Vorschläge in Kapitel 23).

Weißer Tod Nr. 2: Zucker

Zucker ist nahezu in jedem Nahrungsmittel enthalten. Das fängt mit dem morgendlichen Müsli an, dann dem Brot und der Suppe, die wir zu Mittag essen, und schließlich ist auch die Fertigspaghettisoße zuckerhaltig, die wir uns abends über die Nudeln gießen. Wer während des Tages noch eine Cola oder etwas Ähnliches trinkt, führt seinem Körper etwa zehn bis elf Teelöffel Extra-Zucker zu. Raffinierter Zucker macht 53 Prozent der Kohlehydrate aus, die wir durch unsere Nahrung zu uns nehmen. Und was bekommen wir für diese 53 Prozent? Nur Schwierigkeiten!

Der Natur darf man nichts vormachen!

Wenn Sie Kohlehydrate in Form von Vollkorn, Gemüse und Obst zu sich nehmen, gibt die Bauchspeicheldrüse langsam und stetig das Hormon Insulin ins Blut ab, um die Glucose (Traubenzucker), die als Produkt des Kohlehydratstoffwechsels entstanden ist, weiterzuverarbeiten. Wenn Sie aber Raffinade, also weißen Kristallzucker, essen, dreht Ihre Bauchspeicheldrüse durch! Warum?

Weißer Zucker muß nicht auf dieselbe Weise wie andere Kohlehydrate verwertet werden, sondern macht sofort große Mengen Glucose verfügbar. Der Blutzuckerspiegel steigt stark an, und die Bauchspeicheldrüse gerät in Panik: «Da habe ich wohl nicht aufgepaßt! Wo kommt die ganze Glucose her? Wahrscheinlich hat man eine große Mahlzeit zu sich genommen, ohne daß ich es gemerkt habe. Am besten stelle ich noch Extra-Insulin zur Verfügung, damit all diese Glucose auch verarbeitet werden kann und der Blutzuckerspiegel sich wieder normalisiert.» Mehr Insulin wird also in das Blut ausgeschüttet, wodurch soviel Glucose wie möglich als Glykogen in der Leber und der Rest als Fettreserven gespeichert wird. Je mehr Insulin ausgeschüttet wird, desto mehr Zucker wird als Fett angelegt. Und je mehr Körperfett man hat – ja, Sie wissen aus Kapitel 8, was das bedeutet!

Zuviel Zucker macht müde. Da Ihre Bauchspeicheldrüse so effizient arbeitet, fällt Ihr Blutzuckerspiegel rapide. Das bedeutet, zuviel Zuckerkonsum bewirkt ein Auf und Ab wie auf der Achterbahn: Sie essen etwas Süßes, Ihr Blutzuckerspiegel steigt schnell stark an; viel Insulin verarbeitet die Glucose so bald wie möglich, die Folge ist ein sehr niedriger Blutzuckerspiegel. Wundern Sie sich nicht, wenn Sie dann unter Müdigkeit, Gereiztheit, Konzentrationsschwäche und Kopfschmerzen leiden!

Zuviel Zucker bringt Ihr Immunsystem durcheinander. Die Symptome des niedrigen Blutzuckerspiegels lassen Sie wieder zu einem schnellen Fix greifen, ein paar Riegeln Schokolade oder Kaffee und einem Stück Kuchen. Sie sitzen wieder in der Achterbahn, und das Auf und Ab Ihres Blutzuckerspiegels bringt Ihr Immunsystem durcheinander.

Zuckerkonsum und Diabetes

Man spricht von Diabetes, wenn die Bauchspeicheldrüse nicht ausreichend Insulin herstellt, um die Glucose im Blut zu verarbeiten. Wir wissen also, wodurch Diabetes hervorgerufen wird, nicht aber, warum nicht genug Insulin produziert wird. Es besteht allerdings eine klare Korrelation zwischen Zuckerkonsum und dem Auftreten von Diabetes. Die Vereinigten Staaten stehen zum Beispiel an zweiter Stelle im Zukkerkonsum pro Person – und auch an zweiter Stelle für das Auftreten von Diabetes. Nur in Schottland ißt man noch mehr Zucker und, Sie haben richtig geraten, nur dort gibt es prozentual noch mehr Zuckerkranke.

In unserem Programm sind alle nichtmedikamentösen Behandlungselemente enthalten, die von der Medizin als wirkungsvoll gegen Diabetes erkannt wurden. Wenn Sie nach dem «Nie mehr müde»-Programm leben, brauchen Sie möglicherweise überhaupt kein künstliches Insulin mehr, oder Sie können die Dosis stark herabsetzen. Einer unserer ehemaligen Teilnehmer, Rick, wollte abnehmen und seinen Blutzuckerspiegel normalisieren. Anfangs sträubte er sich etwas gegen die Veränderungen in seiner Ernährung und auch die körperlichen Übungen. Aber nach fünf Tagen unseres Programms war Ricks Blutzuckerspiegel das erste Mal seit sieben Jahren normal. Das änderte seine Einstellung total!

Zuckerkonsum und Herzkrankheiten

Der Nobelpreisträger Linus Pauling behauptet, daß Zucker in stärkerem Maße als Fettkonsum für das Auftreten von Herzkrankheiten verantwortlich ist. Wir glauben allerdings hinreichend Beweise dafür zu haben, daß das Fett der Hauptschuldige ist, und wir halten deshalb an unserer Fettregel «nur 20 Prozent der Kalorien soll das Fett liefern» fest. Aber auch wir sind der Meinung, daß Zucker tödlich sein kann. Die hohen Insulindosen, die bei einer zuckerreichen Ernährung in das Blut ausgeschüttet werden, stimulieren die Leber dazu, Triglyceride zu produzieren; das sind fettähnliche Substanzen, die im Blut zirkulieren und mit Herzkrankheiten in Zusammenhang gebracht werden. Aus auch für Mediziner bisher unerklärlichen Gründen sind hohe Triglyceridwerte im Blut besonders gefährlich für Frauen; Männer sind anscheinend stärker durch hohe Cholesterinwerte gefährdet.

Zuckerkonsum und Karies

Stark zuckerhaltige Getränke sind ganz sicher schlecht für die Zähne; aber auch Kaubonbons, Drops, an denen man lange herumlutscht, und gesüßte Frühstücksflocken oder Fertigmüsli greifen die Gesundheit der Zähne an. Auch sogenannte gesunde Süßigkeiten wie Trockenobst sind nicht unbedingt gesund für die Zähne, da Reste noch lange an den Zähnen klebenbleiben. Sie müssen sich danach unbedingt die Zähne putzen!

Zuckerkonsum und Fettleibigkeit

Ein Gramm Zucker hat genausoviel Kalorien wie ein Gramm andere Kohlehydrate, nämlich vier. Zucker ist aber so viel konzentrierter, daß man sehr viel mehr davon essen kann, bevor man satt ist. Zucker wird sehr viel schneller in Form von Fett gespeichert als andere, komplexere Kohlehydrate, die wir zum Beispiel aus Gemüsen, Bohnen und Teigwaren gewinnen.

Was könnten Sie leichter und schneller essen, 100 Gramm Schokolade oder dreieinhalb große Bananen? Durch die Schokolade nehmen Sie 400 Kalorien zu sich, und da Schokolade hauptsächlich aus Saccharose (Rohrzucker) besteht, wird Ihre Bauchspeicheldrüse überstimuliert und produziert schnell und viel Insulin, um den Blutzuckerspiegel wieder zu senken. Wenn Sie es schaffen, dreieinhalb große Bananen zu essen, haben Sie damit 280 Kalorien zu sich genommen. Der Fruchtzucker der

Bananen aber stimuliert die Bauchspeicheldrüse nicht in dem Maße wie Saccharose.

Vier Bananen liefern ebenso viele Kohlehydrate wie 100 Gramm Gummibonbons. Sicher haben Sie schon den Ausdruck «leere Kalorien» gehört. Wenn Sie den Nährwert der vier Bananen mit dem der Gummibonbons vergleichen, dann stellen Sie fest, daß die Bananen neunmal soviel Kalzium enthalten, zweieinhalbmal soviel Eisen, 1500mal soviel Kalium und 40mal soviel Vitamin C. Die Bananen enthalten außerdem 760 Milligramm Vitamin A und die Bonbons null.

Je mehr Süßes Sie essen, desto weniger Platz haben Sie für gesündere Nahrung, was bedeutet, daß der Körper seinen Vitamin- und Mineralienbedarf aus immer kleineren Quellen decken muß. Wahrscheinlich ist er sogar unterversorgt. Zucker ist also keineswegs die gute Energiequelle, als die er immer von der Werbung gepriesen wird!

Zuviel Zucker und PMS (prämenstruelles Syndrom)

Zucker ist wie Salz mit PMS in Zusammenhang gebracht worden. PMS-Symptome sind unter anderem Kreuzschmerzen, Wasserretention, ein aufgedunsenes Gefühl im Unterleib, Kopfschmerzen, Akne, Schlaflosigkeit, Vergeßlichkeit, Nervosität, Stimmungsschwankungen, Depressionen, Lust auf Süßes und Angespanntheit. Wenn Sie einige dieser Symptome in dieser Phase Ihres Zyklus an sich feststellen, sollten Sie doch einmal Ihren Zuckerkonsum etwas genauer unter die Lupe nehmen.

Nicht alle Zucker sind gleich

Auch wenn Sie gerne einmal etwas Süßes essen, brauchen Sie nicht zu verzweifeln. Natürliche Süßmittel sollten vorsichtig verwendet werden, denn es gibt Qualitätsunterschiede. Am besten ist ein Süßmittel, das im wesentlichen aus Maltose besteht, einem komplexen Zucker, der langsam und stetig als Glucose ins Blut gelangt. Auf diese Weise gibt es keine plötzliche Überladung des Blutes, darauf folgende Überstimulierung der Bauchspeicheldrüse, hohe Insulinausschüttung und rapides Absinken des Blutzuckerspiegels. Maltose ist ungefähr ein Drittel so süß wie raffinierter Zucker.

Folgende Süßmittel enthalten Maltose:

- Reissirup wird aus Reis hergestellt und hat eine sanfte Süße. Die meisten Reformhäuser und Delikateßläden führen Reissirup, der für Salatsoßen, Gebäck und zum Süßen von Getränken besonders gut geeignet ist.

- Amasake ist ein traditionelles japanisches Süßmittel, das auch aus Reis hergestellt wird, aber etwas anders schmeckt als Reissirup. Es wird ähnlich wie Reissirup verwendet.
- Gerstenmalz hat einen stärkeren, melasseähnlichen Geschmack und schmeckt besonders gut in Gebäck.

Der nächstbeste Zucker ist Fruchtzucker oder Fructose. Die ersten Schritte des Fructoseverarbeitungsprozesses finden ohne Insulin statt, deshalb bewirkt Fructose kein plötzliches Ansteigen des Blutzuckerspiegels mit nachfolgender vermehrter Insulinausschüttung. Fructose gelangt langsamer und gleichmäßiger ins Blut als Saccharose.

Folgende Süßmittel enthalten Fructose:

- Fruchtkonzentrate (Dicksaft) gibt es in verschiedenen Geschmacksrichtungen; sie haben die Konsistenz von flüssigem Honig. Fruchtkonzentrate sind ein guter Ersatz für Öl und Zucker in Backrezepten. Wenn zum Beispiel ein Rezept vier Eßlöffel Öl und 100 Gramm Zucker vorsieht, nehmen Sie statt dessen ⅛ Liter Fruchtkonzentrat.
- Kristalliner Fruchtzucker wird aus Saccharose hergestellt. Bei diesem Prozeß wird das Saccharosemolekül chemisch in seine Bestandteile, Fructose und Glucose, zerlegt, die Fructose dann isoliert und gereinigt. Reine Glucose hat einen glyzemischen Index von 100, Fructose dagegen nur von 20 (dieser Index gibt an, wie schnell und wie hoch der Glucosespiegel im Blut nach dem Verzehr steigt). Fructose ist süßer als Raffinade; wenn die Süße von Saccharose mit 100 bezeichnet wird, liegt die Süße von Fructose bei 173. Fructose kann man also sehr viel sparsamer verwenden und trotzdem den gleichen Süßgrad erreichen. Aber man sollte nie vergessen, daß auch Fructose ein Zucker ist, und sollte entsprechend vorsichtig damit umgehen.
- Trockenobst ist ein wunderbarer Bonbonersatz. Wir mögen besonders gern getrocknete Ananasringe und Papayascheiben, schneiden sie in Stücke und bewahren sie in einem Schraubglas im Kühlschrank auf. Immer, wenn uns der Appetit auf etwas Süßes überfällt, nehmen wir uns ein oder zwei Stückchen. Trockenobst ist reich an Fructose und sollte deshalb nicht hemmungslos gegessen werden, sondern in kleinen Mengen. Ein Nachteil von Trockenobst ist, daß es häufig mit Sulfiten konserviert wird, Chemikalien, auf die manche Menschen stark allergisch reagieren und die im wesentlichen dazu dienen, daß helles Trockenobst nicht nachdunkelt. Achten Sie sorgfältig auf die Etiketten, und kaufen Sie möglichst sulfitfreies Trockenobst.

In der Nahrungsmittelindustrie wird Zucker genauso häufig verwendet wie Salz. Auch Zucker versteckt sich hinter den verschiedensten Bezeichnungen, ähnlich wie es bei Salz der Fall ist. Hüten Sie sich vor den folgenden Süßmitteln, die den Blutzuckerspiegel zu schnell erhöhen:

- Honig ist als Süßmittel umstritten. Sein Zucker besteht halb aus Glucose und halb aus Fructose. Während des Filterungsprozesses wird Honig häufig erhitzt, was eine chemische Veränderung zur Folge hat, die bewirkt, daß der Zucker schneller ins Blut gelangt. Auf diese Weise steigt der Blutzuckerspiegel wie bei Raffinade zu schnell an, und die Probleme sind die gleichen.
- Ahornsirup besteht im wesentlichen aus Saccharose, und der Körper reagiert darauf wie auf Raffinade.
- Melasse ist ein dunkelbrauner Rückstand bei der Zuckergewinnung und enthält vor allen Dingen Saccharose. Aus dem Grund sollte Melasse gar nicht oder nur wenig verwendet werden. Manche Melassearten enthalten Vitamine der B-Gruppe und Eisen, aber diese Substanzen lassen sich auch in anderen, gesünderen Nahrungsmitteln finden.
- Fructosereicher Maissirup wird aus normalem Maissirup hergestellt, der mit Enzymen behandelt wird, die einen Teil der Maisstärke in Fructose spalten. In fructosereichem Maissirup können aber bis zu 58 Prozent Glucose enthalten sein, was ihn nur wenig gesünder macht als Zuckerraffinade. Auch belastet er die Nebennieren.
- Andere Süßmittel wie zum Beispiel Maissirup, brauner Zucker, Dextrose (Traubenzucker), Invertzucker (50 Prozent Traubenzucker, 50 Prozent Fruchtzucker) und «roher» Zucker sind alles Zucker, die die Insulinproduktion anregen und den Blutzuckerspiegel steigen lassen.

Woher kommt bloß der ganze Zucker?

Nachstehend finden Sie eine Liste der Nahrungsmittel, die als Hauptzuckerquellen gelten. Vieles auf dieser Liste wird Ihnen bekannt vorkommen.

Zucker liefert 100 Prozent der Kalorien:

Cola-Getränke
Kohlensäurehaltige Soft Drinks wie Sprite, Seven up
Limonaden mit Fruchtgeschmack
Drops und andere Bonbons
Ahornsirup und ähnliches
Eis am Stiel

Zucker liefert 75 bis 99 Prozent der Kalorien:
Instant-Eistee, gesüßt
Ginger-ale
die meisten Kaugummis
die meisten Marmeladen
Hustenbonbons
Fruchteis

Zucker liefert 50 bis 74 Prozent der Kalorien:
gesüße Frühstücksflocken
Ketchup
Schokoladensoße
Sandkuchen
verschiedene Fruchtsaftgetränke
Ovomaltine
Dosenpfirsiche, -ananas, -birnen in Fruchtsirup
gesüßtes Apfelmus

Zucker liefert 25 bis 49 Prozent der Kalorien:
viele gesüßte Frühstücksflocken und Müsli
die meisten Kekse
Schokoriegel und ähnliche Süßigkeiten
Lebkuchen
Schokoladenplätzchen, mit Zucker überzogen
Kuchen
Liköre, Cognac
Eiscreme
Fruchtjoghurt
dicker Milchshake
Schokoladenpudding
Obstkuchen

Die bittere Wahrheit über Süßstoffe

Das Thema «künstliche Süßmittel» läßt sich in einem Satz zusammenfassen: «Einfach zu schön, um wahr zu sein!» Die Gründe:

Künstlicher Süßstoff ist ungesund. Als Cyclamat vor etwa 20 Jahren neu auf den Markt kam, war jeder begeistert. Endlich hatte man einen Süßstoff gefunden, der keine Kalorien hatte und ungefährlich war. Zumindest sah es anfangs so aus. Weitere wissenschaftliche Untersuchungen ergaben jedoch, daß Cyclamat in manchen Fällen mit Krebs und auch mit Geburtsfehlern in Zusammenhang gebracht werden konnte, und die US-Gesundheitsbehörde verbot den Verkauf. Aber immer noch bemühen sich Hersteller darum, daß dieses Gesetz wieder aufgehoben wird. Saccharin ist schon seit 100 Jahren bekannt. Obgleich es Hinweise auf eine Relation zum Auftreten von Blasenkrebs gibt, haben Nahrungsmittelhersteller es bisher verstanden, sich gegen ein Verbot zu wehren. Saccharin wird also weiterhin verkauft, obgleich es unter Umständen gesundheitsgefährdend ist und außerdem einen bitteren Nachgeschmack hat. Von dem neuesten künstlichen Süßstoff, Aspartam, weiß man noch nicht viel. Es gibt Hinweise darauf, daß es manchmal für Verhaltensstörungen verantwortlich sein und auch Hirnschäden bei Embryos verursachen kann. Ob sich Aspartam auch mit Krebs in Verbindung bringen läßt, wird noch untersucht. Man weiß also nicht, wie sicher es ist. Deshalb möchten wir Ihnen den Rat geben: Vermeiden Sie jegliche künstlichen Zusatzstoffe in der Nahrung. Niemand weiß schließlich, wie die langfristigen Folgen aussehen werden.

Künstlicher Süßstoff macht dick. Im allgemeinen verwenden diejenigen künstlichen Süßstoff, die abnehmen und deshalb weniger Kalorien zu sich nehmen wollen. Als man aber in einer Untersuchung verglich, ob diejenigen, die künstlichen Süßstoff verwenden, schneller abnehmen als die, die es nicht tun, mußte man feststellen, daß gerade das Gegenteil der Fall war. Niemand weiß bisher warum. Manche Wissenschaftler glauben, daß der süße Geschmack des Süßstoffs den Körper irgendwie dazu anregt, mehr Fett und Kohlehydrate zu speichern. Die Folge ist, daß der Körper nach mehr Nahrung verlangt. Es liegen Hinweise dafür vor, daß Aspartam chemische Veränderungen im Gehirn bewirkt, die den Appetit anregen.

Weißer Tod Nr. 3: Behandeltes Getreide

Vor vielen Jahren, noch vor seiner Studienzeit, verdiente sich David Geld damit, daß er Brot auslieferte. Zu der Zeit glaubte er ernsthaft daran, daß Weißbrot, das mit allerlei Vitaminen und Mineralien angereichert war, wirklich gesund war. Sein Vater war schließlich Bäcker und sollte es doch wissen. Wie David damals, so glauben viele Leute auch heute noch, daß weißes Brot das beste ist. Ja, stimmt denn das nicht? Die Antwort ist ein deutliches Nein, aus mehreren Gründen:

Behandeltes Getreide enthält dem Körper lebenswichtige Nährstoffe vor. Wenn Weizen, Reis und andere Getreide behandelt, also zum Beispiel geschält und gebleicht werden, werden dabei zwei wichtige Bestandteile des Korns entfernt: die Kleie (Schutzhülle des Korns) und der Keim (das Herz des Korns). Der höchste Nährwert steckt aber im

Keim; so enthält Vollweizen zum Beispiel bereits 37 der bekannten 44 Nährstoffe, die der menschliche Körper braucht. Die meisten dieser Nährstoffe gehen aber bei der Behandlung verloren. Wenn der Keim entfernt wird, gehen damit automatisch ⅔ des Thiamins, ¼ des Riboflavins und ¼ des Vitamins B_6 verloren.

Man hat auch Hinweise darauf gefunden, daß der Verzehr von verfeinerten Getreideprodukten dem Körper sogar noch wichtige Vitamine und Mineralien entzieht, da sie für die Verdauung des Produktes benötigt werden. Es besteht darüber noch keine eindeutige Gewißheit, scheint aber logisch zu sein. Einige dieser Vitamine und Mineralien, besonders die der B-Gruppe und Kalzium und Magnesium, helfen dem Körper, mit Streß fertig zu werden. Wenn sie aber nun für die Verarbeitung der verfeinerten Nahrung gebraucht werden, können sie ihre Antistreßfunktion nicht mehr ausüben, und das Immunsystem kann empfindlich geschwächt werden.

Behandeltes Getreide kann Sie für Krebs anfälliger machen. Bei der Behandlung des ganzen Korns wird nicht nur der Keim entfernt, sondern auch die Kleieschicht um das Korn. Kleie ist aber ein wichtiger, unverdaulicher Ballaststoff, der die Verdauung beschleunigt und vor Kolonkrebs schützt. Wenn Sie Kleie nicht auf eine andere Art und Weise zu sich nehmen, sind Sie für Kolonkrebs anfälliger als andere, die sich unter anderem auch von Vollkornprodukten ernähren.

Andere Nahrungszusätze

Es gibt noch andere möglicherweise gefährliche Nahrungsmittelzusätze, vor denen man sich hüten sollte. Wir möchten Ihnen raten, ganz allgemein auf Nahrungsmittel, denen man etwas beigefügt hat, zu verzichten. Die Nahrungsmittelindustrie ist stark wettbewerbsorientiert und gibt Millionen von Mark für Untersuchungen aus, wie sich Nahrungsmittel haltbarer und für den Verbraucher besonders schmackhaft machen lassen. Zusätze verleihen manchen Nahrungsmitteln eine längere Haltbarkeit. Diese Nahrungsmittel sehen oft auch appetitlicher aus und sind deshalb leichter verkäuflich. Solange der Verbraucher sich nicht dagegen wehrt, werden künstliche Zusätze weiter verwendet werden. Millionen von Menschen werden heute als unfreiwillige Versuchskaninchen mißbraucht, denn die langfristige Sicherheit verschiedener Nahrungsmittelzusätze ist oft noch nicht erwiesen.

Auf der anderen Seite gibt es Zusätze, die aus natürlichen pflanzlichen und tierischen Quellen gewonnen wurden und auch nach gründlicher

Untersuchung im Labor offensichtlich keine schädlichen Nebenwirkungen haben (Kasein aus Milch, Karrageen aus Rotalgen). Aber auch hier weiß man noch nicht, ob es langfristig schädliche Nebenwirkungen gibt. Maissirup, der zum Süßen und Andicken verwendet wird, gilt im allgemeinen als ungefährlich, wenn auch als ungesund für die Zähne. Dennoch aber ist es eine Tatsache, daß Maissirup keinerlei echte Nährstoffe enthält, sondern nur leere Zuckerkalorien liefert. Wenn man ihn also als Süßmittel bei Speisen verwendet, die sowieso nicht besonders reich an Nährstoffen sind, kann Maissirup für eine Störung des Immunsystems verantwortlich sein wie jeder andere Zucker auch.

Lassen Sie sich nicht als Versuchskaninchen mißbrauchen! Richten Sie sich nach der Regel: Was die Natur nicht selbst hergestellt hat oder wessen Namen Sie nicht aussprechen können, sollten Sie nicht essen!

In der folgenden Tabelle sind die häufigsten Zusatzstoffe aufgeführt, die man für Nahrungsmittel in Supermärkten, aber auch in Restaurantküchen verwendet.

Nahrungsmittelzusätze, die man vermeiden sollte

Zusätze	Gefahren
Lebensmittelfarben	
Blau, Nr. 1 und 2	Krebs und Gehirntumore bei Mäusen
Rot, Nr. 2, 3 und 40	Krebs, allergische Reaktionen
Gelb, Nr. 5 und 40	Krebs, Tumore, Allergien
Künstliche Geschmacksstoffe	
Es gibt Hunderte	Hyperaktivität
Geschmacksverstärker	
Natriumglutamat	Gehirnzellenschaden bei Mäusen, ernsthafte allergische Reaktionen bei manchen Menschen
Natriumchlorid (Kochsalz)	Bluthochdruck, Gewebeflüssigkeit
Konservierungsmittel	
BHT, BVO, BHA	Krebs
Schwefeldioxid, Natriumhydrogensulfat, Natriumnitrat, Natriumnitrit	ernsthafte allergische Reaktionen, Krebs

Koffein

Jeder kennt heute die negativen Folgen von Tabak- und Alkoholgenuß, und trotzdem rauchen und trinken noch viele Menschen. Aber sie sind gewarnt, und letztendlich haben sie die Wahl. Eine Koffeinsucht bringt ganz andere Probleme mit sich. Ein regelmäßiger Konsum von zuviel Koffein kann für Geburtsfehler, Fehlgeburten und Brusttumore verantwortlich sein. Wer zuviel Koffein zu sich nimmt, leidet häufig unter Nervosität, Gereiztheit, Muskelzucken, Übelkeit und Schlaflosigkeit. Das traurigste dabei ist, daß unsere Kinder schon früh an Koffein gewöhnt werden, nicht durch Kaffee und Tee, sondern durch Cola-Getränke.

Macht Ihr Kind Sie manchmal verrückt? Vielleicht sollten Sie darauf achten, daß es keine Limonade und Cola mehr bekommt. Auf diese Weise schützen Sie es nicht nur vor den Folgen von Koffein, sondern Sie schränken auch seinen Zuckerkonsum ein. In jedem Glas Limonade, Sprudel oder Brause sind etwa acht Teelöffel Zucker enthalten. Kein Wunder, daß Ihr Kind hyperaktiv ist! Es erlebt ein doppeltes High, durch den Zucker *und* das Koffein.

Wie man am besten auf dem laufenden bleibt

Wenn Sie sich ausführlicher über Salz, Zucker und andere Nahrungsmittelzusätze informieren oder einfach mehr über richtige Ernährung und die auf diesem Gebiet stattfindende Forschung erfahren möchten, orientieren Sie sich am besten bei den Verbraucherschutzverbänden Ihres Landes.

Schnelles Energietanken, Nr. 5
Der Gourmetgarten für die energiereiche Ernährung

Schritte 1 bis 5:

Siehe Anweisungen zu schnelles Energietanken Nr. 1 in Kapitel 4.

Schritt 6: Energieprogrammierung

Atmen Sie langsam und tief ein und aus, und stellen Sie sich vor, wie Sauerstoff jede Körperzelle füllt. Müdigkeit und Angespanntsein fallen von Ihnen ab, und Sie sind entspannt, aber wach. Mit jedem Atemzug atmen Sie Energie ein und Müdigkeit und Streß aus. Die Energie dringt in Ihren Körper ein wie weißes, reines Licht.

Sie befinden sich jetzt mit allen Aspekten Ihres Selbst in voller Harmonie, sind entspannt und gleichzeitig aufmerksam und stellen sich vor, daß Sie durch einen üppigen Garten schlendern. Wunderbare Früchte, Gemüse- und Getreidepflanzen wachsen in schönen, bunten, dichten Reihen. Nun stellen Sie sich vor, daß Sie ebensolche Nahrungsmittel in Ihrem Lebensmittelladen oder auf dem Markt kaufen. Sie sind sicher, daß keinerlei künstliche Zusatzstoffe und Behandlungen vorhanden sind. Sie bringen diese wunderbaren, energiespendenden Nahrungsmittel nach Hause und bereiten daraus köstliche Speisen. Fühlen Sie, wie dankbar Ihr Körper für eine solche Kost ist, wie Ihr Geist die natürliche Nahrung genießt und wie Sie gesunder, vitaler, jünger, produktiver, aber auch liebevoller und verständnisvoller werden.

Schritt 7: Zurückkehren

Folgen Sie den Anweisungen für Schritt 7 von schnelles Energietanken Nr. 1 in Kapitel 4.

13 Nie mehr müde: die Folge einer energiereichen Ernährungsweise

Unser Körper braucht Kohlehydrate, Eiweiß und Fett. Jeder dieser Grundnahrungsstoffe hat eine andere Funktion bei der Gesunderhaltung und Produktivität des Körpers; alle drei produzieren Energie, wenn sie der Körper auch mehr oder weniger gut verwerten kann. Im folgenden wollen wir aufzeigen, wie die Rangordnung bei der Energieproduktion aussieht. Unabhängig davon aber sind Kohlehydrate, Eiweiß und Fett lebenswichtig für die Körperfunktionen.

«Energiezeugnis»

Ein eindeutiges «Sehr gut»

Kohlehydrate liefern am schnellsten die meiste Energie, denn aus Kohlehydraten kann der Körper direkt das Energiemolekül Adenosintriphosphat (ATP) herstellen. Marilyn D. Schorin von der Medizinischen Fakultät der Rutgers-Universität drückt das so aus: «Der Körper zieht Energie aus Kohlehydraten der aus Fett vor. Wer mehrere Stunden stark körperlich gearbeitet und seinen Kohlehydratvorrat in den Muskeln aufgebraucht hat, hat Schwierigkeiten weiterzumachen, selbst wenn noch reichlich Fettreserven da sind. Kohlehydrate liefern bei der Verbrennung während einer körperlichen Anstrengung mehr Energie als Fett.»

Glucose, das Endprodukt des Kohlehydratstoffwechsels, ist die einzige Energiequelle für das Zentralnervensystem (Gehirn und Rückenmark). Sie wird als Energielieferant für die Muskeln auch dem Fett vorgezogen, da sie, wie schon gesagt, mehr Energie liefert als das Fett. Aus diesen Gründen müssen wir den Kohlehydraten für die Energieerzeugung ein glattes «Sehr gut» zuerkennen.

Auf unserem «Energiezeugnis» fehlt die Kategorie «gut», weil Kohlehydrate so sehr viel bessere Energielieferanten sind als Fette.

Ein gutes «Befriedigend»

Wir alle brauchen eine gewisse Menge Fett in unserer Ernährung; etwa 20 Prozent unserer Kalorien sollten durch Fett gedeckt werden. Im Körperfett ist Energie gespeichert; außerdem schützt es die inneren Organe vor Verletzungen. Um effizient verbrannt werden zu können, braucht das Fett Kohlehydrate. Wenn der Fettstoffwechsel ohne Kohlehydrate stattfinden muß, bilden sich Ketone, Körpergifte.

Der Körper versucht natürlich, sich gegen die giftigen Ketone zu wehren, indem er den Geweben Wasser entzieht, um die Ketone über die Nieren auszuscheiden. Bei diesem Prozeß wird allerdings den Zellen wichtige Flüssigkeit entzogen, und die Nieren müssen mehr als normal arbeiten. Ein zu hoher Ketonspiegel macht sich manchmal in Konzentrationsschwäche, Störungen des Natrium-Kalium-Zellhaushaltes, Müdigkeit und Bluthochdruck bemerkbar. Wegen dieser Nachteile beim Fettstoffwechsel können wir dem Fett nur ein «Befriedigend» geben.

Ein mäßiges «Ausreichend»

Jedes Kind lernt schon in der Grundschule, wie wichtig Eiweiß für den Körper ist. Unser Körper verwendet Eiweiß aus pflanzlichen und tierischen Bestandteilen der Nahrung, um geschädigte Zellen wieder zu reparieren und neue zu bilden. Außerdem sind Eiweißmoleküle wichtige Bestandteile von Hormonen und Enzymen. Als Energiequelle wird Eiweiß aber nur in höchster Not verwendet. Einer der Hauptnachteile von Eiweiß als Energielieferant liegt darin, daß bei der Verbrennung von Eiweiß Ammoniak entsteht, das sich sofort in Harnstoff (Harnsäure) umsetzt. Harnsäure und Ammoniak sind aber beides Körpergifte. Wenn Sie sich an die Vorschläge des «Nie mehr müde»-Programms halten und nicht mehr als zehn Prozent Ihrer Kalorien aus dem Verzehr von tierischem Eiweiß beziehen, kann der Körper leicht mit diesen Abfallstoffen des Eiweißstoffwechsels fertig werden. Wenn Sie aber mehr tierisches Eiweiß zu sich nehmen, sammelt sich mehr Harnsäure und Ammoniak im Körper an und kann die Ursache sein für Gicht, schlechten Mundgeruch, Erschöpfung, Verstopfung, Kopfschmerzen, Arthritis, Nierensteine und Kalziummangel; letzterer kann zu Osteoporose führen. Wenn Sie viel Eiweiß essen, nehmen Sie wahrscheinlich nicht genug Kohlehydrate zu sich, was bedeutet, daß Ihnen weniger Energie zur Verfügung steht. Aus all diesen Gründen können wir dem Eiweiß als Energiequelle nur gerade ein «Ausreichend» zuteilen.

Der optimale Energielieferant sind also Kohlehydrate. Der Körper verbrennt sie schnell und effizient und zieht sie anderen Energiequellen vor.

Energiereiche tierische Nahrungsmittel

Jede Fleisch- und Fischart, bei der das darin enthaltene Fett weniger als 20 Prozent der Gesamtkalorien stellt, wird im Rahmen unseres Programms als energiereich bezeichnet.

Beispiele energiereicher tierischer Nahrungsmittel

Nahrungsmittel	Bemerkungen
Huhn und Truthahn	Achten Sie darauf, daß bei der Aufzucht des Geflügels weder Hormone noch Antibiotika verwendet wurden.
Fisch	Weißes Fischfleisch hat den niedrigsten Fettgehalt. Dunkles Fischfleisch, wie Lachs und Makrele, hat die höchsten Konzentrationen an Fischfett (Omega-3-Fettsäuren). Diese Fette wirken erwiesenermaßen Herz- und Gefäßleiden entgegen. Große Raubfische wie Schwertfisch, Thunfisch und Hai sollten nur gelegentlich gegessen werden; sie sind das letzte Glied der Nahrungskette und können Umweltgifte in ihrem Gewebe angereichert haben.
Schalentiere (Muscheln, Krabben, Hummer)	Schalentiere enthalten nur wenig Fett, solange Sie sie nicht frittieren oder in Buttersoßen und Mayonnaisen tauchen.
Magermilchprodukte	Milchprodukte sind ausgezeichnete Kalziumlieferanten, aber viele Menschen reagieren allergisch auf Milch und Milchprodukte. Außerdem sind sie schleimbildend. Wenn Sie vermuten, daß Sie auf Milch empfindlich reagieren, decken Sie Ihren täglichen Kalziumbedarf lieber mit einer Tablette (siehe Kapitel 11). Milchprodukte enthalten tierisches Eiweiß und müssen bei der Berechnung des Tagesbedarfs an tierischen Eiweißen berücksichtigt werden.

Energiereiche pflanzliche Nahrungsmittel

Der Gemüsegarten der Natur ist üppig ausgestattet; man kann aus Hunderten von Gemüsen das auswählen, was einem am besten schmeckt. Seien Sie offen für neue Geschmackserlebnisse; Sie werden feststellen, daß es vieles gibt, was Ihnen mindestens so gut schmeckt wie das, was zur Zeit auf Ihrem Speisezettel steht. Wir haben uns leckere Rezepte für Chinakohl ausgedacht, für Mangold, der wie milder, gebutterter Spinat schmecken kann, mit Farnen und Kürbisknospen experimentiert. Manche Gemüse sind nicht nur köstlich, sondern haben auch noch heilende Eigenschaften.

Gemüse, die vor Krankheiten schützen

Gemüse	positive Eigenschaften
Karotten, Spinat, Grünkohl, Tomaten, Mangold	Diese Gemüse enthalten viel Beta-Karotin, eine Vorstufe von Vitamin A. Es schützt vor Kehlkopf-, Lungen- und Speiseröhrenkrebs und kann angeblich auch Geschwüre heilen und/oder verhüten. Es liegen Ergebnisse von Experimenten vor, bei denen der Einfluß roher Karotten auf Serumlipide und die Kolonfunktion untersucht wurde; die Versuchspersonen aßen drei Wochen lang täglich 200 Gramm rohe Karotten. Ihr Cholesterinspiegel sank um elf Prozent, und 50 Prozent mehr Gallensäure und Fette wurden über den Darm ausgeschieden.
Rosenkohl, Brokkoli, Kohl, Grünkohl, Blumenkohl, Kohlrabi	Wissenschaftliche Untersuchungen haben gezeigt, daß diese Gemüse der Kohlfamilie vor Magen-, Darm- und Lungenkrebs schützen können. In Tierexperimenten haben sie sich als besonders wirkungsvoll gegen Krebsarten erwiesen, die durch Chemikalien hervorgerufen werden.
Zwiebeln, Knoblauch	Untersuchungen über die medizinische Wirkung von Zwiebeln und Knoblauch ergaben u. a., daß diese Gemüse tatsächlich vor Blutgerinnseln schützen. Es gibt auch Beweise dafür, daß Knoblauch eine senkende Wirkung auf den Cholesterin- und Triglyceridspiegel hat und bei der Behandlung von Bluthochdruck eingesetzt werden kann. Glücklicherweise gibt es heute Knoblauchkapseln, die beinahe so gut sind wie frischer Knoblauch und nicht so stark riechen!

Hülsenfrüchte	Hülsenfrüchte lassen sich auf viele Arten zubereiten und genießen, etwa als gute Suppen, schmackhafter Brotaufstrich, Dips und Salatsoßen. Außerdem können sie als Ersatz oder Streckmittel für Hackbraten und Fleischeintöpfe verwendet werden. Zu den Hülsenfrüchten gehören nicht nur alle Bohnensorten, sondern auch Erbsen, Linsen und Sojabohnen. Die meisten Menschen halten die Erdnuß für eine echte Nuß; in Wirklichkeit aber gehört auch sie in die Familie der Hülsenfrüchte. Erdnüsse haben einen hohen Fettgehalt (etwa 70 Prozent der Kalorien kommen vom Fett), Sojabohnen dagegen beziehen nur 40 Prozent der Gesamtkalorien aus dem Fett. Hülsenfrüchte enthalten viele Ballaststoffe und senken den Cholesterinspiegel.

Früchte sind wunderbare Energielieferanten. Mit Ausnahme von Oliven und Avocados enthalten Früchte nur sehr wenig Fett. Avocados bilden allerdings in Salaten durch ihren hohen Fettgehalt (82 Prozent der Gesamtkalorien) ein gutes Gegengewicht zu anderen fettarmen Gemüsen. Manche Früchte sind für ihre heilenden Eigenschaften bekannt.

Früchte, die vor Krankheiten schützen

Früchte	positive Eigenschaften
Äpfel, Birnen	Enthalten viel Ballaststoffe und Pektin. Pektin absorbiert das Cholesterin und schützt so vor einem zu hohen Cholesterinspiegel. Ein Apfel täglich kann schon viel ausrichten.
Bananen	Bananen sind die gesündeste Nachspeise, die es gibt. Sie haben wenig Kalorien, liefern aber sehr viele wichtige Vitamine und Mineralien. Sie enthalten wenig Natrium und sind zu 99,8 Prozent fettfrei und deshalb besonders für eine fettarme, salzlose Ernährungsweise geeignet. Bananen enthalten Beta-Karotin und Vitamin C; beiden wird eine Antikrebs-Wirkung nachgesagt. Der hohe Kaliumgehalt sorgt für einen ausgeglichenen Blutzuckerhaushalt und für ein gesundes Herz. Bei Durchfall versorgen Bananen den Patienten mit Kalium und anderen wichtigen wasserlöslichen Spurenelementen, die bei Durchfall vermehrt ausgeschieden werden. Die Banane hat ihre eigene schützende Verpackung und ist jederzeit zum Verzehr parat.

Aprikosen, Cantaloupe (Melonenart), Papaya, Pfirsiche, Wassermelone	Diese Früchte enthalten viel Beta-Karotin bzw. Vitamin A.
Olivenöl	Als ungesättigtes Fett hilft Olivenöl bei der Senkung des «schlechten» Cholesterins (LDL = Lipoprotein niedriger Dichte) und hebt den Spiegel des «guten» Cholesterins (HDL = Lipoprotein hoher Dichte). Es schützt vor Herzkrankheiten und Blutgerinnseln.

Vollwertige Getreidekörner können für Suppen und Salate verwendet werden, als Beilage und als Hauptgericht. Getreide enthält viele Vitamine und Mineralien, aber nur wenig Fett und ist ein ausgezeichneter Lieferant für Ballaststoffe. Viele Menschen essen regelmäßig Weizen, Mais und Reis, vergessen aber, daß Gerste, Buchweizen, Hirse, Hafer und Roggen ebenso schmackhaft und gesund sind. Quinoa ist ein Getreide, das in den Anden Südamerikas beheimatet ist und einst das Hauptnahrungsmittel der Inkas darstellte. Quinoa enthält mehr Eiweiß als alle anderen Getreide und dazu noch die essentiellen Aminosäuren. Es kann in 15 Minuten gegart werden und ist eine gute Alternative zu Reis. Sie bekommen es im Reformhaus und in Dritte-Welt-Läden (siehe Quinoa-Tomaten-Suppe, Rezept 11 in Kapitel 23).

Getreidearten, die vor Krankheiten schützen

Getreide	positive Eigenschaften
Brauner Vollkornreis	Brauner Vollreis ist ein sehr gesundes Nahrungsmittel. Er enthält wichtige Eiweiße und komplexe Kohlehydrate. Brauner Reis schützt vor Krebs und Diabetes.
Hafer, Haferkleie	Erinnern Sie sich noch daran, wie Ihre Mutter darauf bestand, daß Haferbrei gut für Sie sei? Sie hatte recht! Hafer hilft im Kampf gegen zu hohen Cholesterinspiegel und schützt vor Herzkrankheiten. Hafer ist nahrhafter als Weizen oder Mais. In Reformhäusern und manchen Supermärkten kann man heute Hafermehl schon abgepackt kaufen, das man anstelle von Weizenmehl verwenden kann (siehe Rezepte 4 bis 6 für Pfannkuchen in Kapitel 23). Man kann Haferkleie über Suppe und Frühstücksbrei streuen; sie schmeckt weni-

ger streng als Weizenkleie und ist besser fürs Herz. Wenn Sie sich nach unseren Ernährungsratschlägen richten, brauchen Sie gar keine Weizenkleie, um ausreichend Ballaststoffe zu sich zu nehmen. Unsere Kost selbst ist ballaststoffreich genug.

Wir empfehlen in unserem «Nie mehr müde»-Programm komplexe Kohlehydrate als beste Energiequelle. Eine vegetarische Ernährung, die sich im wesentlichen auf komplexe Kohlehydrate stützt, kann bestimmten ernsthaften Krankheiten vorbeugen:

Warum man weniger Fleisch essen sollte

In vielen Untersuchungen sind Vegetarier mit Fleischessern verglichen worden. Zusammenfassend läßt sich folgendes sagen:

Krankheit	Korrelation zu vegetarischer Ernährung
Krebs	Weltweit hat sich herausgestellt, daß Vegetarier weniger als halbmal so häufig an Brust-, Kolon- und Prostatakrebs erkranken als Fleischesser. Diese Krebsarten sind in den Ländern, deren Bevölkerung sich hauptsächlich von Kohlehydraten und nur selten von Fett und Eiweiß ernährt, nahezu nicht vorhanden.
Herzkrankheiten, Bluthochdruck	Vegetarier haben einen signifikant niedrigeren Cholesterinspiegel als Fleischesser. Man gab einer Versuchsgruppe von Vegetariern vier Wochen lang pro Tag ein halbes Pfund Fleisch zu essen; ihr Cholesterinspiegel stieg um 19 Prozent, obgleich sie nicht zugenommen hatten. Vegetarier sind im Hinblick auf Herzkrankheiten weitaus weniger gefährdet und haben im Durchschnitt sehr viel niedrigere Blutdruckwerte. In einer Untersuchung ergab sich, daß nur zwei Prozent der Vegetarier Bluthochdruck hatten, im Gegensatz zu 26 Prozent der Fleischesser.
Übergewicht, Gicht, Diabetes, Osteoporose	Vegetarier sind im allgemeinen schlanker als Fleischesser und wiegen auch weniger. Nur etwa 15 Prozent der Vegetarier sind übergewichtig; dagegen wiegen 40 Prozent der nichtvegetarischen Amerikaner zuviel. Wir vermuten, daß die übergewichtigen Vegetarier Eier und Milchprodukte zu sich nehmen. Diabetes und Gicht treten bei Vegetariern sehr viel seltener auf. Vegetarier, die auf jegliches Tierfett verzichten und

auch keine Eier und Milchprodukte essen, bekommen nur selten als Erwachsene Diabetes oder leiden unter Übergewicht. Auch Osteoporose (Brüchigwerden der Knochen) tritt bei Vegetariern viel seltener auf als bei Nichtvegetariern.

Selbstverständlich müssen Sie nicht Vegetarier werden, um gesund zu sein, aber die Fakten machen deutlich, daß Sie möglichst wenig Fleisch, Eier, Milchprodukte und Fisch essen sollten. Wenn Sie den Vorschlägen des «Nie mehr müde»-Programms folgen, das heißt, nur zehn Prozent Ihrer Kalorien aus tierischem Eiweiß beziehen, 20 Prozent aus Fett und den Rest aus komplexen Kohlehydraten, werden Sie bei guter Gesundheit bleiben und viel Energie besitzen.

Schnelles Energietanken, Nr. 6
Neue, interessante Speisen

Schritte 1 bis 5:

Siehe Anweisungen für schnelles Energietanken Nr. 1 in Kapitel 4.

Schritt 6: Energieprogrammierung

Atmen Sie tief und langsam ein und aus, und stellen Sie sich vor, wie der Sauerstoff in jede Zelle Ihres Körpers eindringt. Müdigkeit und Anspannung fallen von Ihnen ab, und Sie fühlen sich entspannt und wach. Mit jedem Atemzug atmen Sie Energie ein und Müdigkeit und Streß aus. Die Energie durchdringt Sie wie ein reines weißes Licht.

Sie befinden sich mit allen Aspekten Ihres Selbst in vollkommener Harmonie, sind entspannt und wach und stellen sich jetzt vor, wie Sie in einem guten Restaurant zu Abend essen. Mit Ihnen am Tisch sitzen die Menschen, die Ihnen am liebsten sind. Sie schauen sich um und erkennen, daß die Angestellten des Restaurants nur dazu da sind, auf jedes Ihrer Eßbedürfnisse einzugehen; Sie können unter vielen köstlichen, unverfälschten, natürlichen, gesunden Speisen wählen.

Sie bestellen sich Ihre Lieblingsgerichte, die hier auf neue Weise ganz wunderbar zubereitet sind: ohne Öl, ohne Butter, ohne Sahne, nur köstlich gewürzt und abgeschmeckt. Sie riechen das kräftige Aroma und spüren, wie Ihr Körper jetzt Speisen bevorzugt, die wenig Fett und Eiweiß und statt dessen viel energiespendende Kohlehydrate enthalten. Sie genießen Ihre Mahlzeit mit allen Sinnen, schmecken und riechen das köstliche Aroma, fühlen die Konsistenz der Speisen und wissen dabei, daß Sie mit jedem Bissen Ihrem Körper etwas Gutes tun und ihm grenzenlose Energie geben. Und das ist nur der Anfang dieser neuen wunderbaren, gesunden Ernährungsweise.

Schritt 7: Zurückkehren

Siehe Anleitungen zu schnelles Energietanken Nr. 1 in Kapitel 4.

III Energieprogrammierung: drei mentale Methoden

14 Energie von innen

Wenn Sie soviel wie möglich von diesem Buch profitieren wollen, müssen Sie versuchen, alles zu vergessen, was Sie je über das Wesen der Wirklichkeit gelernt haben. Sie müssen das Konzept hinter sich lassen, Materie sei fest und Sie selbst bestünden aus festem Fleisch. Sie müssen von der Vorstellung loskommen, Ihr Körper sei auf eine Weise programmiert, die Ihre körperliche Kondition bestimmt. Wenn Sie tiefgreifende Veränderungen in Ihrem Leben vornehmen wollen, müssen Sie verstehen und akzeptieren, daß Geist und Körper ein Energiesystem bilden, das den Gesetzen der Quantenphysik unterliegt.

Seit dem Mittelalter hat die Wissenschaft einen gewaltigen Schritt nach vorne gemacht, als man erkannte, daß unser Körper aus Muskeln, Gewebe, Zellen, Blut und Knochen besteht und daß diese Moleküle wiederum von Atomen gebildet werden, die aus Elektronen, Protonen und Neutronen zusammengesetzt sind. Heute ermöglichen unser Wissen und die Entwicklung empfindlicher Meßgeräte auch die Forschung auf dem Gebiet der subatomaren Energie. Zwar hat noch keiner ein Atom wirklich gesehen, aber wir wissen, daß es Atome und Atomkerne gibt, da sich die elektromagnetische Energie, die von den Atomen ausgeht, messen und fotografieren läßt.

Unsere Körpermaterie besteht also aus Atomen; auf der Ebene der Elementarteilchen «strotzen» wir sozusagen vor elektromagnetischer Energie, ja der Körper *ist* elektromagnetische Energie.

Das Konzept des Körpers als Energiesystem ist für unser westliches wissenschaftliches Denken eine ziemlich neue Sache; fernöstlicher Philosophie und Wissenschaft ist es hingegen schon seit Jahrhunderten vertraut. Die chinesische Medizin hat schon lange gewußt, daß man einen gesunden Körper und einen gesunden Geist nur schaffen kann, indem man die Energiefelder, die unser Sein ausmachen, in ein harmonisches Gleichgewicht bringt. Da Körper und Geist Teil desselben Energiesystems sind – auch Gedanken sind eine Art von elektromagnetischer Energie –, können wir aus den Aufzeichnungen der Weisen des Ostens und den Gesetzen der modernen Hochenergiephysik schließen, daß unsere Gedankenströme auf einer subatomaren Ebene mit anderen Energieformen innerhalb und außerhalb des Körpers kommunizieren können.

Bestimmte Aussagen dieses Buches sind ganz besonders wichtig, und wir möchten an dieser Stelle noch einmal verstärkt auf Folgendes hinweisen: Man kann diese Art der Kommunikation zwischen Gedankenströmen und Körper selbst erlernen, ohne dazu an eine Biofeedback-Maschine angeschlossen zu sein. Man muß nur «Energiebewußtsein» entwickeln und nutzen.

Frank T. war vor kurzem Vizepräsident einer großen Bank geworden, und schon nach ein paar Wochen klagte er über starke Magenschmerzen. Es stellte sich heraus, daß er ein offenes Magengeschwür hatte. Nun war dies nicht das erste Mal, daß Frank unter einem Magengeschwür litt; es erschien immer, wenn er stark unter Streß war, gleichgültig, ob er eine neue Stellung angetreten hatte, befördert worden oder in ein neues Haus gezogen war. Wir brachten ihm eine einfache Atemübung bei, die er zweimal täglich zehn Minuten lang machte. Nach einer Woche waren seine Schmerzen verschwunden und traten auch nicht mehr auf.

Vor kurzem war Sri Chinmoy in der *Vegetarian Times* abgebildet, wie er mit einer Hand ein Gewicht von knapp 7000 Pfund drei Zentimeter vom Boden hochhob. Zuvor hatte er drei Stunden in einem veränderten Bewußtseinszustand verbracht, aus dem er die nötige Kraft geschöpft hatte. Er hatte erst vor zwei Jahren mit Gewichtheben angefangen.

Dr. Herbert Benson berichtet in seinem Buch *«Beyond the relaxation response»* über die mentalen Fähigkeiten tibetanischer Mönche. Er konnte durch wissenschaftlich fundierte Experimente bestätigen, was Tibetaner schon seit Jahrhunderten wissen. Seine Versuchsteilnehmer waren in der Lage, durch intensive Konzentration die Außentemperatur ihrer Haut um mehrere Grade zu erhöhen, während die Körpertemperatur normal blieb.

Vielleicht sind Sie nicht besonders daran interessiert, 7000 Pfund zu heben oder Ihre Hauttemperatur zu erhöhen; es gibt aber ganz sicher auch für Sie Gründe, sich mit mentalen Methoden zu beschäftigen.

Schnelles Energietanken: Selbstprogrammierung zur Energiesteigerung

Wenn Sie die speziellen Techniken erlernen, die wir mit «schnellem Energietanken» bezeichnen, werden Sie daraus mehr Vorteile ziehen als nur die Fähigkeit, außerordentliche körperliche Leistungen zu vollbringen. Es handelt sich hierbei um Übungen zur inneren Programmierung, bei der Sie sich in einen vollkommen entspannten, aber klar bewußten Geisteszustand versetzen. Wenn Sie diesen entspannten Zustand erreichen können, wird es Ihnen möglich sein, zu jeder Zeit inneren Frieden und Gelassenheit zu spüren und sich ganz auf dieses Ziel zu konzentrieren.

Warum schnelles Energietanken so wichtig ist

- *Ihr Cholesterinspiegel wird gesenkt.* Richtige Ernährung und Körpertraining werden einen großen Einfluß auf Ihren Cholesterinspiegel haben. Sie können die Wirkung noch steigern, wenn Sie die Übungen für schnelles Energietanken machen, die in den folgenden Kapiteln beschrieben werden. Unserer Meinung nach liegt der schnelle Erfolg unseres Programms zur Cholesterinsenkung daran, daß wir diese mentalen Methoden mit dem Ernährungs- und Bewegungsprogramm kombinieren.
- *Das Risiko eines Herzinfarkts verringert sich.* Durch das schnelle Energietanken erlangen Sie in kurzer Zeit einen vollkommen entspannten Geisteszustand. Untersuchungen haben gezeigt, daß der Herzschlag eines Menschen in einem so entspannten Zustand tatsächlich um drei Schläge pro Minute verlangsamt werden kann. Das Herz kann sich ausruhen. Außerdem hat sich erwiesen, daß durch diese Übungen auch Herzrhythmusstörungen seltener auftreten. Für viele, die ihren Cholesterinspiegel senken und ihren Herzschlag verlangsamen konnten, ist das Risiko für Herzinfarkte sehr verringert worden.
- *Der Blutdruck sinkt.* Viele unserer Kursteilnehmer mit hohem Blutdruck konnten in weniger als einer Woche ohne oder mit einer stark reduzierten Menge ihrer blutdrucksenkenden Mittel auskommen.
- *Sie spüren weniger Streß.* Biochemisch gesehen, fühlen Sie mehr Anspannung und Streß, je mehr Laktat (Milchsäure) sich in Ihrem Blut befindet. Durch die mentalen Methoden, die wir in den folgenden Kapiteln beschreiben, können die Laktatwerte viermal so schnell

verringert werden wie durch einfaches Ausruhen. Außerdem können sich die Muskeln besser entspannen.

- *Sie haben mehr Energie.* Das tiefe Durchatmen beim schnellen Energietanken sorgt dafür, daß das Blut mit Sauerstoff angereichert wird; gleichzeitig werden alle Muskeln entspannt. Infolgedessen kann das Blut den Sauerstoff leichter in die Körperzellen transportieren. Wenn die Zellen mit mehr Sauerstoff versorgt sind, können sie auch mehr ATP-Energiemoleküle produzieren, und Sie haben mehr Energie zur Verfügung. Beim schnellen Energietanken verlangsamen sich durch das tiefe Atmen und Entspannen auch Atmung und Stoffwechsel; Energie, die normalerweise für diese Vorgänge gebraucht wird, wird frei und kann für andere Zwecke verwendet werden.
- *Die Selbstheilungskräfte werden aktiviert.* Verschiedene Varianten der in den nächsten Kapiteln beschriebenen Methoden werden heute schon in Forschungszentren der ganzen Welt dazu verwendet, Krebs zu heilen, den Blutdruck zu normalisieren und Erleichterung zu bringen bei chronischen Schmerzen, Asthma, Bronchitis, Rückenschmerzen, Brustschmerzen, Kopfschmerzen, Schlaflosigkeit und extremer Nervosität.
- *Sie können Ihr Gewicht besser kontrollieren.* Eine Theorie, warum manche Menschen unter einem Eßzwang leiden und übergewichtig sind, besagt, daß der Körper durch die vielen konservierten und behandelten «künstlichen» Nahrungsmittel nicht genug echte Nährstoffe bekommt. Unser Körper reagiert aber oft vernünftiger als wir selbst und verlangt nach immer mehr Nahrung, in der Hoffnung, damit auch seinen Bedarf an wichtigen Nährstoffen decken zu können. Da erwiesenermaßen die Speichelproduktion durch das schnelle Energietanken angeregt wird, beschleunigen sich damit auch Verdauung und Absorption der essentiellen Nährstoffe. Dieser Faktor, verbunden mit bestimmten Aussagen beim inneren Programmieren, die die Eßlust beschränken helfen sollen, wird Sie darin unterstützen, mit Ihrem Eßzwang fertig zu werden.

Eine Bemerkung von Joely

Als meine Mutter diesen Abschnitt des Manuskriptes gelesen hatte, schrieb sie mit Bleistift an den Rand: «Warum soll ich Diät halten, wenn ich all das bereits durch schnelles Energietanken erreichen kann?» Vielleicht ist Ihnen diese Frage auch gekommen, und es ist eine gute Frage. Es stimmt zwar, daß die Methoden des schnellen Energietankens Wunder bewirken können; es ist aber ebenso wahr, daß richtige Ernährung für Gesundheit und Energie außerordentlich wichtig ist. Schon ein regelmäßiges Körpertraining allein kann bewirken, daß sich mancher wie ein neuer Mensch fühlt. Wir glauben, daß die Menschen zu komplex und individuell auch zu verschieden sind, als daß eine einzige Methode für alle das einzig Wahre sein könnte. Wenn Sie die Methoden miteinander kombinieren, wird die Wirksamkeit jeder einzelnen vergrößert. Es handelt sich hier wieder um einen synergetischen Tatbestand, in dem das Ganze größer ist als die Summe der Einzelteile.

- *Erinnerungsvermögen und Kreativität steigern sich.* In mehreren Untersuchungen konnte nachgewiesen werden, daß Männer und Frauen, die regelmäßig mentale Übungen machten, ihren IQ erhöhen konnten. Vor kurzem wurde in Experimenten festgestellt, daß das Erinnerungsvermögen einer Gruppe von 62- bis 83jährigen stark verbessert wurde, als sie die Methoden des schnellen Energietankens mit einem Gedächtnistraining kombinierten. Auch Kreativität wird durch diese Methoden erhöht.
- *Leistung und Produktivität nehmen zu.* Viele Untersuchungen haben gezeigt, daß durch regelmäßige Anwendung dieser mentalen Methoden nahezu alle Arten von Leistung gesteigert werden konnten. Besonders die Techniken im nächsten Kapitel werden häufig von Geschäftsleuten verwendet, die ihre Fähigkeit, erfolgreiche Verhandlungen zu führen, verbessern wollen. Auch Verkäufer registrieren mehr und bessere Abschlüsse, ebenso wie Spitzensportler ihre Medaillenchancen erhöht sehen, wenn sie regelmäßig mentale Übungen machen.

Das «Ritual»

Die Methoden der nächsten drei Kapitel verwenden, was wir «Aussagen zur Programmierung» nennen; Ihrem Energiebewußtsein wird mitgeteilt, was mit Körper, Gesundheit und Energie geschehen soll. Vielleicht fragen Sie sich, warum viele der Aussagen bei jedem schnellen Energietanken wiederholt werden müssen. Dieses dauernde Wiederholen verfolgt einen ganz bestimmten Zweck. Es soll dadurch ein vertrautes Ritual entstehen, das Ihr Bewußtsein und Ihr Unterbewußtsein auf etwas Wichtiges vorbereitet. Besonders für das Unterbewußtsein ist ein beinahe automatisch ablaufendes Ritual wichtig.

15 Tagträume zur Energiesteigerung: Nutzen Sie Ihre geistigen Kräfte gegen die Müdigkeit

Erst in den letzten Jahren ist die Idee, daß man mit der Kraft der Phantasie gesteckte Ziele erreichen, seine Energie steigern und seine Gesundheit verbessern kann, zu Anerkennung gelangt. Viele Experten auf dem Gebiet der Motivation, die behaupteten, sie hätten sich die Kraft der Phantasie erfolgreich zunutze gemacht, wurden von der Öffentlichkeit ignoriert, wenn nicht sogar als Scharlatane bezeichnet. Heute ist das anders. Der Einfluß des gezielten Vorstellungsvermögens oder der Programmierung durch Einsetzen der Vorstellungskraft wird heute an Universitäten und Forschungszentren untersucht. Die Erkenntnisse, die sich aus diesen Untersuchungen ziehen lassen, werden heute schon angewendet und zahlen sich aus, unter anderem in der Medizin, für Sportler und in der Geschäftswelt.

Nehmen wir einmal den Fall von Bob, dem Manager eines großen Warenhauses. Er wollte neue Verkäufer einstellen und suchte nach Bewerbern, die möglichst eine natürliche Begabung für den Verkauf hatten. Er konsultierte also eine Reihe von Fachleuten, die ihm sagen sollten, woran er ein Verkaufstalent erkennen konnte. Die Berater fingen an, die besten Verkäufer des Geschäfts mit den schlechtesten zu vergleichen. Erstaunlicherweise stellten sich dabei keine Unterschiede in den erforderlichen Qualifikationen heraus. Alle hatten die gleiche Schulbildung und Ausbildung, waren etwa gleich alt, waren gleich lange im Geschäft und hatten ähnliche Erfahrungen gemacht.

Die Berater mußten also in anderer Richtung suchen und begannen, die erfolgreichsten und die erfolglosesten Verkäufer ausführlich zu befragen. Aber auch nach ein paar Wochen intensivster Interviews gab es immer noch keine Antwort auf Bobs Frage.

Schließlich ließen sie die Abschriften der Tonbandinterviews noch einmal durch ein Computerprogramm auswerten, und da stellte sich dann doch ein Unterschied heraus, nämlich in der Intensität, mit der die Verkäufer ihre Vorstellungskraft bemüht hatten! Die besten Verkäufer wandten regelmäßig vor wichtigen Kundengesprächen eine Visualisierungsmethode an, die manchmal auch mit «konzentriertem Tagträumen» bezeichnet wird. Sie stellten sich dabei vor, wie ihre Verkaufsverhandlungen glatt und problemlos und auch zur Zufriedenheit des Kunden abliefen. Im Gegensatz dazu wandten die weniger erfolgreichen Verkäufer diese Methoden sehr selten oder gar nicht an. Sie hatten in den Interviews die Verkaufsverhandlungen, die viel Einsatz verlangten, eigentlich immer als «Problemfälle» bezeichnet. Sie schätzten ihre Fähigkeiten als Verkäufer wenig positiv ein, und versuchten sich, wenn die Sprache darauf kam, zu rechtfertigen oder zu verteidigen.

Bob ließ also ein Trainingsprogramm für sein Verkaufspersonal entwickeln, das unter anderem mit Visualisierungsmethoden arbeitete, die besonders die positive Selbsteinschätzung betonten. Der Erfolg war bald sichtbar: Die Verkaufszahlen stiegen stark an, und Bob wurde zum Vizepräsidenten der Verkaufsabteilung befördert.

Die Gedanken kommen zuerst

Eine Erklärung, warum die innere Programmierung funktioniert, bietet eine der neuesten und aufregendsten Theorien der Hochenergiephysik. Die «Superstring»-Theorie sagt aus, daß jegliche Materie des Universums im Grunde aus vibrierenden subatomaren Energiefäden besteht. Zahllose Experimente haben Physiker schließlich zu der Erkenntnis gebracht, daß alle Energieformen auf subatomarer Ebene miteinander verbunden und zu einer Art von Kommunikation fähig sind. Eigentlich handelt es sich also bei der inneren Programmierung um nichts weiter als um Energiekommunikation auf subatomarer Ebene. Die Energiewellen, die Ihre Vorstellungskraft verursacht, können direkt mit anderen Formen von Energie und Materie in Ihrem Körper kommunizieren, vielleicht sogar mit Energie und Materie außerhalb Ihres Körpers.

Die Vorstellungskraft für sich arbeiten lassen

Die Beweise für den Einfluß der Vorstellungskraft häufen sich. Trainingsprogramme für olympische Sportler sehen eine Kombination aus Entspannungsübungen und Visualisierungsmethoden vor, um die Leistungen zu steigern. In der Geschäftswelt werden Visualisierungen angewendet, um sich auf wichtige Sitzungen vorzubereiten, um erfolgreicher Verkaufsgespräche zu führen oder auch um Verhandlungstaktiken zu verbessern. Psychologen versuchen heute, den therapeutischen Prozeß durch verschiedene Visualisierungsmethoden zu beschleunigen, besonders bei Klienten mit beruflichen Problemen, mit Übergewicht, oder aber auch, um sie in Kontakt mit ihren verborgenen Emotionen zu bringen. In der Medizin wird heute mit Visualisierungen experimentiert, um das Immunsystem zu stärken und Schwerkranke dazu zu ermutigen, am Heilungsprozeß aktiv teilzunehmen.

Ergebnisse wissenschaftlicher Untersuchungen lassen erkennen, daß es sich bei Visualisierungsmethoden nicht um schlichte Phantasien handelt. Kürzlich hat man zum Beispiel festgestellt, daß die Muskeln, die beim Joggen bewegt werden, bereits stimuliert werden, wenn man nur intensiv an Joggen denkt. Wie man weiß, löst das Gehirn die Ausschüttung einer chemischen Substanz aus, die Muskelkontraktionen bewirkt. Die körperliche Reaktion ist klar erkennbar, man weiß aber noch nicht, wie und warum sie stattfindet. Die Superstring-Theorie läßt uns die Hypothese aufstellen, daß die Energie der Gedankenströme mit dem Gehirn kommuniziert und es zu der Folge von Körperreaktionen stimuliert, die schließlich in Muskelkontraktionen resultieren. Wir befinden uns jedoch erst ganz am Anfang der Möglichkeiten, die durch «Hochenergie-Tagträume» eröffnet werden.

Davids Erfahrungen mit der Kraft der Visualisierung sind ein gutes Beispiel dafür, was für Möglichkeiten uns offenstehen, aber auch dafür, wie unflexibel und voller Vorurteile viele Mediziner noch sind:

«Als ich vor 32 Jahren aus dem Militärdienst entlassen wurde, teilte man mir bei der letzten medizinischen Untersuchung mit, daß ich eine schwache Bauchdecke hätte. Es bestünde keinerlei Zweifel, daß ich früher oder später mit einem Bruch rechnen müßte. Ich unterdrückte diesen Gedanken sofort, habe mich später aber oft gefragt, ob ich mich damit nicht unbewußt selbst für einen Bruch programmiert hatte.

Vor etwa zwölf Jahren fiel mir auf, daß sich etwa 13 Zentimeter unterhalb des Bauchnabels seitlich etwas hervorwölbte; mein Hausarzt diagnostizierte es als Bruch. (Mehrere Jahre danach diagnostizierte ein erfahrener Chirurg es als seltene Form eines Bruchs.) Nach mehreren Gesprächen mit meinem Arzt beschloß ich zu versuchen, mich selbst zu heilen, statt mich operieren zu lassen, obgleich mehrere Ärzte und auch mein Chiropraktiker meinten, daß mir nur eine Operation helfen könnte. Dennoch machte ich regelmäßig meine Visualisierungsübungen, bei denen ich mir vorstellte, wie meine Bauchwand an der schwachen Stelle mit einem Fiberglasflicken repariert würde und stärker war denn je. Nach ein paar Monaten ließen die Schmerzen nach und traten nicht wieder auf. In der Folge führte ich ein ganz normales, körperlich aktives

Leben. Ich joggte, schwamm, machte Yogaübungen und ähnliches, ohne jemals Schmerzen zu haben. Allerdings hütete ich mich davor, etwas Schweres zu heben.

Der Gewebeverlust, der sich um den Bruch gebildet hatte, wurde aber größer; er tat zwar nicht weh, und ich mußte mich in meinen körperlichen Aktivitäten nicht beschränken, dennoch sah es unschön aus. Ich überlegte lange, entschied mich aber schließlich doch für eine Operation. Der Chirurg fand unter dem Gewebewulst eine vollkommen geschlossene Bauchdecke vor, und bei der postoperativen Untersuchung stellte er fest, daß meine Bauchdecke vollkommen in Ordnung war. Selbstverständlich akzeptierte keiner der Ärzte, daß ich mich selbst durch Visualisierungen geheilt hatte. Statt dessen entschieden sie, daß die Ärzte, die ursprünglich den Bruch diagnostiziert hatten, sich wohl geirrt hätten.»

Programmierung durch Vorstellungskraft

Erinnern Sie sich noch an Ihre erste Liebe? Wahrscheinlich gab es da eine Zeit, in der Sie sich oft vorstellten, mit diesem wunderbaren Menschen verheiratet zu sein. Der Unterschied zwischen dieser Art von Tagtraum und der Visualisierung, von der wir hier sprechen, ist nur, daß letztere konzentrierter, zielbezogen und unter festgelegten Bedingungen stattfindet. Wir unterscheiden drei Arten bildlicher Programmierung:

1. Die Laserstrahlmethode

Hier konzentrieren Sie Ihre Gedankenströme auf ein ganz bestimmtes Ziel, entweder einen Teil Ihres Körpers, den Sie heilen wollen, eine Beförderung, die Sie anstreben, eine Beziehung, die Sie wieder in Ordnung bringen wollen oder ähnliches. Bei dieser Methode stellen Sie sich Ihr Ziel in allen Einzelheiten und so genau wie möglich ganz konkret vor und lassen sich dabei von keinem anderen Gedanken ablenken. Diese Art der Visualisierung wandte David an, um seinen Bruch zu heilen. Die Methode ist sehr direkt, man braucht sich nur ganz intensiv vorzustellen, was passieren soll.

David stellte sich ganz konkret vor, wie das Loch in seiner Bauchwand durch einen Fiberglasflicken repariert wurde und stärker war als je zuvor.

Wenn Sie beispielsweise Ihren Cholesterinspiegel senken wollen, können Sie sich kleine «Helfer» vorstellen, die die Wände Ihrer Blutgefäße abscheuern und die Ablagerungen wegwaschen. Sie können sich auch vorstellen, wie Lastwagen, auf denen HDL steht, in Ihren Gefäßen hin- und herfahren, Cholesterin aufladen und zur Leber befördern, die es in ein Abfallprodukt verwandelt, das aus dem Körper ausgeschieden wird. (HDL ist ein Lipoprotein hoher Dichte, das auch als «gutes Cholesterin» bezeichnet wird. Es entfernt Cholesterin aus den Zellen und bringt sie zur Leber zur Ausscheidung.) Die Visualisierung entspricht dem, was auch wirklich auf physiologischer Ebene geschieht; Sie können jedoch jedes Bild verwenden, solange es ganz spezifisch und positiv ist.

2. Das innere Theater

Jeder von uns trägt eine Art «Leitbild» in sich, nachdem wir uns ausrichten. Je nachdem, wie Sie aufgewachsen und erzogen wurden, nennen Sie dieses Leitbild vielleicht «spirituellen Führer», «höheres Bewußtsein» oder «Schutzengel». Vielleicht ist es für Sie eine Art von «höherem Selbst» oder manifestiert sich auch in einer realen Person, die Sie sich als Vorbild und Lehrer wünschen. In dieser zweiten Art von bildlicher Programmierung, die wir das innere Theater nennen, kommt es darauf an, daß Sie Ihr persönliches Leitbild oder auch mehrere Leitbilder zu Hilfe rufen, um Ihr Problem zu durchleuchten und verständlich zu machen. Sie sind der Zuschauer, und Ihr Leitbild oder Ihre Leitbilder fungieren als Hauptdarsteller.

Das Theaterstück läuft ungefähr so ab:

1. Sie befolgen die Entspannungsmethoden aus dem schnellen Energietanken und stellen sich vor, wie Sie sich an einen für Sie ganz besonderen Ort, eine Art Zufluchtsstätte begeben.
2. Wenn Sie angekommen sind, bitten Sie Ihr Leitbild zu sich.
3. Dann stellen Sie ihm eine ganz bestimmte Frage und bitten um seine Hilfe; zum Beispiel fragen Sie: Warum fällt es mir so schwer, regelmäßig meine Gymnastik zu machen?
4. Jetzt müssen Sie warten, bis die Antwort oder Antworten kommen, entweder als Bilder, Worte oder Gedanken auf dem Bildschirm Ihrer Vorstellungskraft.
5. Akzeptieren Sie die Antworten, und fragen Sie so lange weiter, bis es keine Antworten mehr gibt. Sie werden überrascht sein, was Ihnen alles bewußt geworden ist.

3. Das Gedanken-Scanning

Haben Sie jemals auf einer langen Autofahrt die Suchtaste des Radios benutzt? Auf diese Weise bekommen Sie den nächsten Sender der Umgebung klar herein. Sie können diesem Sender zuhören oder wieder die Taste drücken, um den zweitnächsten Sender zu finden. Ähnlich müssen Sie sich das Gedanken-Scanning vorstellen, das heißt, das Abtasten Ihres Geistes nach spezifischen Antworten auf spezifische Fragen. Diese Methode ist am erfolgreichsten, wenn Sie dabei entspannt sind. Sie wählen die Gedanken und Bilder nicht aktiv, sondern lassen Sie auf dem Bildschirm Ihrer Vorstellungskraft erscheinen, um sie zu analysieren. Sie lassen dabei Ihr Unterbewußtsein mit dem Bewußtsein kommunizieren.

Eine echte Herausforderung bei der inneren Programmierung sind die emotionellen Vorurteile, die immer wieder die positive Programmierung blockieren wollen. Negative, unbewußte Gedanken stören in der Superstring-Kommunikation.

Nicht alle negativen Gedanken sind unbewußt. Manche drängen immer wieder in unser Bewußtsein. Stellen Sie sich zum Beispiel vor, daß Sie bei einem Zehnkilometerlauf mitmachen wollen. Sie tragen sich also ein, und was passiert als nächstes? Ganz plötzlich hören Sie deutlich, wie eine innere Stimme sagt: «Du hast wohl deine schwachen Knöchel vergessen! Das schaffst du doch nie! Du bist doch nun wirklich nicht mehr jung genug; ich weiß gar nicht, was in dich gefahren ist!»

Diese negativen Stimmen sind Ihnen sicher nicht unbekannt, oder? Die beste Art und Weise, darauf zu reagieren, ist sich zu sagen: «Ist es nicht interessant, daß ein Teil von mir so reagiert? Aber ich werde trotzdem bei dem Wettlauf mitmachen, und ich werde auch die ganzen zehn Kilometer durchhalten. Meine Knöchel werden täglich kräftiger.» Es ist wirklich nicht so schwer, mit diesen negativen Störungen fertig zu werden, weil sie bewußt ablaufen und sich nicht verstecken. Schwieriger ist es, gegen negative Gedanken anzugehen, die unterbewußt vorhanden sind und sich weniger direkt äußern.

Gedanken-Scanning ist eine ausgezeichnete Methode, versteckte negative Emotionen und Vorurteile aufzudecken und daran zu hindern, die Kommunikationsleitungen zu blockieren. Wenn Sie sie erst durchschaut haben, können Sie sich selbst umprogrammieren, indem Sie die negativen Gedanken durch positive ersetzen. Wenn Sie das nächstemal bei einem beruflichen oder persönlichen Problem nicht mehr weiterwissen, wenden Sie die Gedanken-Scan-Methode an, um herauszufinden, wodurch Ihre kreative Energie blockiert wird. Auf diese Weise kann man wirkungsvoll negative Gedanken und Gefühle ausschalten.

Elf Geheimtips für eine erfolgreiche Programmierung

Selbst wenn Sie ein natürliches Talent für das Laufen besitzen, würden Sie erwarten, daß Sie Olympiasieger werden könnten, ohne zu trainieren? Natürlich nicht. Wenn Sie die Goldmedaille gewinnen wollten, müßten Sie jeden Tag üben und trainieren. Mit der inneren Programmierung ist es ähnlich; jedem Menschen ist die Fähigkeit gegeben, seine Vorstellungskraft und Phantasie zu nutzen. Wer aber mit Hilfe seines Vorstellungsvermögens die ihm zur Verfügung stehende Energiemenge verändern oder vergrößern möchte, muß regelmäßig trainieren. Wir werden Ihnen elf Geheimtips verraten, wie Sie diese Übungen am besten und erfolgreichsten absolvieren können.

1. Geheimtip: Nehmen Sie sich ausreichend Zeit

Die meisten Menschen lassen sich einfach nicht genug Zeit, um sich richtig zu entspannen. Statt dessen nehmen sie ein Beruhigungsmittel oder setzen sich vor den Fernseher. Manchmal kann ein Medikament angebracht sein; manchmal macht es auch Spaß, eine Stunde beim Fernseher zu vertun. Beides ist aber kein Ersatz für eine konzentrierte Entspannung. Sie müssen sich bei den Entspannungsübungen im Rahmen des schnellen Energietankens ausreichend Zeit lassen. Je entspannter Sie sind, desto wirkungsvoller ist die innere Programmierung.

2. Geheimtip: Benutzen Sie Ihr Gehirn

Das Gehirn besteht aus Millionen von Zellen, und jede Zelle sendet eine meßbare elektrische Ladung aus, Gehirnströme, die unterschiedliche Wellenlängen haben. Es gibt vier verschiedene Frequenzen von Gehirnwellen, die jeweils mit einem bestimmten Bewußtseinsstadium gekoppelt sind. Jede dieser vier Wellenlängen sieht auf einem Elektroenzephalogramm anders aus:

- *Delta-Wellen* sind die Gehirnwellen mit der niedrigsten Frequenz; sie treten bei Tiefschlaf auf.
- *Beta-Wellen* werden ausgesendet, wenn man konzentriert ist.
- *Theta-Wellen* treten auf, kurz bevor man einschläft. Sie sind auch bei Teilnehmern an Schlafexperimenten gemessen worden, gerade zu dem Zeitpunkt, zu dem der Proband Inspirationen hatte und ihm plötzlich etwas Wichtiges ganz klar wurde.

○ *Alpha-Wellen* werden bei tiefer Entspannung gemessen.

Bisher haben Wissenschaftler noch nicht ermitteln können, ob Alpha-Wellen eine tiefe Entspannung verursachen oder ob die Produktion von Gehirnwellen dieser Frequenz in dem Stadium der vollkommenen Entspannung erst angeregt wird. Jedenfalls, wenn Sie den Entspannungsanleitungen des schnellen Energietankens aufmerksam folgen, werden Sie nicht nur entspannter sein, sondern Ihr Gehirn wird auch vermehrt Alpha- und Theta-Wellen aussenden. Deshalb ist es auch nicht weiter verwunderlich, daß jemand, der regelmäßig meditiert, nicht nur weniger gestreßt ist, sich als Meister seines Geschicks empfindet und produktiver ist, sondern auch häufiger schöpferische Momente und plötzliche Erkenntnisse erlebt.

3. Geheimtip: Kommunizieren Sie mit Ihrem Energiebewußtsein

Teilen Sie Ihrem Körper mit, wie er sich verhalten soll. Programmieren Sie ihn auf positive Ergebnisse. Wahrscheinlich sind Sie den ganzen Tag lang ständig mit sich im Gespräch, ohne daß es Ihnen unbedingt bewußt ist. Was Sie aber zu sich selbst sagen, ist außerordentlich wichtig. Diese Bemerkungen beeinflussen Ihr ganzes Leben. Denken Sie nur einmal darüber nach, wie häufig Sie sich selbst beschimpfen und negative Kommentare abgeben wie zum Beispiel «Ich Idiot, wie konnte ich bloß etwas so Dämliches tun!» oder: «Ich bin immer so ungeschickt» oder: «Ich bin so schrecklich fett; ich sehe wirklich gräßlich aus!»

In jedem von uns steckt noch das Kind von früher; und wenn Sie möchten, daß dieses Kind stark und selbstbewußt wird, müssen Sie ihm Mut machen und ihm positiv zureden. Was, meinen Sie, würde passieren, wenn Sie all diese negativen Bemerkungen einem echten Kind gegenüber machen würden?

Ein fiktives Fallbeispiel

Angenommen, Sie haben eineiige Zwillinge, die sich vollkommen gleichen. Nun stellen Sie sich vor, daß Sie dem einen immer mit einer positiven und dem anderen immer mit einer negativen Einstellung begegnen. Wenn Zwilling A also ein Haus aus Bausteinen baut, loben Sie ihn und sagen: «Das ist wirklich sehr gut gelungen. Du bist wirklich sehr geschickt. Ich wette, dir gelingt alles, was du anfaßt.» Wenn aber Zwilling B das gleiche Haus baut, sagen Sie: «Das Haus sieht aber komisch aus. Warum hast du keinen Platz für eine Tür gelassen? Wie sollen die Leute denn hineinkommen, Dummchen? Du bist beim Bauen wirklich nicht sehr geschickt. Vielleicht solltest du lieber malen; aber paß auf, daß du mit den Farben nicht so herumschmierst wie sonst immer.»

Sie werden kaum erwarten, daß die Zwillinge dieselbe Einstellung zum Leben entwickeln. Der arme kleine Zwilling B wird sich überhaupt nichts mehr zutrauen. Und genau das passiert mit dem Kind, das in Ihnen steckt, wenn Sie dauernd an ihm herummäkeln. Achten Sie einmal auf die Aussagen, die Sie täglich über sich selbst machen, und schreiben Sie jede negative Bemerkung auf. Das Ergebnis könnte Sie schockieren, aber es wird Ihnen auf diese Weise vielleicht am besten bewußt, wie oft Sie wirklich auf sich selbst herumhacken. Um sich diese schlechte Angewohnheit abzugewöhnen, müssen Sie jede negative Aussage genau analysieren und dann durch eine positive ersetzen. Wenn Sie sich zum Beispiel selbst beschimpft haben: «Wie konnte ich nur so blöd sein und einen so dummen Fehler machen?», versuchen Sie jetzt, sich selbst dazu zu beglückwünschen, daß Sie den Fehler entdeckt haben, und sagen sich dann: «Ich werde das gleich wieder in Ordnung bringen und das nächstemal besser aufpassen. Ich bin ja sonst vorsichtig und genau.»

Ähnlich wie Ihre Psyche können Sie auch Ihren Körper beeinflussen. Wie oft passiert es doch, daß man morgens aufsteht, sich irgendwie nicht so gut fühlt und nun sozusagen vor der Wahl steht, wie man sich körperlich den Tag über fühlen wird. Wenn etwas Wichtiges vor Ihnen liegt oder Sie sich auf etwas gefreut haben, das Sie heute machen wollten, werden Sie sich wahrscheinlich zusammenreißen und sich nicht weiter um Ihr körperliches Befinden kümmern. Ihr leichtes Unwohlsein wird wahrscheinlich im Laufe des Tages vergehen, und Sie verschwenden keinen Gedanken mehr daran. Wenn aber etwas vor Ihnen liegt, wozu Sie wirklich keine Lust haben, werden Sie dem Unwohlsein eher nachgeben und vielleicht sogar wieder ins Bett gehen. Am Ende des Tages fühlen Sie sich wahrscheinlich richtig krank. Wie Sie sich in einer solchen Situation fühlen, hängt letzten Endes nur davon ab, wie Sie mit Ihrem Energiebewußtsein kommunizieren, welche Botschaft Sie Ihrem Körper und jeder einzelnen Zelle zukommen lassen. Beim schnellen Energietanken sollten Sie sich besonders für den Teil Zeit lassen, in dem es um das Empfinden der Energieschwingungen und um den Einklang der verschiedenen Aspekte des Selbst geht. Erst dann kann die innere Programmierung auch Erfolg haben.

4. Geheimtip: Verwenden Sie bei der Programmierung immer die Gegenwartsform

Es ist wichtig, daß die Botschaft, die Sie sich übermitteln, spezifisch, eindeutig und in der Gegenwartsform abgefaßt ist. Ihr Energiebewußtsein kann mit einer Botschaft, die auf die Zukunft ausgerichtet ist, nichts anfangen. Statt also zu sagen: «Ich werde geheilt sein», versuchen Sie es mit: «Ich bin geheilt» oder: «Ich fühle mich mit jedem Tag besser.»

5. Geheimtip: Die Macht der positiven Aussagen

Dr. Norman Vincent Peale hat es gesagt, Dr. Robert Schuller ebenfalls und auch Dr. Denis Waitley bestand darauf: «Denke positiv!» Sie können sicher sein, daß alle drei sich selbst auch daran gehalten haben. Sie haben Millionen von Büchern zu dem Thema verkauft, wie man auf jedem Gebiet des Lebens erfolgreich sein kann. Viele ihrer Leser befolgten ihren Rat und führten ein erfolgreiches Leben. Alle diese Menschen haben sich an eine überlieferte Maxime gehalten, die schon seit Tausenden von Jahren gilt. In der Bibel ist es so ausgedrückt: «Wie ihr säet, so sollt ihr ernten.» Mit anderen Worten, man bekommt zurück, was man hineingesteckt hat. Wenn Sie bei jeder Anforderung sagen: «Aber ich kann nicht», dann werden Sie auch die Anforderungen ganz sicher nicht erfüllen können.

Zu viele Menschen bombardieren sich selbst und ihre Umwelt immer wieder mit pessimistischen Botschaften. Manchmal ist das ganze Leben eines Menschen mit solchen negativen Energiesignalen durchsetzt, die beinahe automatisch Krankheit und Unglücklichsein zur Folge haben.

Kürzlich gelang es amerikanischen Wissenschaftlern in einer interessanten Untersuchung, den heutigen körperlichen Gesundheitszustand von Personen anhand von Aussagen, die diese vor 40 Jahren gemacht hatten, korrekt vorauszusagen. Die Wissenschaftler hatten Zugang zu Fragebögen von 1946, die Soldaten nach dem Zweiten Weltkrieg ausgefüllt hatten und in denen es um ihre Erfahrungen im Krieg ging. Die Männer wurden als Optimisten klassifiziert, wenn sie die negativen Einflüsse des Krieges als etwas Vorübergehendes ansahen, als ein Zeitgeschehen, als etwas, das mit dem weiteren Verlauf ihres Lebens nicht unbedingt etwas zu tun hatte. Im Gegensatz dazu betrachteten die Pessimisten den Krieg und ihre Rolle darin als Bestandteil eines allgemein negativen Welt- und Lebensbildes: «Das ist ganz typisch, daß mir das passieren mußte!» 40 Jahre später verglichen die Wissenschaftler diese

Aussagen unmittelbar nach dem Krieg mit dem heutigen Gesundheitszustand der Betreffenden und ihrer Lebensweise. Es stellte sich heraus, daß die Optimisten gesund und vital geblieben waren und daß die Pessimisten oft unter chronischen Krankheiten litten. Wie beurteilen Sie, was in Ihrem Leben geschieht? Ihre Lebenseinstellung kann positiv und optimistisch sein, es hängt allein von Ihnen ab.

6. Geheimtip: Geben zahlt sich aus

Um Ihr Energiebewußtsein zu einem Teil des größeren Ganzen, des Sie umgebenden Systems zu machen, sollten Sie anderen großzügig geben, ohne etwas dafür zu erwarten. Meistens bekommen Sie gerade dann mehr zurück, als Sie gegeben haben. Viele Menschen verbringen heute den Großteil ihres Lebens damit, materielle Güter anzuhäufen. Sie machen Überstunden, um sich immer das Neueste leisten zu können, das gerade angepriesen wird. Trotz ihrer Bemühungen können sie dann aber häufig nicht das erreichen, wonach sie sich am dringendsten sehnen, und resignieren.

Diesen Männern und Frauen fehlt das grundsätzliche Verständnis dafür, wie das universale Energiesystem funktioniert. Stellen Sie sich dieses System als einen unterirdischen See mit reinem Wasser vor. Sie wollen an diesem Wasser teilhaben, aber die einzige Methode, um an das Wasser heranzukommen, ist eine Pumpe, die Sie vorbereiten müssen, indem Sie etwas Wasser in das Rohr gießen. Je mehr Sie hineingießen, desto zuverlässiger wird das Wasser fließen. Und das Wasser, von dem wir hier sprechen, ist unerschöpflich.

Wir möchten das anhand einer eigenen Erfahrung illustrieren: Vor fünf Jahren führten wir eine Beraterfirma, die Untersuchungen für Betriebe anstellte und Seminare für Geschäftsleute abhielt. Eine unserer Aufgaben war, herauszufinden, warum manche Börsenmakler so durchgehend erfolgreich waren und andere Schwierigkeiten hatten. Wir hatten Zugang zu den 100 wichtigsten Maklerfirmen in den Vereinigten Staaten, interviewten ihre erfolgreichsten Angestellten und verglichen deren Antworten mit denen durchschnittlicher Börsenmakler. Bei unseren Fragen ging es um Arbeitsgewohnheiten, Lebensstil und persönliche Herkunft.

Eine komplexe statistische Auswertung der Daten ergab, daß die erfolgreichsten Makler sich vom Durchschnitt in zwölf charakteristischen Punkten unterschieden, unter anderem in der Bereitschaft, für Erfolge wie Mißerfolge geradezustehen, der Fähigkeit, auch einmal über sich selbst zu lachen, und in dem Bewußtsein, für die eigene Gesundheit verantwortlich zu sein. (Ja, die Erfolgreichsten unter ihnen waren auch meistens diejenigen, die regelmäßig körperlich trainierten und auch auf eine gesunde Ernährung achteten.)

Eine weitere wichtige Eigenschaft war die Bereitschaft, eher zu geben als zu nehmen. Zu dieser Gruppe gehörten einige der reichsten Menschen der Vereinigten Staaten, und alle hatten schon jahrelang dem Staat, ihrer Umwelt, der Gemeinschaft und anderen, denen es weniger gutging, gegeben. Das geschah nicht nur in Form von Geldspenden, sondern sie investierten auch viel Zeit und Mühe in gute Zwecke; sie berieten und unterstützten junge Leute, die am Anfang ihrer Karriere standen. Und immer wieder behaupteten sie, daß sie viel mehr zurückbekämen, als sie gegeben hätten.

7. Geheimtip: Niemals aufgeben

Durch Aufgeben hat noch niemand sein Ziel erreicht. Einer unserer früheren Klienten, ein sehr erfolgreicher Geschäftsmann, sprach immer von der 90:10-Prozent-Regel des Managements: «Die meisten Angestellten strengen sich sehr an, um eine Aufgabe zu erledigen, meistens aber nur bis zu einem bestimmten Grad, bis nämlich die Aufgabe zu ungefähr 90 Prozent erfüllt ist. Dann verlieren sie die Kraft und die Motivation. Ein neues Team erledigt dann im Handumdrehen die restlichen zehn Prozent.»

Unser Klient besaß eine recht gute Menschenkenntnis. Die meisten Menschen geben zu schnell auf und leben ihr Leben in stiller Verzweiflung. Ob in der Geschäftswelt, in akademischen Berufen oder anderen Arbeitsgebieten, es kommt nur darauf an, daß man bei dem, was man tut, Ausdauer entwickelt, um sein Ziel zu erreichen. Calvin Coolidge soll gesagt haben:

«Nichts in der Welt kann echte Ausdauer ersetzen. Talent allein nützt nichts, es gibt viele erfolglose Menschen mit Talent. Auch ein Genie kann nichts erreichen, wenn es nicht die Ausdauer besitzt, seine Ideen zu verwirklichen. Studium und Ausbildung bieten auch keine Garantie für Erfolg; die Welt ist voll von studierten Obdachlosen. Nur durch Ausdauer und Entschlossenheit kann man erreichen, was man will.»

8. Geheimtip: Reichtum ist ein angeborenes Recht

Ein Leben reich an Energie, Gesundheit, Liebe, materiellen Gütern, Nahrung, Kleidung und Unterkunft ist für jeden erreichbar. Das Universum ist ein unendliches Netzwerk ungenutzter Energie.

Beginnen wir doch gleich heute: Vergessen Sie die westliche Arbeitsmoral, die besagt, daß man nur durch harte Arbeit und Opferbringen zum Erfolg kommen kann. Vergessen Sie die Lehren des Ostens, daß alles Leben nur aus Leid besteht. Sie allein haben die Macht, sich ein reiches Leben zu schaffen, ohne einem anderen etwas wegzunehmen. Sie brauchen nur voll und ganz an Ihrem Leben teilzunehmen; übernehmen Sie die Verantwortung für Ihr eigenes Leben, wählen Sie für sich den Beruf, durch den Sie mit Freude Ihren Lebensunterhalt verdienen können. Es ist erstaunlich, wie das Universum Sie belohnen wird, wenn Sie sich Ihr Leben so einrichten, wie es für Sie vorgesehen ist. Und nur Sie allein wissen, wie.

9. Geheimtip: Sie müssen sich nicht unbedingt an unsere Vorschläge halten

Wir haben zwar vorgeschlagen, wie das schnelle Energietanken und das innere Programmieren absolviert werden können, aber es gibt nicht nur einen «richtigen» Weg. Jeder unserer Klienten hat bisher seine eigene Methode entwickelt, die für ihn am besten war. Was sich für Sie richtig anfühlt, ist richtig.

10. Geheimtip: Akzeptieren Sie ablenkende Gedanken

Wie schon erwähnt, ist es ganz normal, daß Ihnen manchmal Gedanken kommen, die nichts mit der bildlichen Programmierung zu tun haben, mit der Sie sich gerade beschäftigen. Am besten ist es, wenn Sie diese Gedanken einfach passiv akzeptieren; selbst wenn es negative Gedanken sind, setzen Sie sich nicht damit auseinander, sondern bleiben Sie passiv. Diese Gedanken werden wie kleine weiße Wolken durch Ihr Gehirn ziehen und nichts hinterlassen. Dann können Sie mit dem positiven Programmieren fortfahren.

11. Geheimtip: Seien Sie nicht zu streng mit sich

Sie werden manchmal noch von dem neuen Pfad abweichen, den Sie gewählt haben. Na und? Beobachten Sie, was passiert, und kommentieren Sie es vielleicht mit: «Das ist ja interessant.» Danach wenden Sie sich wieder aktiv den Veränderungen in Ihrem Leben zu.

Beispiele für Visualisierungsübungen

Mit jedem Mal, mit dem Sie sich beim schnellen Energietanken in einen entspannten Zustand begeben haben, werden Sie feststellen, daß Sie sich immer besser entspannen können und daß Ihnen das Programmieren leichter fällt und auch mehr Wirkung zeigt, je häufiger Sie es machen. In diesem Kapitel sind Beispiele für schnelles Energietanken aufgeführt, die Heilungsprozeß und Gewichtsabnahme unterstützen. Passen Sie diese Beispiele Ihrer eigenen Situation an, denken Sie sich Programmierungsaussagen aus, die genau auf Ihre eigenen Bedürfnisse und Ihre Situation zugeschnitten sind.

Schnelles Energietanken, Nr. 7
Ein Bild zum Gesundwerden

Schritte 1 bis 5:

Richten Sie sich nach den Anleitungen zu schnelles Energietanken Nr. 1 in Kapitel 4.

Schritt 6: Energieprogrammierung

Atmen Sie langsam und tief ein und aus, und stellen Sie sich vor, wie der Sauerstoff in jede Zelle Ihres Körpers eindringt. Müdigkeit und Anspannung fallen von Ihnen ab, Sie sind entspannt und wach. Mit jedem Atemzug atmen Sie Energie ein und Müdigkeit und Streß aus. Energie durchdringt Ihren Körper wie reines weißes Licht.

Sie befinden sich jetzt in vollkommener Harmonie mit jedem Aspekt Ihres Selbst, sind entspannt, aber wach und sagen zu jeder

Ihrer Zellen, zu jedem Energiestrang in Ihrem Körper: «Ich habe mich entschlossen, wieder gesund zu sein. Ich bin gerade mitten im Heilungsprozeß. Mit jedem Tag fühle ich mich besser und stärker.» Beleuchten Sie mit Ihrer geistigen Lampe jede Zelle Ihres Körpers. Stellen Sie sich konkret vor, wie der Körper einen endlosen Strom hochenergetischer weißer Blutzellen produziert, die mit Leichtigkeit sämtliche gefährlichen Erreger, Bakterien und Viren zerstören. Fühlen Sie, wie Ihr Körper sich ständig verjüngt, eine Zelle nach der anderen, da Sie ihm mit jedem Atemzug heilenden Sauerstoff zuführen.

Beachten Sie: Jetzt können Sie sich auf die Heilung bestimmter Körperteile konzentrieren: Wenn Sie zum Beispiel einen verstauchten Knöchel haben, richten Sie Ihre geistige Lampe auf dieses Gelenk. Stellen Sie sich intensiv vor, wie es durch die heilende Kraft des Lichtes stärker, entspannter wird; Sie stellen sich vor, wie der Knöchel abschwillt und heilt, wie Sie wieder ohne Schmerzen laufen können, leichtfüßig und vollkommen gesund.

Stellen Sie sich vor, Sie schauen in einen Spiegel und erblicken einen Menschen, der mit jedem Tag jünger, stärker und kreativer wird. Konzentrieren Sie sich so auf dieses Bild, daß Sie durch den Spiegel tief in sich hineinblicken können und ein immer selbstbewußteres, jüngeres, stärkeres und gesünderes Selbst erkennen.

Schieben Sie nun alle Nebengedanken beiseite, und konzentrieren Sie sich nur auf das Bild, das Sie in Ihrem geistigen Spiegel sehen, nämlich die eigene Person, aber jünger, stärker und kreativer. Sie können spüren, wie wohl Sie sich mit diesem Spiegelbild fühlen. Empfinden Sie die Energieschwingungen, von denen Sie ahnen, daß sie die Endgültigkeit des Entschlusses ausmachen, aktiv gesund zu werden. Fühlen Sie, wie Ihre Energieschwingungen das neue Wissen an das universale Netzwerk der vibrierenden Energiefäden weitergeben, und seien Sie davon überzeugt, daß diese Botschaft verstanden wird.

Schritt 7: Zurückkehren

Siehe Anleitungen für schnelles Energietanken Nr. 1 in Kapitel 4.

Schnelles Energietanken, Nr. 8
Abnehmen durch Visualisieren

Schritte 1 bis 5:

Siehe Anleitungen zu schnelles Energietanken Nr. 1 in Kapitel 4.

Schritt 6: Energieprogrammierung

Atmen Sie langsam und tief ein und aus, und stellen Sie sich vor, wie der Sauerstoff in jede Körperzelle eindringt. Müdigkeit und Angespanntsein fallen von Ihnen ab, Sie bleiben entspannt und wach. Mit jedem Atemzug atmen Sie Energie ein und Müdigkeit und Streß aus. Die Energie durchdringt Ihren Körper wie reines weißes Licht. Sie befinden sich jetzt mit jedem Aspekt Ihres Selbst in vollkommener Harmonie, sind aber wach und gleichzeitig entspannt und teilen jeder Körperzelle, ja jedem Energiefaden in Ihrem Körper mit: Ich habe mich für eine Ernährungsweise entschlossen, die gesund für mich ist. Ich esse drei ausreichende Mahlzeiten am Tag, zwischendurch noch gesunde Kleinigkeiten, wenn ich Hunger habe. Wenn ich einmal Appetit auf etwas habe, von dem ich weiß, daß es nicht gut für mich ist, habe ich immer gleich einen gesunden Ersatz zur Hand, der mir schmeckt. Mit jedem Tag merke ich, daß sich meine körperliche Kondition verbessert, daß meine Muskeln geschmeidig werden, während mein Gewicht sich auf sein normales, gesundes Maß einpendelt. Mit jedem Tag fühle ich mich jünger und gesünder.

Beleuchten Sie mit Ihrer geistigen Lampe jede Zelle ihres Körpers. Stellen Sie sich vor, wie Ihr Körper eine endlose Zahl von hochenergetischen Zellen produziert, die Sie nähren und heilen. Sie merken, wie sich Ihr Körper mit jedem Atemzug verjüngt, da heilender Sauerstoff in jede einzelne Zelle gelangt.

Beachten Sie: Jetzt können Sie sich in Ihrer Vorstellung auf die Teile des Körpers konzentrieren, die Sie vor allen Dingen verändern wollen. Zum Beispiel stellen Sie sich vor, wie Ihre Taillenweite von 90 auf 80 Zentimeter zurückgeht, weil Sie sich gesünder ernähren. Stellen Sie sich vor, wie Sie danach in ein Geschäft gehen und sich neu einkleiden.

Betrachten Sie sich in Ihrem geistigen Spiegel und stellen Sie fest, wie Sie mit jedem Tag jünger, stärker und körperlich fitter werden. Verfolgen Sie diesen Gedanken bis in Ihr tiefstes Selbst, glauben Sie fest daran, daß Sie dieses selbstbewußtere, jüngere, stärkere und gesündere Selbst sein können.

Jetzt machen Sie Ihren Geist frei von allen ablenkenden Gedanken; Sie haben nur noch Ihr jüngeres, stärkeres, kreativeres Selbst vor Augen. Ihnen ist dieses Bild nun sehr vertraut und angenehm. Empfinden Sie die Energieschwingungen, von denen Sie ahnen, daß sie Sie beim Prozeß des Abnehmens unterstützen werden, zu dem Sie sich verpflichtet haben. Fühlen Sie, wie Ihre Energieschwingungen das neue Wissen an das universale Netzwerk der vibrierenden Energiefäden weitergeben, und seien Sie fest davon überzeugt, daß diese Botschaft verstanden wird.

Schritt 7: Zurückkehren

Siehe Anleitungen für schnelles Energietanken Nr. 1 in Kapitel 4.

16 Neue Wege und alte Methoden im Kampf gegen die Müdigkeit

Lorrie B. fährt jeden Morgen mit der Bahn aus der Vorstadt zum Hauptbahnhof in Manhattan/New York City. Anders als die vielen Manager, Geschäftsleute, Börsengenies und üblichen Mitfahrer, die sich hinter einer Tageszeitung vergraben, liest Lorrie nicht. Sie sucht sich einen Sitzplatz, schließt die Augen und beginnt, langsam und bewußt ein- und auszuatmen. Wenn sie das achte Mal ausgeatmet hat, fängt sie mit dem Zählen wieder von vorne an. Wenn sie durch irgend etwas unterbrochen wird, fängt sie wieder bei eins an. Lorrie macht das die ganzen 45 Minuten lang, die sie für die Bahnfahrt braucht, und wenn sie dann am Hauptbahnhof angelangt ist, fühlt sie sich frisch und gleichzeitig entspannt.

Jims Kaffeepause sieht anders aus als die seiner dynamischen und gestreßten Kollegen in einer bekannten Werbeagentur in Chicago. Statt einer Kaffee- macht er seine Blutdruckpillenpause. Allerdings nimmt er dazu nichts ein. Seine Sekretärin hat Anweisung, zwischen zehn und Viertel nach zehn morgens kein Telefongespräch zu ihm durchzustellen und keinen Besuch vorzulassen. Jim zieht die Vorhänge zu, setzt sich gerade auf seinen Stuhl und beginnt, sich auf seine Atmung zu konzentrieren. Beim Ausatmen sagt er laut: «Eins«, sonst nichts und das 15 Minuten lang. Die blutdrucksenkenden Mittel, die er vorher drei Jahre lang eingenommen hatte, braucht er heute nicht mehr.

Mary J. arbeitet als Oberkellnerin in einem berühmten Restaurant in San Francisco. Das Restaurant ist immer sehr gut besucht; manchmal muß man zwei Wochen warten, bevor man einen Tisch reservieren kann. Wenn Mary um drei Uhr morgens nach Hause kommt, fällt sie nur noch ins Bett, vollkommen erschöpft von ihrem anstrengenden Beruf. Mary steht jeden Morgen um elf Uhr auf, verschafft sich 30 Minuten lang auf ihrem Laufband Bewegung und duscht dann ausführlich und in Ruhe. Dann zieht sie sich nur einen bequemen weißen Morgenmantel über und begibt sich in ihr «stilles Zimmer». Sie setzt sich im Schneidersitz vor einen niedrigen Stuhl und zündet eine Kerze an, die auf dem Stuhl steht. Mary schließt die Augen und atmet dreimal tief und langsam ein und aus. Dann öffnet sie die Augen und blickt in die Kerzenflamme. Manchmal kommen ihr ablenkende Gedanken in den Sinn, die sie aber ignoriert und vorbeigehen läßt, ohne den Blick von der Kerze abzuwenden. Manchmal schließt sie die Augen und versucht, das Bild der Kerzenflamme so lange wie möglich vor ihrem geistigen Auge zu bewahren. Wenn das Bild zu schwach wird, öffnet sie die Augen wieder und beginnt die Prozedur von neuem. Diese Übungsfolge dauert etwa 20 Minuten. Seit Mary täglich diese Entspannungsübungen macht, hat sie keine Probleme mehr mit der Verdauung, und auch die stechenden Kopfschmerzen, unter denen sie früher litt, sind nicht wieder aufgetreten.

Mary, Jim und Lorrie haben zweierlei gemeinsam:

- Alle haben sehr anstrengende, stressige Berufe.
- Alle haben eine Methode für sich entdeckt, durch die sie abschalten und sich entspannen können, ohne dafür Medikamente nehmen zu müssen.

Die Übungen, die Mary, Jim und Lorrie sich ausgewählt haben, sind Varianten verschiedener Meditationsmethoden, die über viele Jahrhunderte in Ländern wie Indien, China, Tibet und Japan entwickelt wurden, aber auch in christlichen Klöstern bekannt waren. In den letzten 20 Jahren sind diese Methoden durch Psychologenteams an verschiedenen Universitäten verfeinert worden. Wir fassen alle diese Methoden unter der Bezeichnung «totale Konzentration» zusammen. Wie bei der Selbstprogrammierung sind die Vorteile, die man durch das Praktizieren der totalen Konzentration gewinnt, mittlerweile wissenschaftlich belegt und erstaunlich groß.

Totale Konzentration kann langfristige Energieverluste verhindern

Es ist heute wissenschaftlich erwiesen, daß die Übungen der totalen Konzentration, regelmäßig durchgeführt, auf verschiedene Weise helfen können:

- Der Körper wird mit Sauerstoff versorgt.
- Streß wird abgebaut.
- Die Muskeln werden vollkommen entspannt.

Bei der totalen Konzentration verbraucht der Körper weniger Sauerstoff; er kann gespeichert werden für eine Zeit, da der Körper mehr Sauerstoff benötigt. Streßverminderung geht einher mit reduziertem Energieverbrauch und versetzt Sie in die Lage, sich selbst so zu programmieren, daß Ihr Körper mehr ATP-Energiemoleküle herstellen kann.

Die Anfälligkeit für Herzkrankheiten und damit zusammenhängende gesundheitliche Probleme wie hoher Cholesterinspiegel und Bluthochdruck können auf unterschiedliche Art und Weise gemeistert werden, etwa durch eine gesündere Ernährungsweise, streßmindernde Übungen und tägliches Körpertraining. Durch totale Konzentration kann die Wirkung dieser Umstellung auf eine gesündere Lebensweise noch gesteigert werden. Wenn Sie jeden Tag zehn bis 15 Minuten lang Ihre Übungen zur totalen Konzentration machen,

- kann der Blutdruck sinken;
- kann der Cholesterinspiegel sinken;
- können Sie ganz ohne oder mit sehr viel weniger Medikamenten gegen zu hohen Blutdruck oder zuviel Cholesterin auskommen und so auch die unangenehmen Nebenwirkungen mancher blutdrucksenkenden Mittel vermeiden, wie zum Beispiel extreme Müdigkeit;
- kann das Erinnerungsvermögen verbessert und
- können Produktivität und Kreativität angeregt werden.

Sechs einfache Methoden zur Erlangung der totalen Konzentration

Alle diese Methoden sind leicht zu erlernen, und alle wirken gleich gut, wenn Sie etwas für Ihre Gesundheit tun möchten. Probieren Sie alle sechs Methoden jeweils zehn bis 15 Minuten lang aus, und wählen Sie dann eine oder zwei aus, die Ihnen am besten gefallen haben.

1. Konzentrationsmethode: das fixierte Bild

Mit offenen Augen konzentrieren Sie Ihre Aufmerksamkeit auf ein Objekt. Mary konzentrierte sich auf eine Kerzenflamme, aber Sie können auch einen Türknopf wählen, Ihr Lieblingsbild oder die eigene Hand. Manche Menschen suchen sich als Objekt eine religiöse Darstellung aus.

2. Konzentrationsmethode: innere Bilder

Konzentrieren Sie sich mit geschlossenen Augen auf das geistige Bild eines Gegenstands. Sie erinnern sich vielleicht noch, daß Mary diese Methode mit der ersten verband: Anfangs starrte sie mit offenen Augen auf die Kerzenflamme, danach schloß sie die Augen und sah die Flamme vor ihrem inneren Auge. Bei der zweiten Methode sehen Sie ein geistiges Bild eines Objekts vor Ihrem inneren Auge und konzentrieren sich darauf, ohne die Augen zu öffnen. Sie können als Objekt wählen, was Sie wollen, solange es Sie nicht beunruhigt. Am besten eignen sich ganz einfache Gegenstände wie eine Blume oder eine Frucht. Denken Sie daran, daß Sie die Augen geschlossen halten und vor Ihrem inneren Auge das Objekt sehen, das Ihr Bewußtsein sich gewählt hat.

3. Konzentrationsmethode: Konzentration auf einen Körperteil

Halten Sie die Augen geschlossen, und konzentrieren Sie sich mit Ihrer gesamten Aufmerksamkeit auf einen spezifischen Körperteil, zum Beispiel Herz, Nase, großer Zeh, Ellbogen oder Knie. Es gibt eine Ausnahme: Sie sollten sich nicht auf Ihre Geschlechtsorgane konzentrieren, denn die Wahrscheinlichkeit ist groß, daß Sie dann durch andere Gedanken abgelenkt werden. Wenn Sie Ihre Aufmerksamkeit gezielt auf einen verletzten Körperteil richten, können Sie zu seiner Heilung beitragen. Auf diese Weise kommunizieren Sie nämlich auf subatomarer Ebene mit dem verletzten oder erkrankten Körperteil.

4. Konzentrationsmethode: Zahlenspiel

Halten Sie die Augen geschlossen, und konzentrieren Sie sich aufs Atmen. Atmen Sie zwei- oder dreimal tief ein und aus. Beim nächsten Atemzug sagen Sie «eins» und sehen diese Zahl als Ziffer vor sich, während Sie wieder ausatmen. Atmen Sie wieder tief ein, und sagen Sie diesmal «zwei». Wieder sehen Sie diese Zahl als Ziffer vor sich, während Sie wieder ausatmen. Auf diese Weise zählen Sie beim tiefen Ein- und Ausatmen bis vier. Danach beginnen Sie wieder mit eins. Vielleicht möchten Sie lieber bis acht zählen, bevor Sie von vorne anfangen. Es kommt nur darauf an, daß Sie während des Zählprozesses ganz konzentriert bleiben. Durch diese Methode können Sie sich geistig wunderbar konzentrieren, während sich der Körper vollkommen entspannen kann.

5. Konzentrationsmethode: Singsang

Halten Sie die Augen geschlossen, und wiederholen Sie ein Wort, eine Silbe oder einen bestimmten Ton immer wieder laut. Manche Menschen nennen das Singsang. Bei dieser Methode kommt es nur darauf an, sich ganz und gar auf den Laut zu konzentrieren. Wenn Sie dabei Ihre Stimmkraft etwas zügeln und darauf achten, wann Sie diese Übungen machen (möglichst wenn niemand zu Hause ist), dann werden Sie auch keine Klagen von den Nachbarn hören.

6. Konzentrationsmethode: der Laut der Stille

Halten Sie die Augen geschlossen, und wiederholen Sie in Gedanken, also lautlos, ein Wort oder einen Laut immer wieder. Versuchen Sie nicht, Ihre Gedanken zu beeinflussen, wenn sie wandern wollen; lassen Sie sie wandern. Kehren Sie dann wieder zum Ausgangspunkt zurück, und wiederholen Sie Ihr Wort im stillen. Welchen Laut Sie wählen, ist ziemlich egal; es sollte nur möglichst nichts sein, was bestimmte Emotionen hervorruft. Manche Anhänger von transzendentaler Meditation bestehen darauf, daß es ein ganz bestimmtes Wort sein muß, das sogenannte Mantra, das von einem spirituellen Führer verliehen werden muß. Wenn Sie daran glauben, dann wirkt es wahrscheinlich auch, denn jeder von uns schafft sich seine eigene Realität. Man hat allerdings festgestellt, daß ein selbstgewähltes Wort ebenso wirksam ist und in dieser Konzentrationsübung den Menschen entspannt, Streß abbaut, die Konzentrationsfähigkeit erhöht und Blutdruck und Cholesterinspiegel senkt.

Einige Tips für die Übungen zur totalen Konzentration

Beinahe jeder kann diese einfachen, aber sinnvollen Übungen machen. Wenn Sie Medikamente gegen Schmerzen, für den Stoffwechsel und zur Hormonregulierung nehmen oder auch Psychopharmaka, sollten Sie sich von Ihrem Arzt regelmäßig untersuchen lassen. Die Methoden für totale Konzentration sind wissenschaftlich getestet worden, und es hat sich gezeigt, daß die oben erwähnten Medikamente im Verlauf der Übungsprogramme häufig in der Dosierung verringert oder ganz abgesetzt werden konnten. Das hängt aber allein von Ihrem Arzt ab. Wenn Sie die erwähnten Medikamente nicht nehmen müssen, können Sie mit den Konzentrationsübungen sofort beginnen. Zwei andere Punkte sind allerdings noch wichtig:

- *Bleiben Sie passiv, aber wachsam.* Beobachten Sie, welche Gedanken Ihnen durch den Kopf gehen, aber reagieren Sie nicht darauf. Vielleicht kommen und gehen viele Gedanken in dieser Situation, aber lassen Sie sie durch Ihr Bewußtsein ziehen wie harmlose kleine weiße Wolken. Wehren Sie sich nicht dagegen, aber stellen Sie sich vor, wie diese Gedanken davonfliegen. Dann konzentrieren Sie sich wieder auf Ihre Übung. Versuchen Sie die Gedanken nicht mit Gewalt wegzudrängen, denn dann können Sie Ihren entspannten Zustand nicht mehr aufrechterhalten, und die Übung wird zwecklos.
- *Bereiten Sie sich auf neue Empfindungen vor.* Wundern Sie sich nicht, wenn Sie plötzlich merkwürdige Empfindungen haben, wenn Ihnen warm wird, wenn Sie bestimmte Farben sehen, wenn Sie das Gefühl haben, als liefe ein elektrischer Impuls die Wirbelsäule hinauf und hinunter. Diese Empfindungen sind vollkommen normal. Ihr Unterbewußtsein nutzt die Ruhepause vielleicht dazu, sich von unterdrückten Gefühlen und Empfindungen zu befreien. Vielleicht fühlen Sie sich auch sexuell erregt; auch das ist normal und gut. Auf der anderen Seite dürfen Sie aber auch nicht enttäuscht sein, wenn Sie nichts Außergewöhnliches empfinden. Auch das ist normal.

Manche Menschen berichten von außersinnlichen Erlebnissen; jeder muß solche Erfahrungen für sich persönlich deuten. Denken Sie daran, daß Ihr Energiebewußtsein mit einem unendlichen Netzwerk vibrierender Energiefäden gekoppelt ist, aus denen das ganze Universum besteht. Kommunikation auf subatomarer Ebene kann deshalb auch zur Folge haben, daß Botschaften uns von anderswoher erreichen.

David hat schon jahrelang auf verschiedenste Weisen meditiert und auch visualisiert. Hin und wieder hat er außersinnliche Wahrnehmungen, aber er sucht sie nicht und hat sie auch nicht unter Kontrolle.

Davids außersinnliches Erlebnis

Zwei Jahre, nachdem mein Vater ganz plötzlich an einem Herzinfarkt gestorben war, zog ich nach Montreal. Dort machte ich meine ersten Erfahrungen mit außersinnlicher Wahrnehmung. Zur selben Zeit war der beste Freund meines Vaters, der mir immer ein lieber Onkel gewesen war, nach Wisconsin gezogen. Er war schon lange krebskrank und wollte an seinem Lebensende wieder an seinen Geburtsort zurückkehren. Die Ärzte meinten, daß er mindestens noch ein, zwei Jahre zu leben hätte.

Eines Nachts verfiel ich in einen tiefen Alpha-Zustand und fühlte, wie ich meinen Körper verließ. (Solche Erfahrungen machen viele Menschen.) Ich visualisierte, ließ die Bilder vor meinem inneren Auge passieren, als plötzlich das Gesicht von Vaters Freund auftauchte. Ich fragte ihn ohne Worte, wie es ihm ginge. Er antwortete, es wäre ihm selten bessergegangen, und er fügte hinzu, daß er gerade mit meinem Vater gesprochen hätte. «Dave, du brauchst dir keine Sorgen zu machen, deinem Vater geht es sehr gut.» Dann verschwand das Bild.

Als ich wieder ganz zu mir kam, fühlte ich mich ungeheuer entspannt und zufrieden. Zwei Tage später erfuhr ich, daß genau in der Nacht der Freund meines Vaters gestorben war.

Schnelles Energietanken, Nr. 9
Heilende Meditation mit totaler Konzentration

Schritte 1 bis 5:

Siehe Anweisungen zu schnelles Energietanken Nr. 1 in Kapitel 4.

Schritt 6: Energiekonzentration

Atmen Sie langsam und tief ein und aus, und stellen Sie sich vor, wie der Sauerstoff in jede Zelle Ihres Körpers eindringt. Müdigkeit und Anspannung fallen von Ihnen ab, Sie sind entspannt und wach. Mit jedem Atemzug atmen Sie Energie ein und Müdigkeit und Streß aus. Energie durchdringt Ihren Körper wie reines weißes Licht.

Sie befinden sich jetzt in vollkommener Harmonie mit jedem Aspekt Ihres Selbst, sind entspannt, aber wach und öffnen sich der unendlichen Heilenergie des Universums. Während Sie einatmen, sagen Sie leise: «Ich bin» und beim Ausatmen: «geheilt.» Bleiben Sie etwa zehn Minuten lang dabei, es kommt auf die genaue Zeit nicht an. Wenn Sie aber doch einen Blick auf die Uhr werfen möchten, dann tun Sie es, ohne sich in Ihrem rhythmischen «Ich bin geheilt» unterbrechen zu lassen.

Schritt 7: Zurückkehren

Siehe Anweisungen für schnelles Energietanken Nr. 1 in Kapitel 4.

17 Die Kraft des Jetzt

Möchten Sie wissen, wie Sie durch eine einfache Methode

- o Ihr Immunsystem stärken?
- o im sportlichen Wettkampf siegen können?
- o Ihre Leistungen steigern?
- o im Umgang mit anderen erfolgreicher werden?

So erstaunlich es klingt, Sie können all das erreichen, wenn Sie einer bestimmten mentalen Methode folgen, bei der es allein darauf ankommt, sich vollkommen auf das Hier und Jetzt zu konzentrieren. Diese Methode spielte in einem Film eine wichtige Rolle, der in den Vereinigten Staaten mit großem Erfolg gelaufen war: «The Karate Kid». In diesem Film ist Daniel, ein Teenager, gerade mit seiner Familie nach Los Angeles gezogen und wird von einer Gruppe ziemlich übler Karateschüler tyrannisiert. Daniel sucht Hilfe bei einem Mr. Miyagi, der in einem Apartmenthaus als Faktotum angestellt ist. Es stellt sich heraus, daß Mr. Miyagi Experte für Okinawa-Karate ist, eine Kampfkunst, in der seine Familie seit vielen Generationen Meister stellte.

Als erstes verlangt Mr. Miyagi, daß Daniel Autos wachst, Fußböden scheuert und seinen Zaun anmalt. Es sieht so aus, als nutze er Daniel nur aus, bis man schließlich begreift, daß Mr. Miyagi ihm das wichtigste Geheimnis für die Kampfkunst beibringt, und damit die wertvollste Lektion, die jemand überhaupt im Leben lernen kann: die Bedeutung des Jetzt. Zwei Monate lang lernt Daniel, wie man sich absolut auf die Aufgabe konzentriert, die vor einem liegt; das, zusammen mit einem gesteigerten Körperbewußtsein und den nötigen Karatetechniken läßt Daniel den nächsten Karatewettkampf gleich beim ersten Versuch gewinnen.

Ein wenig Mühe macht sich sehr bezahlt

Es kommt Ihnen vielleicht merkwürdig vor, daß Sie Ihr Immunsystem stärken können, indem Sie sich vollkommen auf eine einzige Aufgabe konzentrieren lernen und sich dabei durch nichts ablenken lassen. Vielleicht haben Sie auch Zweifel daran, ob dadurch wirklich Ihre Wahrnehmung oder Ihre Kommunikation mit anderen verbessert werden kann. Tatsächlich aber hat die Fähigkeit, sich ganz auf eine Sache zu konzentrieren, einen großen Einfluß auf alles, was wir unternehmen. Dieser Einfluß ist wissenschaftlich nachgewiesen, und wir wollen Ihnen hier zeigen, wie auch Sie ihn sich zunutze machen können.

Stärkung des Immunsystems

Wenn Sie eine Aufgabe zu erledigen haben, wie gehen Sie vor? Konzentrieren Sie sich ganz darauf? Oder sind Sie mit Ihren Gedanken überall sonst, nur nicht bei der vor Ihnen liegenden Aufgabe? Ablenkende Gedanken haben häufig etwas mit innerer Unruhe zu tun; vielleicht machen wir uns Sorgen wegen etwas, das gestern passierte oder das vielleicht morgen passieren könnte. Oder wir überlegen uns, was andere von uns denken werden, wenn und falls wir die Arbeit abschließen.

Die wenigsten Menschen leben wirklich ganz in der Gegenwart; meistens machen wir uns Gedanken um gestern oder Sorgen um morgen. Das ist eigentlich sehr traurig, denn an der Vergangenheit können wir nichts ändern, und die Zukunft existiert noch nicht. Dennoch verbrauchen wir viel geistige und emotionale Energie mit den Geistern der Vergangenheit und den Phantomen der Zukunft.

Wichtig ist nur das Jetzt, der Augenblick, in dem wir gerade leben. Wer sich ganz darauf konzentrieren kann, was er jetzt in diesem Augenblick tut, wer Zukunft und Vergangenheit ausschalten lernt und sich ganz seiner Existenz in der Gegenwart bewußt ist, kann sich auf sehr wirksame Weise entspannen. Es handelt sich dabei um eine Art von Meditation. Zahlreiche Experimente haben gezeigt, daß echte Entspannung das Immunsystem stärkt und Streß es eher schwächt. Wenn man eine Aufgabe schon gestreßt angeht, reagiert das sympathische Nervensystem auf eine ganz charakteristische Art und Weise: Es mobilisiert Muskeln und Organe für die sogenannte Kampf-/Flucht-Reaktion: der Blutdruck steigt, der Atemrhythmus beschleunigt sich, das Herz schlägt schneller, und die Muskeln werden angespannt. Wenn dieses Syndrom immer wieder hervorgerufen wird, also chronisch wird, reagiert der Körper schließlich mit Erschöpfung, das Immunsystem wird überfordert und bricht zusammen.

Wenn Sie sich dagegen auf die vor Ihnen liegende Aufgabe vorbereiten und konzentrieren, kann sich Ihr Körper entspannen, während Sie arbeiten. Wenn Sie aber entspannt sind, ist Ihr Blutdruck niedriger, das Herz schlägt langsamer, die Muskeln sind entspannt, und Sie atmen langsamer und tiefer. Der Erfolg ist, daß Ihr Immunsystem durch die Aufgabe, die Sie ausführen, eher gestärkt als geschwächt wird.

Sieg im sportlichen Wettkampf

Jeder Spitzensportler wird Ihnen sagen, daß das Geheimnis eines guten Golf- oder präzisen Tennisschlages nur «im Kopf» liegt. Außer der festen Überzeugung, daß man gewinnen kann, muß man die Fähigkeit besitzen, sich vollkommen auf eine Sache zu konzentrieren. Trainer wissen heute, daß der Unterschied zwischen einem Gewinner und einem Verlierer nur darin besteht, wie gut sich jemand auf die vor ihm liegende Aufgabe konzentrieren kann. Wenn Sie also das nächste Mal an einem Wettkampf teilnehmen, denken Sie daran, daß Sie sich auf jede Einzelheit, jeden Aspekt dieses Wettstreits konzentrieren. Wir meinen damit nicht nur, daß Sie den Ball nicht aus den Augen verlieren dürfen, sondern daß Sie ständig «ganz dasein» und in jedem Moment des Spiels aufmerksam und konzentriert sein müssen.

Verbesserung der Leistungen

Wer ganz und gar auf eine Aufgabe konzentriert ist, entwickelt manchmal übernatürliche Fähigkeiten und Kräfte! Wie könnte man sonst den authentischen Fall einer jungen Mutter erklären, die selbst weniger als 60 Kilogramm wog, aber dennoch ein Auto von zwei Tonnen auf einer Seite anhob, als ihr Kleinkind unter ein Rad geraten war? Sie können uns glauben, daß diese Mutter sich in dem Moment nur auf diese eine Sache konzentrierte und an nichts anderes dachte. Es gibt mehr Beispiele für solche übermenschlichen Fähigkeiten, als Sie vielleicht glauben. Sie zeigen auf etwas extreme Weise, was durch die Macht der Konzentration möglich ist; aber für Sie wie für andere Menschen gilt, daß Sie eine Aufgabe um so besser erledigen können, je mehr Sie trainieren, sich ganz auf eine Sache zu konzentrieren.

Schärfung der Wahrnehmung

Eine wissenschaftliche Untersuchung der Wahrnehmungsfähigkeiten von Männern und Frauen, die an einem dreimonatigen Konzentrationstraining teilgenommen hatten, ergab, daß die Wahrnehmungsfähigkeit stark gesteigert werden kann. Die Fähigkeit der Versuchspersonen, sehr kleine zeitliche Unterschiede zwischen Lichtblitzen wahrzunehmen, wurde gemessen. Nach dem Konzentrationstraining konnten manche Versuchspersonen Lichtblitze noch dann als separate Erscheinungen erkennen, wenn sie nur eine Tausendstelsekunde auseinanderlagen. Im allgemeinen sieht man nur einen Blitz, aber einige Versuchspersonen konnten nach dem Konzentrationstraining wirklich zwischen zwei Blitzen unterscheiden!

Verbesserung der Kommunikationsfähigkeit

Mindestens einmal in der Woche erhielt Donna einen Anruf von ihrem geschiedenen Mann Peter, der sich jedesmal beschwerte, wie unmöglich sich die Kinder bei ihrem Besuch benommen hätten. Beide Eltern hatten das gemeinsame Sorgerecht, und diese Gespräche waren für Donna immer sehr unangenehm. Bei jedem Anruf von Peter zeigte ihr Körper die Kampf-/Flucht-Reaktion: Ihr Blutdruck stieg, und die Nackenmuskeln verkrampften sich.

Donna nahm an einem Konzentrationskurs teil, und nach ein paar Monaten konnte sie sich auf das, womit sie sich gerade beschäftigte, voll konzentrieren und sich gleichzeitig ihrer körperlichen Reaktionen ganz bewußt werden. Als Peter das nächstemal anrief, konnte Donna wie von außen ihre physiologischen Reaktionen ruhig wahrnehmen, sie bewußt ausschalten und sich dann ganz auf das konzentrieren, was Peter sagte. Zum erstenmal hörte sie aus seinen Worten weniger die Klage heraus, was für eine schlechte Mutter sie doch sei, als daß ihr deutlich wurde, daß er sich wirklich um die Kinder Gedanken machte. Allmählich gelang es ihr sogar, positive Vorschläge zu machen. Sie hatte gelernt, genau zuzuhören; die Beziehung zu Peter wurde besser. Er rief seltener an und wenn, konnten sie ein beinahe freundschaftliches Gespräch führen.

Zwei Methoden, Konzentration zu vertiefen

Es gibt zwei Methoden, die beide zu eindrucksvollen Ergebnissen führen. Man kann eine oder beide verwenden:

1. Methode: vollkommenes Körperbewußtsein und mehr Sauerstoff

Jim legt sich zweimal am Tag zehn Minuten lang flach auf den Boden seines Büros. Eine Minute lang konzentriert er sich auf sein Atmen. Dann öffnet er seine Sinne für alles, was in dem Moment mit seinem Körper geschieht: Er bemerkt einen kleinen Juckreiz hier und ein winziges Muskelzucken da. Er beobachtet diese Empfindungen ganz von außen, als ob er eine Fliege an der Wand seines Büros wäre. Er läßt die Empfindungen in sein Bewußtsein dringen und versucht nicht, sie zu blockieren. Er wird zum distanzierten Beobachter, der zwar registriert, aber nicht gefühlsmäßig darauf reagiert, daß ihm etwas weh tut, was er denkt, wie sich sein Körper anfühlt, was er oder die Umgebung für Geräusche macht. Er erweitert sein Bewußtsein allmählich dahingehend, daß er sich auf alles gleichzeitig konzentrieren kann.

Diese Konzentrationstechnik hat ebenso gute Erfolge wie die Konzentration durch Meditation oder Visualisierung, aber es gibt wichtige Unterschiede zwischen den verschiedenen Methoden. Bei der Meditation konzentriert man sich ganz auf ein Objekt oder einen Gedanken. Bei Visualisierungen laufen in der Vorstellung kurze Filme von dem ab, was man verbessern oder erreichen möchte, und alle anderen Gedanken werden ausgeschaltet.

Wie Sie später sehen werden, können Sie mit dieser Methode Ihren Körper anregen, bei den Bewegungsübungen mehr Sauerstoff zu produzieren. Der Prozeß läuft ähnlich ab wie beim Visualisieren, nur wird diese Methode angewendet, während man sein Körpertraining absolviert; beim Visualisieren sitzt man still.

2. Methode: vollkommene Aufmerksamkeit und Einsparen von Sauerstoff

In einem winzigen Restaurant in Boston hält eine Japanerin, die wie eine kostbare Porzellanpuppe aussieht, regelmäßig eine japanische Teezeremonie ab. Jede ihrer Bewegungen ist voller Grazie, zeigt Schönheit, die

Macht einer totalen Konzentration auf eine Sache und wirkt mühelos, fließend und perfekt. Diese junge Frau verwendet eine uralte japanische Form der Konzentration, die sich auf die möglichst perfekte Ausübung selbst der kleinsten Aufgabe richtet. Die heilige Therese von Lisieux benutzte die gleiche Methode, um zu spiritueller Gesundheit und Erleuchtung zu gelangen. Sie war fest der Überzeugung, daß man seine Aufmerksamkeit an jedem Tag seines Lebens nur auf das richten sollte, was gerade vor einem liegt, unabhängig davon, wie wichtig oder unwichtig die Aufgabe ist, und sich danach erst dem nächsten wieder ganz zuwenden sollte. Die heilige Therese glaubte auch, daß alles, was man tut, in dem Bewußtsein geschehen sollte, daß es in Harmonie mit dem Universum geschieht.

Wenn Sie eine Aufgabe so bewußt und aufmerksam erledigen, passiert zweierlei: Ihr Körper entspannt sich und verbraucht für die Aufgabe weniger Sauerstoff. Auf diese Weise kann sich die Reserve von ATP-Energiemolekülen vergrößern, und Sie sind nach Absolvierung der Aufgabe weniger müde. Zweitens machen Sie bei dem, was Sie in Angriff nehmen, schnellere Fortschritte.

Beispiele für Konzentrationsübungen

Im ersten Beispiel wird Ihnen gezeigt, wie Sie sich Ihrer Umgebung ganz bewußt werden können. Im zweiten Beispiel lernen Sie sich auf eine einfache Aufgabe so zu konzentrieren, daß Sie durch keine anderen Gedanken abgelenkt werden. Aus diesen Beispielen können Sie dann Ihre eigenen Konzentrationsübungen entwickeln.

Schnelles Energietanken, Nr. 10
Sauerstoff anreichern

Schritt 1: Es sich bequem machen

Suchen Sie sich einen Ort, wo Sie ungestört sind, und setzen Sie sich in einen bequemen Sessel. Sagen Sie sich: «Wenn ich mit dem Augenblick, in dem ich mich jetzt befinde, und mit der Natur eins werde, verjünge ich jede meiner Körperzellen an diesem friedlichen Ort.»

Schritt 2: Konzentration

Entspannen Sie sich; nach etwa einer Minute beginnen Sie verlangsamt und bewußt zu atmen. Beim Einatmen sagen Sie «sooooo», beim Ausatmen «hammmmm»; nach etwa fünf Minuten fühlen Sie sich innerlich gesammelt und gleichzeitig entspannt. Jetzt sind Sie soweit und können sich dem vollen Bewußtsein öffnen, daß Sie eins sind mit der universalen Energie.

Schritt 3: Sich der Energie, die Sie umgibt, bewußt werden

Wenn Sie den Zustand des Entspanntseins und der inneren Sammlung erreicht haben, können Sie wieder normal atmen. Versuchen Sie sich dessen bewußt zu werden, was um Sie herum geschieht. Stellen Sie sich vor, wie alles auf einer subatomaren Ebene vibriert. Erfahren Sie diesen Augenblick mit allen Ihren Sinnen: Sie hören, wie die Kinder nebenan spielen, den Bus oder die Straßenbahn, die vorbeifahren. Wenn Sie draußen sitzen, spüren Sie die kühle Brise auf der Haut oder die Wärme der Sonne. Öffnen Sie die Augen, und schauen Sie in den Himmel; es existiert nichts als das Licht, das sich Ihnen über die optischen Nerven mitteilt. Stellen Sie sich die Laute vor, die Ihr lebendiger Körper macht: die leisen Bewegungen des Verdauungstrakts, das sanfte Pulsieren des Blutes durch Ihr Gehirn. Nehmen Sie alles an Gedanken, Gefühlen, Empfindungen und Erfahrungen auf, was dieser Augenblick in dieser Umgebung Ihnen zu bieten hat.

Beurteilen Sie weder Gedanken noch körperliche Empfindungen, sondern bleiben Sie passiv bei allem, was Ihnen durch den Kopf geht. Lassen Sie alle Gedanken kommen und gehen, und wenden Sie weiterhin allem, was Sie umgibt, in diesem Augenblick Ihre volle Aufmerksamkeit zu. Wie die Fliege an der Wand sind Sie ein distanzierter Beobachter. Nichts entgeht Ihrer Aufmerksamkeit, aber Sie reagieren nicht auf plötzlich aufsteigende Gefühle oder irgendwelche körperlichen Empfindungen. Sie nehmen nur zur Kenntnis.

Und immer muß Ihnen während dieser ganzen Bewußtseinserfahrung gegenwärtig sein, daß dieser Moment der wichtigste Augenblick Ihres Lebens ist. Sie sollten auch fest daran glauben, daß Sie sich hier und jetzt, in diesem Augenblick, in vollkommener

Harmonie mit den Energieschwingungen des Universums befinden.

Schritt 4: Energieprogrammierung

Jetzt, wo Sie mit Körper und Geist und allen Sinnen ganz offen und aufmerksam sind, sollten Sie sich gleichzeitig entspannt fühlen. Sie stellen sich vor, wie Sie in jede Zelle Ihres Körpers hineinleuchten, und sagen zu sich selbst: «In diesem entspannten Zustand ist mein Blut mit Sauerstoff angereichert, und meine Zellen können immer mehr ATP-Energiemoleküle herstellen. Jedesmal, wenn ich mich ganz auf das einstelle und konzentriere, was ich im Moment tue, werde ich stärker und gesünder.» Spüren Sie, wie Ihr Energiepotential allmählich wächst?

Schnelles Energietanken, Nr. 11
Duschen zur Energiesteigerung

Schritt 1: Sich sammeln

Sie treten unter die Dusche und sagen zu sich selbst: «Wenn ich dusche, befreie ich meinen Körper und meinen Geist von allen Unreinheiten.» Entspannen Sie sich, und nach etwa einer Minute atmen Sie bewußt ein und aus. Beim Einatmen sagen Sie «soooo» und beim Ausatmen «hammmm» und wiederholen diese Atemübung, bis Sie sich gesammelt und entspannt fühlen. Jetzt können Sie die Aufgabe des bewußten Duschens in Angriff nehmen.

Schritt 2: Spüren Sie die Energie, die Sie umgibt

Spüren Sie die Wärme des Wassers auf Ihrem Rücken, hören Sie, wie die Wassertropfen auf der Haut aufprallen, fühlen Sie, wie jeder Tropfen Ihnen über Rücken und Beine läuft. Öffnen Sie sich mit allen Sinnen diesem Augenblick. Hören Sie das Brummen des Ventilators, das Rauschen vorbeifahrender Autos und andere Geräusche von draußen. Machen Sie sich alle diese Empfindungen ganz bewußt. Als nächstes nehmen Sie die Seife in die Hand; fühlen Sie, wie glatt sie ist, wie sie duftet? Sie fangen an, Ihren Körper einzuseifen, werden sich der verschiedenen Muskeln Ihres

Körpers bewußt, die Sie dabei berühren. Sie beobachten aufmerksam jede Bewegung, die Sie bei der Reinigung Ihres Körpers machen. Sie sollen sich ganz auf das konzentrieren, was Sie in jedem Augenblick des Reinigungsprozesses tun. Wenn Ihnen andere Gedanken in den Sinn kommen, registrieren Sie das, sagen vielleicht: «Ist ja interessant, daß mir das gerade jetzt einfällt» und lassen die Gedanken vorbeigehen.

Beurteilen Sie weder, was Sie denken, noch, was Sie fühlen. Bleiben Sie passiv, wenn Gedanken auftauchen, die nichts mit der Aufgabe des Augenblicks zu tun haben. Lassen Sie sie kommen und wieder gehen und richten Sie dann wieder Ihre ganze Aufmerksamkeit auf jede Bewegung, die mit der Reinigung Ihres Körpers unter der Dusche zu tun hat. In diesem Augenblick gibt es in Ihrem Leben nichts Wichtigeres als diese Aufgabe.

Schritt 3: Energieprogrammierung

Wenn Sie mit dem Duschen fertig sind, durchleuchten Sie in Ihrer Vorstellung jede Zelle Ihres Körpers, und sagen Sie sich: «In diesem entspannten Zustand ist mein Blut mit Sauerstoff angereichert, und meine Körperzellen können immer mehr ATP-Energiemoleküle herstellen. Jedesmal wenn ich mich ganz auf das konzentriere, was ich gerade tue, werde ich stärker und gesünder.» Spüren Sie, wie Ihr Energiepotential langsam wächst, und sagen Sie zu sich selbst: «Jedesmal, wenn ich auf diese Weise dusche, fühle ich mich phantastisch.»

IV Körperübungen zur Energiesteigerung

18 Energieaufbau heißt Sauerstoff verbrennen

Sie müssen wie ein Vogel Strauß den Kopf in den Sand gesteckt haben, wenn Sie immer noch nichts davon gehört haben, daß körperliche Bewegung Ihnen guttut. «Ich weiß, ich weiß», sagen Sie vielleicht jetzt, «ich weiß, daß es gut sein soll, aber ich habe keine Lust. Ich fühle mich dabei nicht wohl, und ich will es einfach nicht.» So denken Sie vielleicht heute, aber war es wirklich immer so? Können Sie sich nicht mehr daran erinnern, wie gerne Sie als Kind oder Jugendlicher gelaufen und gehüpft sind, welchen Spaß es machte zu klettern, zu schaukeln, Höhlen zu bauen, Schlittschuh zu laufen, ins Wasser zu springen und Ball zu spielen? Was ist mit Ihnen seitdem geschehen und was mit Ihrem Körper? Und was noch wichtiger ist, was ist mit Ihrer Einstellung passiert, daß Sie etwas, das Ihnen früher soviel Freude machte, jetzt um jeden Preis vermeiden wollen?

Denn eines ist klar: Was in Ihrem Kopf vorgeht, bestimmt, was mit Ihrem Körper passiert. Warum klammern Sie sich an das Bild eines Erwachsenen, dessen verantwortungsvolle Tätigkeiten ihm keine Zeit mehr erübrigen, den Körper die Freude an der Bewegung spüren zu lassen? Sie haben diese Einstellung freiwillig gewählt und sich damit an dem allmählichen Abbau Ihres Körpers mitschuldig gemacht. Und glauben Sie uns, Sie bauen körperlich ab, wenn Sie nicht aktiv etwas dagegen unternehmen. Zusätzlich verzichten Sie auf die vermehrte ATP-Produktion, die durch Herz-Kreislauf-Übungen angeregt wird. Die Folge ist: Sie haben wenig Energie.

Ausreden, warum man keine Körperübungen macht

Die meisten Ausreden fallen unter zwei Kategorien: Die eine ist: «Ich habe keine Lust dazu», und die andere ist: «Ich habe keine Zeit dazu.» Wenn Ihre Ausreden in die zweite Kategorie gehören, prüfen Sie, was wirklich dahintersteckt, indem Sie folgende Fragen ehrlich beantworten:

1. Wenn wir von Ihnen verlangten, daß Sie jeden Tag eine halbe Stunde länger arbeiten, und wir Ihnen dafür garantierten, daß Sie mehr leisten würden, daß Sie anfallende Probleme schneller lösen könnten, mehr Energie besäßen und mit Ihren Mitarbeitern besser auskämen, würden Sie es nicht tun?
2. Wenn wir von Ihnen verlangten, daß Sie jeden Tag eine halbe Stunde mehr zu Hause verbringen, und wir Ihnen dafür garantierten, daß Sie mehr Geduld mit Ihren Kindern hätten, daß Sie mehr Energie hätten und deshalb mehr schaffen würden, so daß Sie mehr Zeit mit Ihren Kindern verbringen könnten, würden Sie es nicht tun?

Ohne Ausnahme beantwortete jeder, der an unserem Seminar teilnahm, zumindest eine dieser Fragen mit Ja.

Wie ist es mit Ihnen? Haben Sie auch auf eine der Fragen mit Ja geantwortet? Und falls das zutrifft, wie kommt es dann, daß Sie der Firma eine halbe Stunde zusätzlich widmen würden oder Ihren Kindern, nicht aber sich selbst?

Alle Vorteile, die Ihnen erwachsen, wenn Sie eine halbe Stunde länger am Arbeitsplatz oder mit den Kindern verbringen, stellen sich nämlich automatisch ein, wenn Sie für sich selbst diese halbe Stunde reservieren und körperliche Übungen machen!

Sie können diese halbe Stunde auch als Investition ansehen. Sie haben sicher viele Jahre damit verbracht, um sich auf Ihre Zukunft vorzubereiten, sind zur Schule gegangen, haben studiert oder eine Ausbildung gemacht, setzen sich in Ihrem Beruf ein und nehmen sich Zeit, Ihr Geld sinnvoll anzulegen. Wie wäre es, wenn Sie etwas Zeit investierten, damit Sie auch tatsächlich eine Zukunft haben? Wie wäre es, wenn Sie etwas Energie aufwendeten, damit Sie diese Zukunft auch aktiv und zufrieden genießen können?

Körperliche Bewegung, Sauerstoff und Energie

Seit einigen Jahren findet in den Vereinigten Staaten so etwas wie eine Fitneß-Revolution statt. Dabei geht es nicht nur um das gute Aussehen, um eine gute Figur oder darum, Herzkrankheiten vorzubeugen. Ebenso wichtig ist es, seine Energie steigern zu lernen, in einem Ausmaß, wie Sie es sich nie hätten träumen lassen. Es geht um das «Nie-mehr-müde-Sein», darum, daß man jede Nacht fest schläft und am nächsten Morgen mit dem Bewußtsein aufsteht, für den ganzen Tag ausreichend Energie zur Verfügung zu haben und sich gut zu fühlen. Es geht um vermehrte Leistungskraft im Leben. Sie können diese Extra-Energie selbst auf natürliche Weise herstellen, indem Sie den Sauerstoff schneller verbrennen. Vielleicht erinnern Sie sich, im 4. Kapitel sprachen wir davon, daß ein gezieltes Herz-Kreislauf-Training eine höhere Verbrennungsrate zur Folge hat. Wenn Sauerstoff aber schneller verbrannt wird, so heißt das, daß der Körper mehr ATP-Energiemoleküle produziert; Sie bauen Energiereserven auf, die Ihnen zur Verfügung stehen, wenn Sie sie brauchen, bei der Arbeit, beim Sport, für die Freizeit und beim Sex.

Matt ist Geschäftsführer eines Verlags und hat unser stationäres Programm absolviert. Er berichtete von seinen Erfahrungen mit seinen Angestellten, die er versuchte, zu einem regelmäßigen Körpertraining zu motivieren, und denen er zum Anreiz eine Reihe von Vorteilen bot. Unter anderem zahlte die Firma den Hauptanteil des Mitgliedbeitrags für einen Fitneßclub. Zum einen hoffte er, daß die Angestellten dadurch angeregt würden, sich um ihre Gesundheit Gedanken zu machen, was ja auch für die Firma außerordentlich wichtig war, zum anderen erwartete er, daß sie durch ein regelmäßiges Körpertraining auch in dem Maße gesundheitliche Fortschritte machen würden, wie immer wieder behauptet wurde.

Und so geschah es auch. Seine Angestellten fühlten sich gesünder und fitter; darüber hinaus aber passierte etwas, womit er nicht gerechnet hatte: Sie leisteten auch mehr im Beruf, waren nicht nur produktiver, sondern wurden auch umgänglicher. Diejenigen, die regelmäßig in den Fitneßclub gingen, wirkten ausgeglichener, freundlicher und konnten besser mit dem Berufsstreß umgehen. «Und besonders in meinem Beruf ist das außerordentlich wichtig, wenn man Erfolg haben will», meint Matt.

Das Herz-Kreislauf-Training

Es handelt sich hier um aerobische Übungen, um jede Art von körperlicher Bewegung, bei der man viel Sauerstoff über eine längere Zeit verbraucht. Die Fähigkeit der Lungen, Sauerstoff unter der Belastung durch die körperliche Bewegung aufzunehmen und zu verarbeiten, nennt man auch «Vitalkapazität»; sie ist anscheinend eng mit Langlebigkeit korreliert. Aus praktischen Gründen verlangen wir von aerobischen Übungen für Herz und Kreislauf, daß sie vier Bedingungen erfüllen:

1. Die Übung wird gleichmäßig und ohne Pause gemacht.

Das bedeutet, daß man von Anfang bis Ende immer in Bewegung bleibt.

2. Die Herzschlagrate (Pulsschlag pro Minute) sollte dabei immer 70 bis 80 Prozent der maximalen Herzschlagrate betragen.

Wir sprechen hier von einer energieproduzierenden Herzschlagrate oder EPHR. Ihre persönliche EPHR können Sie mit Hilfe einer einfachen Formel bestimmen, die in Kapitel 19 erklärt wird.

Diese ersten beiden Bedingungen werden bei vielen sportlichen Aktivitäten wie zum Beispiel einem Tennisdoppel nicht erfüllt. Wenn man nicht Berufsspieler ist, wird man wahrscheinlich die meiste Zeit herumstehen und warten oder seinem Partner zuschauen und sich nur für kurze Perioden schnell bewegen. Das bedeutet aber, daß die Herzschlagrate nicht auf der Höhe von 70 bis 80 Prozent der Maximalrate gehalten werden kann.

3. Die sportliche Aktivität wird mindestens 15 Minuten bei Ihrer persönlichen energieproduzierenden Herzschlagrate (EPHR) aufrechterhalten.

Wissenschaftlich korrekt sind zwölf Minuten; wir würden Ihnen aber vorschlagen, daß Sie sich 15 Minuten als Minimum setzen. Sie wissen dann, daß Sie bestimmt die zwölf Minuten absolvieren, die für Gesundheit von Herz und Kreislauf notwendig sind. Dieses Minimum schließt allerdings nicht die Zeit ein, die Sie brauchen, um Ihren Herzschlag auf die gewünschte Frequenz zu bringen; dafür müssen Sie noch fünf Minuten extra rechnen, sofern Sie einen Heimtrainer benutzen oder joggen; Sie brauchen also im ganzen dann 20 Minuten. Wenn Sie dagegen lieber schwimmen oder schnell gehen, müssen Sie im ganzen 30 Minuten veranschlagen. Nach den Übungen brauchen Sie auch noch fünf bis zehn Minuten, um sich langsam wieder abzukühlen und den Herzschlag zu normalisieren.

4. Sie machen mindestens an vier Tagen in der Woche Ihre Übungen.

Ein körperliches Training an vier Tagen in der Woche wird Ihr Herz und Ihren Kreislauf gesund erhalten; wenn Sie allerdings abnehmen und Ihr neues Gewicht dann auch halten wollen, müssen Sie mindestens fünf Tage pro Woche sportlich aktiv sein.

Die körperlichen Vorteile eines regelmäßigen Herz-Kreislauf-Trainings

Der Herzmuskel wird größer und stärker. Je mehr Sie sich körperlich bewegen, desto mehr Sauerstoff muß das Herz zu den Muskeln befördern und desto schneller muß es schlagen. Wie jeder andere Muskel des Körpers kräftigt sich auch der Herzmuskel durch vermehrte Bewegung. Durch aerobische Übungen werden die Arterienwände entspannter und flexibler; manchmal nimmt sogar der Innendurchmesser der Adern zu, das Blut kann leichter fließen, und ein Herzinfarkt wird weniger wahrscheinlich. Beinahe immer kann man Herzkrankheiten durch die richtige körperliche Bewegung, eine gute Ernährung und mit Hilfe des schnellen Energietankens vermeiden.

Der Puls schlägt langsamer. Wenn das Herz größer und stärker geworden ist, kann es auch mehr Blut mit jedem Schlag pumpen und schlägt deshalb langsamer. Das bedeutet, der meßbare Puls ist verlangsamt. Im allgemeinen gilt, je langsamer der Puls, desto gesünder sind Herz und Kreislauf. Bei einem körperlich fitten Menschen schlägt das Herz etwa 30 000mal am Tag weniger als bei einem Menschen, der körperlich nicht auf der Höhe ist. Das Herz wird weniger schnell «abgenutzt»; außerdem wird durch den verlangsamten Herzschlag Energie eingespart, die anders verwendet werden kann.

Der Blutdruck normalisiert sich. Die meisten Mitglieder unserer Wohlstandsgesellschaft leiden unter zu hohem Blutdruck. Medikamente dagegen werden in großen Mengen verschrieben, haben aber für viele Menschen empfindliche Nebenwirkungen, zum Beispiel einen erhöhten Cholesterinspiegel, chronische Müdigkeit und manchmal Impotenz. Ein zu hoher Blutdruck kann auf die Dauer Nieren, Augen und selbst das Gehirn schädigen. Die meisten Menschen könnten durch entsprechende körperliche Übungen Ihren Blutdruck senken und auf einem Normalwert halten, ohne Medikamente nehmen zu müssen.

Der Cholesterinspiegel wird gesenkt. Durch regelmäßige aerobische Übungen wird der Spiegel der Lipoproteine hoher Dichte (HDL) erhöht, die man auch als das «gute» Cholesterin bezeichnet, weil sie Fettablagerungen an den Arterienwänden verhindern und so Herzkrankheiten und Schlaganfällen vorbeugen können.

Nach dem Abnehmen nimmt man nicht wieder zu. Wir wissen, daß der Körper versucht, auch dann sein Gewicht zu halten, wenn Sie täglich 500 Kalorien weniger zu sich nehmen als früher. Dieser «Verteidigungsmechanismus», der auf einer Verlangsamung des Stoffwechsels beruht, ist dafür verantwortlich, daß sich durch Einschränken der Kalorien allein das Gewicht nicht auf Dauer verringern läßt. Regelmäßige körperliche Übungen aber können den Sollwert des Gewichtsminimums, der die Verlangsamung des Stoffwechsels auslöst, senken, den Stoffwechsel beschleunigen und es möglich machen, daß das neue niedrige Gewicht gehalten werden kann.

Weitere positive Ergebnisse aerobischer Übungen

- Der Alterungsprozeß des Körpers wird verlangsamt; vermehrte Sauerstoffaufnahme verzögert den Zellabbau.
- Blutgerinnsel entstehen weniger leicht.
- Mehr Energie steht zur Verfügung.
- Die Verdauung wird angeregt.
- Die Darmfunktion wird verbessert.
- Der Appetit richtet sich danach, was der Körper wirklich braucht.
- Der Sexualtrieb wird stärker.
- Während der aerobischen Übungen steigt die Körpertemperatur um mehrere Grad; auf diese Weise werden gefährliche Bakterien vernichtet.
- Der Körper reagiert besser auf Insulin, ein echtes Plus für Diabetiker.
- Besonders das regelmäßige Laufen verhindert den Kalziumabbau der Knochen. Osteoporose (Brüchigwerden der Knochen durch Kalziummangel) kann schon im Alter von 35 Jahren einsetzen; 30 Prozent der Frauen und zehn Prozent der Männer über 60 leiden unter Osteoporose. Die Hälfte aller Menschen über 70 ist davon betroffen.

Die psychischen Vorteile eines regelmäßigen Herz-Kreislauf-Trainings

Körperliche Bewegung bekämpft Depressionen. Viele Psychiater und Psychologen verschreiben ihren Patienten regelmäßige aerobische Übungen, um Depressionen mit natürlichen Mitteln zu mildern oder zu heilen.

Körperliche Bewegung vermindert Streß. Es gibt mehrere Theorien, warum das so ist. Manche Fachleute glauben, daß körperliche Übungen die Produktion von bestimmten Hormonen im Gehirn anregen, sogenannten Beta-Endorphinen, die bewirken, daß man sich gut fühlt und gelassener ist. Andere Experten meinen, daß verminderte Streßgefühle daher kommen, daß das Gehirn durch die körperliche Bewegung reichlich mit sauerstoffhaltigem Blut versorgt wird.

Unabhängig von diesen Theorien hat uns auch unsere Erfahrung gelehrt, daß körperliche Bewegung Streß abbaut. In unserer Privatpraxis spezialisieren wir uns auf Probleme, die mit Streß zu tun haben. Als erstes empfehlen wir immer, daß der Klient oder die Klientin an einem aerobischen Übungsprogramm teilnimmt (sofern der Arzt nichts dagegen einzuwenden hat). Es gibt unserer Meinung nach nichts Besseres als körperliche Bewegung, um sich ausgeglichen und gut zu fühlen. Und das ganz ohne negative Nebenwirkungen, wie sie etwa Beruhigungspillen haben.

Körperliche Bewegung verbessert das Selbstbild. Ist Ihnen schon einmal der Unterschied zwischen Menschen, die körperlich fit sind und denen, die es nicht sind, aufgefallen? Im allgemeinen haben die ersteren eine geradere, entspanntere Haltung. Sie scheuen auch vor schwierigen Aufgaben nicht zurück, haben mehr Energie und sind begeisterungsfähiger. Das ist eine natürliche Folge von regelmäßiger sportlicher Betätigung und führt oft zu einem positiven Selbstverständnis.

Körperliche Bewegung regt die geistige Produktivität an. Niemand weiß genau, warum körperlich aktive Menschen auch geistig mehr leisten; wahrscheinlich liegt es daran, daß mehr sauerstoffreiches Blut in das Gehirn gelangt. Matt, dessen Geschichte schon erzählt wurde, machte diese Erfahrungen mit seinen Angestellten. Auch verschiedene Untersuchungsergebnisse weisen darauf hin, daß durch regelmäßige körperliche Bewegung selbständiges Denken und die Fähigkeit, Probleme zu lösen, vergrößert werden.

In Kapitel 19 finden Sie alles, was Sie wissen müssen, bevor Sie mit einem aerobischen Übungsprogramm beginnen. In Kapitel 20 werden die einzelnen Bewegungsprogramme gründlich beschrieben, die Sie dann auf Ihre persönlichen Bedürfnisse zuschneiden können.

Schnelles Energietanken, Nr. 12
Energie und Sauerstoff

Schritte 1 bis 5:

Siehe Anleitungen zu schnelles Energietanken Nr. 1 in Kapitel 4.

Schritt 6: Energieprogrammierung

Atmen Sie langsam und tief ein und aus, und stellen Sie sich vor, wie der Sauerstoff in jede Körperzelle eindringt. Müdigkeit und Anspannung fallen von Ihnen ab, und Sie sind entspannt und wach. Mit jedem Atemzug atmen Sie Energie ein und Müdigkeit und Streß aus. Sie sehen, wie die Energie Ihren Körper als reines weißes Licht durchdringt.

Sie befinden sich jetzt mit allen Aspekten Ihres Selbst in vollkommener Harmonie, sind entspannt, aber aufmerksam und entscheiden sich mit Ihrem tiefsten Selbst für die effektivste Lösung zur Steigerung Ihrer Energie. Sie sagen zu jeder Zelle und jedem schwingenden Energiefaden in Ihrem Körper: «Ich will meine Energie steigern, indem ich mehr Sauerstoff verbrenne. Jedesmal, wenn ich körperlich aktiv bin, produzieren meine Zellen mehr ATP-Energiemoleküle. Mit jedem Tag werde ich körperlich fitter.»

Stellen Sie sich vor Ihrem geistigen Auge vor, wie jede Zelle Ihres Körpers ATP-Energiemoleküle produziert, die Ihren Körper mit der nötigen Energie versorgen. Stellen Sie sich konkret vor, wie sich die Glucose des Körpers mit dem zusätzlichen Sauerstoff, den Sie durch die körperliche Bewegung einbringen, verbindet. Sehen Sie, wie Sie täglich jünger, stärker und energiegeladener werden, halten Sie dieses Bild fest, und vertiefen Sie es.

Sie fühlen sich jünger, stärker und energiegeladener und lassen sich von keinen anderen Gedanken ablenken. Genießen Sie diese Vorstellung; merken Sie, wie wohl Sie sich mit Ihrem Selbst fühlen? Sie spüren mit sämtlichen Energieschwingungen, die Ihre Person ausmachen, daß diese Entscheidung für eine hochenergetische Lebensweise für den Rest Ihres Lebens gelten soll.

Schritt 7: Zurückkehren

Siehe Anweisungen zu schnelles Energietanken Nr. 1 in Kapitel 4.

19 Wie man mit den Übungen zur Energiesteigerung beginnt

Wir hoffen, daß wir Sie so von den Vorteilen eines regelmäßigen Körpertrainings überzeugt haben, daß Sie sich am liebsten gleich in ein volles Übungsprogramm stürzen möchten.

Aber tun Sie das lieber nicht, vor allen Dingen nicht, wenn Sie älter als dreißig sind!

Wenn Sie Ihr Übungsprogramm für Herz und Kreislauf nicht vernünftig anfangen, kann es Ihnen mehr schaden als nützen. Bitte lesen Sie dieses Kapitel sorgfältig durch, bevor Sie sich an die ersten Übungen machen, und folgen Sie seinen Anweisungen bei der Überlegung, welche Art von körperlicher Aktivität für Sie die beste ist.

Wichtig: Bevor Sie mit dem Programm beginnen, lassen Sie sich von Ihrem Arzt gründlich untersuchen und auch ein Belastungs-EKG (Elektrokardiogramm) von ihrem Herz machen.

Wie man seine energieproduzierende Herzschlagrate (EPHR) berechnet

Es kann gefährlich sein, das Herz zu schnell und zu stark zu belasten. Auf der anderen Seite werden Sie aus zu vorsichtigen körperlichen Übungen auch nicht viel physiologischen Nutzen ziehen. Als erstes müssen Sie also die Herzschlagrate bestimmen, die Sie während der aerobischen Übungen erreichen wollen. Wir nennen diesen Wert die energieproduzierende Herzschlagrate; andere sprechen von «Trainings-Herzschlagrate». Uns gefällt unser Ausdruck besser, weil er positiver ist und genauer beschreibt, worauf es ankommt.

Wenn Sie ein gesundheitliches Problem haben, fragen Sie Ihren Arzt, welche Herzschlagrate für Sie die richtige ist. Wenn Sie ganz gesund sind, können Sie Ihre EPHR auf folgende Weise ausrechnen:

1. Ziehen Sie Ihr Alter von 220 ab, wenn Sie ein Mann sind, und von 226, wenn Sie eine Frau sind.
2. Multiplizieren Sie das Ergebnis mit 70 Prozent (0,7), wenn Sie im letzten Jahr selten sportlich aktiv waren, und mit 80 Prozent (0,8), wenn Sie regelmäßig körperlich trainieren. Die daraus resultierende Zahl gibt Ihren EPHR-Wert an, die Anzahl von Schlägen, die Ihr Herz in einer Minute schlagen soll, während Sie sich körperlich anstrengen, damit Sie maximalen Nutzen daraus ziehen. Es ist eine sichere Rate, die Ihrem Herz-Kreislauf-System nicht schadet, sondern es stärkt.
3. Da es mühsam ist, während des Trainings seinen Puls 60 Sekunden lang zu messen, teilen wir die EPHR-Zahl noch durch sechs und erhalten damit die Anzahl der Herzschläge pro zehn Sekunden.

Berechnungsbeispiel für Männer
David ist 54 Jahre alt. Seine energieproduzierende Herzschlagrate wird folgendermaßen bestimmt:

Davids EPHR = 220 − 54 = 166 × 0,8 = 133
Davids EPHR für zehn Sekunden = 133:6 = 22

(Verwenden Sie 0,7, wenn Sie nicht sportlich aktiv sind.)

Berechnungsbeispiel für Frauen
Joely ist 41 Jahre alt. Ihre energieproduzierende Herzschlagrate wird folgendermaßen bestimmt:

Joelys EPHR = 226 − 41 = 185 × 0,8 = 148
Joelys EPHR für zehn Sekunden = 148:6 = 24

(Verwenden Sie 0,7, wenn Sie nicht sportlich aktiv sind.)

Denken Sie daran: Bevor Sie mit einem Übungsprogramm beginnen, sprechen Sie mit Ihrem Arzt darüber, und lassen Sie sich gründlich untersuchen.

Wie man seinen Puls mißt

Legen Sie Mittel- und Zeigefinger innen auf Ihr Handgelenk oder auf die Seite des Halses gerade unter dem Kiefer, oder legen Sie sich die Hand aufs Herz. Zählen Sie die Anzahl der Herzschläge zehn Sekunden lang, und multiplizieren Sie diese Zahl dann mit sechs, um die Herzschlagrate für eine Minute zu bestimmen. Lassen Sie sich von jemandem helfen, wenn Sie Schwierigkeiten haben, Ihren Puls zu finden.

Es ist wirklich wichtig, daß Sie während der Übungen Ihren Puls messen. Wir kennen einen Mann, der monatelang sein Übungsprogramm absolvierte, bevor er seinen Puls maß, und dann feststellen mußte, daß er nicht die EPHR erreichte, die er brauchte, um Herz und Kreislauf zu stärken. Natürlich war sein Programm besser als gar nichts; immerhin hatte er vermehrt Kalorien verbraucht und Körperfett abgebaut, aber seinem Herz und Kreislauf hatte das nicht optimal genützt. Man kann heute elektronische Pulsmesser kaufen, die helfen können, den Puls genau zu bestimmen.

Neun wichtige Schritte zu einem sinnvollen energieproduzierenden Übungsprogramm

Jetzt sind Sie soweit und können Ihr persönliches Programm für mehr Energie zusammenstellen und in Ihren Tagesablauf einplanen. Um Herz und Kreislauf fit zu halten, müssen Sie mindestens vier Tage in der Woche trainieren; wenn Sie abnehmen und das neue Gewicht halten wollen, sollten es mindestens fünf Tage in der Woche sein. Hier sind neun praktische Hinweise, wie man das am besten bewerkstelligt:

1. Wählen Sie die für Sie günstigste Zeit

Wir persönlich sind immer zu sehr in unsere Arbeit eingespannt, als daß wir vor dem Abendessen Zeit finden, unsere aerobischen Übungen zu machen. Wir haben uns deshalb für die Zeit vor dem Frühstück entschieden, die wir auch sehr genau einhalten. Wir müssen dann zwar etwas früher aufstehen, da wir zu einer bestimmten Zeit im Büro sein müssen, aber es lohnt sich, weil man durch die aerobischen Übungen die Energie steigert und etwas für Herz und Kreislauf tut.

Kinder und das Übungsprogramm

Als Davids Kinder noch kleiner waren, fuhren sie auf ihren Fahrrädern neben uns her, wenn wir joggten. Heute joggen oder gehen sie oft mit uns zusammen. Auf diese Weise gewöhnen sie sich selbst an regelmäßige sportliche Aktivität, und sie lernen gleichzeitig aus eigener Anschauung, daß körperliche Leistungen nicht unbedingt mit dem Alter nachlassen müssen.

Ted, ein früherer Teilnehmer an unserem Programm, macht dasselbe mit seinen zwei Söhnen, neun und fünf. Vorher hatten Ted und seine Frau immer Mühe gehabt, die Kinder ins Bett zu bekommen; es wurde später und später, und das Ehepaar hatte nur noch sehr wenig Zeit füreinander. Seitdem die Kinder aber morgens immer mit dem Vater im Park joggen, sind sie auch abends müder und gehen zu einer normalen Zeit ins Bett. Außerdem freuen sie sich, daß sie auch mal ihren Vater für sich haben, und Ted und seine Frau genießen die Zeit abends ohne die Kinder.

2. Wählen Sie zwei sportliche Aktivitäten

Manche Menschen suchen nach Ausreden, warum sie heute oder diese Woche ihre aerobischen Übungen einfach nicht machen konnten. Meistens wird das Wetter dazu herangezogen: «Es schneit, also kann ich nicht Fahrrad fahren», oder: «Es regnet, also kann ich nicht joggen.» Ein anderer muß sein Schwimmprogramm unterbrechen, weil das Schwimmbecken repariert wird. Wir schlagen deshalb vor, daß Sie sich zwei sportliche Aktivitäten auswählen, um eine Alternative zu haben. Wenn Sie also normalerweise Schnellgehen machen, es aber zu kalt draußen ist, können Sie immer noch ins Schwimmbad gehen und Ihre Runden schwimmen. Außerdem macht es mehr Spaß, wenn man Abwechslung hat und nicht jeden Tag das gleiche tun muß.

Eine Anmerkung von David

Was mir an einem regelmäßigen Übungsprogramm so gut gefällt, ist, daß man so wenig investieren muß, um einen großen Nutzen zu haben. Man verwendet so wenig Zeit darauf und erreicht doch all die körperlichen und psychischen Verbesserungen, die wir oben erwähnt haben. Man braucht nur, je nach gewählter Sportart, etwa 80 Minuten pro Woche. Wenn Sie laufen oder sich auf einem Heimfahrrad ausarbeiten, genügen 20 Minuten pro Tag viermal die Woche, ein bißchen mehr als ein Prozent der gesamten Zeit, die Ihnen in einer Woche zur Verfügung steht. Selbst wenn Sie noch die Zeit hinzurechnen, die Sie zum Umziehen und nachher zum Abkühlen brauchen, sind es immer noch weniger als zwei Prozent.

3. Fangen Sie langsam und allmählich an

Verlangen Sie am Anfang nicht zu viel von sich. Jeder kleine Schritt, den Sie auf Ihr Fitneßziel zu machen, motiviert Sie für den nächsten. In unserer Privatpraxis und auch in unseren Kursen begegnen wir immer wieder Menschen, die die Sache von Anfang an übertreiben. Meistens machen diese «Kraftprotze» (und dazu gehören nicht selten auch Frauen) schon nach kurzer Zeit schlapp, haben Blasen, Muskelkater und Muskelkrämpfe oder ziehen sich sogar eine Verletzung zu. Es ist viel besser, wenn man sein Training langsam und stetig aufbaut.

4. Setzen Sie sich Ziele und schreiben Sie sie auf

Psychologen haben sich schon seit mehr als 50 Jahren damit beschäftigt, wie das Verhalten durch ein gesetztes Ziel beeinflußt wird. Unter anderem stellte sich heraus, daß die Wahrscheinlichkeit, ein Ziel zu erreichen, größer ist, wenn dieses Ziel vorher schriftlich niedergelegt wurde. Auch Sie werden weniger Mühe haben, beim «Nie mehr müde»-Übungsprogramm zu bleiben, wenn Sie sich vorher aufschreiben, was Sie erreichen wollen. Meistens ist es gut, wenn man dabei ziemlich genau vorgeht. Schreiben Sie also auf, an welchen Tagen in der Woche Sie Ihr Training absolvieren wollen, um welche Uhrzeit und wie lange. Manche Menschen sind noch besser motiviert, wenn sie ihre Fortschritte in Tabellen oder grafische Darstellungen eintragen. Wenn Sie einen Computer haben, können Sie sich auch ein Softwareprogramm besorgen, das Ihre täglichen Fortschritte in Form von Tabellen und Kurven ausdruckt.

5. Lassen Sie die täglichen Übungen zur Gewohnheit werden

Machen Sie Ihre Übungen am besten jeden Tag zur gleichen Zeit; auf diese Weise gewöhnen Sie sich körperlich und psychisch schneller daran, und aus der sportlichen Betätigung wird eine echte Routine, ohne die Sie sich nicht mehr recht wohl fühlen. Überspringen Sie dabei nie mehr als höchstens einen Tag, es sei denn, Sie sind wirklich krank. Besonders am Anfang muß man sich oft richtig zu den Übungen aufraffen und findet nur allzuleicht Entschuldigungen dafür, warum man heute nun wirklich nichts tun kann.

Es lohnt sich

Einer unserer früheren Kursteilnehmer hat ein Laufband in seinem Schlafzimmer stehen, davor ein Gestell mit Büchern und Zeitschriften und einen Fernseher mit Videoanschluß. Jeden Morgen vor dem Frühstück läuft er 45 Minuten auf dem Laufband, sieht dabei fern, liest ein Buch oder Fachzeitschriften. Er sagt, er habe sich dabei noch nie gelangweilt. In den ersten fünf Monaten seiner «Nie mehr müde»-Lebensweise hat er 35 Pfund abgenommen, obgleich er angeblich noch nie soviel in seinem Leben gegessen hat.

6. Suchen Sie sich Sportarten aus, deren aerobische Wirkung sich messen läßt

Es ist psychologisch wichtig, daß Sie Fortschritte machen, damit Sie motiviert bleiben weiterzumachen. Deshalb ist es nötig, daß Sie Ihren körperlichen Einsatz auch messen können. Es gibt natürlich noch andere Sportarten als die, die wir im nächsten Kapitel beschreiben, aber ihre Wirkung läßt sich weniger leicht messen. Zum Beispiel kann man die Anstrengung beim Joggen leicht in Zahlen ausdrücken, wenn man weiß, wie weit und wie schnell man gelaufen ist. Wenn man Tennis oder Racketball spielt, wechseln aktive Perioden mit weniger aktiven ab, und der körperliche Einsatz läßt sich weniger leicht quantifizieren. Bauen Sie einen solchen Sport als Alternative in Ihr Übungsprogramm ein.

7. Wählen Sie einen Sport, bei dem es nicht auf das Gewinnen ankommt

Als Hauptaktivität sollten Sie sich eine Sportart aussuchen, bei der es nicht um Sieg oder Niederlage geht. Einer der wichtigsten Vorteile des «Nie mehr müde»-Übungsprogramms ist, daß dadurch Streß abgebaut wird. Wenn Sie sich nun als sportliche Aktivität etwas aussuchten, das Sie unter Druck setzt, gewinnen zu müssen, würde es das Gegenteil bewirken.

8. Haben Sie Spaß dran!

Es hängt von Ihrer Einstellung und Ihrer Phantasie ab, ob Ihnen die aerobischen Übungen zur Last werden oder ob Sie Freude daran haben. Joggen Sie zum Beispiel mit Freunden, mit denen Sie sich dabei unterhalten können; schauen Sie sich Filme im Video an, während Sie Ihre Zeit auf dem Laufband verbringen; lesen Sie ein interessantes Buch, während Sie auf dem Heimfahrrad radeln. Machen Sie Langlauf oder unternehmen Sie lange Bergwanderungen mit Ihrer Familie. Treffen Sie sich mit einem Freund im Fitneßclub, und absolvieren Sie Ihr Training gemeinsam. Wenn Sie keinen Weg finden, daß Ihnen die sportliche Betätigung wirklich Spaß macht, wird es mühsam sein, dabeizubleiben.

9. Belohnen Sie sich

Setzen Sie sich viele kleine Zwischenziele, und belohnen Sie sich, wenn Sie eins erreicht haben. Aber belohnen Sie sich nicht mit etwas, das Ihren Fitneßzielen entgegensteht, zum Beispiel mit einem großen Eisbecher, sobald Sie Ihr erstes Ziel erreicht haben. Statt dessen kaufen Sie sich lieber einen hübschen Gymnastikanzug oder eine Mitgliedschaft in einem Fitneßclub. Vielleicht wollten Sie schon immer Tennisspielen lernen oder eine andere Sportart; jetzt sollten Sie sich die Stunden zur Belohnung schenken. Sie haben es verdient!

Schnelles Energietanken, Nr. 13
Ziele setzen

Schritte 1 bis 5:

Siehe Anweisungen zu schnelles Energietanken Nr. 1 in Kapitel 4.

Schritt 6: Energieprogrammierung

Atmen Sie langsam und tief ein und aus, und stellen Sie sich vor, wie der Sauerstoff in jede Körperzelle dringt. Müdigkeit und Anspannung fallen von Ihnen ab, und Sie fühlen sich entspannt und wach. Mit jedem Atemzug atmen Sie Energie ein und Müdigkeit und Streß aus. Sehen Sie, wie die Energie als reines weißes Licht Ihren Körper durchdringt.

Sie befinden sich jetzt mit allen Aspekten Ihres Selbst in vollkommener Harmonie und sind entspannt und wach. Mit Hilfe Ihres Energiebewußtseins planen Sie jetzt Ihr Übungsprogramm. Sie haben die Augen geschlossen und sehen in Ihrer Vorstellung eine große weiße Tafel vor sich. Sie gehen auf die Tafel zu und schreiben in großen schwarzen Buchstaben: MEIN ÜBUNGSPROGRAMM. Darunter notieren Sie dann die Schritte, die nötig sind, um Ihr Fitneßziel zu erreichen. Beginnen Sie mit 1. ICH WERDE AM . . . ZUR ÄRZTLICHEN UNTERSUCHUNG GEHEN. Dann folgt 2. . . . (was Sie sich als nächstes vorgenommen haben).

Wenn Sie – weiterhin nur in Ihrer Vorstellung – Ihre erste Liste zusammengestellt haben, gehen Sie sie in Gedanken noch einmal Punkt für Punkt durch. Wenn Ihnen Zweifel kommen, daß Sie das eine oder andere Ziel vielleicht nicht erreichen können, lassen Sie diese Gedanken in Ihrer Vorstellung über die weiße Tafel gleiten, schreiben sie aber nicht auf. Statt dessen schreiben Sie auf, was Ihnen als Lösung für dieses Problem einfällt. Fahren Sie damit fort, bis jedes Hindernis aus dem Weg geräumt ist.

Schritt 7: Zurückkehren

Siehe Anweisungen zu schnelles Energietanken Nr. 1 in Kapitel 4.

20 Wirksame Übungen für Herz- und Kreislauffitneß

Man kann Herz und Kreislauf auf verschiedene Weise gesund und fit erhalten. In diesem Kapitel zeigen wir die Vor- und Nachteile der vier sportlichen Aktivitäten auf, die wir in unserem «Nie mehr müde»-Programm empfehlen: Gehen, Schwimmen, Radfahren und Laufen/Joggen. Für jede dieser vier Aktivitäten geben wir Ihnen einen Startplan und Hinweise, wie Sie diesen Plan auf Ihre persönlichen Bedürfnisse zuschneiden können.

Welches Trainingsprogramm Sie auch wählen, wichtig ist, daß möglichst viele der folgenden Punkte berücksichtigt werden:

- Sie sollten Ihre Herzschlagrate auf 70 bis 80 Prozent des Maximalwertes bringen.
- Sie sollten Ihre Übungen möglichst ohne zu große Schwierigkeiten in Ihrem Tagesplan unterbringen können.
- Für diese Übungen sollten weder viele Geräte noch besondere Fähigkeiten Voraussetzung sein.
- Sie sollten Ihre Übungen allein oder zusammen mit anderen machen können.
- Ihr körperlicher Einsatz sollte möglichst meßbar sein. Sie müssen Ihren Fortschritt an wissenschaftlich fundierten Fitneßtabellen ablesen können. Außerdem sollten Sie Ihre Fortschritte auch anhand Ihrer eigenen Aufzeichnungen feststellen können.

Je mehr dieser Kriterien Ihr Programm erfüllt, desto leichter wird Ihnen der Anfang fallen, desto schneller werden Sie Erfolge sehen, und desto wahrscheinlicher ist es, daß Sie weitermachen.

Ihr Übungsprogramm sollte Ihnen nie zur gehaßten Last werden. Wenn Sie schon länger nichts mehr für Ihren Körper getan haben, wird er sich anfangs gegen die Anstrengung wehren. Es gibt ein physikalisches Gesetz von der Nichtumkehrbarkeit physikalischer Vorgänge, das besagt, daß jedes System, sich selbst überlassen, letzten Endes zerfällt. Wenn Sie Ihr Muskelsystem nicht regelmäßig beanspruchen, baut auch es sich mit der Zeit ab.

Die folgenden Übungsprogramme sind nach obigen Kriterien ausgesucht worden. Nicht alle erfüllen alle fünf Kriterien, aber die Vorteile überwiegen die Nachteile bei weitem. Zum Schwimmen braucht man zwar ein Schwimmbecken; es hat aber den Vorteil, daß die Muskeln des gesamten Körpers dabei beansprucht werden und die Gefahr einer Verletzung minimal ist. Laufen/Joggen erfüllt zwar alle fünf Kriterien, hat aber ein paar Nachteile; so ist die Verletzungsgefahr relativ groß. Schnellgehen ist für die meisten Menschen wahrscheinlich die beste Übung; um aber seine Fitneßziele zu erreichen, muß man mehr Zeit dafür aufwenden als für andere Methoden. Wir raten Ihnen, sich eine Hauptaktivität zu wählen und dazu noch eine Alternative, die Sie machen können, wenn die andere aus irgendeinem Grund nicht möglich ist.

Der richtige Zeitpunkt ist wichtig

Unser Freund Peter ist zwar ein sehr netter Mann, aber er kann auch sehr eigensinnig sein. Peter hat Diabetes und einen zu hohen Blutdruck und sollte regelmäßig körperlich aktiv sein, aber er behauptet, er habe immer soviel zu tun, daß für sportliche Übungen keine Zeit bleibt. Peter muß häufig noch früher als normalerweise aufstehen, dann nämlich, wenn er Zweigstellen seiner Firma aufsuchen muß. Also könne er morgens keine Übungen machen, meinte er, und später hätte er bis in den Abend hinein zu tun.

Eines Tages kam eher nebenbei heraus, daß Peter sich regelmäßig die Spätnachrichten um zehn Uhr abends ansieht. Das war die Lösung! Jetzt hat Peter ein Heimfahrrad vor dem Fernseher stehen und kann vier- oder fünfmal die Woche 30 Minuten lang radeln, ohne daß er dafür eine Extrazeit in seinem Tag einplanen muß. Nachdem er also regelmäßig trainierte und auch seine Ernährungsweise nach unseren Vorschlägen umgestellt hatte, sanken Blutzucker und Blutdruck das erstemal seit Jahren auf normale Werte, und er verlor dazu noch an Gewicht.

Ihr persönliches Gehprogramm zur Energiesteigerung

Der einzig echte Nachteil von Gehen als körperliche Bewegung für Herz- und Kreislauftraining besteht darin, daß man es länger machen muß, um die gleichen Fortschritte wie bei anderen, anstrengenderen Bewegungsarten zu erzielen. Wenn Sie aber die Zeit haben, dann ist für Sie Gehen vielleicht genau das richtige. Gehen ist auch die Art von Bewegungstraining, die wir Menschen mit gesundheitlichen Problemen anraten.

Vorteile eines Gehprogramms

- Beinahe jeder kann gehen, unabhängig von Alter oder von Kondition.
- Sie brauchen keine besondere Ausrüstung dazu, nur ein Paar bequeme Schuhe.
- Verletzungen sind höchst unwahrscheinlich.
- Sie können allein gehen, mit einem Freund oder sich auch einem entsprechenden Club anschließen.

Eine neue Fitneßmethode, die schnell an Popularität zunimmt, ist das Schnellgehen. Seine Anhänger behaupten, daß es weitaus wirksamer sei als normales Gehen oder Joggen. Ein Vorteil ist sicher, daß man beim Schnellgehen die Hüften stärker bewegt und dadurch die Muskeln des Rückens und des Bauchs gestärkt werden. Folgende Tabelle kann Ihnen dabei helfen, sich für eine Gehart zu entscheiden:

Aerobische Fitneß durch Gehen

Schnelligkeit	Kalorienverbrauch		Beitrag zur aerobischen Fitneß
	20 Min.	30 Min.	
Gehen: 1 km in 19 Min.	50	75	keiner
Gehen: 1 km in 13 Min.	80	120	gering; eine gute Übung für Menschen, die sich körperlich nicht anstrengen dürfen
Gehen: 1 km in 11 Min.	100	150	mittelmäßig
Schnellgehen: 1 km in 9 Min.	120–140	180–210	hoch
Schnellgehen: 1 km in 7 Min.	160	240	hoch

Ihr individueller Startplan für energiesteigerndes Gehen

Im folgenden haben wir zwei Programme für Menschen in guter gesundheitlicher Verfassung zusammengestellt, die mit dem Gehen beginnen möchten. Das erste Programm ist für Männer und Frauen unter 35 gedacht; das zweite ist auf Anfänger über 35 zugeschnitten. Bevor Sie beginnen, sollten Sie sich von Ihrem Arzt beraten lassen, auch wenn Sie ganz gesund sind. Wenn Ihr Arzt dieses Programm für zu anstrengend hält, kann er vielleicht Änderungen vorschlagen. Es ist nichts dagegen einzuwenden, wenn Sie langsam anfangen und sich allmählich mehr zumuten, bis Sie Ihr Ziel erreicht haben. Wichtig ist nur, daß Sie überhaupt anfangen, sich regelmäßig körperliche Bewegung zu verschaffen.

1. Programm für gesunde Anfänger unter 35

Stufe (Woche)	Aktivität	Mal pro Woche*	km	Min./ km	Dehnen** (Min.)	Gesamtzeit (Std.:Min.)
1	Gehen	5 (5)	1,6	10,6	20	3:05
2	Gehen	3 (5)	3,2	10,6	20	2:42
3	Gehen	4 (5)	3,2	10	20	3:28
4	Schnellgehen	5	3,2	9,4	20	4:10
5	Schnellgehen	5	4	9,4	20	4:48
6	Schnellgehen	5	4	9	20	4:41
7	Schnellgehen	5	4	8,7	20	4:35
8	Schnellgehen	5	4,8	9,4	20	5:25
9	Schnellgehen	5	4,8	9,3	20	5:22
10	Schnellgehen	5	4,8	9	20	5:18
11	Schnellgehen	4 (5)	4,8	8,7	20	4:08
12	Schnellgehen	5	4,8	8,7	20	5:10

* Wenn Sie am 7-Tage-Programm aus Kapitel 10 teilnehmen wollen, müssen Sie erst das Einverständnis Ihres Arztes einholen. Wir stellten während unserer Kurse fest, daß die Klienten schneller an Gewicht verloren, die in der Anfangszeit noch zusätzlich aerobische Übungen machten. Wenn Sie den Grad an körperlicher Fitneß erreicht haben, der Herz und Kreislauf gesund erhält (hier in der 10. Woche), müssen Sie weiterhin mindestens fünfmal in der Woche 30 Minuten lang aerobische Übungen machen, um den Schwellenwert des Mindestgewichts, der eine Verlangsamung des Stoffwechsels auslöst, auf Dauer herabzusetzen.

** Wenn Sie sich Muskelkater und Verletzungen ersparen wollen, raten wir Ihnen zu den Dehnübungen im nächsten Kapitel.

2. Programm für gesunde Anfänger über 35

Stufe (Woche)	Aktivität	Mal pro Woche*	km	Min./ km	Dehnen** (Min.)	Gesamtzeit (Std.:Min.)
1	Gehen	5 (4)	1,6	11,3	20	3:10
2	Gehen	3 (5)	3,2	11,3	20	2:48
3	Gehen	3 (5)	3,2	10,6	20	2:42
4	Gehen	4 (5)	3,2	10	20	3:28
5	Gehen	5	3,2	9,4	20	4:10
6	Gehen	4 (5)	4	9,7	20	3:56
7	Gehen	5	4	9,5	20	4:50
8	Schnellgehen	5	4	9,4	20	4:48
9	Schnellgehen	5	4,8	9,7	20	5:33
10	Schnellgehen	5	4,8	9,4	20	5:25
11	Schnellgehen	4 (5)	4,8	9	20	4:14
12	Schnellgehen	5	4,8	9	20	5:18

* Wenn Sie am 7-Tage-Programm aus Kapitel 10 teilnehmen wollen, müssen Sie erst das Einverständnis Ihres Arztes einholen. Wir stellten während unserer Kurse fest, daß die Klienten schneller an Gewicht verloren, die in der Anfangszeit noch zusätzlich aerobische Übungen machten. Wenn Sie den Grad an körperlicher Fitneß erreicht haben, der Herz und Kreislauf gesund erhält (hier in der 10. Woche), müssen Sie weiterhin mindestens fünfmal in der Woche 30 Minuten lang aerobische Übungen machen, um den Schwellenwert des Mindestgewichts, der eine Verlangsamung des Stoffwechsels auslöst, auf Dauer herabzusetzen.

** Wenn Sie sich Muskelkater und Verletzungen ersparen wollen, raten wir Ihnen zu den Dehnübungen im nächsten Kapitel.

Wenn Sie sich für das erste (unter 35) oder das zweite (über 35) Programm entschieden haben, sollten Sie überlegen, wie oft Sie in der Woche trainieren wollen. In der «Mal pro Woche»-Spalte der Tabelle drückt die erste Zahl unsere Empfehlung aus, wenn es Ihnen im wesentlichen um die Gesunderhaltung von Herz und Kreislauf geht. Die Zahl in Klammern entspricht unserer Empfehlung, wenn Sie zusätzlich noch abnehmen wollen. Um den Schwellenwert für Ihr Mindestgewicht, der eine Verlangsamung des Stoffwechsels auslöst, herabzusetzen, müssen Sie Ihre aerobischen Übungen häufiger machen. Beide Programme sehen eine Dehnphase vor, die immer Teil eines ausgewogenen Körperprogramms sein sollte. Die Gesamtzeit pro Woche schließt die aerobischen Übungen und die anschließende Dehnzeit mit ein.

Sie können Ihre Gehgeschwindigkeit erhöhen, wenn Sie sich fit genug fühlen. Wenn Sie zum Beispiel über 35 sind und ohne Schwierigkeiten

Stufe 12 des Anfängersplans meistern, können Sie versuchen, den Kilometer in 8,7 statt neun Minuten zu schaffen. (Distanzmesser mit Schrittlängeneinstellung und Zeitmessung sind im Handel erhältlich.)

Warnung: Wenn Sie sich Gehen und Schnellgehen als aerobische Aktivität gewählt haben, vielleicht auf Rat Ihres Arztes, sollten Sie nicht plötzlich auf Laufen oder Joggen umstellen, ohne vorher mit Ihrem Arzt gesprochen zu haben. Vielleicht ist in Ihrem Fall Schwimmen oder Radfahren die bessere Alternative zum Gehen.

Das Laufband: eine Bemerkung von Joely

Ich persönlich finde ein Laufband sehr praktisch, vor allen Dingen, weil diese Geräte heute mit allerlei Knöpfen und Schaltern ausgerüstet sind, durch die man die Geschwindigkeit des Bandes oder auch die Steigung verändern kann, um das Bergaufgehen zu simulieren. Je nach gewünschter Anforderung kann das Gerät passend eingestellt werden.

Das war besonders wichtig für Leonard und Helen. Leonard war körperlich sehr viel leistungsfähiger als seine Frau Helen. Er war immer sehr besorgt um sie; wenn wir zum Beispiel draußen liefen, blieb er immer an ihrer Seite. Da sie aber sehr viel langsamer ging als er, war dieses Gehen für ihn keinerlei Training für Herz und Kreislauf. Für dieses Paar waren Laufbänder ideal. Auf diese Weise konnten sie nebeneinander trainieren, jeder in dem Schwierigkeitsgrad, der für ihn richtig war. Zu Beginn des Trainings konnte Helen buchstäblich keine fünf Minuten hintereinander laufen; am Ende machten ihr 30 Minuten keine Schwierigkeiten.

Auch bei schlechtem Wetter ist ein Laufband ideal. Ich weiß aus Erfahrung, daß man schon extrem motiviert sein muß, um seinen Lauf bei jedem Wetter zu absolvieren, besonders, wenn es regnet, eisigkalt oder aber sehr heiß draußen ist. Ich muß gestehen, daß in einem solchen Fall David der motiviertere ist; ich laufe mit ihm mit, einfach, weil ich mir zu schäbig vorkommen würde, ihm von unserem schönen warmen (oder kühlen oder trockenen) Haus aus einen Abschiedsgruß zuzuwinken. Natürlich fühle ich mich auch besser (und bin stolz auf mich), wenn ich mein Pensum absolviert habe, egal, wie das Wetter war.

Wenn Sie nur wenig Zeit haben oder sportliche Übungen einfach tödlich langweilig finden, ist das Laufband vielleicht genau das richtige für Sie. Ich habe zum Beispiel gelernt, wie man gehen und gleichzeitig lesen kann. Auf diese Weise kann ich eine halbe Stunde ohne Unterbrechung lesen, während ich gleichzeitig mein Fitneßprogramm absolviere. Manchmal war mein Buch so spannend, daß ich 45 bis 50 Minuten gegangen bin, ohne es zu merken. Wenn Sie beruflich sehr eingespannt sind, lesen Sie sicher nicht zum Spaß, sondern gehen in der Zeit die nötigen Fachzeitschriften durch.

Einer unserer früheren Kursteilnehmer leiht sich regelmäßig Videofilme aus, die er bequem von seinem Laufband aus sehen kann. Alle zwei Tage holt er sich einen neuen Film. Fernsehen ist eine andere Möglichkeit, das Laufen zu Hause zu versüßen. All diese parallel ablaufenden Aktivitäten können für Sie auch das Radeln auf einem Heimfahrrad interessanter machen.

Schwimmen zur Energiesteigerung

Schwimmen ist wahrscheinlich das beste Training für Herz und Kreislauf, weil Ober- und Unterkörper gleichzeitig beansprucht werden. Da der Körper vom Wasser getragen wird, werden Gelenke und Bänder geschont, und Verletzungen treten kaum auf. Außerdem ist Schwimmen ein Sport, bei dem man nicht vor Anstrengung schwitzen muß, und die meisten Menschen assoziieren Schwimmen mit Sommer und Spaß. Gleichzeitig werden Kalorien verbraucht. Wußten Sie, daß Ihr Körper im Wasser 25mal so schnell abkühlt wie in der Luft? Selbst wenn Sie sich beim Schwimmen sehr anstrengen, merken Sie es eigentlich nicht, weil Sie nicht schwitzen.

Vorteile eines Schwimmprogramms

- Sie trainieren Ober- und Unterkörper mit sämtlichen wichtigen Muskeln.
- Die Gefahr einer Verletzung beim Schwimmen ist kleiner als bei allen anderen aerobischen Übungen.
- Gelenke und Knochen werden weniger stark belastet.
- Im Schwimmbad kann man ungezwungen mit Freunden zusammensein und lernt neue Leute kennen.
- Sie können Schwimmen als Wettsport betreiben oder nicht.
- Sie können Schwimmen mit anderen Aktivitäten kombinieren, wie zum Beispiel Schnorcheln, Sporttauchen mit Flaschen und auch Strandpicknicks.

Außerdem ist ein aerobisches Schwimmprogramm für Herz und Kreislauf außerordentlich gut; das Herz wird gekräftigt und die Kapazität der

Lungen voll ausgenützt. Wenn Sie jedoch nur so ein bißchen zum Vergnügen herumschwimmen, können Sie mit diesen Konditionssteigerungen natürlich nicht unbedingt rechnen.

Aerobische Fitneß durch Schwimmen

Schnelligkeit	Kalorienverbrauch 20 Min.	30 Min.	Beitrag zur aerobischen Fitneß
Schwimmen zum Vergnügen	120	180	mittelmäßig
50 m in 1 Min. 36 Sek.	160	240	hoch
50 m in 1 Min. 15 Sek.	220	330	hoch
50 m in 1 Min.	250	375	hoch

Eine Bemerkung von Joely

Ich war anfangs keine besonders gute Schwimmerin. Ich mochte mein Gesicht einfach nicht ins Wasser tauchen, wahrscheinlich, weil ich nie gelernt hatte, wie man beim Schwimmen richtig atmet. Also versuchte ich immer krampfhaft, mein Gesicht beim Schwimmen aus dem Wasser herauszuhalten, und meine Fortschritte waren minimal. Dann fingen wir an, Tauchunterricht zu nehmen, und als erstes mußten wir das Schwimmen mit Maske und Schnorchel üben. Was für ein Unterschied! Endlich konnte ich im Wasser atmen, ohne meinen Kopf zu verdrehen. Heute schwimme ich nie mehr ohne Maske und Schnorchel. Am besten besorgt man sich Maske und Schnorchel in einem Fachgeschäft für Tauchausrüstungen, denn nicht jede Maske paßt gleich gut. Für mich haben sich die Ausgaben auf jeden Fall gelohnt. Und unsere Kinder haben natürlich viel Spaß daran, unsere Masken zu benutzen, wenn wir einen Ausflug an den Strand machen.

Ihr individueller Startplan für energiesteigerndes Schwimmen

Im folgenden sind zwei Programme für Menschen in guter gesundheitlicher Verfassung aufgeführt, die mit einem Schwimmprogramm beginnen möchten. Das erste Programm ist für Männer und Frauen unter 35 gedacht, das zweite für Menschen über 35. Wenn Ihr Arzt meint, daß diese Programme für Sie zu anstrengend sind, kann er vielleicht entsprechende Änderungen vorschlagen. Es macht überhaupt nichts, wenn man langsam anfängt und länger braucht, bis man sein Fitneßziel erreicht. Die Hauptsache ist, Sie fangen überhaupt an!

1. Programm für gesunde Anfänger unter 35

Stufe (Woche)	Aktivität	Mal pro Woche*	50-m-Strecken	Min./ 50 m	Dehnen** (Min.)	Gesamtzeit (Std.:Min.)
1	Schwimmen	4 (5)	8	1,9	20	2:21
2	Schwimmen	4 (5)	8	1,6	20	2:11
3	Schwimmen	4 (5)	10	1,5	20	2:20
4	Schwimmen	4 (5)	10	1,3	20	2:12
5	Schwimmen	4 (5)	12	1,8	20	2:46
6	Schwimmen	4 (5)	12	1,3	20	2:22
7	Schwimmen	4 (5)	14	1,4	20	2:28
8	Schwimmen	4 (5)	16	1,3	20	2:43
9	Schwimmen	4 (5)	18	1,3	20	2:54
10	Schwimmen	5	18	1,3	20	3:37
11	Schwimmen	4 (5)	20	1,2	20	2:56
12	Schwimmen	5	20	1,2	20	3:40

* Wenn Sie am 7-Tage-Programm aus Kapitel 10 teilnehmen wollen, müssen Sie erst das Einverständnis Ihres Arztes einholen. Wir stellten während unserer Kurse fest, daß die Klienten schneller an Gewicht verloren, die in der Anfangszeit noch zusätzlich aerobische Übungen machten. Wenn Sie den Grad an körperlicher Fitneß erreicht haben, der Herz und Kreislauf gesund erhält (hier in der 10. Woche) müssen Sie weiterhin mindestens fünfmal in der Woche 30 Minuten lang aerobische Übungen machen, um den Schwellenwert des Mindestgewichts, der eine Verlangsamung des Stoffwechsels auslöst, auf Dauer herabzusetzen.

** Wenn Sie sich Muskelkater und Verletzungen ersparen wollen, raten wir Ihnen zu den Dehnübungen im nächsten Kapitel.

2. Programm für gesunde Anfänger über 35

Stufe (Woche)	Aktivität	Mal pro Woche*	50-m-Strecken	Min./ 50 m	Dehnen** (Min.)	Gesamtzeit (Std.:Min.)
1	Schwimmen	4 (5)	6	2,0	20	2:08
2	Schwimmen	4 (5)	6	1,6	20	1:58
3	Schwimmen	4 (5)	8	1,6	20	2:11
4	Schwimmen	4 (5)	8	1,5	20	2:08
5	Schwimmen	4 (5)	10	1,4	20	2:16
6	Schwimmen	4 (5)	10	1,3	20	2:12
7	Schwimmen	4 (5)	12	1,3	20	2:22
8	Schwimmen	4 (5)	14	1,4	20	2:38
9	Schwimmen	4 (5)	16	1,4	20	2:50
10	Schwimmen	4 (5)	18	1,2	20	2:46
11	Schwimmen	5	18	1,2	20	3:28
12	Schwimmen	5	20	1,2	20	3:40

* Wenn Sie am 7-Tage-Programm aus Kapitel 10 teilnehmen wollen, müssen Sie erst das Einverständnis Ihres Arztes einholen. Wir stellten während unserer Kurse fest, daß die Klienten schneller an Gewicht verloren, die in der Anfangszeit noch zusätzlich aerobische Übungen machten. Wenn Sie den Grad an körperlicher Fitneß erreicht haben, der Herz und Kreislauf gesund erhält (hier in der 10. Woche), müssen Sie weiterhin mindestens fünfmal in der Woche 30 Minuten lang aerobische Übungen machen, um den Schwellenwert des Mindestgewichts, der eine Verlangsamung des Stoffwechsels auslöst, auf Dauer herabzusetzen.

** Wenn Sie sich Muskelkater und Verletzungen ersparen wollen, raten wir Ihnen zu den Dehnübungen im nächsten Kapitel.

Wenn Sie sich für einen Plan entschieden haben, sollten Sie jetzt überlegen, wie oft Sie jede Woche Ihr Schwimmprogramm absolvieren wollen. In der «Mal pro Woche»-Spalte der Tabelle drückt die erste Zahl unsere Empfehlung aus, wenn es Ihnen im wesentlichen um die Gesunderhaltung von Herz und Kreislauf geht. Die Zahl in Klammern entspricht unserer Empfehlung, wenn Sie zusätzlich noch abnehmen wollen. Um den Schwellenwert für Ihr Mindestgewicht, der eine Verlangsamung des Stoffwechsels auslöst, herabzusetzen, müssen Sie häufiger schwimmen. Beide Pläne sehen eine Dehnphase vor, die immer Teil eines ausgewogenen Körperprogramms sein sollte. Die Gesamtzeit pro Woche schließt also die Zeit für das Schwimmen und das anschließende Dehnen mit ein.

Radfahren zur Energiesteigerung

Erinnern Sie sich noch an Ihr erstes Fahrrad? David mußte sein erstes Rad mit seinem jüngeren Bruder teilen. Es war zur Zeit des Zweiten Weltkriegs, und Autos und neue Fahrräder waren nicht zu kaufen. Also hatte er nur ein gebrauchtes Rad; dennoch wird er auch heute noch an die aufregenden Zeiten seiner Kindheit erinnert, wenn er mit dem Rad unterwegs ist.

Heute gibt es Fahrräder in allen Sorten und Preislagen. Man kann wählen, wie viele Gänge man haben möchte und was für Reifen; es gibt Extras und Zubehör und besondere Kleidung für Radfahrer. Radfahren kann auch eine gesellige Aktivität sein. Es gibt Clubs, die Ausflüge und Fahrradreisen organisieren. Und wenn es im Winter zu kalt zum Radfahren wird, kann man sein Fahrrad auf einen Ständer stellen und weiterradeln. Natürlich gibt es auch Heimfahrräder für genau diesen Zweck.

Heimfahrräder als Alternative zum normalen Fahrrad

Wie für Fahrräder kann man auch für Heimfahrräder viel oder wenig Geld ausgeben. Die teuersten sind komplizierte Maschinen, die über einen Computer gesteuert werden und bei denen man die verschiedensten Schwierigkeitsgrade einstellen kann, vom langsamen Aufwärmen bis zum simulierten anstrengenden Bergauffahren. Auf der anderen Seite kann man ein einfaches Heimfahrrad mit mechanischem Zeitmesser, Kilometerzähler, Geschwindigkeitsmesser und Einstellschraube für den Schwierigkeitsgrad für verhältnismäßig wenig Geld bekommen.

Aerobische Fitneß durch Radfahren

Schnelligkeit km/Std.	Kalorienverbrauch 20 Min.	30 Min.	Beitrag zur aerobischen Fitneß
10	80	120	gering; eine gute Übung für Menschen, die sich nicht anstrengen dürfen
16	120	180	mittelmäßig
18	140	210	mittelmäßig
19	180	270	mittelmäßig
20	220	330	hoch

Vorteile des Radfahrens

- Muskeln und Gelenke werden beim Radfahren weniger belastet als beim Laufen. Bei empfindlichen Kniegelenken ist Radfahren besser als Gehen, weil weniger Gewicht auf den Knien lastet.
- Radfahren macht Spaß! Man wird an glückliche Zeiten aus der Kindheit erinnert, und außerdem kommt man viel an die frische Luft.
- Vieles können Sie mit dem Fahrrad erledigen, statt immer mit dem Auto zu fahren oder öffentliche Verkehrsmittel zu benutzen.
- Man kann allein oder mit einer Gruppe radfahren.
- Vielen macht es Spaß, mehrere Fahrräder zu besitzen und sie selbst zu reparieren.
- Es gibt viele Clubs für Radfahrer, die Ausflüge und Reisen organisieren.

Radfahren macht Spaß und hat viele gute Seiten, aber man muß darauf achten, daß man sich dabei auch ausreichend anstrengt, wenn man Herz und Kreislauf durch diesen Sport gesund erhalten will. Wie Sie aus der obigen Tabelle ablesen können, muß man mehr als 20 Kilometer pro Stunde fahren, wenn man den Fitneßansprüchen unseres Programms genügen will. Und diese Geschwindigkeit muß man beibehalten, wobei schnelles Bergabfahren natürlich nicht zählt! Auf dem Heimrad kann man den Grad des körperlichen Einsatzes einfacher ablesen.

Nachteile des Radfahrens

Radfahren auf öffentlichen Straßen als aerobischer Sport hat bestimmte Nachteile, vor allen Dingen Wetterabhängigkeit und rücksichtslose Autofahrer. Fahren Sie möglichst auf ruhigen Straßen oder besser noch auf Fahrradwegen. Sie sollten sich einen Helm besorgen, der den Kopf schützt. Sie müssen Ihr Fahrrad immer in gutem Zustand halten, um Unfälle zu vermeiden.

Ihr individueller Startplan für energiesteigerndes Radfahren

Im folgenden sind zwei Programme für Menschen in guter gesundheitlicher Verfassung aufgeführt, die mit einem Radfahrprogramm beginnen möchten. Das erste Programm ist für Männer und Frauen unter 35 gedacht, das zweite für Anfänger über 35. Selbst wenn Sie sich gesund fühlen, sollten Sie vor Beginn Ihren Arzt konsultieren. Wenn er dieses Programm für Sie zu anstrengend hält, kann er Ihnen vielleicht ein paar Änderungen vorschlagen. Es macht nichts, wenn Sie langsam anfangen und sich allmählich zu Ihrem Fitneßziel hocharbeiten. Wichtig ist, daß Sie überhaupt anfangen.

1. Programm für gesunde Anfänger unter 35

Stufe (Woche)	Aktivität	Mal pro Woche*	km	Min./ km	km/h	Dehnen** (Min.)	Gesamtzeit (Std.:Min.)
1	Radfahren	3	8	3,8	16	20	2:30
2	Radfahren	3 (5)	8	3,1	19,2	20	2:15
3	Radfahren	4 (5)	8	2,5	24	20	2:40
4	Radfahren	4 (5)	9,6	2,8	20,8	20	3:08
5	Radfahren	4 (5)	9,6	2,5	24	20	2:56
6	Radfahren	4 (5)	11,2	2,8	20,8	20	3:26
7	Radfahren	4 (5)	11,2	2,5	24	20	3:12
8	Radfahren	4 (5)	12,8	2,8	20,8	20	3:44
9	Radfahren	4 (5)	12,8	2,7	22,4	20	3:38
10	Radfahren	4 (5)	12,8	2,5	24	20	3:28

* Wenn Sie am 7-Tage-Programm aus Kapitel 10 teilnehmen wollen, müssen Sie erst das Einverständnis Ihres Arztes einholen. Wir stellten während unserer Kurse fest, daß die Klienten schneller an Gewicht verloren, die in der Anfangszeit noch zusätzlich aerobische Übungen machten. Wenn Sie den Grad an körperlicher Fitneß erreicht haben, der Herz und Kreislauf gesund erhält (hier in der 10. Woche), müssen Sie weiterhin mindestens fünfmal in der Woche 30 Minuten lang radfahren (20 Minuten auf dem Heimrad genügen), um den Schwellenwert des Mindestgewichts, der eine Verlangsamung des Stoffwechsels auslöst, auf Dauer herabzusetzen.

** Wenn Sie sich Muskelkater und Verletzungen ersparen wollen, raten wir Ihnen zu den Dehnübungen im nächsten Kapitel.

2. Programm für gesunde Anfänger über 35

Stufe (Woche)	Aktivität	Mal pro Woche*	km	Min./ km	km/h	Dehnen** (Min.)	Gesamtzeit (Std.:Min.)
1	Radfahren	3 (5)	6,4	3,8	16	20	2:12
2	Radfahren	3 (5)	6,4	3,1	19,2	20	2:00
3	Radfahren	4 (5)	8	3,8	16	20	3:20
4	Radfahren	4 (5)	8	3,1	19,2	20	3:00
5	Radfahren	4 (5)	8	2,8	20,8	20	2:50
6	Radfahren	4 (5)	9,6	2,7	22,4	20	3:03
7	Radfahren	4 (5)	9,6	2,5	24	20	2:56
8	Radfahren	4 (5)	11,2	2,8	20,8	20	3:26
9	Radfahren	4 (5)	11,2	2,7	22,4	20	3:20
10	Radfahren	4 (5)	11,2	2,5	24	20	3:12
11	Radfahren	4 (5)	12,8	2,7	22,4	20	3:34
12	Radfahren	4 (5)	12,8	2,5	24	20	3:28

* Wenn Sie am 7-Tage-Programm aus Kapitel 10 teilnehmen wollen, müssen Sie erst das Einverständnis Ihres Arztes einholen. Wir stellten während unserer Kurse fest, daß die Klienten schneller an Gewicht verloren, die in der Anfangszeit noch zusätzlich aerobische Übungen machten. Wenn Sie den Grad an körperlicher Fitneß erreicht haben, der Herz und Kreislauf gesund erhält (hier in der 10. Woche), müssen Sie weiterhin mindestens fünfmal in der Woche 30 Minuten lang radfahren (20 Minuten auf dem Heimrad genügen), um den Schwellenwert des Mindestgewichts, der eine Verlangsamung des Stoffwechsels auslöst, auf Dauer herabzusetzen.

** Wenn Sie sich Muskelkater und Verletzungen ersparen wollen, raten wir Ihnen zu den Dehnübungen im nächsten Kapitel.

Wenn Sie sich für das erste (unter 35) oder das zweite (über 35) Programm entschieden haben, sollten Sie jetzt überlegen, wie oft Sie in der Woche trainieren wollen. In der «Mal pro Woche»-Spalte der Tabelle drückt die erste Zahl unsere Empfehlung aus, wenn es Ihnen im wesentlichen um Gesunderhaltung von Herz und Kreislauf geht. Die Zahl in Klammern entspricht unserer Empfehlung, wenn Sie zusätzlich noch abnehmen wollen. Um den Schwellenwert für Ihr Mindestgewicht, der eine Verlangsamung des Stoffwechsels auslöst, herabzusetzen, müssen Sie häufiger radfahren. Beide Programme sehen eine Dehnphase vor, die immer Teil eines ausgewogenen Körperprogramms sein sollte. Die Gesamtzeit pro Woche schließt die Zeit für das Radfahren und das anschließende Dehnen mit ein.

Bei beiden Programmen haben wir 12,8 Kilometer bei einer Geschwindigkeit von 24 Kilometer pro Stunde als oberste Grenze gesetzt.

Falls Ihnen das aber nicht genug ist, können Sie natürlich schneller fahren oder auch einen Kilometer dranhängen. Benutzen Sie Ihren gesunden Menschenverstand, und achten Sie darauf, was Ihr Körper Ihnen mitteilt. Man kann sich beim Radfahren kaum verletzen, es sei denn, man wird von einem Auto angefahren oder fällt vom Rad.

Laufen/Joggen zur Energiesteigerung

Vielen begeisterten Läufern kommt es sehr darauf an, daß ein Unterschied zwischen Laufen und Joggen gemacht wird. Joggen wird als langsames (nicht schneller als schnelles Gehen) Laufen mit Betonung auf die Auf- und Abkomponente der Bewegung definiert. Andere bestehen darauf, daß man nur von Laufen sprechen kann, wenn ein Kilometer in weniger als 5,6 Minuten zurückgelegt wird. Für Wettkampfsportler sind diese Unterscheidungen wahrscheinlich sehr wichtig. Aber für uns, die wir nur fit und gesund bleiben wollen, spielt das überhaupt keine Rolle. Es kommt nur darauf an, daß man so schnell und auch lange genug joggt oder läuft, bis der Herzschlag 70 bis 80 Prozent seiner Höchstkapazität erreicht hat, und er auch 15 Minuten lang so hoch bleibt. Wir haben deshalb Laufen und Joggen in einer Kategorie zusammengefaßt. Die Vorteile dieser sportlichen Aktivität, wie auch immer Sie sie nennen, sind beträchtlich.

Aerobische Fitneß durch Laufen/Joggen

Schnelligkeit	Kalorienverbrauch 20 Min.	30 Min.	Beitrag zur aerobischen Fitneß
1 km in 7,5 Min.	160	240	hoch
1 km in 6,9 Min.	200	300	hoch
1 km in 6,3 Min.	220	330	hoch

Was zu bedenken ist

Um Verletzungen beim Laufen/Joggen zu vermeiden, ist es sehr wichtig, daß Sie sich genug Zeit zum Aufwärmen geben. Außerdem hat man herausgefunden, daß bereits falsche Aufwärmübungen Verletzungen verursachen können. Manche Menschen zum Beispiel wärmen sich vor dem Joggen auf, indem sie die Muskeln schnell anspannen und entspannen. Wenn die Muskeln aber noch nicht geschmeidig sind, können diese «Aufwärmübungen» selbst schon zu Muskelzerrungen führen.

Am besten kann man sich mit ein paar Minuten normalem Gehen vor dem Joggen aufwärmen, und wenn Sie schon in guter körperlicher Verfassung sind, können Sie auch mit einem langsamen Joggen anfangen, das Sie dann allmählich zu Ihrer normalen Geschwindigkeit steigern. Nach Ihrem Lauf sollten Sie sich abkühlen, indem Sie mindestens fünf Minuten lang wieder normal gehen.

Ein Problem beim Laufen liegt in der starken Belastung der Gelenke. Gute Schuhe können da viel ausrichten; viele Sportclubs haben auch Laufstrecken, die eine federnde Oberfläche haben. Es ist für die Gelenke gesünder, auf Gras oder Waldboden zu laufen; allerdings besteht da die Gefahr, daß man Unebenheiten übersieht und sich verletzt.

Die Möglichkeit einer Verletzung auf ein Minimum beschränken: Die Alexander-Technik

Wenn man Verletzungen vermeiden und gleichzeitig die eigene Leistung verbessern möchte, sollte man lernen, wie man sich richtig und geschmeidig bewegt. Wir haben deshalb vor kurzem begonnen, die Alexander-Technik anzuwenden. Diese Methode ist zwar nicht nur für das Herz-Kreislauf-Training gedacht, aber sie kann uns helfen, beim aerobischen Training Verletzungen vorzubeugen.

Langjährige Forschung und eine Vielzahl klinischer Erfahrungen sprechen für die vielfältige Wirksamkeit dieser Methode:

- Der Patient lernt chronische körperliche Anspannung abzubauen;
- die Ausrichtung der Wirbelsäule und die Körperhaltung werden verbessert;
- die Koordination der Muskeln wird verbessert;
- der Muskeltonus wird verbessert;
- unerwünschte unbewußte Muskelreaktionen auf körperliche und emotionelle Reize werden durch positive ersetzt.

Die Alexander-Technik läßt sich nur schwer mit Worten beschreiben, auch wenn man sie gelernt hat. Man muß sie selbst erfahren, um sie ganz zu verstehen.

Diese Methode wurde zu Beginn dieses Jahrhunderts von F. Matthias Alexander, einem australischen Schauspieler, entwickelt, der immer wieder seine Stimme verlor, wenn er öffentlich auftrat. Da die Ärzte ihm nicht helfen konnten, fing er an, sich selbst beim Sprechen im Spiegel zu beobachten. Ihm fiel auf, daß er beim Sprechen häufig Druck auf seine

Wirbelsäule ausübte, indem er seinen Kopf nach hinten und unten bewegte. Er entwickelte eine Methode, wie er diese Haltung bewußt unterbinden konnte, und stellte dabei fest, welche Möglichkeiten sich eröffnen, wenn man «das Selbst zur Hilfe nehmen» kann, wie er es nannte, und zwar auf eine neue, sehr wirkungsvolle Weise. Daraus entwickelte sich schließlich die Alexander-Technik, die in festgelegten Schritten aufzeigt, wie man unerwünschte körperliche Reaktionen durch positive ersetzen kann.

Viele berühmte Leute sind Anhänger dieser Methode geworden, unter ihnen Aldous Huxley, George Bernard Shaw und John Dewey, der berühmte amerikanische Philosoph und Pädagoge. Er begann mit dem Studium der Alexander-Technik, als er schon 58 Jahre alt war, und behauptete, daß er ihr die gute Gesundheit und Vitalität seiner nächsten 35 Lebensjahre verdankte.

Trotz der Forschung, die auf diesem Gebiet stattgefunden hat, trotz der gesammelten klinischen Daten und der Aussagen derer, die diese Methode anwenden, wurde die Alexander-Technik bis vor kurzem beinahe nur in den Vereinigten Staaten gelehrt. Jeder, der regelmäßig einen körperlich anstrengenden Sport treibt, sollte einen Kurs in der Alexander-Technik absolvieren, damit er lernt, wie er sich auch bei körperlichen Belastungen entspannt bewegen und Verletzungen vermeiden kann. Wir haben dadurch die Wirkung unserer Dehnübungen vertiefen können und festgestellt, daß wir auch bei unseren Visualisierungen größere Fortschritte machen.

Zum Zweck der Förderung und Verbreitung der Alexander-Technik wurde Anfang 1984 in Freiburg die «Gesellschaft der Lehrer der F. M. Alexander Technik e. V.» (GLAT) gegründet. Sie ist die Vereinigung der in Deutschland arbeitenden Alexander-Technik-Lehrer, die in einer von der «Society of Teachers of the Alexander Technique», London (STAT, gegründet von F. M. Alexander selbst), anerkannten Ausbildungsklasse qualifiziert wurden. Eine entsprechende Gesellschaft wurde auch in der Schweiz gegründet. Bei beiden können Sie eine Liste der im jeweiligen Land arbeitenden qualifizierten Lehrer erhalten. (GLAT, Postfach 5312, D-7800 Freiburg / SVLAT, Apollostr. 8, CH-8032 Zürich).

Ihr individueller Startplan für energiesteigerndes Laufen/ Joggen

Im folgenden sind zwei Programme für Menschen in guter gesundheitlicher Verfassung zusammengestellt, die mit einem Jogging-Programm beginnen möchten. Das erste Programm ist für Männer und Frauen unter 35 gedacht; das zweite gilt für Anfänger über 35. Sie sollten diese Programme auf jeden Fall mit Ihrem Arzt durchsprechen, auch wenn Sie gesund sind. Wenn er den Plan für Ihre derzeitige körperliche Verfassung als zu anstrengend beurteilt, kann er vielleicht Änderungen vorschlagen. Es macht nichts, wenn Sie langsam anfangen und sich erst allmählich zu körperlicher Fitneß hinaufarbeiten. Hauptsache ist, Sie fangen überhaupt an!

1. Programm für gesunde Anfänger unter 35

Stufe (Woche)	Aktivität	Mal pro Woche*	km	Min./ km	Abkühl. (Min.)	Dehnen** (Min.)	Gesamtzeit (Std.:Min.)
1	Gehen	3 (5)	3,2	9,4	0	20	2:30
2	Gehen	3 (5)	4,8	9,4	0	20	3:15
3	Gehen/ Joggen	4 (5)	3,2	8,1	5	20	3:24
4	Gehen/ Joggen	4 (5)	3,2	7,5	5	20	3:16
5	Joggen	4 (5)	3,2	6,9	5	20	3:08
6	Joggen	4 (5)	3,2	6,3	5	20	3:00
7	Joggen	5	3,2	6,3	5	20	3:45
8	Joggen	4 (5)	4	6,3	5	20	3:20
9	Joggen	4 (5)	4	5,9	5	20	3:15
10	Joggen	4 (5)	4,8	5,6	5	20	3:28

* Wenn Sie am 7-Tage-Programm aus Kapitel 10 teilnehmen wollen, müssen Sie erst das Einverständnis Ihres Arztes einholen. Wir stellten während unserer Kurse fest, daß die Klienten schneller an Gewicht verloren, die in der Anfangszeit noch zusätzlich aerobische Übungen machten. Wenn Sie den Grad an körperlicher Fitneß erreicht haben, der Herz und Kreislauf gesund erhält (hier in der 10. Woche), müssen Sie weiterhin fünfmal in der Woche mindestens 20 Minuten am Tag laufen, um den Schwellenwert des Mindestgewichts, der eine Verlangsamung des Stoffwechsels auslöst, auf Dauer herabzusetzen.

** Wenn Sie sich Muskelkater und Verletzungen ersparen wollen, raten wir Ihnen zu den Dehnübungen im nächsten Kapitel.

2. Programm für gesunde Anfänger über 35

Stufe (Woche)	Aktivität	Mal pro Woche*	km	Min./ km	Abkühl. (Min.)	Dehnen** (Min.)	Gesamtzeit (Std.:Min.)
1	Gehen	3 (5)	3,2	10,6	0	20	2:24
2	Gehen	3 (5)	4	10,6	0	20	3:08
3	Gehen	3 (5)	4,8	10,3	0	20	3:29
4	Gehen/ Joggen	4 (5)	3,2	8,1	5	20	3:24
5	Gehen/ Joggen	4 (5)	3,2	7,5	5	20	3:16
6	Joggen	4 (5)	3,2	6,9	5	20	3:08
7	Joggen	4 (5)	3,2	6,3	5	20	3:00
8	Joggen	5	3,2	6,3	5	20	3:45
9	Joggen	4 (5)	4	6,3	5	20	3:20
10	Joggen	4 (5)	4,8	6,3	5	20	3:40

* Wenn Sie am 7-Tage-Programm aus Kapitel 10 teilnehmen wollen, müssen Sie erst das Einverständnis Ihres Arztes einholen. Wir stellten während unserer Kurse fest, daß die Klienten schneller an Gewicht verloren, die in der Anfangszeit noch zusätzlich aerobische Übungen machten. Wenn Sie den Grad an körperlicher Fitneß erreicht haben, der Herz und Kreislauf gesund erhält (hier in der 10. Woche), müssen Sie weiterhin fünfmal in der Woche mindestens 20 Minuten am Tag joggen, um den Schwellenwert des Mindestgewichts, der eine Verlangsamung des Stoffwechsels auslöst, auf Dauer herabzusetzen.

** Wenn Sie sich Muskelkater und Verletzungen ersparen wollen, raten wir Ihnen zu den Dehnübungen im nächsten Kapitel.

Wenn Sie sich für das erste (unter 35) oder das zweite (über 35) Programm entschieden haben, sollten Sie jetzt überlegen, wie oft Sie in der Woche joggen wollen. In der «Mal pro Woche»-Spalte der Tabelle drückt die erste Zahl unsere Empfehlung aus, wenn es Ihnen im wesentlichen um die Gesunderhaltung von Herz und Kreislauf geht. Die Zahl in Klammern entspricht unserer Empfehlung, wenn Sie zusätzlich noch abnehmen wollen. Um den Schwellenwert für Ihr Mindestgewicht, der eine Verlangsamung des Stoffwechsels auslöst, herabzusetzen, müssen Sie häufiger joggen. Beide Programme sehen eine Dehnphase vor, die immer Teil eines ausgewogenen Körperprogramms sein sollte. Die Gesamtzeit pro Woche schließt den Zeitaufwand für das Joggen, das Abkühlen und das Dehnen mit ein.

Langlauf zur Energiesteigerung

Eine Stunde Skilanglauf ist ein ausgezeichneter Ersatz für jede Art von aerobischer Übung. Sie wissen danach, was Sie getan haben, und brauchen keine Tabelle, um Ihre aerobische Leistung abzulesen. Sie trainieren dabei nicht nur Ihre Beinmuskeln, sondern auch Oberkörper und Arme. Langlauf ist ein wunderbarer Sport für die ganze Familie und sehr viel ungefährlicher, als Pisten hinunterzurasen.

Vorteile des Langlaufs

- Langlauf wirkt aerobischer als joggen, weil mehr Muskeln daran beteiligt sind.
- Langlauf läßt sich leichter erlernen als Skifahren.
- Man kann allein oder mit Freunden und Familie Langlaufen gehen.
- Man kann sich einem Club für Langläufer anschließen, der Touren und Reisen veranstaltet.
- Man kann Langlauf als Wettkampfsport betreiben.

Wie schnell? Wie weit?

Diese zwei Fragen werden von Anfängern häufig gestellt. Wie schnell sollte ich sein? Wie weit sollte ich kommen? Auf diese Fragen gibt es keine eindeutigen Antworten. Die Schnelligkeit hängt allein davon ab, in welcher körperlichen Verfassung Sie sind. Sie müssen sich schnell genug bewegen, daß Ihre energieproduzierende Herzschlagrate (EPHR) auf 70 bis 80 Prozent der maximalen Herzschlagrate ansteigt und dort auch 15 Minuten lang verbleibt. Es ist nicht unbedingt besser, wenn Sie eine höhere EPHR erreichen; nicht immer ist wenig gut und mehr besser! Wenn Ihre EPHR 70 bis 80 Prozent des Maximums erreicht hat, verbrennt der Körper mehr Fett als Zucker.

Es kommt sehr auf die Zeit an, die Ihnen für Ihre aerobischen Übungen zur Verfügung steht, wenn Sie sich überlegen, welche Strecken Sie dabei zurücklegen sollen. Sie sollten 70 bis 80 Prozent der maximalen Herzschlagrate 15 Minuten lang aufrechterhalten, und Sie brauchen mindestens fünf Minuten, um das zu erreichen. Das absolute Minimum an Zeit, das Sie also pro Mal brauchen, sind 20 Minuten (30 Minuten, wenn Sie schnell gehen). Der Körper zieht in dieser halben Stunde zwei Drittel seiner Energie aus der Verbrennung von Körperfett.

Schnelles Energietanken, Nr. 14
Fünf Minuten lang «Aufladen» vor aerobischen Übungen

Schritt 1: Vorbereitung

Ziehen Sie sich schon mal Ihre Sportkleidung an, damit Sie gleich nach diesen fünf Minuten anfangen können. Sie können sich für das «Aufladen» auch mehr Zeit nehmen. Es kann zu Hause gemacht werden oder da, wo Sie mit Ihren Übungen anfangen, zum Beispiel auf einer Bank neben dem Schwimmbecken oder an eine Wand gelehnt, dort, wo Sie immer mit dem Joggen beginnen.

Schritt 2: Sich einstimmen

Schließen Sie die Augen, und atmen Sie langsam und tief durch die Nase ein; fühlen Sie, wie sich dabei erst der Bauch, dann die Mitte und dann der Oberkörper ausdehnt. Sie heben die Schultern leicht an, damit noch mehr Sauerstoff in die Lungen gelangen kann. Halten Sie die Luft an, während Sie bis vier zählen, und atmen Sie dann langsam durch den Mund aus. Beim Ausatmen spüren Sie, wie die Schultern sich lockern und nach unten sinken und wie Ihr Oberkörper sich entkrampft und entspannt. Sagen Sie sich: «Es ist richtig, daß ich mir täglich diese Zeit nehme, um mich wieder aufzutanken. Je mehr Sauerstoff ich aufnehmen kann, desto gesünder, vitaler und produktiver fühle ich mich.»

Schritt 3: Rückwärts zählen

Sie halten die Augen geschlossen, atmen tief ein und langsam wieder aus. Stellen Sie sich vor Ihrem geistigen Auge jeden Muskel Ihres Körpers vor; Sie stellen fest, daß Sie jetzt schon etwas entspannter sind als vor dem ersten tiefen Atemzug. Mit dem nächsten tiefen Atemzug beginnen Sie rückwärts zu zählen. Atmen Sie ein, und sagen Sie «fünf», atmen Sie aus und sagen Sie wieder «fünf». Dann stellen Sie sich vor, wie Sie langsam fünf Treppen hinunterschreiten, mit jedem Atemzug eine. Mit jeder Stufe, mit jedem Atemzug sind Sie entspannter als vorher.

Nachdem Sie fünfmal tief ein- und ausgeatmet haben, also am Fuß der Treppe angekommen sind, stellen Sie sich vor, wie Sie durch einen wunderschönen, warmen, grünen, üppigen und einladenden Wald gehen. Sie gehen auf einen kristallklaren Teich zu und legen sich in das weiche Gras am Ufer. Sie sind allein, fühlen sich vollkommen sicher und entspannt. Die Sonne wärmt angenehm, und Sie fühlen sich vollkommen wohl.

Schritt 4: Vertiefen der Erinnerung

Achten Sie darauf, wie es sich anfühlt, wenn Sie entspannt und hellwach zugleich sind. Sagen Sie sich: «Jedesmal, wenn ich von fünf bis eins gezählt habe, befinde ich mich in einem Bewußtseinszustand, wo ich mein innerstes Selbst als noch entspannter und kreativer empfinde als das letztemal.»

Schritt 5: Die innere Energie spüren

Sie atmen jetzt normal und achten besonders auf die Geräusche und Empfindungen Ihres Körpers. Denken Sie daran, daß Ihr Körper ein Energiesystem ist, das aus einem verzweigten Netzwerk vibrierender Energiefäden besteht. Lassen Sie diese Fäden in Harmonie vibrieren, und fühlen Sie, wie diese Harmonie Ihnen den Eindruck der Ganzheit vermittelt. Wenn Ihnen andere Gedanken kommen, verhalten Sie sich wie ein Beobachter von außen. Lassen Sie diese Gedanken kommen und gehen, ohne ihnen Aufmerksamkeit zu schenken, ohne sie zu beurteilen. Konzentrieren Sie sich weiterhin auf die Schwingungen Ihrer Energiefäden.

Schritt 6: Energieprogrammierung

Atmen Sie langsam und tief, und stellen Sie sich vor, wie Sauerstoff in jede Zelle Ihres Körpers eindringt. Müdigkeit und Angespanntsein fallen von Ihnen ab, und Sie sind entspannt und wach. Mit jedem Atemzug atmen Sie Energie ein und Müdigkeit und Streß aus. Stellen Sie sich vor, daß die Energie Ihren Körper wie ein reines weißes Licht durchdringt.

Sie befinden sich jetzt mit jedem Aspekt Ihres Selbst in vollkommener Harmonie, sind entspannt und wach zugleich und stellen sich nun vor, wie Sie mühelos und mit Freude Ihre Übungen machen. Sagen Sie sich beim Einatmen: «Ich werde täglich in jeder Beziehung . . .» und beim Ausatmen: «. . . stärker und gesünder.» Fahren Sie mit diesen Atemübungen fort, bis Ihnen eine innere

Stimme sagt, daß Sie jetzt mit dem Herz-Kreislauf-Training beginnen können.

Schritt 7: Zurückkehren – der letzte Ansporn

Sagen Sie sich: «Ich bin voller Energie.» Fühlen Sie, wie Sie mit allen schwingenden Energiefäden, die die kreative Macht ausmachen, harmonieren. Machen Sie sich bewußt, daß Sie eins sind mit dem unendlichen Energienetzwerk des Universums und daß Sie jederzeit durch Ihre sportlichen Aktivitäten einen Überfluß dieser Energie zur Verfügung haben. Sagen Sie sich: «Mein Körper ist bereit, die Energie, die er zum Laufen (Schwimmen, Gehen, Radfahren) braucht, aus dem universalen Vorrat anzunehmen.» Achten Sie auf Ihr Atmen. Wenn Sie bereit sind, öffnen Sie die Augen, strecken Sie sich einmal gründlich, und beginnen Sie fröhlich mit Ihrem täglichen Übungsprogramm, in dem Wissen, daß Sie Ihre Energie dadurch steigern und sich besser fühlen werden als vorher.

Schnelles Energietanken, Nr. 15
Geistige Unterstützung des Herz-Kreislauf-Trainings

Sich einstellen

Während Sie mit Ihren Übungen beginnen, sagen Sie sich: «Wenn ich trainiere, befinde ich mich in einem Zustand totalen Bewußtseins, in dem mein Körper einen unendlichen Strom hochenergetischer Moleküle herstellt.»

Sich konzentrieren

Sie wiederholen im stillen für sich oder hörbar: «Ich beherrsche meinen Körper vollkommen.» Wiederholen Sie das so lange, bis Sie merken, daß Ihre Muskeln warm und locker sind (etwa fünf Minuten).

Beachten Sie bitte: Sie müssen nicht die gleichen Worte verwenden, sondern können sich Ihre eigene Aussage ausdenken, sofern sie kurz und präzise ist. Wichtig ist, daß Sie Ihre Aufmerksamkeit auf Ihre körperliche Aktivität richten, und zwar bewußt und konzentriert. Wir verwenden nur zur Abwechslung verschiedene Sätze, wie zum Beispiel: «Ich werde mit jedem Schwimmstoß (Schritt, Tritt) stärker und gesünder.»

Körper-Scanning

Wenn Sie konzentriert und die Muskeln warm sind, fangen Sie an, mit Ihrem geistigen Lichtstrahl jeden Muskel, jedes Gelenk und jeden Knochen im Körper abzutasten. Werden Sie sich der Empfindungen in den Zehen, im Fußballen, in den Gelenken, Waden, Oberschenkeln etc. bewußt. Gehen Sie jeden Quadratzentimeter Ihres Körpers durch bis hinauf zur Kopfhaut, und registrieren Sie jedes Gefühl. Danach versuchen Sie sich während Ihres aerobischen Trainings alle Empfindungen Ihres Körpers gleichzeitig bewußt zu machen, ohne sie aber zu beurteilen.

Bewußtmachen der Umgebung

Konzentrieren Sie Ihre Aufmerksamkeit jetzt auf alle Geräusche, Gerüche und Bilder um sie herum, während Sie Ihre Übungen machen. Wenn Sie schwimmen, spüren Sie das Wasser auf der Haut; während Sie gehen, joggen oder radfahren, riechen und schmecken Sie die Luft, die Sie umgibt. Sie hören jedes Geräusch, sehen und fühlen alles, was um Sie herum vorgeht. Denken Sie daran, daß Sie offen und konzentriert zugleich sein wollen, um die Reaktionen Ihres Körpers und Geistes und alles, was Sie umgibt, gleichzeitig bewußt zu erleben, Gefühle, Geräusche, körperliche Empfindungen und Gedanken. Halten Sie sich mit keinerlei Beurteilungen dieser Empfindungen und Gedanken auf, sondern lassen Sie sie vorüberziehen, wie kleine weiße Wolken.

Das Einstimmen von Muskeln und Gelenken

Ihre Bewegungen werden müheloser, sobald Sie diesen Zustand des vollkommenen Bewußtseins erreicht haben. Schnellgehen, Joggen, Schwimmen und Radfahren fällt Ihnen leichter. Jetzt richten Sie Ihr geistiges Augenmerk auf die Zehen und sagen sich: «Meine Zehen befinden sich in vollkommener Harmonie mit den Energieschwingungen meines ganzen Körpers.» Spüren Sie, wie die Energieschwingungen Ihrer Zehen auf die Gesamtheit des

Körpers eingestimmt werden, so wie ein Musiker sein Instrument für eine Orchestervorführung stimmt. Fühlen Sie, wie angenehm es ist, wenn die Energieschwingungen der Zehen mit denen des ganzen Körpers harmonieren? Machen Sie die gleiche mentale Übung für die Fußballen, den ganzen Fuß, die Fußknöchel, die Waden, die Schienbeine, die Knie bis hinauf zur Kopfhaut.

Energietanken

Körper und Geist sind nun eingestimmt und kommunizieren in Harmonie miteinander. Jetzt beleuchten Sie in Ihrer Vorstellung jede Zelle Ihres Körpers und sagen sich: «Mit jedem Schwimmstoß (Schritt, Tritt) produzieren meine Zellen mehr ATP-Energiemoleküle. Mit jedem Augenblick meines Trainings werde ich gesünder und stärker.» Machen Sie sich bewußt, wie Sie langsam immer mehr Energie zur Verfügung haben, wie Sie sich den Prozeß der Energieproduktion, der in Ihnen vorgeht, immer konkreter vorstellen können. Sagen Sie sich: «Ich fühle mich jedesmal ausgezeichnet, wenn ich körperlich aktiv bin.»

Alternativen

Um alle Vorteile dieser «Konzentrationsmethode» zu spüren, müssen Sie nicht jedesmal, wenn Sie Ihr Herz-Kreislauf-Training machen, alle Schritte durchgehen, die wir hier beschrieben haben. Sie müssen allerdings jedesmal mit «Sich einstellen» und mit «Konzentrieren» beginnen. Danach können Sie zwischen «Körper-Scanning», «Bewußtmachen der Umgebung» und «Einstimmen von Muskeln und Gelenken» oder einer Kombination wählen. Sie sollten jedoch Ihre Übungen immer mit «Energietanken» beenden.

21 Dehnen für maximale Energie

Was geschieht mit der Gelenkigkeit und der Energie, mit der wir alle geboren wurden? Müssen wir einfach akzeptieren, daß sie mit der Zeit immer mehr abnimmt?

Auf keinen Fall!

Energie, Gelenkigkeit und Sauerstoff

Regelmäßiges Training für Herz und Kreislauf wird Sie zwar mit mehr Energie versorgen, weil mehr ATP-Moleküle hergestellt werden; Sie werden dadurch aber nicht gelenkiger und geschmeidiger werden, ja noch nicht einmal den Abbau der Flexibilität aufhalten können.

Es ist eine physiologische Tatsache, daß die Muskeln bei Körperbewegungen verkürzt und zusammengezogen werden. Ein zusammengezogener Muskel kann aber das Blut weniger leicht aufnehmen, und da das Blut den Sauerstoff transportiert, heißt das auch, daß die Muskeln während eines Körpertrainings nicht viel Sauerstoff erhalten. Schlechte Durchblutung kann Muskelschmerzen verursachen, der Muskel zieht sich daraufhin automatisch noch mehr zusammen, die Schmerzen werden stärker, ein wahrer Teufelskreis. Dehnen (Stretching) dagegen fördert die Blutzirkulation.

Auch die Gelenke werden von zu stark angespannten Muskeln beansprucht. Wenn ein Gelenk, sei es Knie, Ellbogen oder Handgelenk, von angespannten Muskeln umgeben ist, kann es sich natürlich nicht normal frei bewegen. Der Körper kompensiert diese Einschränkung, indem er ein anderes Gelenk stärker belastet. Auf diese Weise wird aber die normale Ausrichtung des Körpers verändert, und die Folge ist, daß bestimmte Teile, die jetzt mehr belastet sind, noch verkrampfter reagieren als vorher.

Glücklicherweise kann man aber seine Gelenkigkeit in jedem Alter durch Dehnübungen zurückgewinnen.

Die fünf Ziele Ihres Dehnprogramms

1. Mehr sauerstoffreiches Blut in die Muskeln zu befördern und mehr Energie zu produzieren. Außerdem Verletzungen und Zerrungen als Folge von aerobischen Übungen durch die heilenden Dehnbewegungen zu vermeiden.
2. Gelenkiger, geschmeidiger in den Bewegungen zu werden und einen besseren Muskeltonus zu bekommen.
3. Zu lernen, wie man die Muskeln vollkommen entspannen kann; Geist und Körper profitieren vom Nachlassen der Anspannung.
4. Zu lernen, wie man Drüsen und innere Organe so stimulieren kann, daß sie besser funktionieren. Das ist besonders wichtig für die Verdauungsorgane.
5. Atemtechniken zu lernen, die zu besseren körperlichen Leistungen führen.

Yoga, ein über Jahrtausende bewährtes Programm, um gelenkig zu bleiben

Yoga, das Dehnprogramm, das wir empfehlen, ist das älteste Körperprogramm dieser Art, das es gibt. Ein Hauptziel ist die Unterbrechung des Teufelskreises, der einsetzt, wenn man körperlich wenig aktiv ist. Mangelnde Aktivität hat eine Versteifung der Wirbelsäule zur Folge, was wiederum bewirkt, daß man noch weniger tut.

Ein Dehnprogramm ist nicht das gleiche wie Gymnastik.

Wenn Sie jemals irgendeine Art von Gymnastik gemacht haben, werden Ihnen einige der Yogaübungen bekannt vorkommen. Die Ähnlichkeit ist aber nur sehr oberflächlich; Yogaübungen sind weitaus wirkungsvoller, wenn es um die Gelenkigkeit des Körpers geht, um Abbau von Verkrampfungen und eine vermehrte Versorgung der Muskeln mit sauerstoffreichem Blut. Gymnastik besteht häufig aus schnellen Bewegungen, die die Muskeln regelmäßig stark belasten; die Betonung liegt dabei auf der Bewegung. Beim Yoga kommt es nicht auf die Bewegung an, sondern auf bestimmte Positionen, bei denen verschiedene Muskelgruppen sanft gestreckt und danach ebenso langsam und vorsichtig wieder in die Ausgangsposition gebracht werden.

Stellen Sie sich ein Gummiband vor: Bei der Gymnastik wird das Gummiband schnell gedehnt, und danach läßt man es ebenso schnell wieder in die alte Position zurückschnellen. Beim Yoga wird das Gummiband langsam gedehnt, im gedehnten Zustand gehalten und danach langsam wieder entspannt. Für Muskeln und Wirbelsäule sind Yogaübungen ideal, weil sie bewegt werden, ohne daß die Gefahr einer Verletzung besteht wie bei einer schnellen Gymnastik.

Die Vorteile eines Dehnprogramms, das auf Yoga basiert

Körperlich
Geschmeidigere Muskeln
Straffe Haut
Gesteigerte Energie und Vitalität
Erhöhte Geschmeidigkeit und Gelenkigkeit des Körpers
Bessere Haut und jüngeres Aussehen
Stärkere, sauberere Lungen
Normaler Stuhlgang
Normales Gewicht
Fester Körper
Verbesserte Durchblutung

Psychisch
Gefühl inneren Friedens
Ausgeglichenheit
Fähigkeit, sich vollkommen zu entspannen
Abbau von Anspannung und Nervosität
Positiveres Selbstbild
Besserer Schlaf

Das Risiko, sich durch Yogaübungen zu verletzen, ist minimal. Unser Programm besteht aus Positionen, bei denen verschiedene Muskelgruppen vorsichtig gedehnt werden, während man sich auf Entspannung und richtiges Atmen konzentriert. Yogaübungen mit dem Ziel, gelenkig zu bleiben und die Muskeln problemlos zu strecken, sollten immer langsam und behutsam gemacht werden.

Achtung: Wenn Sie gesundheitliche Probleme oder Verletzungen haben, sollten Sie immer erst das Einverständnis Ihres Arztes einholen, bevor Sie mit Yogaübungen anfangen.

6000 Jahre Erfahrung

Yoga ist eine Methode, die über 6000 Jahre entwickelt und getestet wurde, und von jedermann, gleich welcher Religion, ausgeübt werden kann. Die Art von Yoga, um die es uns hier geht, Hatha Yoga, ist die älteste Körperkultur der Welt. Westliche Wissenschaftler und Ärzte haben in den letzten Jahren die Wirkung von Hatha Yoga mit modernen Methoden und Geräten gemessen und immer wieder festgestellt, daß regelmäßige Yogaübungen wichtige physiologische und psychische Änderungen hervorrufen.

Joelys Yoga-Geschichte

Vor etwa 16 Jahren machte ich meine ersten Erfahrungen mit Yoga, als ich einen Kurs beim örtlichen Sportverein belegte. Mir gefiel der Kurs gut, allerdings war ich enttäuscht, daß ich lange nicht so gelenkig war, wie ich mir immer eingebildet hatte. Ich war als Kind sportlich ziemlich aktiv und auch als Jugendliche im Sportverein gewesen. Es war mir nie in den Sinn gekommen, daß mein Körper mit der Zeit sich vielleicht auch mehr verkrampfte und an Gelenkigkeit verlor; ich hatte mir eingebildet, daß sich da nie etwas ändern würde.

Es war ein trauriges Erwachen, als ich noch nicht einmal einige der einfacheren Positionen mit Beugen und Strecken meistern konnte, wenigstens nicht so gut, wie ich erwartet hatte. Das schlimmste war die Stretch-Position mit ausgestreckten Beinen (später in diesem Kapitel abgebildet). Bei dieser Übung sitzt man mit ausgestreckten Beinen auf dem Boden, beugt sich nach vorne und berührt mit der Stirn die Knie. Ich konnte meinen Kopf trotz aller Anstrengung nicht in die Nähe meiner Knie bringen, schaffte vielleicht gerade ein Drittel der Strecke. Und ich war doch erst Anfang 20 und hatte mich immer für körperlich fit gehalten!

Schlimmer war noch, daß eine Frau in den Fünfzigern neben mir saß, die mit ihrer Stirn mühelos ihre durchgedrückten Knie berührte, so als ob sie ein Scharnier in den Hüftgelenken hätte. Ich unterhielt mich später mit ihr und erfuhr, daß sie seit ein paar Jahren Yoga machte. Sie beruhigte mich und meinte, daß sie vorher genausowenig gelenkig gewesen sei wie ich.

Vor ungefähr zehn Jahren überredete mich David, doch wieder mit Yoga anzufangen. Zur selben Zeit stellte ich auch meine Ernährungsweise um und glich sie der an, die wir in Kapitel 7 bis 13 beschreiben. Ich versuchte, Perioden extremer Müdigkeit am Vormittag und am Nachmittag durch kleine Mahlzeiten sechsmal am Tag zu bekämpfen. Ich aß Obst oder ein Magerjoghurt etwa um halb zehn morgens und halb vier nachmittags und nahm auch abends nach dem Abendessen noch eine Kleinigkeit zu mir. David stellte schon einen Wecker, um mich daran zu erinnern, denn mir wurde es beinahe zuviel, und häufig dachte ich nur: «Muß ich denn schon wieder etwas essen?»

Nach zwei Monaten Yoga und neuer Ernährungsweise fühlte ich mich plötzlich viel vitaler. Ich hatte meine Ernährung zwar nicht umgestellt, um abzunehmen, dennoch merkte ich, daß mir die Kleider nur noch lose am Körper hingen. Ich hatte zehn Pfund abgenommen, ohne mich darum zu bemühen! Ich glaube, daß die neue Ernährungsweise und die Yogaübungen gemeinsam für meine gesteigerte Energie und mein vermindertes Gewicht verantwortlich waren. Ohne es zu wissen, hatte ich schon einen Teil des «Nie mehr müde»-Programms am eigenen Leib ausprobiert. Heute bin ich gelenkiger als vor 17 Jahren.

Richtiges Atmen bringt mehr Sauerstoff. Das Wort Hatha besteht aus den zwei Sanskritsilben ha und tha. Ha bedeutet wörtlich «Sonne», kann aber auch als «das Atmen durch das rechte Nasenloch» interpretiert werden. Tha bedeutet wörtlich «Mond» oder auch «das Atmen durch das linke Nasenloch». Hatha Yoga heißt also «die Vereinigung von linkem und rechtem Atmen». Körperlich ausgerichtetes Yoga oder Hatha Yoga legt großen Wert auf kontrolliertes Atmen bei Streckübungen, Bewegungen oder Meditation. Sie werden sehen, daß kontrolliertes Atmen ein wichtiger Teil des Dehnprogramms ist. Es ist notwendig, wenn man mehr Sauerstoff über die Lungen aufnehmen möchte, und hilft gleichzeitig auch beim Entspannen der Muskeln, damit sauerstoffreiches Blut ungehindert jeden Teil des Körpers erreichen kann.

Die Bedeutung der Geist-Körper-Verbindung

Was Sie vor und während der Stretchübungen visualisieren, ist ebenso wichtig wie die Bewegungen selbst. Ihr Ziel ist die geistige Beherrschung des Körpers. Um das zu erreichen, müssen Sie kontrolliertes Atmen lernen ebenso wie verschiedene Visualisierungsmethoden, die die körperliche Leistung verbessern. Sogar in der modernen Sportmedizin wird der Wert der Visualisierung anerkannt. Viele Olympiasportler haben gelernt, kurz vor dem Wettkampf zu visualisieren, was vor ihnen liegt. Sie wissen auch, wie sie durch kontrolliertes Atmen ihren Körper besser beherrschen können. Letztendlich sind Körper und Geist eins.

Elf Wege zum richtigen Dehnen

Wenn Sie folgenden Ratschlägen für Körper und Psyche folgen, werden Sie optimal vom Dehnprogramm profitieren:

1. Die Umgebung ist wichtig. Suchen Sie sich einen ruhigen Ort, wo Sie allein sein können. Machen Sie Ihre Übungen auf einem dicken Teppich oder einer weichen Matte. Viele Yogapositionen sind unbequem, wenn man sie auf einem harten Boden einnimmt.

2. Vernünftige Zielsetzung. Die Ziele werden beim Yoga anders gesteckt als zum Beispiel bei normaler Gymnastik. Es kommt hier nicht darauf an, wie oft oder wie schnell, sondern eher, wie langsam und gründlich man eine Bewegung ausführen kann. Sie sollten beim Yoga auch versuchen, mit Ihren Gedanken ganz dazusein, und die Bewegungen nicht nur körperlich ausführen, während Sie an etwas ganz anderes denken. Unvernünftige Ziele können schnell zu Muskelzerrungen führen.

3. Genügend Raum zur freien Bewegung. Wenn Sie überlegen, wo Sie Ihre Yogaübungen machen wollen, sollten Sie berücksichtigen, daß Sie sich nach allen Richtungen frei ausstrecken können. Wenn nötig, müssen Sie ein paar Möbel verschieben.

4. Bequeme Kleidung. Wenn sie ihre Übungen allein machen, tragen viele Männer nur bequeme Unterhosen, und viele Frauen legen ihren Büstenhalter ab, wenn dieser sie in der Bewegung behindert. In Yogaklassen sind kurze Shorts und T-Shirts oder Strumpfhosen am bequemsten. Um die Taille darf nichts spannen, die Kleidung soll nicht einschneiden.

5. Mehr ist besser. Sie sollten Ihre Stretchübungen mindestens vier- bis fünfmal in der Woche machen. Für diese Art von Gelenkigkeitstraining gilt, daß wenig zwar gut, aber mehr besser ist. Wenn sich die Yogaübungen in Ihren Tagesplan einbauen lassen, machen Sie sie möglichst täglich.

6. Herz-Kreislauf-Training und Yoga. Wenn Sie täglich joggen oder radfahren, sollten Sie jedesmal hinterher Yogaübungen machen. Warum? Joggen spannt die Muskeln an, durch die Dehnübungen werden sie wieder entspannt, und die Milchsäure in den Muskelgeweben kann abgebaut werden. Beim Schwimmen bleibt der Körper entspannter, aber Sie werden sich auf jeden Fall körperlich und psychisch besser fühlen, wenn Sie sich im Anschluß an Ihr Herz-Kreislauf-Training durch langsames Dehnen, Atemübungen und Visualisierungen entspannen.

7. Nicht auf den vollen Bauch. Warten Sie nach dem Essen mindestens zwei Stunden, bevor Sie mit den Dehnübungen beginnen, oder machen Sie sie vor dem Frühstück. Viele der langsamen Bewegungen und Positionen wirken wie eine Massage auf Ihre inneren Organe, was aber einem vollen Magen nicht unbedingt bekommt.

8. Leicht und behutsam. Die Bewegungen und Positionen des Dehnprogramms haben nichts mit körperlicher Anstrengung zu tun, ein überaus wichtiger Punkt. Am Ende Ihrer Stretchübungen sollten Sie sich nicht müde, sondern ausgeruht und entspannt fühlen. Wenn Ihnen die Muskeln weh tun, haben Sie etwas falsch gemacht. Beim Yoga kommt es darauf an, daß Sie Ihre Muskeln nur so weit strecken, wie es Ihnen ohne

Schmerzen möglich ist, und dann in der Position verharren. Wenn Sie zu schnell zu weit gehen, werden Sie sich verletzen.

9. Genügend Zeit. Fortschritte sind niemals regelmäßig und kontinuierlich. An manchen Tagen werden Sie besser sein als an anderen. Lassen Sie sich Zeit, entspannen Sie sich, und überlassen Sie es Ihrem Körper, wie schnell er reagieren will. Besonders attraktiv an diesem Programm ist, daß man es in jedem Alter anfangen und trotzdem mit Fortschritten rechnen kann. Es gibt spezielle Programme für Senioren, bei denen ein 20jähriger Schwierigkeiten hätte. Sie brauchen nur einmal in Yogabüchern oder -zeitschriften zu blättern; häufig sind Menschen in ihren Siebzigern oder Achtzigern abgebildet, die auf dem Kopf stehen oder sich in komplizierten, verdrehten Positionen befinden. Auch sie haben häufig erst vor ein paar Jahren mit Yoga angefangen, erfreuen sich aber heute eines Körpers, der seiner Gelenkigkeit und allgemeinen Gesundheit nach viel jünger ist, als es das Alter vermuten ließe.

10. Kein Wettstreit. Sie liegen bei den Yogaübungen weder mit sich noch mit anderen im Wettstreit. Wenn Sie an dieses Programm mit dem Gedanken herangehen, daß Sie etwas oder jemanden besiegen müssen, werden Sie keinen Erfolg haben. Beim Dehnen kommt es gleichermaßen auf Entspannung wie auf eine gewisse Körperbeherrschung an; Sie sollten sich dabei allein auf das konzentrieren, was Ihnen Ihr Körper mitteilt, und auf Ihr Atmen. Sie sollten in diesem Augenblick ganz gegenwärtig sein und nicht in der Zukunft leben. Machen Sie alles so gut, wie Sie es in diesem Moment können; denken Sie nicht an gestern oder an morgen und schon gar nicht daran, wie gut oder schlecht jemand anders bei diesen Übungen ist.

11. Belohnung. Wenn Sie Ihr Verhalten auf die Dauer verändern wollen, spielen Belohnungen eine sehr wichtige Rolle. Belohnungen müssen nicht immer materielle sein, manchmal ist eine psychologische Belohnung sehr viel wichtiger. Zum Beispiel merken Sie, wie Sie eine andere körperliche Aufgabe dank Ihrer neuen Gelenkigkeit sehr viel müheloser ausführen können. David war begeistert, als er nach einer langen Pause wieder joggen konnte, ohne hinterher Muskelkater zu haben, was nur seinem Gelenkigkeitstraining zu verdanken war.

Wir werden Ihnen neun Dehnübungen ausführlich zeigen – drei Übungen zum Aufwärmen und sechs Dehnpositionen. 38 Zeichnungen sollen es Ihnen erleichtern, die richtige Körperhaltung dabei zu finden.

Bewegungen und Positionen zum Aufwärmen

Drei wichtige Bewegungen und Positionen zum Aufwärmen und Lokkern sind in diesem Abschnitt anhand von Abbildungen ausführlich erklärt: Hände zum Boden, Weiten des Brustkorbs, Knie zum Kinn. Mit diesen Dehnübungen sollten Sie generell Ihr allgemeines Training einleiten. Aber auch die Übungen allein sind äußerst wohltuend, wenn Sie nur etwas körperliche Entspannung brauchen.

Die Stretchbewegungen helfen bei Blähungen, Magenbeschwerden und verspannten Brustmuskeln. Sie entspannen Bein- und Rückenmuskeln von Joggern und Schnellgehern.

Achtung: Yogaübungen sollten immer langsam und vorsichtig gemacht werden, damit Sie sich nicht verletzen. Wenn Sie irgendwelche körperlichen Probleme haben, besprechen Sie sich mit Ihrem Arzt, bevor Sie anfangen.

Aufwärmübung: Hände zum Boden

1. Schritt: Sie stehen gerade und lassen die Arme lose an der Seite hängen. Sie heben die Arme ausgestreckt langsam vor sich hoch. Wenn sie in Schulterhöhe sind, atmen Sie langsam ein und beugen sich mit gestreckten Beinen nach hinten, so weit es ohne Mühe geht. Sie heben weiter die Arme gegen die Decke hoch und beugen sich gleichzeitig nach hinten, ohne sich zu überanstrengen.

Atmen: Langsam einatmen, während Sie sich nach hinten beugen.

2. Schritt: Sie halten die Arme weiterhin gestreckt und atmen jetzt langsam aus, während Sie sich nach vorne beugen, um mit den Händen den Boden zu berühren, aber nur so weit es ohne große Mühe geht. Versuchen Sie die Knie durchzudrücken, aber belasten Sie Ihr Kreuz nicht zu sehr. Sie atmen normal und verharren in dieser Position, während Sie langsam bis acht zählen.

Atmen: Langsam ausatmen, während Sie sich nach vorne beugen.

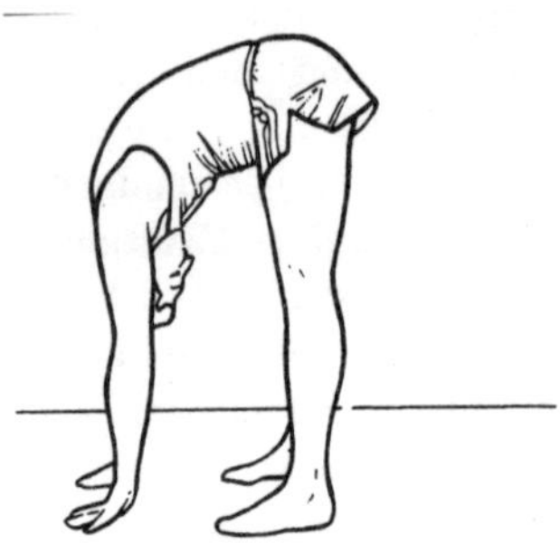

Visualisierung für den 2. Schritt

Konzentrieren Sie sich auf das Entspannen von Rücken und Genick. Stellen Sie sich bildlich vor, wie Ihre Beinmuskeln wie ein Gummiband langsam so weit gestreckt werden, wie es geht. Sehen Sie Ihre Rückenwirbel vor sich, wie sie langsam geradegerückt werden, wobei die Bandscheiben viel Raum haben. Wenn Sie den Boden berühren, stellen Sie sich vor, daß Ihr Kopf mit den Halswirbeln nicht mehr verbunden ist und frei im Raum hängt.

3. Schritt: Atmen Sie langsam ein, während Sie in die Ausgangsposition zurückkehren.

Atmen: Langsam ausatmen, während Sie sich entspannen.

Visualisierung für den 3. Schritt

Sie richten sich nicht einfach auf, wie Sie das bei einer normalen Gymnastik tun würden, sondern stellen sich bei der langsamen Bewegung vor, wie ein Wirbel nach dem anderen von unten angefangen in die normale Position gleitet. Die Muskeln der Beine werden wie das Gummiband langsam und vorsichtig entspannt.

Diese Übung entspannt nicht nur Rücken und Beine, sondern

- massiert die Bauchorgane und hilft bei Magenbeschwerden und Verstopfung;
- ist gut für Leber, Nieren und Bauchspeicheldrüse;
- hilft bei Menstruationsbeschwerden;
- hilft beim Abnehmen;
- macht die Taille schlanker;
- stärkt die Beinmuskeln;
- durchblutet die Gesichtshaut.

Aufwärmübung: Weiten des Brustkorbs

Diese Dehnbewegung ist eine der besten Entspannungsmethoden, die wir kennen. Wir machen sie regelmäßig, etwa alle halbe Stunde, besonders wenn wir viel am Computer sitzen müssen.

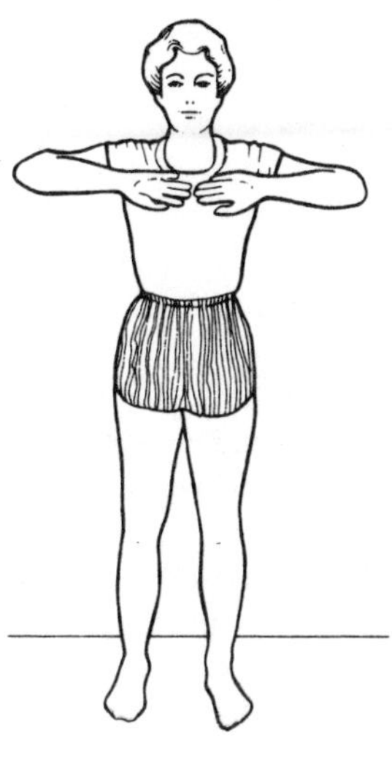

1. Schritt: Sie stehen in gerader Ausgangsstellung und lassen die Arme lose an der Seite herabhängen. Winkeln Sie dann die Arme an, und spreizen Sie die Ellbogen seitlich ab, so daß die Handrücken die Brust berühren und die Handflächen nach außen zeigen.

Atmen: Langsam einatmen.

Körperkonzentration für den 1. Schritt

Konzentrieren Sie sich ganz darauf, wie sich Hals und Kreuz entspannen, während der Brustkorb durch die Bewegung geweitet wird und die Muskeln zwischen den Schulterblättern angespannt werden.

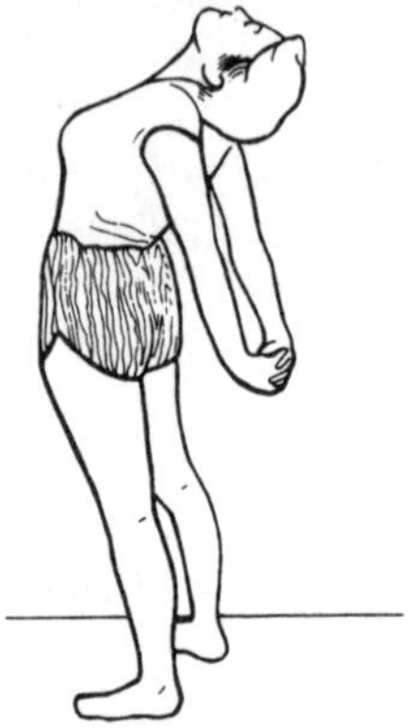

2. Schritt: Falten Sie die Hände hinter dem Rücken, und drücken Sie die Ellbogen durch. Halten Sie die Luft an, während Sie sich langsam nach hinten neigen. Die Arme sollten Sie dabei so hoch wie möglich halten.

Atmen: Luft anhalten.

Visualisierung für den 2. Schritt

Fühlen Sie die Anspannung im ganzen Oberkörper, wenn Sie die Hände hinter dem Rücken falten. Stellen Sie sich bildlich vor, wie die Brust- und Armmuskeln langsam gestreckt werden und die Rückenmuskeln sich zusammenziehen.

3. Schritt: Atmen Sie langsam aus, während Sie den Oberkörper mit gestreckten Knien von der Taille aus nach vorne beugen und versuchen, mit der Stirn die Knie zu berühren. Die Arme bleiben dabei ausgestreckt und die Hände gefaltet. Jetzt heben Sie die Arme über den Kopf nach vorne, so weit Sie können. Atmen Sie normal, halten Sie diese Stellung, und zählen Sie langsam bis acht.

Visualisierung für den 3. Schritt

Wenn Sie sich nach vorn beugen, sollte der Kopf führen; die Halsmuskeln bleiben entspannt. Stellen Sie sich die Muskeln Ihrer Beine wieder wie kräftige Gummibänder vor, die gestreckt werden, so weit es geht. Machen Sie sich die Muskelanspannung in Brustkorb und Schultern bewußt, wenn die Arme gestreckt sind. Wenn Sie sich, so weit es geht, nach vorne gebeugt haben, lassen Sie den Kopf ganz lose hängen, als ob er keine Verbindung mit dem Rücken hätte.

4. Schritt: Atmen Sie langsam ein, während Sie sich aufrichten, wobei die Arme gestreckt und die Hände gefaltet bleiben. Erst wenn Sie ganz aufrecht stehen, lassen Sie die Hände los.

Atmen: Ausatmen und entspannen.

Visualisierung für den 4. Schritt

Stellen Sie sich beim Aufrichten vor, wie ein Wirbel nach dem andern langsam in seine ursprüngliche Position zurückgleitet und wie die Muskelanspannung wie eine schwere Last von Hals, Schultern und Brustkorb abfällt. Die gestreckten Muskeln ziehen sich wie Gummibänder wieder zusammen.

Seien Sie nicht enttäuscht, wenn die Übung Ihnen nicht gleich so gelingt wie der Person auf unserer Abbildung. Diese Übung macht die Wirbelsäule beweglicher, und jedesmal, wenn Sie sie machen, werden Sie sich etwas weiter beugen können. Machen Sie nichts mit Gewalt, um endlich den Knien etwas näher zu kommen. Beim Yoga soll man sich nur langsam und stetig bewegen.

Diese Übung entkrampft nicht nur die Muskeln des Oberkörpers, Rükkens und der Beine, sondern

- stärkt auch die Brustmuskeln, ist also eine sehr gute Ergänzung zum Joggen, besonders für Frauen;
- festigt die Oberarme;
- weitet die Lungen und stimuliert die Lungenzellen;
- sorgt für vermehrte Durchblutung des Gehirns und unterstützt die Gehirnfunktionen.

Aufwärmübung: Knie zum Kinn

Diese Übung sollten Sie besonders vor jedem Herz-Kreislauf-Training machen. Sie hilft auch bei Magenbeschwerden und Blähungen. Fangen Sie mit dem rechten Bein an, machen dann die Bewegung mit dem linken und zum Schluß mit beiden Beinen gleichzeitig.

Visualisierung vor dem 1. Schritt

Sie liegen ausgestreckt auf dem Boden, atmen tief ein und halten den Atem einen Augenblick an. Dann atmen Sie langsam aus und stellen sich vor, wie jegliche Anspannung aus Ihrem Körper hinausfließt. Sie atmen wieder ein und langsam aus, fühlen, wie sich die Schultern lockern und stellen sich vor, daß sie langsam in den Boden sinken. Mit dem dritten Atemzug spüren Sie, wie sich Wirbelsäule und Beinmuskeln entspannen.

1. Schritt: Sie liegen entspannt und ausgestreckt auf dem Rücken. Winkeln Sie jetzt das rechte Knie an, und ziehen Sie es mit beiden Händen an die Brust. Halten Sie diese Stellung, und zählen Sie langsam bis acht.
Atmen: Einatmen.

2. Schritt: Halten Sie das Knie weiterhin in Brusthöhe. Heben Sie langsam Kopf und Schultern, während Sie ausatmen. Beugen Sie den Kopf nach vorne, bis Sie mit dem Kinn das Knie berühren. Halten Sie diese Stellung, und zählen Sie langsam bis acht.

Atmen: Ausatmen.

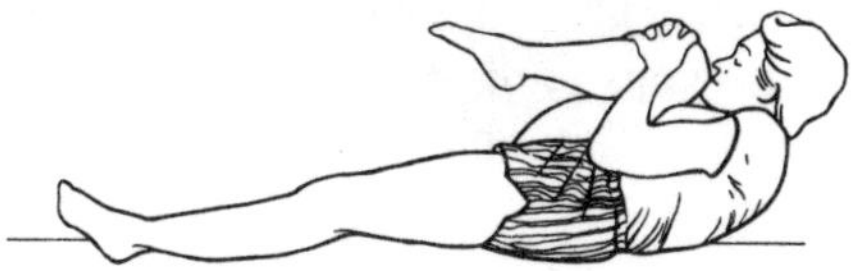

3. Schritt: Halten Sie das Knie weiterhin in Brusthöhe. Senken Sie Schultern und Kopf langsam wieder auf den Boden.

Atmen: Normal atmen.

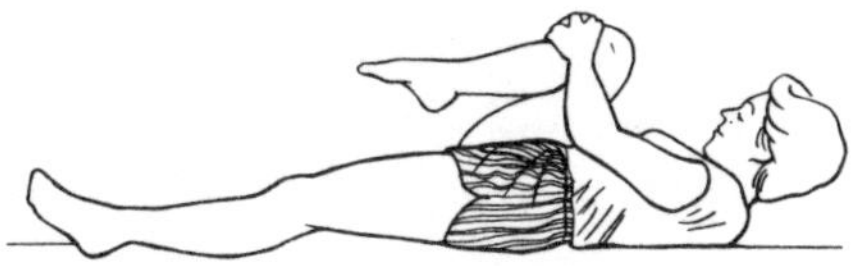

Visualisierung für den 3. Schritt

Stellen Sie sich wieder vor, wie die oberen Rückenwirbel und die Halswirbel langsam einer nach dem anderen in ihre Ausgangsposition zurückgleiten.

4. Schritt: Strecken Sie das angewinkelte Bein jetzt, und heben Sie es an, so daß die Fußspitze senkrecht nach oben zeigt.

Atmen: Einatmen.

5. Schritt: Umfassen Sie mit beiden Händen den Knöchel des gestreckten Beins. Atmen Sie aus, während Sie mit dem Kinn das Knie berühren. Halten Sie diese Position, zählen Sie langsam bis acht, und atmen Sie dann normal.

Wichtig: Am Anfang umfassen Sie das Bein da, wo Sie es bequem erreichen können, und wenn es nur unterhalb des Knies ist. Bringen Sie Ihren Kopf so dicht ans Bein wie möglich.

Atmen: Ausatmen, wenn das Kinn ans Knie gebracht wird.

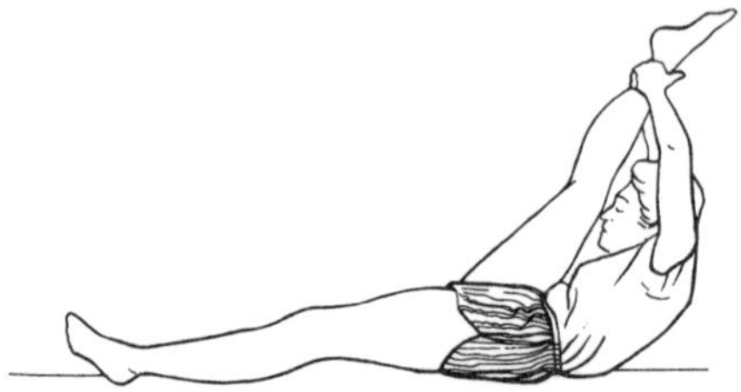

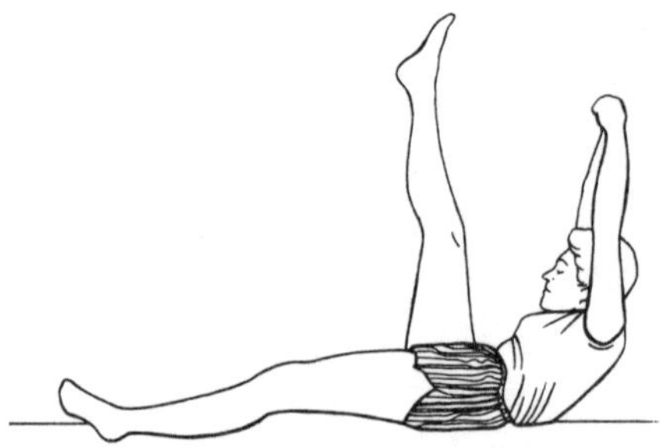

6. Schritt: Sie lassen das Bein los, halten es aber noch senkrecht, während Sie sich mit dem Rücken langsam wieder auf den Boden legen.

Atmen: Normal atmen.

7. Schritt: Zur besseren Balance legen Sie die Handflächen flach auf den Boden. Zählen Sie nun langsam bis acht, während Sie das ausgestreckte Bein bei durchgedrücktem Kreuz so langsam wie möglich senken. Entspannen Sie sich.

Atmen: Normal atmen.

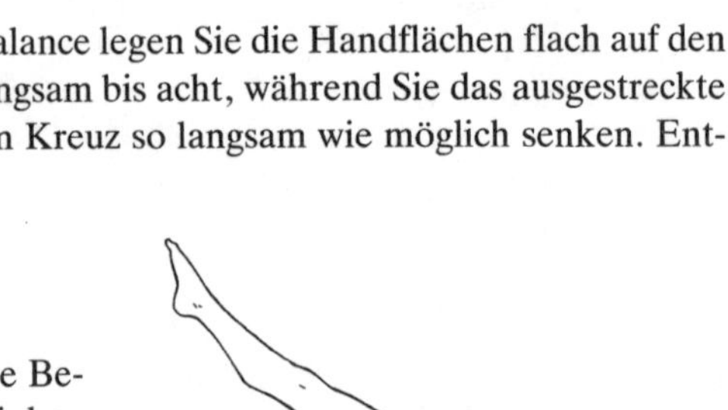

Wiederholen Sie die ganze Bewegungsfolge mit dem linken Bein.

8. Schritt: Bringen Sie beide Knie, so dicht es geht, an die Brust, umfassen Sie sie mit beiden Händen, und zählen Sie langsam bis acht.

Atmen: Einatmen, wenn die Knie an die Brust gezogen werden.

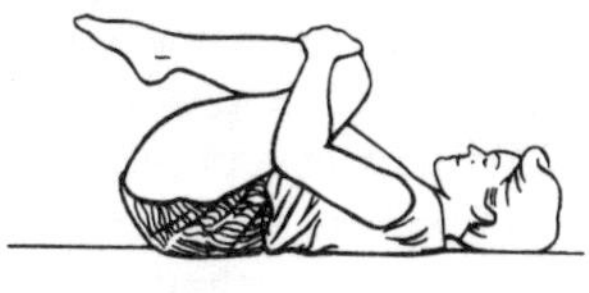

9. Schritt: Heben Sie Kopf und Schultern, und berühren Sie mit dem Kinn die Knie. Zählen Sie langsam bis acht.

Atmen: Ausatmen beim Anheben des Kopfes.

10. Schritt: Bringen Sie erst die Schultern und dann den Kopf ganz langsam zurück auf den Boden.

Atmen: Normal atmen.

11. Schritt: Legen Sie die Handflächen flach auf den Boden, und strecken Sie beide Beine vertikal in die Luft.

Atmen: Normal atmen.

12. Schritt: Senken Sie die ausgestreckten Beine so langsam wie möglich bei durchgedrücktem Kreuz auf den Boden. Entspannen Sie sich.

Atmen: Normal atmen.

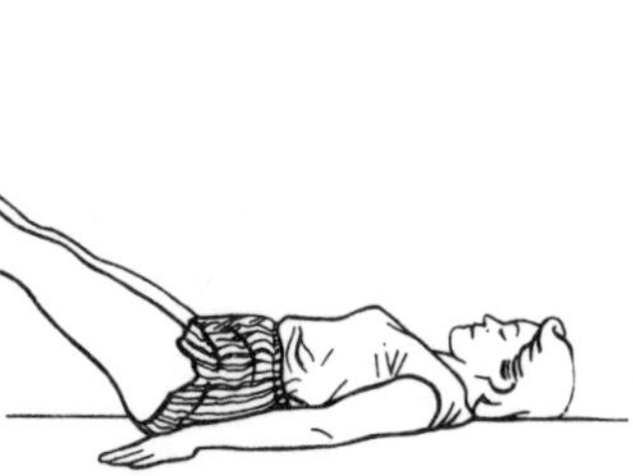

Die Knie-zum-Kinn-Bewegung hilft nicht nur bei Blähungen und Magenbeschwerden, sondern
- Sie lernen auch, die Luft länger in den Lungen zu halten, was für aerobische Übungen wichtig ist; eine gute Bewegungsfolge für Menschen mit Asthma.

Die Übung
- macht die Hüftgelenke beweglicher,
- stärkt die Bauchmuskeln,
- stärkt die Beinmuskeln,
- massiert die inneren Organe.

Zwei wichtige Dehnpositionen für den ganzen Körper

Die Kerze

Die Bewegungsfolge, die zur Kerzenposition führt, ist vielleicht die wichtigste aller Dehnübungen. Erfahrene Yogis glauben, daß durch die Kerze der Alterungsprozeß des Körpers verzögert wird. Angeblich wird durch diese Position das endokrine System (Drüsen mit innerer Sekretion) stimuliert und Gehirn, Zirbeldrüse, Hirnanhangdrüse und Schilddrüse vermehrt mit sauerstoffreichem Blut versorgt.

Die Kerze ist eine besonders gute Übung, wenn Sie abnehmen wollen, da sie die Schilddrüse anregt, die den Stoffwechsel reguliert. Wir vermuten, daß der Sollwert des Mindestgewichts, der eine Verlangsamung des Stoffwechsels bewirkt, durch die vermehrte Blutzufuhr zur Schilddrüse herabgesetzt wird und das Gewicht so leichter normalisiert werden kann. Diese Hypothese ist zwar wissenschaftlich noch nicht bewiesen worden; wir haben aber immer wieder von Menschen, die diese Übung regelmäßig machen, gehört, daß sie weniger Probleme mit der Verdauung haben und sie allmählich an Gewicht verlieren. Außerdem berichten sie von gesteigerter Energie und stärkerem Interesse an Sex.

Besonders gut ist die Kerze für Menschen, die unter Krampfadern, geschwollenen Füßen und Beinen oder unter Wallungen während der Wechseljahre leiden. Auch Asthmasymptome sind dadurch vermindert worden, da mehr Blut die Bronchiolen, die feinsten Verzweigungen der Bronchien, stimuliert. Die Kerze sollte am besten täglich, mindestens aber fünfmal die Woche, gemacht werden.

Warnung: Wenn Sie zu hohen Blutdruck haben, sollten Sie diese Übung nicht machen.

Bei der Kerze soll die normale aufrechte Haltung des Körpers buchstäblich «auf den Kopf gestellt» werden, damit das Gebiet um die Schilddrüse herum besser durchblutet wird. Wenn Sie etwas steif oder übergewichtig sind, können Sie sich dabei gegen eine Wand stützen. Auf jeden Fall sollten Sie diese Stellung einnehmen, ohne daß Sie sich dabei weh tun, auch wenn es nicht auf Anhieb gelingt.

1. Schritt: Sie liegen flach auf dem Rücken, mit den Armen an der Seite und den Handflächen auf dem Boden. Heben Sie jetzt die gestreckten Beine hoch, bis die Fußspitzen gegen die Decke zeigen.

Atmen: Normal atmen.

2. Schritt: Ziehen Sie die ausgestreckten Beine weiter über den Kopf, wobei Sie sich mit den Handflächen vom Boden abstützen, um Hüfte und Taille vom Boden hochzudrücken.

3. Schritt: Wenn Sie die Hüften so hoch gehoben haben, wie Sie können, winkeln Sie die Ellbogen an und stützen die Hüften mit den Händen ab.

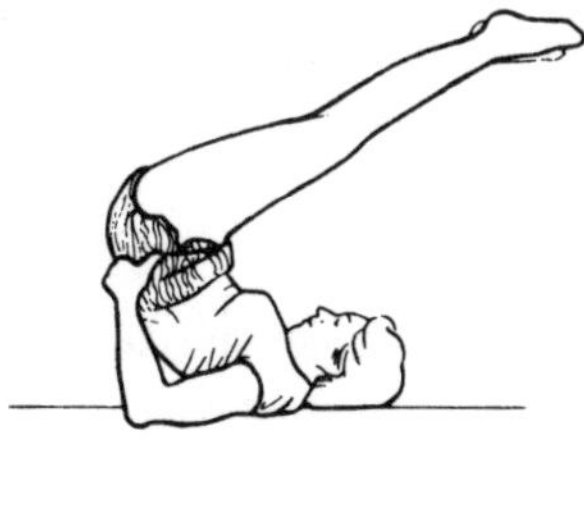

4. Schritt: Langsam bringen Sie jetzt Beine und Rücken in eine vertikale Ausrichtung, stützen sich mit den Händen in der Taille ab, so daß das Hauptgewicht auf den Schultern liegt; das Kinn wird dabei gegen die Brust gepreßt. Behalten Sie diese Stellung etwa eine Viertelminute lang, indem Sie langsam bis 15 zählen. Später sollten Sie es bis zu einer Minute schaffen. Fortgeschrittene verharren in dieser Position oft mehrere Minuten lang.

5. Schritt: Aus dieser Position wieder herauszukommen, ist genauso wichtig, wie sie einzunehmen. Bringen Sie die ausgestreckten Beine aus der vertikalen in eine mehr horizontale Stellung über den Kopf, und rollen Sie den oberen Teil des Rückens auf den Boden ab, so daß das Gewicht jetzt von einem breiteren Teil des Rückens und den in die Taille gestemmten Armen getragen wird.

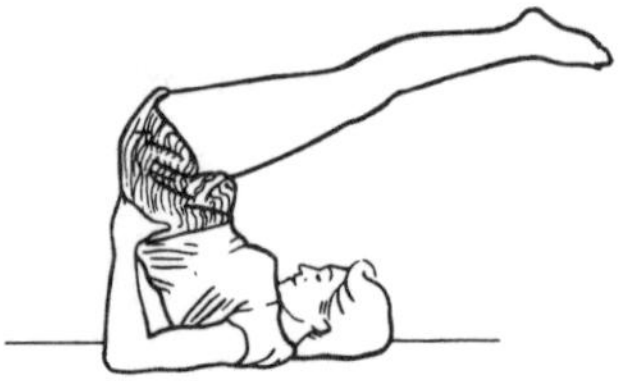

6. Schritt: Sie lösen jetzt die Hände von der Taille, legen die Handflächen flach auf den Boden und rollen den Rücken langsam ab; die Beine bleiben gestreckt über dem Oberkörper.

Visualisierung für den 6. Schritt

Sie dürfen sich auf keinen Fall aus der Kerzenposition schnell auf den Boden fallen lassen. Stützen Sie sich mit Armen und Händen ab, während sie die Wirbelsäule langsam abrollen. Stellen Sie sich vor, die Wirbel seien die Perlen einer Kette, die Sie langsam und nacheinander auf einen Tisch legen.

7. Schritt: Wenn Sie mit dem Rücken flach auf dem Boden liegen, heben Sie die gestreckten Beine an, bis die Fußspitzen gerade zur Decke zeigen. Dann senken Sie die Beine langsam auf den Boden und stützen sich dabei mit den Handflächen auf dem Boden ab. Nach Abschluß dieser Bewegungsfolge entspannen Sie jeden Muskel Ihres Körpers!

Falls Ihnen diese Übung anfangs etwas schwer fällt, sollten Sie mit dem Gesäß so nahe an eine Wand heranrutschen wie möglich, dann mit den Füßen die Wand «hinaufgehen» und mit dem Körper «nachrutschen», um in die Kerzenposition zu gelangen.

Die Kobra

Diese Yogaposition hält die Wirbelsäule geschmeidig und regt die Funktion von inneren Organen, von Nebennieren und Keimdrüsen an. Außerdem

- wird die Funktion von Bauchspeicheldrüse, Leber und anderen Verdauungsorganen angeregt;
- hilft sie bei Verstopfung, Magenbeschwerden, Ruhr, Blähungen, Magenschmerzen und anderen Problemen des Magen-Darm-Trakts (wundern Sie sich nicht, wenn Sie nach dieser Übung aufstoßen müssen);
- wird die Lungenkapazität verbessert und kontrolliertes Atmen vereinfacht;
- werden Herz und Lungen gestärkt;
- wird die Durchblutung von Oberkörper, Schultern, Hals und Gesicht stimuliert;
- werden Brustmuskeln gefestigt;
- werden Rückenmuskeln gekräftigt.

1. Schritt: Sie liegen flach auf dem Bauch, haben den Kopf zur Seite gedreht und die Handflächen in Schulterhöhe neben dem Kopf liegen, so daß die Fingerspitzen zum Kopf zeigen. Sie liegen ganz entspannt. Jetzt drehen Sie den Kopf und legen die Stirn auf den Boden.

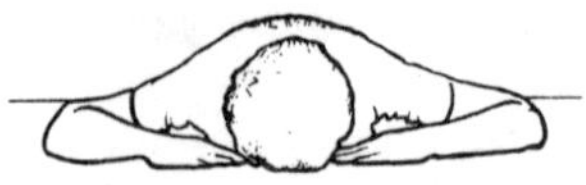

2. Schritt: Sie atmen langsam ein und heben dabei den Kopf und danach den Oberkörper an, wobei Sie sich mit den Händen abstützen. Gleichzeitig öffnen Sie die Augen weit und blicken nach oben.

Atmen: Einatmen.

Visualisierung für den 2. Schritt

Bei dieser Bewegungsfolge ist das Augenrollen besonders wichtig. Stellen Sie sich vor, Sie versuchten, nach hinten über Ihren eigenen Kopf zu schauen.

3. Schritt: Legen Sie den Kopf weit nach hinten in den Nacken, machen Sie ein Hohlkreuz, und bleiben Sie in dieser Position anfangs etwa acht, später bis zu 16 Sekunden.

Atmen: Luft anhalten.

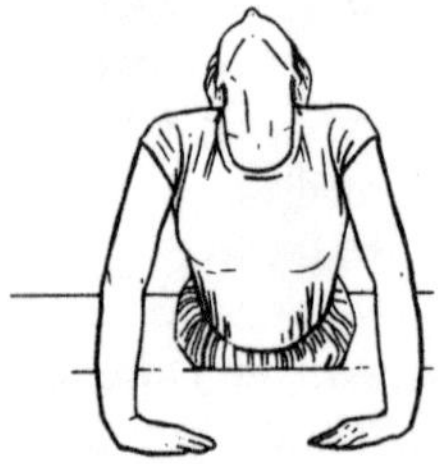

4. Schritt: Atmen Sie aus, während Sie sich langsam in die Ausgangsposition zurückbegeben. Der

Oberkörper wird langsam gesenkt, und die Augen blicken wieder geradeaus. Sie liegen jetzt wieder mit einer Wange auf dem Boden und entspannen sich gründlich.

Atmen: Ausatmen.

Dehn- und Ziehübungen für die Beine

Wenn Sie diese Übungen täglich machen, können Sie mit folgenden Verbesserungen rechnen:

- die Wirbelsäule wird flexibler (besonders gut nach dem Joggen);
- bessere Verdauung;
- festere Bauchmuskeln;
- Rücken- und Beinmuskeln werden kräftiger und geschmeidig;
- gesündere Füße;
- weniger Fett an Bauch und Oberschenkeln.

Abwechselndes Beinstretching

Bei dieser Übung werden nicht nur die Beinmuskeln, sondern auch die Achillessehne gestreckt, was besonders wichtig ist für Jogger, Schwimmer und Radfahrer.

1. Schritt: Sie sitzen auf dem Boden und haben das rechte Bein so stark angewinkelt, daß die Fußsohle so hoch wie möglich an der Innenseite des linken Oberschenkels liegt. Das linke Bein ist ausgestreckt. Heben Sie jetzt beide Arme hoch, und neigen Sie sich nach hinten, während Sie tief einatmen.

Atmen: Einatmen.

2. Schritt: Jetzt beugen Sie sich nach vorn über das gestreckte Bein und umfassen mit beiden Händen den Knöchel. Atmen Sie aus, während Sie versuchen, mit dem Kopf das Knie zu erreichen. Verharren Sie in dieser Position etwa acht Sekunden, und atmen Sie normal dabei.

Wenn Sie anfangs den Knöchel nicht erreichen, umfassen Sie das Bein dort, wo Sie es ohne Schmerzen erreichen können. Ziehen Sie vorsichtig den Kopf so nahe an das Knie wie möglich. Mit etwas Übung werden auch Sie das Knie schließlich mit der Stirn berühren können.

Atmen: Erst ausatmen, dann normal atmen.

3. Schritt: Lassen Sie den Knöchel los, und begeben Sie sich langsam wieder in die Ausgangsposition.

Atmen: Normal atmen.

Wiederholen Sie die ganze Bewegungsfolge mit dem anderen Bein.

Dehnen beider Beine gleichzeitig

Diese Übung erhält die Wirbelsäule flexibel. Außerdem ist sie gut für Rücken-, Bein- und Bauchmuskeln und soll auch bei Verstopfung helfen.

1. Schritt: Sie sitzen mit ausgestreckten, geschlossenen Beinen auf dem Boden. Atmen Sie langsam ein, heben Sie die Arme gleichzeitig an und hoch über den Kopf, während Sie sich leicht nach hinten beugen. Auf diese Weise wird die Wirbelsäule gründlich gestreckt, eine wichtige Vorbereitung für den nächsten Schritt.

Atmen: Einatmen.

Visualisierung für den 1. Schritt

Stellen Sie sich vor, wie Ihre Wirbelsäule sanft auf die maximale Länge gedehnt wird, so daß viel Platz zwischen den einzelnen Wirbeln entsteht.

2. Schritt: Beim Ausatmen beugen Sie sich weit nach vorn und umfassen die Knöchel mit beiden Händen. Versuchen Sie mit der Stirn die Knie zu berühren, und verharren Sie in dieser Position etwa acht Sekunden, während Sie gleichmäßig atmen.

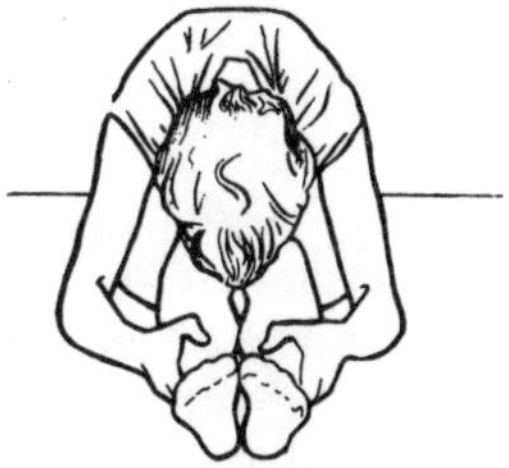

Anfangs können Sie Ihre Knöchel vielleicht noch nicht erreichen; umfassen Sie die Beine dort, wo Sie können, und wenn es nur unterhalb der Knie ist. Wir garantieren Ihnen, daß Sie durch regelmäßiges Üben dieser Bewegungsfolge allmählich auch die Knöchel erreichen werden.

Atmen: Erst ausatmen, dann normal atmen.

Visualisierung für den 2. Schritt

Während Sie den Kopf auf die Knie senken, stellen Sie sich ein dickes Gummiband in der Wirbelsäule vor, das allmählich auf seine maximale Länge gedehnt wird. Sehen Sie vor Ihrem geistigen Auge, wie die Abstände zwischen den Wirbeln größer werden und die Wirbel sanft auseinandergezogen und gerichtet werden.

3. Schritt: Lassen Sie die Knöchel los, und richten Sie sich langsam wieder auf.

Atmen: Normal.

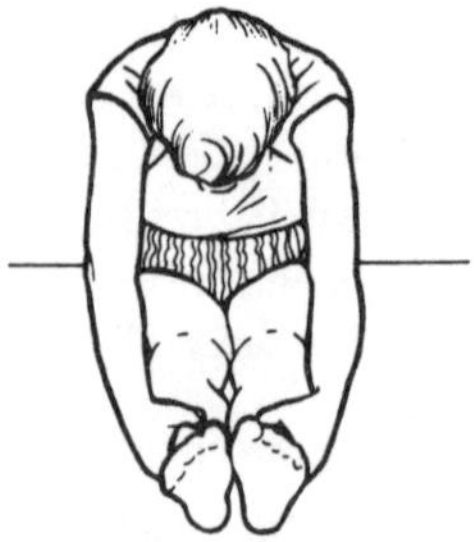

Kniende Positionen

Die klassischen knienden Yogapositionen heißen Diamantstellung und Kindstellung und sind relativ leicht zu meistern. Sie stärken Knie, Knöchel und Fußspann.

Die Diamantstellung soll bei Rheumatismus helfen, die Geschlechtsorgane anregen und Beschwerden bei Gebärmuttervorfall oder vergrößerter Prostata verringern.

Die Diamantstellung

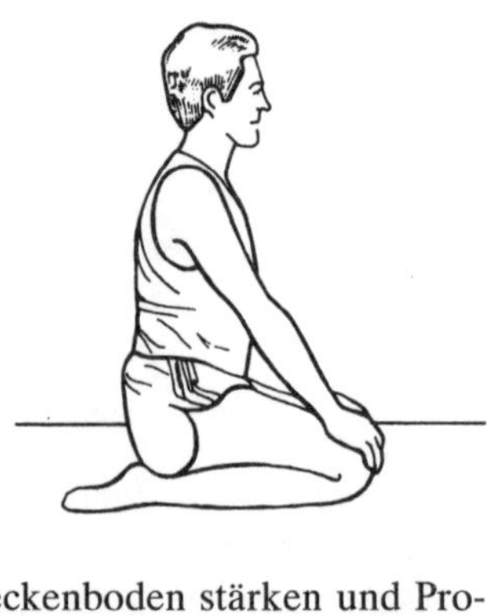

Knien Sie nieder, und setzen Sie sich auf die Fersen. Die Hände werden auf die Knie gelegt. Schließen Sie die Augen, und konzentrieren Sie sich darauf, Ihren Körper mit Energie zu füllen.

Atmen: Langsam und rhythmisch ein- und ausatmen.

Man kann in dieser Stellung auch den Beckenboden stärken und Probleme durch Hämorrhoiden verringern. Dazu atmen Sie tief ein und wieder aus und spannen dann den Afterschließmuskel und die Beckenbodenmuskulatur an, als ob Sie sie in den Körper hineinziehen wollten. Lassen Sie die Muskeln ein paar Sekunden angespannt, bevor Sie sie wieder entspannen. Wiederholen Sie die Bewegungsfolge ein paarmal.

Die Kindstellung

Wieder knien Sie sich hin und setzen sich dann auf die Fersen. Beugen Sie sich dann nach vorn, bis die Stirn auf dem Boden aufliegt. Die Arme liegen dabei locker an den Seiten mit den Handflächen nach oben.

Atmen: Langsam ein- und ausatmen.

Die Kindposition entspannt und stärkt nicht nur Knie, Knöchel und Fußspann; außerdem
- entspannt sie die Wirbelsäule;
- werden Gehirn und Gesichtshaut besser durchblutet;
- stärkt sie den Solarplexus (Nervenfaserngeflecht des sympathischen Nervensystems vor der Bauchschlagader).

20 Minuten tägliches Stretching

Bei einem Dehnprogramm ist es wichtig, daß die Übungen in einer bestimmten Reihenfolge gemacht werden, damit die Wirbelsäule nicht einseitig belastet wird. Sie sollten immer eine Position, bei der die Wirbelsäule nach vorne gezogen wird, mit einer Übung abwechseln, bei der die Wirbelsäule nach hinten gedehnt wird. Die hier erwähnten Dehnübungen sollten also in folgender Reihenfolge gemacht werden:

1. Hände zum Boden
2. Weiten des Brustkorbs
3. Knie zum Kinn
4. Kerze
5. Kobra
6. Abwechselndes Beinstretching
7. Dehnen beider Beine gleichzeitig
8. Diamantstellung
9. Kindstellung

10 Minuten tägliches Stretching

Wenn Sie alle neun Bewegungsfolgen machen möchten, müssen Sie dafür wahrscheinlich 15 bis 20 Minuten rechnen. Wenn Sie nicht soviel Zeit haben, denken Sie daran, ein wenig Yoga ist besser als nichts. Sie können die Zeit auf zehn Minuten beschränken, indem Sie einen Tag die Übungen 1, 3, 4, 5 und 8 machen und den nächsten dann 2, 4, 5, 7 und 9. Am besten wechseln Sie täglich ab.

22 Ein natürliches High durch richtiges Atmen

Der Mensch kann monatelang ohne Nahrung leben, tagelang ohne Wasser, aber er überlebt nur ein paar Minuten lang ohne Sauerstoff. In diesem Kapitel wollen wir Ihnen zeigen, wie Sie richtig atmen, um sich gesund zu erhalten und Ihre Energie zu steigern. Die Methoden, die wir in diesem Kapitel vorstellen,

- werden die Produktion der ATP-Energiemoleküle in Ihrem Körper fördern;
- werden Ihnen körperliche Energie sparen, weil Sie lernen, wie man sein Blut effizienter mit Sauerstoff anreichern kann;
- helfen Ihnen Streß abbauen;
- stärken Ihr Immunsystem;
- verbessern Ihre Verdauung.

Fünf Gründe, warum kontrolliertes Atmen so wichtig ist

1. Der Körper kann mehr Energiemoleküle herstellen

Die Energie, die uns am Leben erhält, entsteht, wenn sich Fette und Kohlehydrate aus unserer Nahrung im Körper mit dem Sauerstoff verbinden, den wir einatmen. Wie wir schon früher in diesem Buch erklärt haben, wird diese Energie in Form von ATP-Molekülen (Adenosintriphosphat) mit Hilfe von bestimmten anderen Proteinen, Enzymen, in den Körperzellen hergestellt und gespeichert. Je mehr Sauerstoff der Körper also für die Verbindung mit Substanzen aus der Ernährung zur Verfügung hat, desto mehr Energie kann er produzieren. Und je mehr ATP im Körper gespeichert wird, desto mehr Energie werden Sie zur Verfügung haben. Deshalb ist es wichtig zu wissen, wie man richtig atmet.

Ganz einfach ausgedrückt, je bewußter Sie die Art und Weise Ihres Atmens beeinflussen können, desto mehr Sauerstoff können Sie auch in Ihren Körper bringen.

2. Das Herz-Lungen-System arbeitet effizienter

Es gibt zwei grundsätzliche Weisen zu atmen, das heißt, die Lungen mit Luft zu füllen: entweder mit Hilfe der Brustkorbmuskeln oder mit Hilfe des Zwerchfells. Welche Methode Sie auch verwenden, Ihr Körper braucht immer dieselbe Menge Sauerstoff. Der Hauptunterschied zwischen der Rippenatmung und der Zwerchfellatmung liegt darin, daß erstere den Körper mehr Energie kostet als die letztere. Für die gleiche Sauerstoffmenge braucht man bei der Zwerchfellatmung nur halb soviel Energie zum Atmen wie bei der Rippenatmung.

Kinder atmen im allgemeinen immer mit Hilfe des Zwerchfells, aber leider gehen wir, wenn wir älter werden, immer mehr auf die Rippenatmung über. Diese schlechte Angewohnheit scheint mit dem Erwachsenwerden Hand in Hand zu gehen, genauso wie die schlechte Körperhaltung.

3. Sie bekommen die Streßreaktionen Ihres Körpers besser in den Griff

Stellen Sie sich vor, Sie gehen spät nachts allein eine wenig beleuchtete Straße hinunter. Plötzlich hören Sie dicht hinter sich Schritte. Ohne daß Sie etwas dagegen tun können, beginnt Ihr Körper sofort auf Ihre Angstgefühle zu reagieren: Das Herz schlägt schneller, der Blutdruck steigt, Sie atmen schneller, der Stoffwechsel Ihres Körpers läuft schneller ab, das heißt, mehr Nährstoffe und mehr Sauerstoff werden zu den wichtigsten Organen und Geweben befördert. Ihre Muskeln spannen sich an, einmal, um eine Art Schutzpanzer zu bilden, zum andern, um Ihnen eine schnelle Flucht oder einen schnellen Angriff zu ermöglichen. Die Blutgerinnungsfaktoren werden aktiviert, damit Sie weniger stark bluten, sollten Sie verletzt werden. Alle diese physiologischen Reaktionen bilden den Verteidigungsmechanismus des Körpers, sind Teil seiner Fluchtreaktion angesichts einer möglichen Gefahr.

Viele Menschen zeigen die gleichen physiologischen Reaktionen bei einem Streit mit dem Ehepartner oder einem Mitarbeiter, und bei einigen genügt es schon, wenn sie einen unangenehmen Telefonanruf bekommen oder Rechnungen öffnen. Dem auf diese Weise auf Hochtouren gebrachten Körper wird aber keine physische Möglichkeit gegeben, sich abzureagieren, wie fortzulaufen, tätlich anzugreifen. Anstatt diese innere Bereitschaft zu nutzen, wird sie unterdrückt und lastet dann als Streß auf Körper und Psyche. Wenn Sie lernen, Ihre Atmung kontrolliert zu steuern, können Sie durch ein bewußtes Verlangsamen der Atemfrequenz den Streßreaktionszyklus Ihres Körpers schon unterbrechen, bevor er richtig beginnt. Und das alles ohne Beruhigungsmittel.

4. Sie können Ihr Immunsystem stärken

Streß beeinträchtigt das Immunsystem; wenn dieser Zustand chronisch ist, sind Sie weitaus anfälliger für Krankheiten. Glücklicherweise können Sie durch ein bewußt langsames, kontrolliertes Atmen Ihr Immunsystem ganz direkt stärken. Wenn Sie nämlich langsam und regelmäßig atmen, wird das Blut mit Sauerstoff angereichert und der Output an Alpha-Gehirnwellen erhöht, was einen Zustand tiefer Entspannung bewirkt und seinerseits die Sauerstoffanreicherung fördert; diese physiologischen Prozesse stärken das Immunsystem.

5. Das Verdauungssystem funktioniert besser

Atmen mit Hilfe des Zwerchfells wirkt wie eine Massage der inneren Organe, die deshalb besser durchblutet werden. Bauchatmen stimuliert auch die Peristaltik des Darms, wellenförmige, rhythmische Bewegungen, durch die der Darminhalt weiterbefördert wird.

Sechs einfache Schritte, wie man tiefes Zwerchfellatmen lernt

Wenn Sie mehr Energie brauchen oder sich auch nur einfach entspannen wollen, folgen Sie bitte diesen Anleitungen:

Schritt 1: Füllen des unteren Teils der Lungen.

Atmen Sie langsam ein und konzentrieren Sie sich auf den unteren Teil der Lungen; fühlen Sie Ihren Bauch sich wie einen Luftballon ausdehnen.

Schritt 2: Füllen des Brustraums mit Atemluft.

Während Sie langsam weiter einatmen, merken Sie, wie sich Ihr Brustraum vorwölbt.

Schritt 3: Füllen des oberen Teils der Lungen.

Immer noch im selben Atemzug heben Sie die Schultern, drücken sie nach hinten und fühlen, wie sich die oberen Teile der Lunge mit Luft füllen.

Schritt 4: Entleeren des oberen Teils der Lungen.

Sie beginnen das Ausatmen, indem Sie die Schultern wieder senken und so die Luft aus dem oberen Teil der Lungen herausdrücken.

Schritt 5: Entleeren des Brustraums.

Danach ziehen Sie den Brustkorb wieder ein und entleeren so den mittleren Teil der Lungen.

Schritt 6: Entleeren des unteren Teils der Lungen.

Sie ziehen den Bauch ein, und drücken so die restliche Luft aus den Lungen.

Entspannen Sie sich, und machen Sie den nächsten bewußten Atemzug auf die gleiche Weise.

Ihre Nase weiß Bescheid

Sind Sie deprimiert? Fühlen Sie sich angespannt und nervös? Und möchten Sie damit fertig werden, ohne wieder zum Alkohol, zur Zigarette, zur Tablette zu greifen? Dann versuchen Sie es doch einmal mit dem bewußten Atmen durch die Nase, und zwar abwechselnd durch das rechte und das linke Nasenloch. Man hat in Untersuchungen kürzlich Hinweise darauf gefunden, daß bestimmte emotionelle Zustände möglicherweise etwas damit zu tun haben könnten, durch welches Nasenloch man üblicherweise ein- und ausatmet. Deprimierte Menschen zum Beispiel atmen mehr durch das linke Nasenloch, und sehr nervöse und angespannte Menschen neigen mehr dazu, rechts ein- und auszuatmen. Um eine gewisse emotionelle Ausgeglichenheit zu erreichen, versuchen Sie doch einmal abzuwechseln, das heißt, einmal auf der rechten und einmal auf der linken Seite ein- und auszuatmen. Diese Methode ist bereits bei der Behandlung von Depressionen und nervöser Anspannung angewendet worden.

Entspannung durch bewußtes Nasenatmen

Schritt 1: Atmen mit dem rechten Nasenloch.

Schließen Sie das linke Nasenloch mit dem Zeigefinger. Atmen Sie durch das rechte Nasenloch ein; atmen Sie durch den Mund aus. (Alternative: Schließen Sie das rechte Nasenloch, und atmen Sie durch das linke aus.)

Schritt 2: Atmen mit dem linken Nasenloch.

Schließen Sie das rechte Nasenloch mit dem Zeigefinger. Atmen Sie durch das linke Nasenloch ein; atmen Sie durch den Mund aus. (Alternative: Schließen Sie das linke Nasenloch, und atmen Sie durch das rechte aus.)

Wiederholen Sie abwechselnd Schritt 1 und 2, bis Sie sich entspannt fühlen.

Schnelles Energietanken, Nr. 16
Atemzüge zählen

Schritte 1 bis 5:

Siehe Anweisungen zu schnelles Energietanken Nr. 1 in Kapitel 4.

Schritt 6: Energieprogrammierung

Atmen Sie langsam und tief ein und aus. Stellen Sie sich vor, wie der Sauerstoff in jede Zelle Ihres Körpers dringt. Müdigkeit und Anspannung fallen von Ihnen ab, und Sie sind entspannt und wach. Mit jedem Atemzug atmen Sie Energie ein und Müdigkeit und Streß aus. Die Energie durchdringt Ihren Körper wie reines weißes Licht.

Sie befinden sich jetzt in vollkommener Harmonie mit jedem Aspekt Ihres Selbst, sind entspannt und wach. Beim nächsten Einatmen zählen Sie bis vier und beim Ausatmen bis acht. Das Ausatmen sollte immer doppelt so lange dauern wie das Einatmen. Wenn vier und acht Ihnen zu lange dauern, versuchen Sie es mit drei und sechs. Denken Sie daran, daß Sie über das Zwerchfell atmen wollen.

Zählen Sie Ihre Atemzüge auf diese Weise, bis Sie wieder in Ihre Welt zurückkehren wollen. Stellen Sie sich vor, wie Sie aufgrund des kontrollierten Atmens jetzt wacher und energiegeladener sind als vorher. Sie sehen vor Ihrem geistigen Auge, wie sich Ihr Gesicht entkrampft, die Linien der Anspannung verschwinden und die Augen hell und wach aussehen. Sie lächeln.

Schritt 7: Zurückkehren

Siehe Anleitungen zu schnelles Energietanken Nr. 1 in Kapitel 4.

V Mehr Energie durch richtige Ernährung

23 Fünf-Sterne-Rezepte für das 7-Tage-Programm

Die meisten Rezepte in diesem Kapitel wurden zusammen mit Daniel Bumgardner entwickelt und ausprobiert. Mr. Bumgardner war Chefkoch in vielen bekannten Gourmet-Restaurants, unter anderem in Südkalifornien, in Florida und in Rio de Janeiro. Die Autoren stellten die Mahlzeiten zusammen und ermittelten mit Hilfe eines Computerprogramms den Nährwert der einzelnen Rezepte, aufgeteilt in Kohlehydrate, Fett, Gesamteiweiß, tierisches Eiweiß und Natrium. Diese Werte sind jeweils in einer anschließenden Tabelle dargestellt. Auf die gleiche Weise wurde auch der Nährwert der Nahrung für jeweils einen Tag im Rahmen des 7-Tage-Programms ermittelt und in Tabellenform aufgeführt (siehe Seite 122 ff.). Natürlich können die angegebenen Nährwerte bei leicht veränderten Zutatenmengen variieren; auch die Qualität des Lebensmittels – wie Reife, Sorte, Lagerzeit etc. – spielt eine Rolle. Die Zahlen sollen vor allem aufdecken, wieviel Prozent der Gesamtkalorien von einem bestimmten Nährstoff geliefert werden.

Frühstücksflocken, Müsli, Breie und ähnliche Frühstückskost

Die meisten von uns glauben, daß Frühstücksnahrung aus der Packung zusammen mit Milch und Obst ein gesundes Frühstück darstellt. Das hängt allerdings davon ab, was genau sich in dieser Packung befindet; leider ist es so, daß die üblichen Frühstücksmischungen aus dem Supermarkt mit Zucker und künstlichen Zusatzstoffen angereichert sind; außerdem enthält normale Milch zuviel Fett. Den Anforderungen des «Nie mehr müde»-Programms entsprechen als Fertigkost Ganzkornprodukte, Flocken, Puffgetreide, gemahlenes Getreide für Breie etc., denen kein Zucker und kein Salz hinzugefügt wurden. Sie können mit Malz und Fruchtkonzentrat, seltener mit Honig, abgeschmeckt sein und Kleie, Weizenkeime oder Trockenobst enthalten. Die größte Auswahl an gesunder Fertigkost bieten Reformhäuser, Alternativ- und Kornläden.

Ganzkornprodukte, Vollwertflocken-, Müsli- und andere Fertigkost folgender Firmen* können empfohlen werden: Achimer, Biologistik, Studt/Heirler, Dr. Ritter, Biona, Holle, Morga, Zwicky.

In den meisten Reformläden besteht auch die Möglichkeit, Mischungen individuell zusammenzustellen.

Zwischenmahlzeiten als schnelle Energiespender

Kleinigkeiten zum Essen für zwischendurch sind ein wichtiger Bestandteil des «Nie mehr müde»-Programms. Sie sorgen dafür, daß Ihr Blutzukkerspiegel gleichmäßig hoch bleibt, und spenden schnell die nötige Energie. Wer hin und wieder eine Kleinigkeit zwischendurch ißt, den wird es weniger stark nach Süßem oder Alkohol verlangen und der ißt selten zuviel zu Mittag oder zu Abend.

Machen Sie sich wegen der Kalorien keine Sorgen. Denken Sie daran, daß Sie soviel essen können, wie Sie wollen, solange Sie sich an die fünf Regeln des «Nie mehr müde»-Programms aus Kapitel 7 halten.

Reformhäuser bieten eine Vielzahl von süßen und pikanten Keksen, Plätzchen, Zwiebacken, Crackern u. a. an. All diese Produkte enthalten wenig Fett und Salz und keine künstlichen Zusatzstoffe oder weißen Zucker. Sie bestehen aus Vollkorn und sind mit natürlichen Gewürzen und Kräuterextrakten wie Knoblauch und Zwiebel, Sesamsamen, Käse, Honig, Rosinen, Vanille, Zimt gewürzt. Natürliche Geschmacksstoffe, ein wenig Meersalz, Sojasoße und Hefe können ebenfalls beigefügt sein.

Vorschläge: Backwarensortiment von Batscheider, Drei Pauly, Flügge und quickvital, Dr. Balke Fruchtschnitten, Biskuitsortiment von Abbé Bisson, Biona Backwaren, Morga Biskuitsortiment, Somona Knäckebrot.

* Diese und auch die folgenden Aufzählungen von Herstellern und Marken haben keinen Anspruch auf Vollständigkeit. Sie erwähnen nur einige der in Deutschland, Österreich und in der Schweiz erhältlichen und dem «Nie mehr müde»-Programm entsprechenden Reformprodukte.

Obst und Obstprodukte

Durch frisches Obst nehmen Sie nicht nur wichtige Vitamine, Mineralien und Ballaststoffe zu sich, sondern es verhindert als Zwischenmahlzeit auch, daß Sie übermäßiges Verlangen nach Süßem bekommen. Von manchen Obstsorten weiß man, daß sie wegen ihres Pektingehalts den Cholesterinspiegel senken können. Jegliches Obst mit Ausnahme von Avocados und Oliven ist erlaubt. Sie können zwei bis drei Stück Obst täglich als Zwischenmahlzeit zu sich nehmen: Besonders wichtig sind dabei Äpfel, Bananen und Birnen.

Marmeladen

Die meisten Marmeladen und Fruchtgelees bestehen hauptsächlich aus weißem Zucker. Die hier empfohlenen Marmeladen enthalten keinerlei Farbstoffe, Zucker- oder andere künstliche Zusätze, sondern bestehen nur aus Frucht, ungesüßten Obstsaftkonzentraten und natürlichem Pektin: Eden Fruchtgold, Lorenz + Lihn's Fruchtige, Morga Reform-Extra-Konfitüren, Morga Wildfrucht-Konfitüre.

Getränke

- Koffeinfreier Kaffee; Sie können ihn gemahlen oder als Bohnenkaffee kaufen und bei Bedarf zu Hause frisch mahlen. Trinken Sie Ihren Kaffee schwarz und ohne Zucker oder mit Magermilch. Verzichten Sie ebenfalls auf künstlichen Süßstoff (siehe Kapitel 12). Eine Alternative zum Bohnenkaffee ist Früchte- und Getreidekaffee (Biorex, Morga).
- Teeinfreier Tee mit Magermilch oder Zitrone, ohne Zucker.
- Mineralwasser mit möglichst geringem Kochsalzgehalt; am besten aus einer natürlichen Quelle.
- Mineralwasser mit Fruchtgeschmack; achten Sie auf das Etikett. Wichtig ist, daß das Mineralwasser weder Zucker noch Kochsalz, noch künstliche Zusatzstoffe enthält. Eine Alternative sind auch Sirupe, für die das gleiche wie für die Marmeladen gilt, und Gemüsesäfte.
- Kräutertees.
- Quellwasser, mindestens acht Glas pro Tag.

Die Einkaufsliste für das 7-Tage-Programm

Getreideprodukte

Haferflocken
Vollweizenmehl
Vollweizen-Kuchenmehl
Quinoa (z. B. Dr. Ritter)
Vollkorn-Spaghetti (ohne Salz- und Eizusatz)
Vollkorn-Fettuccine und Lasagne-Nudeln (ohne Salzzusatz)
Brauner Langkornreis
Brot und Brötchen aus Vollweizenmehl
Vollweizen-Tortillas

Alkohol, falls gewünscht

Trockener Sherry
Trockener Weißwein
Trockener Rotwein

Öl

Leichtes Olivenöl
Sesamöl

Süßmittel

Fruchtkonzentrate, ungesüßt und ohne Zusatzmittel (z. B. Eden Sanddornkonzentrat, Hübner Apfeldicksaft, quickvital Fruchtsüße, Vitaborn Birnendicksaft, Biorex Fruchtzucker)
ungesüßter Apfelsaft

Gewürze und Kräuter (möglichst frische Kräuter verwenden)

Lorbeer	feingemahlener schw. Pfeffer	Senfpulver
Knoblauchpulver	Chilipulver	Paprika
Kerbel	Kümmel	Tabasco
Bohnenkraut	Oregano	Basilikum
Zwiebelpulver	Cayennepfeffer	Estragon
Petersilie	Koriander	Thymian

Gewürzmischungen, -salze ohne Zucker, Salzzusatz und künstliche Zusatzstoffe (z. B. Kochsalzersatz von Brecht, Dr. Ritter Diätsalz, Herba-Kal von Dr. Dünner, Plantasel von Morga)

Milchprodukte

Magermilch
Fettarme Milch
Magerer Hüttenkäse, Magerquark
Magerjoghurt
Fetakäse
Geriebener Parmesankäse
Cheddarkäse

Eiweiß von frischen Eiern

Hülsenfrüchte

Möglichst getrocknete oder frische verwenden; wenn Sie Dosengemüse kaufen, darf es keinen Zucker, kein Salz, keine Konservierungsstoffe oder anderen künstlichen Zusätze enthalten.
Kichererbsen
Rote Kidneybohnen (Indianerbohnen)
Getrocknete halbe Erbsen
Grüne Bohnen

Zutaten zum Kochen und Backen

Backpulver (ohne Aluminium)
Gemüsebrühe (ohne Salzzusatz, fettfrei), z. B. Natura Brühwürfel, Cenovis Gemüsebrühe von Neuköllner, Vitam Gemüse-Hefebrühe, Morga Gemüse-Extrakt, Biorex Würzextrakt

Senf, ungesüßt	Kapern
Maisstärke (Maizena)	1 Dose Tomaten, ungesalzen
Apfelessig	Tomatenpüree, ungesalzen
Weinessig	1 Glas Muschelbrühe
frischer Ingwer	schwach gesalzene Sojasoße oder Tamarisoße

Frisches Obst (wenn gefroren, ungesüßt)

Zitronen
Orangen
Äpfel
Bananen
Birnen
Erdbeeren
Himbeeren
Heidelbeeren
Pfirsiche

Würzgemüse

Zwiebeln
Frühlingszwiebeln
Knoblauch

Gemüse zum Kochen und für Salate

Kartoffeln
Süßkartoffeln oder Jams
Tomaten
Paprikaschoten
Pilze (Champignons)
Stangensellerie
Karotten
Radieschen
Zucchini
Alfalfakeimlinge
(Mungo-)Bohnenkeimlinge
Salat (alle Sorten außer Eisbergsalat)
Spinat
Blumenkohl
Rotkohl
Gurken
Kürbis (z. B. Bischofsmütze)
Wasserkastanien
Bambussprossen

Salatsoßen

Fertigsalatsoßen sollten keine Konservierungsstoffe, künstliche Farbstoffe, Zucker oder Kochsalz enthalten (z. B. Salatsoßen von Eden, Neuköllner, Biorex, Morga Pionier).

Die Rezepte

1. Heißer Frühstücksbrei mit Rosinen 1 Portion

1 Portion Frühstücksbrei (siehe Vorschläge S. 313f.)
2 Eßlöffel Rosinen
Zimt nach Geschmack
1 Eßlöffel Haferkleie
1 Eßlöffel Fruchtkonzentrat

Der Brei wird nach der Anweisung auf der Packung zubereitet, ohne Kochsalz. Während des Kochens werden Rosinen und Zimt hinzugefügt. Gießen Sie den Brei in eine Schüssel, mischen Sie die Kleie unter und süßen Sie den Brei mit Fruchtkonzentrat oder einem Teelöffel einer empfohlenen Nur-Frucht-Marmelade.

296 Kalorien pro Portion

Nährstoffe	Kohlehydrate	Fett	Gesamteiweiß	Tier. Eiweiß	Natrium
Kalorien	77%	10%	13%	0%	
Menge	57,1 g	3,2 g	9,8 g	0 g	9 mg

2. Frühstücksflocken mit Obst 1 Portion

30 g Frühstücksflocken (siehe Vorschläge S. 313f.)
⅛ l Magermilch
1 Banane oder 6 Eßlöffel anderes Obst wie Erdbeeren oder Heidelbeeren
1 Eßlöffel Haferkleie

Zutaten vermischen.

319 Kalorien pro Portion					
Nährstoffe	Kohlehydrate	Fett	Gesamteiweiß	Tier. Eiweiß	Natrium
Kalorien	78%	9%	13%	5%	
Menge	64 g	3,2 g	11 g	4 g	72 mg

3. Omelett aus Eiweiß

1 Portion

3 Eiweiß
etwa 2 Pilze in Scheiben
⅛–¼ Zwiebel, gehackt (nach Geschmack)
etwa ¼ grüne Paprikaschote

In einer beschichteten Pfanne werden Zwiebeln, Pilze und Paprika angedünstet, falls nötig mit etwas Wasser angegossen, damit nichts ansetzt. Das Gemüse kann auch in größeren Mengen vorbereitet und dann portionsweise eingefroren werden.

Von drei Eiern wird nur das Eiweiß in eine beschichtete Omelettpfanne gegeben, die vorher mit sehr wenig Öl eingefettet wurde, und bei mittlerer Hitze zum Stocken gebracht; danach wenn möglich im Ofen zehn bis 15 Sekunden einer starken Oberhitze aussetzen, damit das Omelett ganz durchgebacken ist. Danach wird das Gemüse auf eine Hälfte des Omeletts gegeben und die andere Hälfte darüber geklappt. Sofort servieren; das Omelett wird außen goldbraun aussehen.

59 Kalorien pro Portion					
Nährstoffe	Kohlehydrate	Fett	Gesamteiweiß	Tier. Eiweiß	Natrium
Kalorien	23%	2%	75%	61%	
Menge	57,1 g	3,2 g	9,6 g	9 g	9 mg

4. Haferflockenpfannkuchen

4 Portionen

100 g Haferflocken
¼ l Magermilch oder Fruchtsaft
4 Eiweiß
60 g Vollweizenmehl oder Hafermehl
2 Eßlöffel Fruchtkonzentrat
1 Eßlöffel Backpulver

Lassen Sie die Haferflocken etwa fünf Minuten in der Milch quellen, fügen Sie Eiweiß, Mehl, Fruchtsaftkonzentrat und Backpulver hinzu und verrühren alles zu einem Teig.

Eine beschichtete Pfanne wird mit wenig Öl eingefettet; die Pfannkuchen werden in der heißen Pfanne gebacken und gewendet, wenn sich auf der Oberfläche Blasen bilden und die Ränder leicht trocken aussehen.

Essen Sie die Pfannkuchen mit Fruchtpüree (Rezept 43) oder ungesüßtem Apfelmus. Übriggebliebene Pfannkuchen können eingefroren werden.

202 Kalorien pro Portion

Nährstoffe	Kohlehydrate	Fett	Gesamteiweiß	Tier. Eiweiß	Natrium
Kalorien	70 %	9 %	21 %	10 %	
Menge	35,2 g	2,1 g	10,6 g	5,3 g	320 mg

5. Heidelbeerpfannkuchen

4 Portionen

Wie Rezept 4. Rühren Sie 150 bis 250 Gramm frische oder gefrorene ungesüßte Heidelbeeren vor dem Backen unter den Teig. Gefrorene Früchte müssen erst aufgetaut und abgegossen werden.

236 Kalorien pro Portion

Nährstoffe	Kohlehydrate	Fett	Gesamteiweiß	Tier. Eiweiß	Natrium
Kalorien	73 %	8 %	19 %	9 %	
Menge	42,6 g	2,1 g	11,1 g	5,25 g	320 mg

6. Pfannkuchen mit Banane und Rosinen

4 Portionen

Wie Rezept 4. Rühren Sie 3 Eßlöffel Rosinen und ½ bis 1 Banane in dünnen Scheiben vor dem Backen unter den Teig.

265 Kalorien pro Portion

Nährstoffe	Kohlehydrate	Fett	Gesamteiweiß	Tier. Eiweiß	Natrium
Kalorien	75 %	8 %	17 %	8 %	
Menge	51,2 g	2,4 g	11,4 g	5,2 g	322 mg

7. Überbackene Gemüse-Käse-Schnitte 6 Portionen

Dieses Gericht ist so schmackhaft, daß sogar einer unserer «salzsüchtigen» Freunde von sich aus meinte: «Da fehlt wirklich nichts.» Reste können ein Fertiggericht ergänzen, und das Gemüse mit der Soße schmeckt zu einer Bratkartoffel besonders gut.

Soße:

- 1 kleiner Kürbis (etwa Bischofsmütze oder entsprechendes Stück Speisekürbis; je kleiner der Kürbis, desto zarter und aromatischer ist das Fruchtfleisch)
- 1 dünnschalige Kartoffel
- 1 Süßkartoffel

Gemüse:

- 1 gehackte Zwiebel
- etwa 120 g Brokkoli in Stücken
- etwa 150 g Blumenkohl in Stücken
- 2 Karotten in Scheiben
- 3 Tomaten in Würfeln oder eine kleine Dose Tomaten
- 3 Knoblauchzehen, fein gehackt
- ¼ Teelöffel schwarzer Pfeffer (nach Geschmack)
- 1 Teelöffel getrocknetes Basilikum

Außerdem:

- 6 Scheiben Vollweizentoast (1 pro Person)
- 6 Eßlöffel geriebener Parmesankäse (1 Eßlöffel pro Person)

Soße: Kartoffeln und Kürbis gründlich waschen, den geschälten Kürbis und die Kartoffeln mit der Schale in Stücke schneiden. Der Kürbis läßt sich leichter schneiden, wenn Sie ihn kurz im Mikrowellenherd oder Backofen auf mittlerer Hitze angaren. Kürbis und Kartoffeln weich dämpfen oder im Dampfkochtopf garen.

Dann alles zusammen fein pürieren.

Gemüse: Eine beschichtete Pfanne mit Öl dünn einfetten und Knoblauch und Zwiebeln darin dünsten, bis sie glasig sind. Damit nichts am Pfannenboden klebt, können Sie, wenn nötig, etwas Wasser beigeben.

Brokkoli, Blumenkohl, Karotten, Tomaten und Gewürze in die Pfanne geben und zusammen mit Zwiebeln und Knoblauch dünsten.

Die Soße über das Gemüse gießen und dieses so lange schmoren, bis es die gewünschte Konsistenz erreicht hat.

Das Ganze dann über dem Toast anrichten, mit dem Käse bestreuen und, falls erwünscht, bei starker Oberhitze im Ofen kurz überbacken.

255 Kalorien pro Portion

Nährstoffe	Kohlehydrate	Fett	Gesamteiweiß	Tier. Eiweiß	Natrium
Kalorien	70%	14%	16%	4%	
Menge	42 g	3,6 g	9,2 g	2 g	298 mg

8. Bunter Sandwich

1 Portion

2–4 Eßlöffel Brotaufstrich (Rezept 36)
4 Scheiben roher Zucchino (mehr oder weniger, nach Geschmack)
2 Scheiben Tomate (nach Geschmack)
3 Eßlöffel Alfalfakeimlinge (nach Geschmack)
2 Scheiben Vollweizentoast

Das Brot wird mit dem Aufstrich bestrichen, eine Scheibe mit Zucchini, Tomaten und Keimlingen belegt und die zweite Scheibe daraufgeklappt.

201 Kalorien pro Portion

Nährstoffe	Kohlehydrate	Fett	Gesamteiweiß	Tier. Eiweiß	Natrium
Kalorien	67%	12%	21%	5%	
Menge	34,6 g	2,8 g	10,7 g	2,3 g	443 mg

9. Thunfischburger

4 Portionen

180 g Thunfisch in Wasser
6 Eßlöffel gehackte Zwiebeln
6 Eßlöffel gehackte grüne Paprika
2 Selleriestangen mit Blättern, gehackt
2 Eßlöffel Haferkleie
4 Eiweiß
6 Eßlöffel Brotbrösel aus Vollweizenbrot
½ –1 Teelöffel Pfeffer (nach Geschmack)

1 Teelöffel gehackte Petersilie
4 Vollweizenbrötchen

Zur Garnierung:
Tomatenscheiben
Zwiebelscheiben
Alfalfakeimlinge

In einer Schüssel werden Brösel, Zwiebeln, Paprika, Petersilie, Pfeffer, Haferkleie und Eiweiß vermischt.

Das Wasser wird vom Thunfisch abgegossen, der Fisch in Brocken unter die Brotmischung gegeben, und aus dem Teig werden vier Fladen geformt.

Die Burger werden in einer beschichteten Pfanne, die mit Öl eingefettet wurde, bei mittlerer Hitze gebraten, bis sie auf beiden Seiten goldbraun sind.

Die Burger zwischen die Brötchenhälften legen und mit Tomaten, Zwiebeln und Keimlingen garnieren.

244 Kalorien pro Portion

Nährstoffe	Kohlehydrate	Fett	Gesamteiweiß	Tier. Eiweiß	Natrium
Kalorien	57%	13%	30%	12%	
Menge	33,8 g	3,4 g	17,9 g	7,5 g	360 mg

10. Nahrhafte Erbsensuppe

8 Portionen

50 g durchwachsenen Speck, nitratfrei, gewürfelt
450 g halbe grüne Erbsen, gründlich gewaschen
1½ l Wasser
2 Selleriestangen, einschließlich Blättern, gehackt
1 Zwiebel, gehackt
2 große Karotten, in Stücken
1 kleine weiße Rübe oder süße Kartoffel, in Stücken
1 Knoblauchzehe, fein gehackt
2 Lorbeerblätter
¼ Teelöffel getrockneter Kerbel
¼ Teelöffel getrocknetes Bohnenkraut
1 Teelöffel getrocknetes Basilikum

Der Speck wird mit dem Knoblauch unter Rühren, damit sich nichts ansetzt, in einem Suppentopf angebraten. (Speck ist wegen seines hohen Fettgehalts nicht ein normaler Bestandteil der «Nie mehr müde»-Diät, kann aber in kleinen Mengen viel zum Geschmack eines Gerichtes beitragen.)

Die zerkleinerten Gemüse hinzugeben und dünsten, bis die Zwiebeln glasig sind.

Das Gemüse mit Wasser aufgießen und die Erbsen hineingeben. Die Suppe zum Kochen bringen.

Die Kräuter unterrühren und dann das Ganze ewa 1½ Stunden auf kleiner Flamme köcheln lassen, bis die Erbsen weich sind.

Mit einem Kartoffelstampfer Gemüse zerkleinern oder in kleinen Mengen im Mixer pürieren.

Falls die Suppe beim Abkühlen zu dick wird, kann sie mit Wasser verdünnt werden. Reste können problemlos portionsweise eingefroren werden.

246 Kalorien pro Portion

Nährstoffe	Kohlehydrate	Fett	Gesamteiweiß	Tier. Eiweiß	Natrium
Kalorien	63%	14%	23%	1%	
Menge	39,3 g	3,9 g	14,7 g	0,5 g	66 mg

11. Quinoa-Tomaten-Suppe

6 Portionen

Quinoa, ein interessantes, wenig bekanntes Getreide, wächst im Bergland der Anden in Südamerika und war ein Grundnahrungsmittel der Inkas. Es enthält mehr Eiweiß als jedes andere Getreide, und das Verhältnis der verschiedenen Aminosäuren zueinander entspricht nahezu den Bedürfnissen der menschlichen Ernährung. Man kann Quinoa in 15 Minuten garen und es anstelle von anderen Getreiden in beinahe jedem Rezept verwenden. Quinoa findet man in Reformhäusern oder Dritte-Welt-Läden. Sie können für dieses Rezept auch braunen Reis statt Quinoa verwenden.

Überraschen Sie Ihre Familie mit dieser köstlichen Suppe, die sich in kurzer Zeit herstellen läßt. Reste können portionsweise eingefroren und an Tagen verwendet werden, wenn Ihnen nicht nach Kochen zumute ist.

1 Knoblauchzehe, fein gehackt
1 Teelöffel Petersilie, gehackt

1 Zwiebel, gehackt
½ grüne Paprikaschote, gehackt
2 Selleriestangen, in Scheiben
1 große Tomate, in kleinen Stücken
100 g Quinoa (oder brauner Reis)
1½ l Gemüsebrühe (siehe Vorschläge S. 317)
1 Frühlingszwiebel in dünnen Scheiben
6 Teelöffel Parmesankäse, gerieben

Den Boden eines Suppentopfes mit wenig Öl einfetten und Knoblauch, Zwiebel, Paprika und Sellerie unter Rühren andünsten.

Tomaten und Brühe hinzugeben und die Suppe kurz aufkochen lassen.

Quinoa gründlich spülen, um die äußerste Schicht zu entfernen, die etwas bitter schmeckt, in die Suppe geben, das Ganze wieder zum Kochen bringen, danach auf niedriger Flamme zugedeckt 30 Minuten lang kochen.

Die Petersilie hinzufügen und die Suppe weitere 15 Minuten köcheln lassen.

Jede Suppenportion mit dünnen Frühlingszwiebelscheibchen und einem Teelöffel Parmesankäse garnieren.

102 Kalorien pro Portion

Nährstoffe	Kohlehydrate	Fett	Gesamteiweiß	Tier. Eiweiß	Natrium
Kalorien	65%	17%	18%	3%	
Menge	16,5 g	1,9 g	4,6 g	0,67 g	294 mg

12. Spaghetti mit Soße und Käse

1 Portion

60 g Vollkorn-Spaghetti
⅛ l fertige Spaghettisoße (Achten Sie auf die Inhaltsangabe auf dem Etikett; 25% der Kalorien durch Fett sind erlaubt. Die nachfolgenden Angaben basieren auf einer Soße, bei der 15% der Kalorien durch das Fett geliefert werden.)
2 Eßlöffel Parmesankäse, gerieben

Beim Kochen der Spaghetti weder Öl noch Salz verwenden.

Zusammen mit einem großen Salat, der mit einer der empfohlenen Salatsoßen angemacht ist, ergibt das Spaghettigericht eine köstliche und sättigende Mahlzeit.

310 Kalorien pro Portion Nährstoffe	Kohlehydrate	Fett	Gesamteiweiß	Tier. Eiweiß	Natrium
Kalorien	67%	15%	18%	5%	
Menge	49 g	5 g	13 g	4 g	216 mg

13. Schmackhafte Fajitas, schnell zubereitet

1 Portion

1 kleine Knoblauchzehe, fein gehackt
½ kleiner Zucchino, in Streifen geschnitten
1 Frühlingszwiebel, gehackt
¼ Tomate, zerschnitten
2 Eßlöffel gekochte Kichererbsen, püriert
2 Pilze, in Scheiben
1 Eßlöffel mexikanische Soße (Tomatensoße mit Chili scharf abgeschmeckt, aber ohne Salz und Zucker oder künstliche Zusatzstoffe)
1 Tortilla aus Vollweizen

Eine Bratpfanne mit wenig Öl einfetten, erhitzen, den Knoblauch darin leicht anbräunen und die Gemüse und die Soße hinzugeben. Dünsten, bis der Zucchino nur noch leicht knackig ist.

Die Tortilla wird erwärmt und das Gemüse diagonal in die Mitte gegeben. Die Tortilla vor dem Essen aufrollen.

164 Kalorien pro Portion Nährstoffe	Kohlehydrate	Fett	Gesamteiweiß	Tier. Eiweiß	Natrium
Kalorien	71%	13%	16%	0%	
Menge	31,2 g	2,5 g	6,8 g	0 g	5 mg

14. Huhn mit Nudeln (Fettuccine)

4 Portionen

225 g Nudeln
170 g Hühnerbrust, ohne Knochen und Haut
400 g Pilze, roh
1 Knoblauchzehe, fein gehackt
4 Eßlöffel trockener Sherry
4 Eßlöffel Gemüsebrühe
⅛ l Magerjoghurt

125 g magerer Hüttenkäse oder Magerquark
2 Eßlöffel Senf
1 Teelöffel Maisstärke, in etwas Wasser angerührt
etwas Petersilie

Das Huhn wird in dünne Streifen geschnitten und das Wasser für die Nudeln aufgesetzt.

Eine Pfanne mit wenig Öl einfetten, den Knoblauch anbraten und Sherry, Brühe, Pilze und Huhn dazugeben. Auf mittlerer Hitze kochen, bis das Fleisch weiß aussieht.

Die Nudeln kochen.

Joghurt, Hüttenkäse und Senf im Mixer pürieren.

Die angerührte Maisstärke unter das Hühnergericht rühren, das Ganze zum Kochen bringen und, nachdem es angedickt ist, wieder kleinstellen.

Die Joghurtmischung daruntergeben und das Gericht noch einmal gründlich erwärmen.

Die gekochten Nudeln daruntermischen und das Gericht mit Petersilie garniert anrichten.

447 Kalorien pro Portion

Nährstoffe	Kohlehydrate	Fett	Gesamteiweiß	Tier. Eiweiß	Natrium
Kalorien	47%	11%	38%	26%	
Menge	51,8 g	5,1 g	42 g	29,2 g	364 mg

(4% der Kalorien werden vom Sherry geliefert)

15. Huhn auf süß-saure Art mit Reis

4 Portionen

Fleisch:
2 Hühnerbrüste ohne Haut und Knochen, in dünne Streifen geschnitten

Gemüse:
2 Selleriestangen, diagonal geschnitten
2 Karotten, diagonal geschnitten
1 Zwiebel, gehackt
½ Paprikaschote, in Streifen
1 saurer grüner Apfel, in Stücken mit Schale
2 Knoblauchzehen, fein gehackt

Soße:

1 Dose Ananasscheiben (230 g) in eigenem Saft
⅛ l Papayasaft
⅛ l Essig
2 Eßlöffel Fruchtkonzentrat
2 Eßlöffel Maisstärke in 3 Eßlöffeln Wasser
½ Teelöffel schwarzer Pfeffer
1 Tasse grüne, kernlose Weinbeeren
1 Eßlöffel Senf

Eine beschichtete Pfanne wird mit wenig Öl eingefettet und Huhn und Zwiebeln darin angedünstet, bis das Fleisch weiß aussieht und die Zwiebeln weich sind. Sellerie, Karotten, Paprika, Apfel und Knoblauch hinzugeben und auf mittlerer Hitze schmoren.

Währenddessen werden in einem Topf Ananas- und Papayasaft zusammen mit Essig, Senf, Pfeffer und Fruchtkonzentrat zum Kochen gebracht.

Die angerührte Maisstärke unterrühren, bis die Soße dick wird, dann Ananas in Stücken und Weinbeeren hineingeben und die Soße wieder zum Kochen bringen. Danach über Gemüse-Huhn-Mischung geben, umrühren und das Ganze über braunem Reis (Rezept 27) oder Nudeln anrichten.

473 Kalorien pro Portion

Nährstoffe	Kohlehydrate	Fett	Gesamteiweiß	Tier. Eiweiß	Natrium
Kalorien	67%	6%	27%	25%	
Menge	68 g	3,1 g	32,4 g	29,2 g	165 mg

16. Rindfleisch mit Gemüse auf chinesische Art

6 Portionen

Dieses Gericht ergibt eine vollständige Mahlzeit. Obgleich die Anleitungen lang aussehen, läßt es sich in weniger als 30 Minuten zubereiten, wenn der Reis schon vorher gekocht ist. Am besten haben Sie alle Zutaten parat, bevor Sie mit dem Kochen anfangen.

Fleisch:

340 g mageres Rindfleisch

Gemüse:

1 Knoblauchzehe, fein gehackt

2 Scheiben Ingwer, fein gehackt
200 g Brokkoli, in mundgerechten Stücken
100 g Pilze, in Scheiben
150 g Mungobohnenkeimlinge
3 Zwiebeln, gehackt
1 Dose Wasserkastanien oder Bambussprossen (ca. 120 g)
1 Paprikaschote, in Streifen

Soße:
¼ l Gemüsebrühe
1 Eßlöffel Sojasoße
1 Eßlöffel trockener Sherry
2 Teelöffel Sesamöl
¼ Teelöffel schwarzer Pfeffer (oder nach Geschmack)
2 Teelöffel Maisstärke in 2 Eßlöffeln Wasser

Reis:
2 Tassen gekochter brauner Reis oder Nudeln

Zubereitung des Reises siehe Rezept 27.

Brokkoli zerkleinern, das heißt, das feste Äußere des Stengels abschälen und den Stengel diagonal in dünne Scheiben schneiden. Auf diese Weise ist die Angriffsfläche größer und das Gemüse wird schneller gar.

Das Fleisch quer zu den Fasern in sehr dünne Scheiben schneiden.

Zwiebeln, Paprika, Pilze, Knoblauch und Ingwer vorbereiten.

Brokkoli dämpfen, bis er nur noch leicht knackig ist.

Währenddessen eine beschichtete Pfanne (oder chinesischen Wok) mit wenig Öl einfetten und Knoblauch, Ingwer, Zwiebeln und Paprika darin dünsten, bis Zwiebeln und Paprika weich sind. Rühren Sie häufig um und gießen Sie mit etwas Wasser an, damit nichts ansetzt.

Pilze, Wasserkastanien und Bohnenkeimlinge hinzugeben, umrühren und bei kleiner Flamme weitergaren.

Eine zweite Pfanne einfetten und das Fleisch darin in ein paar Minuten kurz braten, bis es gar ist.

Die Zutaten für die Soße vermischen, über das Gemüse gießen und aufkochen, bis die Soße andickt.

Das gebratene Fleisch mit dem Gemüse vermischen und das Gericht mit Reis servieren.

231 Kalorien pro Portion

Nährstoffe	Kohlehydrate	Fett	Gesamteiweiß	Tier. Eiweiß	Natrium
Kalorien	49%	20%	30%	21%	
Menge	28 g	5,5 g	18,1 g	12,3 g	266 mg

(1% der Kalorien wird durch den Alkohol geliefert)

17. Gemüse-Lasagne

8 Portionen

Die Zubereitung dieses Gerichtes läßt sich noch vereinfachen, wenn man die Soße nicht frisch zubereitet, sondern eine Fertigsoße verwendet. Dabei muß beachtet werden, daß der Fettanteil der Soße nicht mehr als 25% der Kalorien liefert (eine Berechnungsformel finden Sie in Kapitel 8). Unser Küchenchef empfiehlt, dieses Gericht am Abend vorher zuzubereiten, damit es gut durchziehen kann.

Soße:
- 3 Knoblauchzehen, fein gehackt
- ½ grüne Paprikaschote, gehackt
- ¼ Zwiebel, gehackt
- 1 Dose Tomatenpüree (800 g)
- ¼ l trockenen Rotwein
- 1 Eßlöffel Fruchtkonzentrat
- ¼ Teelöffel schwarzer Pfeffer

Gemüse:
- ½ kleinen Blumenkohl, in Scheiben
- 150 g Brokkoli, in kleinen Stücken
- 120 g Zucchini, in Scheiben
- 100 g Pilze, in Scheiben

Füllung:
- 340 g Hüttenkäse oder Magerquark (ca. 2% Fettgehalt)
- ½ Tasse Kichererbsen, nach Belieben
- 2 Knoblauchzehen, fein gehackt

Nudeln:
- 300 g Vollkorn-Lasagnenudeln

Belag:
- 4 Eßlöffel Parmesankäse, gerieben

Nudeln: Die Nudeln werden in Wasser ohne Salz und Öl gargekocht, abgegossen und zur Seite gestellt.

Soße: Alle Zutaten werden in einem Topf vermischt, zum Kochen gebracht und klein gestellt. Während die Soße kocht, bereiten Sie die Füllung vor.

Füllung: Die Erbsen im Mixer pürieren, den Hüttenkäse und den Knoblauch hinzugeben und das Ganze noch einmal pürieren.

Den Boden einer Lasagneform mit etwas Soße bedecken, eine Schicht Nudeln darauflegen, dann ein Drittel des Gemüses darübergeben und dieses wieder mit einem Drittel der Füllung und etwas Soße bedecken. Wiederholen Sie die Schichten, bis die Zutaten aufgebraucht sind. Sie sollten mit einer Schicht Nudeln abschließen, die mit Soße bedeckt wird.

Die Form zudecken und die Lasagne 30 Minuten bei guter Mittelhitze backen. Den Ofen ausstellen, den Käse über die Lasagne geben und das Gericht noch weitere 30 Minuten im Ofen stehenlassen.

Wenn Sie die Lasagne am Abend vorher zubereiten, nehmen Sie die Form nach den ersten 30 Minuten aus dem Ofen. Streuen Sie den Käse darüber und decken Sie die Lasagne wieder zu. Vor dem Anrichten muß die Lasagne dann zugedeckt 30 Minuten bei mittlerer Hitze erwärmt werden.

297 Kalorien pro Portion

Nährstoffe	Kohlehydrate	Fett	Gesamteiweiß	Tier. Eiweiß	Natrium
Kalorien	64%	9%	21%	9%	
Menge	47,8 g	2,8 g	15,9 g	6,8 g	256 mg

18. Kartoffelpuffer

4 Portionen

3 dünnschalige Kartoffeln
2 Zwiebeln
3 Knoblauchzehen
1 Teelöffel schwarzer Pfeffer
3 Eßlöffel Vollweizenmehl
4 Eßlöffel Haferkleie
1 Eßlöffel Petersilie, gehackt
3 Frühlingszwiebeln, gehackt
2 Eiweiß

Kartoffeln (mit Schale), Zwiebeln und Knoblauch raspeln, mit Frühlingszwiebeln, Pfeffer, Petersilie, Haferkleie, Mehl und Eiweiß vermischen und zu acht Pfannkuchen formen.

Eine beschichtete Bratpfanne mit etwas Öl einfetten und die Kartoffelpuffer darin backen, bis sie auf beiden Seiten goldbraun aussehen.

Die Puffer werden knuspriger, wenn man sie nach dem Backen fünf Minuten in einen vorgeheizten Ofen (180 Grad) stellt. Sie werden mit Apfelmus oder Quarksoße (Rezept 37) serviert. In der nachfolgenden Tabelle gilt die obere Zahl für Kartoffelpuffer mit Apfelmus, die untere für Puffer mit Quarksoße.

249–284 Kalorien pro Portion

Nährstoffe	Kohlehydrate	Fett	Gesamteiweiß	Tier. Eiweiß	Natrium
Kalorien	84%	3%	13%	3%	
	78%	5%	17%	6%	
Menge	53,3 g	0,8 g	8 g	1,5 g	42 mg
	55,4 g	1,6 g	12,4 g	4,3 g	113 mg

19. Zucchini-Bohnen-Auflauf

4 Portionen

400 g Zucchini, geraspelt
3 Zwiebeln, gehackt
3 Tomaten, 2 in kleinen Stücken, 1 in Scheiben
2–4 Knoblauchzehen, fein gehackt
2 frische Zweigchen oder ½ Teelöffel getrocknete Korianderblätter oder etwas Petersilie
700 g gekochte Rote Kidneybohnen
6 Teelöffel mexikanische Soße (Tomatensoße, scharf mit Chili abgeschmeckt, ohne Salz, Zucker und künstliche Zusatzstoffe)
6 Eßlöffel geriebener Cheddarkäse
4 Vollweizen-Tortillas

Zucchini, Zwiebeln, Koriander und Tomatenstücke vermischen.

⅔ der Bohnen zusammen mit der mexikanischen Soße und dem Koriander bzw. der Petersilie pürieren.

Eine Auflaufform einfetten und den Boden mit etwas Bohnenpüree bedecken.

Zwei Tortillas in Stücken darüber verteilen.

Die restlichen ganzen Bohnen mit dem Püree vermischen und die

Hälfte davon über die Tortillas geben, darauf die Hälfte der Zucchinimischung und die Hälfte des Käses. Darauf folgt wieder eine Schicht Tortilla, eine Schicht Bohnen, eine Schicht Zucchini und schließlich der restliche Käse. Die Tomatenscheiben werden als Garnierung kreisförmig auf den Käse gelegt.

Die Form zudecken und 30 Minuten bei 200 Grad backen. Vor dem Servieren 15 Minuten stehenlassen.

355 Kalorien pro Portion

Nährstoffe	Kohlehydrate	Fett	Gesamteiweiß	Tier. Eiweiß	Natrium
Kalorien	62%	17%	21%	16%	
Menge	56 g	6,7 g	19,4 g	14 g	826 mg

20. San-Diego-Chili (Bohnengemüse)

8 Portionen

Dieses Gericht schmeckt scharf, wenn Sie jeweils die größere der angegebenen Gewürzmengen verwenden. Wenn Sie lieber weniger stark gewürzt essen, verwenden Sie die kleineren Mengen.

3 Tassen gekochte Rote Kidneybohnen (bei Bohnen in Dosen achten Sie bitte darauf, daß kein Salz hinzugefügt wurde. Wenn Sie keine salzlosen Bohnen finden, spülen Sie sie gründlich ab.)
1 große Dose Tomaten (800 g), ohne Salz
2 Selleriestangen, gehackt
5 Zwiebeln, gehackt
1 grüne Paprikaschote, gehackt
2 Karotten, geraspelt
2 frische Tomaten, in kleinen Stücken
3–6 Knoblauchzehen, fein gehackt
1 Teelöffel bis 1 Eßlöffel Chiligewürz
½ –1 Teelöffel Senfpulver
¼–½ Teelöffel roter Pfeffer
½ –1 Teelöffel Tabascosoße
1 Teelöffel schwarzer Pfeffer
1 Teelöffel Thymian
2 Lorbeerblätter
3 Eßlöffel gehackte Petersilie
1 Eßlöffel Basilikum

8 große Backkartoffeln
8 Eßlöffel geriebener Käse

Sämtliche Zutaten werden zusammen zum Kochen gebracht und bei kleiner Hitze zugedeckt etwa 45 Minuten gegart.

Die Backkartoffel wird dann oben eingeschnitten, der Spalt auseinandergezogen, mit dem fertigen Chili gefüllt und ein Eßlöffel geriebener Käse darübergestreut. Der restliche Chili kann gut portionsweise eingefroren werden und schmeckt auch mit Reis oder Nudeln.

377 Kalorien pro Portion

Nährstoffe	Kohlehydrate	Fett	Gesamteiweiß	Tier. Eiweiß	Natrium
Kalorien	78%	7%	15%	2%	
Menge	79,9 g	3,3 g	15 g	2 g	417 mg

(Kalorien für Chili und ½ Tasse brauner Reis: 290)

21. Pochierter Lachs in Wein mit Tomaten-Kapern-Soße

4 Portionen

Dies ist ein sehr delikates Gericht, dessen Zubereitung nicht mehr als 15 Minuten in Anspruch nimmt.

Fisch:
450 g rosa Lachs
¼ l Weißwein
Soße:
1 kleine Dose (450 g) Tomaten in kleinen Stücken ohne Salz
3 Knoblauchzehen, fein gehackt
2 Eßlöffel frischer oder 2 Teelöffel getrockneter Estragon
½ Teelöffel schwarzer Pfeffer
1 Eßlöffel Kapern
2 Eßlöffel Fruchtkonzentrat
2 Eßlöffel Maisstärke in 3 Eßlöffeln Wasser

Fisch: Ziehen Sie die Haut des Fisches mit einem scharfen Messer ab; einfacher ist es, den Fisch nach dem Kochen zu enthäuten.

Der Fisch wird im Wein vier bis sechs Minuten bei starker Hitze gekocht, bis er sich leicht zerteilen läßt. Nehmen Sie ihn heraus und bewahren Sie die Kochflüssigkeit auf.

Soße: Während der Fisch kocht, werden Tomaten, Knoblauch, Estragon, Pfeffer, Kapern und Fruchtkonzentrat zum Kochen gebracht und die Fischbrühe dazugegeben, sobald der Fisch gar ist.

Die Stärke hineinrühren und die Soße unter dauerndem Rühren so lange erhitzen, bis sie kocht und andickt.

Der Fisch wird in vier Portionen aufgeteilt, die Soße darübergegeben und das Gericht, wenn möglich, mit etwas frischem Estragon garniert.

250 Kalorien pro Portion

Nährstoffe	Kohlehydrate	Fett	Gesamteiweiß	Tier. Eiweiß	Natrium
Kalorien	28%	17%	39%	36%	
Menge	16,9 g	4,8 g	24,3 g	22,7 g	290 mg

(16% der Kalorien werden vom Weißwein geliefert)

22. Köstlicher Gemüse-Fisch-Eintopf

4 Portionen

50 g durchwachsener Speck, gewürfelt (nitratfrei)
1 Knoblauchzehe, fein gehackt
3 Zwiebeln, gehackt
2 Karotten, gehackt
2 mittlere Kartoffeln, gewürfelt
2 Selleriestangen, gehackt
¾ l Muschelbrühe (fertig aus dem Glas)
½ Teelöffel schwarzer Pfeffer
¼ Teelöffel Thymian
1 Eßlöffel Gewürzsalz (siehe Einkaufsliste S. 317)
1 Eßlöffel Basilikum
230 g Dorsch oder Kabeljau, in Stücken
2 Eßlöffel frische Petersilie, gehackt

Den Speck in einem Topf auslassen und danach den Knoblauch darin bräunen.

Zwiebeln, Kartoffeln, Karotten und Sellerie hinzufügen und kurz anbraten.

Dann mit der Muschelbrühe aufgießen und mit Pfeffer, Thymian, Gewürzmischung und Basilikum abschmecken. Das Ganze auf kleiner Flamme weiterkochen lassen, bis das Gemüse weich ist.

Den Fisch hinzugeben und den Eintopf fünf bis acht Minuten weiterkochen lassen, bis der Fisch weiß ist und leicht zerfällt.

Der Eintopf wird in Suppenschüsseln serviert und mit Petersilie garniert.

204 Kalorien pro Portion					
Nährstoffe	Kohlehydrate	Fett	Gesamteiweiß	Tier. Eiweiß	Natrium
Kalorien	48%	11%	41%	26%	
Menge	24,5 g	2,4 g	20,5 g	13,6 g	131 mg

23. Pochierter Fisch in Weinsoße

4 Portionen

450 g Heilbutt oder anderer weißer Fisch
4 Eßlöffel Weißwein
1 Knoblauchzehe, fein gehackt
1 Wein- und Estragonsoße (Rezept 42)

Den Fisch mit dem darüber verteilten Knoblauch im Wein vier bis fünf Minuten bei starker Hitze pochieren, bis er weiß aussieht und leicht zerfällt. (Man kann auch Fisch, Wein und Knoblauch in einer bedeckten Auflaufform zehn bis zwölf Minuten bei 210 Grad im Ofen garen.)

Den Fisch dann auf eine Platte legen, mit Wein- und Estragonsoße übergießen und mit Petersilie garnieren. Statt Wein- und Estragonsoße kann auch eine andere Soße verwendet werden.

156 Kalorien pro Portion					
Nährstoffe	Kohlehydrate	Fett	Gesamteiweiß	Tier. Eiweiß	Natrium
Kalorien	7%	13%	78%	75%	
Menge	2,5 g	2,2 g	29,6 g	29,2 g	80 mg

(2% der Kalorien werden vom Weißwein geliefert)

24. Fisch und Chips

4 Portionen

Chips:
3 Kartoffeln, gründlich gewaschen
2 Eiweiß
Fisch:
450 g Dorsch-, Kabeljau- oder Flunderfilet
3 Scheiben Vollweizenbrot

4 Eßlöffel Vollweizenmehl
2 Eiweiß
2 Eßlöffel Gewürzsalz
¼ Teelöffel schwarzer Pfeffer

Chips: Die Kartoffeln mit der Schale in flache, dünne Scheiben schneiden und in Eiweiß tauchen.

Ein beschichtetes Backblech einfetten, die Kartoffelscheiben in einer Schicht darauf legen und wenig Öl darüber träufeln.

Die Chips bei 180 Grad 40 Minuten im Ofen garen. Nach halber Zeit sollten sie umgedreht werden, damit sie auf allen Seiten knusprig werden. Prüfen Sie, ob die Chips auch innen gar sind.

Nach englischer Art können sie mit Reisessig serviert werden, oder man reicht ungesüßten Ketchup dazu.

Fisch: Das Brot im Mixer zerkleinern; das Eiweiß mit Pfeffer und Gewürzsalz vermischen.

Den Fisch in sechs bis acht Stücke schneiden und jedes mit einer Schicht Brösel überziehen. Die Brösel sollten gut an den Fisch angedrückt werden.

Ein beschichtetes Blech dünn einfetten, die Fischstücke darauf legen und bei 180 Grad 30 Minuten lang backen, bis sie knusprig sind.

375 Kalorien pro Portion

Nährstoffe	Kohlehydrate	Fett	Gesamteiweiß	Tier. Eiweiß	Natrium
Kalorien	57%	5%	38%	29%	
Menge	53,4 g	2,1 g	35,3 g	28,3 g	290 mg

25. Jakobsmuscheln mit Artischockensoße und Reis

4 Portionen

250 g gekochte Artischockenherzen
2 Tomaten, in Stücken
3 Knoblauchzehen, fein gehackt
2 Eßlöffel Magerjoghurt
1–2 Zwiebeln, gehackt
5 Eßlöffel trockener Sherry
¼ Teelöffel schwarzer Pfeffer
450 g Jakobsmuscheln

Brotbrösel aus einer Scheibe Vollweizenbrot
2 Tassen gekochter brauner Reis (Rezept 27)

Artischockenherzen, die Hälfte der Tomatenstücke und den Joghurt im Mixer leicht pürieren.

Eine beschichtete Pfanne mit wenig Öl einfetten, Knoblauch und Zwiebeln darin anbraten, eventuell etwas Wasser angießen, damit nichts ansetzt.

Das Püree, die restlichen Tomatenstücke, Sherry, Pfeffer und schließlich die Muscheln hinzugeben und alles gut miteinander vermischen.

Geben Sie das Gericht in eine Auflaufform und bestreuen Sie die Oberfläche mit den Brotbröseln. Den Auflauf bei 180 Grad 15 Minuten lang im Ofen backen, danach können die Brösel noch eine Minute lang bei starker Oberhitze gebräunt werden.

Mit Reis servieren.

306 Kalorien pro Portion

Nährstoffe	Kohlehydrate	Fett	Gesamteiweiß	Tier. Eiweiß	Natrium
Kalorien	59%	3%	31%	23%	
Menge	44,4 g	1,1 g	23,5 g	17,8 g	377 mg

(7% der Kalorien werden vom Alkohol im Sherry geliefert)

26. Spinat mit Tomaten und Fetakäse

4 Portionen

600 g gefrorener Blattspinat
3 Knoblauchzehen, fein gehackt
30 g Fetakäse, mit möglichst geringem Salzgehalt
2 Tomaten in Achteln

Der Spinat wird den Packungsanweisungen entsprechend gekocht und das Kochwasser abgegossen.

Eine beschichtete Pfanne mit etwas Öl einfetten und den Knoblauch anbraten, dann die Tomatenstücke dazugeben und dünsten.

Den gekochten Spinat und den zerbröckelten Fetakäse hinzufügen und das Gericht so lange erhitzen, bis der Käse den gewünschten Schmelzgrad erreicht hat.

76 Kalorien pro Portion					
Nährstoffe	Kohlehydrate	Fett	Gesamteiweiß	Tier. Eiweiß	Natrium
Kalorien	52%	20%	28%	23%	
Menge	10,1 g	1,7 g	5,5 g	4 g	187 mg

27. Brauner Reis

4 Portionen

200 g brauner Reis, möglichst Langkornreis
½ l Wasser oder Gemüsebrühe
Gewürze nach Geschmack, kein Salz

Reis und Gewürze werden mit dem kalten Wasser aufgesetzt und zum Kochen gebracht. Nach einer Minute wird der Topf zugedeckt und der Reis bei schwacher Hitze 35 Minuten lang gekocht, bis die Flüssigkeit verkocht und der Reis weich ist. Brauner Reis ist etwas kerniger als weißer und hat mehr Geschmack.

111 Kalorien pro Portion					
Nährstoffe	Kohlehydrate	Fett	Gesamteiweiß	Tier. Eiweiß	Natrium
Kalorien	87%	5%	8%	–	
Menge	23,9 g	0,6 g	2,3 g	–	17 mg

28. Pikant-süßes Karottengemüse

4 Portionen

4 Karotten, diagonal in ½ cm dicke Scheiben geschnitten
2 Eßlöffel Senf
2 Eßlöffel Fruchtkonzentrat
etwas Petersilie, gehackt

Die Karotten fünf bis zehn Minuten dämpfen, so daß sie noch etwas knackig sind, und abgießen.

Senf und Fruchtkonzentrat vermischen, über die heißen Karotten geben und alles bei mittlerer Hitze ein bis zwei Minuten gut verrühren, bis die Karotten glasiert aussehen. Mit Petersilie bestreut servieren.

59 Kalorien pro Portion					
Nährstoffe	Kohlehydrate	Fett	Gesamteiweiß	Tier. Eiweiß	Natrium
Kalorien	81%	9%	10%	–	
Menge	12,4 g	0,6 g	1,5 g	–	123 mg

29. Domino-Kartoffeln

4 Portionen

2 dünnschalige Kartoffeln
4 Eßlöffel Gemüsebrühe
1 Teelöffel Rosmarin
⅛ Teelöffel schwarzer Pfeffer
½ Teelöffel Gewürzsalz
2 Eßlöffel Brotbrösel aus Vollweizenbrot

Die Kartoffeln gründlich waschen und ungeschält der Länge nach halbieren; jede Hälfte in etwa drei Millimeter dünne Scheiben schneiden und diese wie gefallene Dominos im Kreis, für eine runde Form, oder in Reihen, für eine eckige Form, arrangieren.

Die Kartoffeln mit den Gewürzen bestreuen und die Brühe auf den Boden der Form geben.

Die Kartoffeln zugedeckt bei 180 Grad 25 Minuten im Ofen backen, bis sie gar sind.

Dann mit den Brotbröseln bestreuen und unter starker Oberhitze eine Minute bräunen.

74 Kalorien pro Portion					
Nährstoffe	Kohlehydrate	Fett	Gesamteiweiß	Tier. Eiweiß	Natrium
Kalorien	85%	3%	12%	–	
Menge	15,8 g	0,2 g	2,1 g	–	84 mg

30. Würzige grüne Bohnen mit Tomaten

4 Portionen

250 g grüne Bohnen, frisch oder gefroren
½ Zwiebel, in Scheiben
1 Knoblauchzehe, fein gehackt
4–5 Pilze, in Scheiben
1 große Tomate, in dünne, keilförmige Stücke geschnitten

1 Teelöffel Basilikum
½ Teelöffel Oregano

Die Bohnen werden gedämpft, bis sie noch leicht knackig sind, danach in kaltem Wasser abgeschreckt und zur Seite gestellt.

Währenddessen werden Zwiebeln und Knoblauch in einer eingefetteten, beschichteten Pfanne angedünstet; eventuell etwas Wasser zugeben, damit nichts ansetzt.

Pilze, Tomaten, Basilikum und Oregano hinzugeben und unter Rühren dünsten, bis die Pilze gar sind.

Die gekochten grünen Bohnen unterheben und alles gut miteinander vermischen.

41 Kalorien pro Portion

Nährstoffe	Kohlehydrate	Fett	Gesamteiweiß	Tier. Eiweiß	Natrium
Kalorien	78%	6%	16%	–	
Menge	8,8 g	0,3 g	1,8 g	–	6 mg

31. Süß-saurer Rotkohl

8 Portionen

1 Knoblauchzehe, fein gehackt
1–2 Zwiebeln, gehackt
85 g Rosinen
1 Apfel, geraspelt
500 g Rotkohl, fein geschnitten
2 Eßlöffel Vollweizenmehl
6 Eßlöffel Apfelessig
2 Eßlöffel Fruchtkonzentrat
¼ l Gemüsebrühe

Den Boden eines beschichteten Topfes einfetten und Knoblauch und Zwiebeln darin anbraten, bis die Zwiebeln glasig aussehen. Unter Umständen etwas Wasser hinzugeben, damit nichts ansetzt.

Das Mehl wird in der Brühe zusammen mit dem Fruchtkonzentrat angerührt und über die Zwiebeln gegeben.

Kohl, Apfel und Rosinen hinzufügen, alles vermischen und das Gemüse zugedeckt bei schwacher Hitze schmoren lassen, bis der Kohl gar ist.

79 Kalorien pro Portion Nährstoffe	Kohlehydrate	Fett	Gesamteiweiß	Tier. Eiweiß	Natrium
Kalorien	88%	3%	9%	–	
Menge	19,3 g	0,3 g	1,9 g	–	39 mg

32. Gemüse-Schnellgericht mit Soße

3 Portionen

300 g gefrorenes Gemüse nach Wahl, zum Beispiel Dicke oder Weiße Bohnen
1 süße Tomaten-Basilikum-Soße (Rezept 40) oder andere Soße nach Wahl (Rezepte 35, 39–42)

Das Gemüse wird nach der Anleitung auf der Packung, aber ohne Salz, zubereitet.

Die Soße über das heiße Gemüse gießen und sofort servieren.

97 Kalorien pro Portion (Bohnen und Tomatensoße) Nährstoffe	Kohlehydrate	Fett	Gesamteiweiß	Tier. Eiweiß	Natrium
Kalorien	73%	5%	22%	–	
Menge	18,6 g	0,6 g	5,4 g	–	25 mg

33. Salat mit Pestosoße

1 Portion

1 Tomate in Scheiben
6 Scheiben Gurke
1 Eßlöffel Pestosoße (Rezept 35)

Tomaten- und Gurkenscheiben auf einem Teller hübsch anrichten und mit Pestosoße übergießen.

51 Kalorien pro Portion Nährstoffe	Kohlehydrate	Fett	Gesamteiweiß	Tier. Eiweiß	Natrium
Kalorien	70%	18%	12%	5%	
Menge	9 g	1 g	1,6 g	0,7 g	19 mg

34. Bunter Salat

6 Portionen

1 Kopfsalat (nicht Eisberg)
6 Frühlingszwiebeln, gehackt
4 Radieschen, in dünnen Scheiben
½ Gurke, in dünnen Scheiben
1 Stück Brokkoli, grob gehackt
2 Karotten, geraspelt
2 Stangen Sellerie, grob gehackt
2–3 Pilze, in dünnen Scheiben
1 Paprikaschote, in Scheiben

Alle Zutaten waschen, gut abtropfen lassen und miteinander vermischen. Der Salat bleibt zugedeckt im Kühlschrank mehrere Tage frisch.

Dazu schmecken gut Salatsoßen 38 und 39 oder auch Fertigsoßen (siehe Einkaufsliste).

29 Kalorien pro Portion (ohne Soße)

Nährstoffe	Kohlehydrate	Fett	Gesamteiweiß	Tier. Eiweiß	Natrium
Kalorien	74 %	7 %	19 %	–	
Menge	6,1 g	0,3 g	1,5 g	–	28 mg

35. Pestosoße

4 Portionen

Diese Soße hat einen ziemlich hohen Fettgehalt, wenn sie aber mit Gemüsen (Rezept 32) oder Salat (Rezept 33) angerichtet wird, erhält man ein köstliches, ernährungsmäßig ausgewogenes Gericht. Verwenden Sie möglichst frische Kräuter.

2 Eßlöffel Basilikum
1 Eßlöffel Oregano
2 Eßlöffel Petersilie
2 Knoblauchzehen, fein gehackt
½ Teelöffel Olivenöl
1 Teelöffel Parmesankäse, gerieben
⅛ Teelöffel schwarzer Pfeffer

Die Kräuter werden sehr fein gehackt und zusammen mit den restlichen Zutaten gründlich vermischt.

21 Kalorien pro Portion					
Nährstoffe	Kohlehydrate	Fett	Gesamteiweiß	Tier. Eiweiß	Natrium
Kalorien	51 %	38 %	11 %	3 %	
Menge	3 g	1 g	0,6 g	0,2 g	9 mg

36. Würziger Brotaufstrich oder Dip für rohes Gemüse

Ergibt gut ½ l, ausreichend für acht bis zehn Sandwiches

Dieser Brotaufstrich kann in Minuten hergestellt und im Kühlschrank in einem geschlossenen Behälter vier bis fünf Tage aufbewahrt werden. Besonders gut ist er als Dip zu rohen Gemüsen, wenn Sie müde und hungrig von der Arbeit nach Hause kommen.

¼ Paprikaschote, rot oder grün
4 Radieschen
1 kleine Karotte
1 Knoblauchzehe
¼ Zwiebel
1 Teelöffel Petersilie
1 Tasse gekochte Kichererbsen (Dosenerbsen gründlich spülen, um das Salz zu entfernen)
170 g Magerquark oder Hüttenkäse (ca. 2 % Fett)
1 Teelöffel Senf

Paprika, Radieschen, Karotte, Knoblauch, Zwiebel und Petersilie werden im Mixer zerkleinert, Kichererbsen, Quark und Senf hinzugegeben und nach Geschmack grob oder fein püriert.

49 Kalorien pro Portion (3 bis 4 Eßlöffel)					
Nährstoffe	Kohlehydrate	Fett	Gesamteiweiß	Tier. Eiweiß	Natrium
Kalorien	53 %	14 %	33 %	19 %	
Menge	6,5 g	0,8 g	4 g	2,3 g	80 mg

37. Gesunde Quarksoße

16 Eßlöffel = 8 Portionen

115 g Magerquark oder Hüttenkäse (ca. 2% Fett)
115 g Magerjoghurt
½–1 Teelöffel Zitronensaft

Alle Zutaten werden im Mixer gründlich geschlagen, bis die Soße cremig ist.

Besonders gut zur Backkartoffel geeignet oder, mit Gewürzsalz abgeschmeckt, als Dip zu rohen Gemüsen.

21 Kalorien pro Portion

Nährstoffe	Kohlehydrate	Fett	Gesamteiweiß	Tier. Eiweiß	Natrium
Kalorien	33%	12%	55%	55%	
Menge	1,6 g	0,3 g	2,8 g	2,8 g	68 mg

38. Himbeer-Vinaigrette-Salatsoße

8 Portionen

Eine süße, aber pikante Salatsoße, die sich in einem geschlossenen Behälter gut vier oder fünf Tage im Kühlschrank hält.

350 g frische oder gefrorene Himbeeren, ungesüßt
¼ l Apfelessig
4 Eßlöffel Fruchtkonzentrat
1½ Teelöffel Maisstärke in 3 Eßlöffeln Wasser

Himbeeren und Essig werden zum Kochen gebracht, danach durch ein feines Sieb gegeben, um die Himbeerkerne zu entfernen.

Das Fruchtkonzentrat in die Soße rühren, das Ganze wieder zum Kochen bringen und die Maisstärke unter Rühren dazugeben und kochen, bis die Soße sämig wird.

Abkühlen lassen und im Kühlschrank aufbewahren.

38 Kalorien pro Portion

Nährstoffe	Kohlehydrate	Fett	Gesamteiweiß	Tier. Eiweiß	Natrium
Kalorien	94%	4%	2%	–	
Menge	10,8 g	0,2 g	0,3 g	–	–

39. Cremige Dillsoße

2 Portionen

4 Eßlöffel Magerjoghurt
4 Eßlöffel Zitronensaft
¼ Teelöffel schwarzer Pfeffer
½ Teelöffel Senf
2 Eßlöffel gehackter frischer Dill oder 2 Teelöffel getrockneter Dill

Alle Zutaten werden gründlich miteinander verrührt; die Soße am besten in einem geschlossenen Behälter im Kühlschrank aufbewahren.

25 Kalorien pro Portion

Nährstoffe	Kohlehydrate	Fett	Gesamteiweiß	Tier. Eiweiß	Natrium
Kalorien	70%	4%	26%	25%	
Menge	4,9 g	0,1 g	1,8 g	1,6 g	38 mg

40. Süße Tomatensoße mit Basilikum

4 Portionen

Diese Soße ist besonders gut für Fisch und alle grünen Gemüse geeignet.

1½ frische Tomaten, in kleinen Stücken mit 4 Eßlöffeln Wasser oder eine entsprechende Menge Dosentomaten
1 Eßlöffel getrocknetes Basilikum
1½ Teelöffel Fruchtkonzentrat

Die Zutaten werden in einer kleinen Pfanne gedünstet und die Soße heiß über dem Gemüse verteilt.

18 Kalorien pro Portion

Nährstoffe	Kohlehydrate	Fett	Gesamteiweiß	Tier. Eiweiß	Natrium
Kalorien	82%	6%	12%	–	
Menge	3,8 g	0,1 g	0,5 g	–	4 mg

41. Pikante Senfsoße

4 Portionen

Diese Soße eignet sich besonders gut zu Fisch oder Gemüsen wie Karotten, Zuckererbsen, Blumenkohl und Brokkoli.

2 Eßlöffel Senf
1 Teelöffel gehackte frische oder ½ Teelöffel getrocknete Petersilie
1 Eßlöffel Fruchtkonzentrat
1 Eßlöffel Orangensaft
⅛ Teelöffel schwarzer Pfeffer

Alle Zutaten gründlich vermischen.

20 Kalorien pro Portion

Nährstoffe	Kohlehydrate	Fett	Gesamteiweiß	Tier. Eiweiß	Natrium
Kalorien	69%	21%	10%	–	
Menge	3,4 g	0,5 g	0,5 g	–	98 mg

42. Weinsoße mit Zitrone und Estragon

4 Portionen

Diese Soße eignet sich besonders gut zu Fisch und Karottengemüse.

Saft einer halben Zitrone
⅛ l Weißwein
1 Teelöffel frischer Estragon, gewiegt, oder ⅓ Teelöffel getrocknet
1 Teelöffel frische Petersilie, gehackt, oder ⅓ Teelöffel getrocknet
½ Teelöffel Knoblauchpulver
½ Teelöffel Gewürzsalz, nach Belieben
⅛ Teelöffel schwarzer Pfeffer
2 Teelöffel Maisstärke in 1½ Eßlöffeln Wasser

Alle Zutaten außer der Maisstärke werden in einem kleinen Topf so lange erhitzt, bis die Soße auf die halbe Menge zusammengekocht ist. Dann die Stärke hinzugeben und die Soße aufkochen, bis sie sämig ist.

26 Kalorien pro Portion					
Nährstoffe	Kohlehydrate	Fett	Gesamteiweiß	Tier. Eiweiß	Natrium
Kalorien	25%	1%	2%	–	
Menge	1,8 g	0,1 g	0,13 g	–	2 mg

(72% der Kalorien werden vom Wein geliefert)

43. Fruchtbelag

1 Portion

1 Banane
oder
4 Eßlöffel Beerenobst, frisch oder gefroren (Erdbeeren, Heidelbeeren oder Himbeeren), Pfirsichstücke oder anderes ungezuckertes Obst

Das Obst wird vorbereitet und im Mixer püriert, bis es die gewünschte Konsistenz hat.

Wenn zu sauer, kann mit Fruchtkonzentrat gesüßt werden.

Die Nährwerttabelle zeigt Werte für Banane (obere Zahl) und Beerenobst (untere Zahl) an.

120 Kalorien pro Portion 45–60 Kalorien pro Portion					
Nährstoffe	Kohlehydrate	Fett	Gesamteiweiß	Tier. Eiweiß	Natrium
Kalorien	90%	7%	3%	–	
	75–81%	13–17%	6–8%	–	
Menge	27 g	1 g	1 g	–	–
	10–14 g	1 g	1 g	–	1 mg

44. Orangenfruchteis

4 Portionen

Dieses Rezept ist schnell zubereitet, man muß allerdings die Zeit mit einberechnen, die das Eis zum Gefrieren braucht.

¼ l Ananassaft, ungesüßt
4 Orangen
4 Eßlöffel Fruchtkonzentrat, falls gewünscht
1 Eßlöffel Orangenlikör, falls gewünscht
etwas frische Minze

Von jeder Orange wird ein Deckel abgeschnitten und das Fruchtfleisch herausgenommen. Die hohlen Orangen werden aufbewahrt. Entfernen Sie die Kerne aus dem Fruchtfleisch, und pürieren Sie es zusammen mit ¾ des Ananassaftes. Falls zu sauer, kann jetzt das Fruchtkonzentrat dazugegeben werden.

Die Flüssigkeit wird in einer flachen Schale im Gefrierfach angefroren; sie darf aber nicht ganz fest frieren.

Dann wird sie noch einmal zusammen mit dem restlichen Ananassaft (und dem Likör) im Mixer geschlagen, bis das Eis eine cremige Konsistenz hat.

Die Creme wird in die hohlen Orangen gegossen, mit der Minze garniert und noch einmal gefroren, bis sie die gewünschte Konsistenz hat.

136 Kalorien pro Portion

Nährstoffe	Kohlehydrate	Fett	Gesamteiweiß	Tier. Eiweiß	Natrium
Kalorien	91 %	1 %	5 %	–	
Menge	32,2 g	0,2 g	1,7 g	–	1 mg

(3 % der Kalorien werden vom Alkohol geliefert)

45. Kalifornische BERAH-Kekse

20 Kekse

Diese Kekse sind nach ihren hauptsächlichen Zutaten benannt – *B*anane, *E*rdnußbutter, *R*osinen, *A*pfel und *H*aferflocken – und sind feucht und weich.

- 100 g Haferflocken
- 4 Eßlöffel Wasser
- 170 g Rosinen
- 1 grüner Apfel mit Schale, geschnitzelt
- 1 Banane, püriert
- 4 Eßlöffel Fruchtkonzentrat
- 4 Eiweiß
- 60 g Vollweizen-Kuchenmehl oder Hafermehl
- 2 Eßlöffel reine Erdnußbutter, kann auch weggelassen werden
- ½ Teelöffel Backpulver

Haferflocken, Wasser, Eiweiß und Banane miteinander verrühren, danach erst das Mehl und dann die restlichen Zutaten hinzugeben und alles gut vermischen.

Mit Löffeln Häufchen abstechen und auf das eingefettete Blech setzen. Die Kekse bei 180 Grad 12 bis 15 Minuten backen, bis sie oben leicht bräunlich aussehen.

79 Kalorien pro Portion

Nährstoffe	Kohlehydrate	Fett	Gesamteiweiß	Tier. Eiweiß	Natrium
Kalorien	76%	14%	10%	2%	
Menge	15,6 g	1,3 g	2,2 g	0,3 g	35 mg

46. Orangen-Bananen-Speise

4 Portionen

Diese Nachspeise ist sehr erfrischend und läßt sich in zehn Minuten zubereiten. Allerdings muß man die Zeit einberechnen, die sie zum Steifwerden braucht.

2 Orangen, geschält und entkernt
2 reife Bananen
¼ l Orangensaft
2 Päckchen Gelatine ohne Geschmack (14 g)
3 Eßlöffel Fruchtkonzentrat

Orangen und Bananen werden mit dem Fruchtkonzentrat püriert.

Den Orangensaft zum Kochen bringen, die Gelatine in den Saft streuen und gut verrühren, danach das Fruchtpüree hineinrühren. Die Speise in Portionsschälchen füllen und im Kühlschrank kühlen, bis sie fest ist, etwa zwei bis drei Stunden.

Wenn möglich mit frischer Minze garnieren.

162 Kalorien pro Portion

Nährstoffe	Kohlehydrate	Fett	Gesamteiweiß	Tier. Eiweiß	Natrium
Kalorien	86%	3%	11%	7%	
Menge	34,8 g	0,6 g	4,6 g	3 g	4 mg

47. Daniels Biskuitrolle

12 Portionen

7 Eiweiß
120 g Vollweizen-Kuchenmehl, gesiebt
3 Eßlöffel Fruchtkonzentrat
200 g Himbeermarmelade, ungesüßt und ohne Zusatzstoffe
250 g gefrorene Himbeeren, ungesüßt
2 Bananen

Das Eiweiß steif schlagen und das Mehl unterheben.

Ein Kuchenblech (ca. 25×38 Zentimeter) mit Wachspapier auslegen und einfetten. Den Teig gleichmäßig darauf streichen und im vorgeheizten Ofen sechs Minuten bei 180 Grad backen.

Die gefrorenen Himbeeren mit der Marmelade kurz im Mixer pürieren.

Den gebackenen Teig mit dem Wachspapier vom Blech heben und die Himbeerfüllung gleichmäßig darauf verteilen. Die Bananen werden in Scheiben darauf gelegt und der Teig aufgerollt, während man langsam das Wachspapier abzieht. Den Kuchen mit einem scharfen Messer in zwölf Scheiben schneiden.

145 Kalorien pro Portion

Nährstoffe	Kohlehydrate	Fett	Gesamteiweiß	Tier. Eiweiß	Natrium
Kalorien	88 %	2 %	10 %	7 %	
Menge	30,4 g	0,4 g	3,5 g	2,6 g	45 mg

48. Bratapfel mit Rosinen

1 Portion

1 mittlerer Apfel
1 Eßlöffel ungeschwefelte Rosinen
1 Prise Zimt nach Geschmack
1 Eßlöffel Fruchtkonzentrat

Das Gehäuse aus dem ganzen Apfel herausstechen.

Rosinen, Zimt und Konzentrat vermischen, den Apfel in eine feuerfeste Form setzen und mit der Rosinenmischung füllen.

Etwa ½ Zentimeter Wasser auf den Boden der Form geben, die Form zudecken und den Apfel bei 200 Grad etwa 30 Minuten backen (fünf Minuten im Mikrowellenherd).

126 Kalorien pro Portion Nährstoffe	Kohlehydrate	Fett	Gesamteiweiß	Tier. Eiweiß	Natrium
Kalorien	97%	2%	1%	–	
Menge	33,4 g	0,3 g	0,4 g	–	2 mg

49. Gebackene Banane

1 Portion

1 mittlere Banane
1 Teelöffel Marmelade (siehe Vorschläge S. 315)

Von beiden Enden einer ungeschälten Banane wird gut ein Zentimeter abgeschnitten und die Banane 15 Minuten lang bei 180 Grad im Ofen gebacken, bis die Schale schwarz aussieht, aber nicht verbrannt ist.

Die heiße Banane mit einer Zange auf einen Teller legen, der Länge nach aufschneiden und die Marmelade auf das Fruchtfleisch streichen.

135 Kalorien pro Portion Nährstoffe	Kohlehydrate	Fett	Gesamteiweiß	Tier. Eiweiß	Natrium
Kalorien	90%	7%	3%	–	
Menge	30 g	1 g	1 g	–	1 mg

50. Fruchtmixgetränk

4 Portionen

¼ l Orangensaft
450 g frische oder gefrorene Erdbeeren
3 reife Bananen
2 Eßlöffel Fruchtkonzentrat
10 Eiswürfel, zerkleinert (etwa ¼ l Wasser)

Alle Zutaten zusammen im Mixer pürieren.

173 Kalorien pro Portion Nährstoffe	Kohlehydrate	Fett	Gesamteiweiß	Tier. Eiweiß	Natrium
Kalorien	87%	8%	5%	–	
Menge	39,1 g	1,6 g	2,1 g	–	3 mg

51. Gebackene Birne mit Himbeeren

1 Portion

1 reife Birne
8 frische oder gefrorene Himbeeren
2 Eßlöffel Wasser

Die Birne halbieren und das Gehäuse entfernen. In jede Hälfte vier Beeren legen, die Birnenhälften dann in eine kleine Backform setzen und das Wasser auf den Boden der Form geben.

Die Birne in der zugedeckten Form etwa 20 Minuten bei 180 Grad im Ofen garen (etwa drei Minuten im Mikrowellenherd).

115 Kalorien pro Portion

Nährstoffe	Kohlehydrate	Fett	Gesamteiweiß	Tier. Eiweiß	Natrium
Kalorien	87%	9%	4%	–	
Menge	28,5 g	1,3 g	1,3 g	–	2 mg

Nachdem Sie dieses Buch gelesen haben ...

Mit diesem Buch haben wir Ihnen ein Programm an die Hand gegeben, durch das Sie Ihre Energie steigern und Müdigkeit auf ewig aus Ihrem Leben verbannen können. Die vier tragenden Säulen sind: Ernährung, körperliche Übungen, Visualisierungen und Sauerstoffproduktion.

Zu guter Letzt möchten wir Ihnen noch folgendes mit auf den Weg geben:

- *Beginnen Sie noch heute.* Selbst wenn Sie heute nur einen winzigen Schritt in Richtung auf die Ziele des «Nie mehr müde»-Programms machen können, so ist das besser als gar nichts.

- *Tun Sie es für sich.* Sie haben sich um andere Menschen gekümmert, seit Sie erwachsen sind. Jetzt ist es Zeit, daß auch Sie einmal drankommen. Machen Sie dieses Programm nicht für Ihren Ehepartner oder die Kinder oder das Geschäft oder sonst irgend jemanden: Tun Sie es nur für sich allein.

- *Erwarten Sie keine Perfektion.* Sie sind kein Versager, wenn Sie hin und wieder einmal in alte, schlechte Angewohnheiten verfallen. Sie sind auch nur ein Mensch. Der Fortschritt verläuft nie in einer geraden Linie, sondern besteht immer aus Zickzackwegen und Plateaus. Ein echter Sieger ist der, der sich nach einem Stolpern aufrafft, den Staub abklopft und weiterläuft.

  Wenn Sie Ihr Ziel erreicht haben, wenn Sie mehr Energie spüren, Ihr Idealgewicht haben und der Cholesterinspiegel da ist, wo er sein sollte, dann können Sie sich hin und wieder einmal einen kleinen Schritt abseits vom Weg erlauben. Wenn Sie sich zu 90 Prozent nach den Vorschlägen des «Nie mehr müde»-Programms richten, werden Sie mehr Energie und eine stabilere Gesundheit haben, als Sie sich je erträumt haben.

- *Gehen Sie fest davon aus, daß Sie es schaffen werden.* Sie können es!

Literaturhinweise

Aaken, Ernst van, *Programmiert für 100 Lebensjahre. Wege zur Gesundheit und Leistungsfähigkeit,* 9. Aufl., Celle 1984.

Abehsera, Michel, *Das makrobiotische Kochbuch. Ein Ernährungsratgeber für gesunde Lebensweise,* Bern, München, Wien 1980.

Alexander, F. Matthias, *Die Grundlagen der Alexander-Technik,* Heidelberg 1985.

Anderson, James, W., *Dr. Andersons FKR-Diät. Der neue faserstoffreiche und cholesterinarme Weg, um schlank und gesund zu bleiben,* Wien 1986.

Anemueller, Helmut, *Iß dich gesund. Leistungsfähig und gesund durch Essen mit Verstand,* Reinbek 1978.

Backhaus, Manfred, *Gesund im Streß,* Rastatt 1988.

Barlow, Wilfred, *Die Alexander-Technik. Gesundheit und Lebensqualität durch richtigen Gebrauch des Körpers,* München 1984.

Benson, Herbert, *Beyond the Relaxation Response,* New York 1984.

Berg, Gerhard, *Ernährung und Stoffwechsel,* Paderborn 1978.

Blanc, B. / Bickel, H., *Der Energie- und Proteinbedarf des Menschen,* Darmstadt 1979.

Block, D. / Fritsch, J. / Karow, A., *Gesünder leben. Aktiv und fit bleiben,* Gütersloh 1986.

Block, Siegfried, *Besser essen – länger leben. Alles über Schlemmen, Fasten und vernünftige Ernährung,* Berlin 1985.

Brown, Barbara B., *Supermind: The Ultimate Energy,* New York 1980.

Burgerstein, Lothar, *Heilwirkung von Nährstoffen. Richtlinien für Gesundheit und Leistungsfähigkeit bis ins hohe Alter,* 4. Aufl., Heidelberg 1985.

Capra, Fritjof, *Das Tao der Physik,* Bern, München, Wien 1984.

Carlson, Dwight, *Leben und nicht müde werden. Ein Ratgeber gegen Angst, Erschöpfung, Depression,* 2. Aufl., Marburg 1987.

Cohen, Leonard A., «Diet and Cancer.» *Scientific American,* November 1987, 257 (5), S. 42–48.

Cooper, Kenneth H., *Bewegungstraining ohne Angst, Regeln und Test gegen Herzattacke und Kreislaufkollaps,* München 1986.

–, *Dr. Coopers Gesundheitsprogramm. Bewegung, Ernährung, Seelisches Gleichgewicht,* München 1984.

Davis, Adelle, *Jeder kann gesund sein. Fit und vital durch richtige Ernährung,* 5. Aufl., Bonn 1985.

Eisenberg, David / Wright, Thomas Lee, *Encounters with Qi,* New York 1987.

Gardner, D. C. / Beatty, G. J., «How Fit Are Americans?», Forschungsbericht, vorgetragen an der jährlichen Zusammenkunft des American Board of Medical Psychotherapists, Cancun (Mexico), Mai 1987.
–, *Stop Stress and Aging Now,* Windham, N. H., 1985.
Gawain, Shakti, *Stell Dir vor. Kreativ visualisieren,* 4. Aufl., Basel 1988.
Gerhardt, Hella, *Ernährung und Leistung,* Bremen 1979.
Gesund durch weniger Cholesterin, Vorw. v. Ulbricht, Louis, Wessling o. J.
Haas, Robert, *Die Dr. Haas Leistungsdiät. Für Sport, Gesundheit und Fitneß,* 7. Aufl., München 1987.
Haidinger, Gerald / Radek, Johannes, *Cholesterin-Kochsalz* ABC, Wien 1988.
Hamm, M. / Hamm, C., *Fitneßernährung für Herz und Kreislauf,* Monheim 1987.
Hauser, Gayelord, *Bleib jung, lebe länger,* Bern, München 1980.
Herbert, Nick, *Quantenrealität. Jenseits der neuen Physik,* Therwil 1987.
Hittleman, Richard, *Yoga für totale Fitneß,* München 1985.
House, James S., *Work Stress and Social Support,* Reading, Mass., 1981.
Howard, R. B. / Herbold, N. H., *Nutrition in Clinical Care,* New York 1982.
Jackson, Robert G., *Nie mehr krank sein. Das Geheimnis langen Lebens,* München 1983.
Jacobson, Michael, *Chemical Cuisine,* Washington, D. C., 1986.
Kaku, Michio, *Introduction to Superstrings,* Berlin 1988.
Kaku, Michio / Trainer, Jennifer, *Beyond Einstein: The Cosmic Quest for the Theory of the Universe,* New York 1987.
Katz, Jane / Bruning, Nancy P., *Swimming for Total Fitness,* New York 1981.
Kaufmann, Doug A. / Skolnik, Racquel, *The Food Sensivity Diet,* Toronto 1986.
Kilhman, Christopher, *The Complete Shoppers' Guide to Natural Foods,* Brookline, Mass., 1980.
Krohne, Heinz W., *Angst und Angstverarbeitung,* Stuttgart 1976.
–, *Angstbewältigung in Leistungssituationen,* Göttingen 1985.
Krohne, Heinz W. / Laux, Lothar, *Achievement, Stress, and Anxiety,* Washington, D. C., 1982.
Kurth, Hanns, *Richtig leben – länger leben. Rezepte für eine gesunde Lebensweise,* Genf 1986.
Kushi, Michio, *Makrobiotik – der Weg zu Frieden und Harmonie,* Bern, München, Wien 1988.
Kushi, Michio / The East West Foundation, *The Macrobiotic Approach to Cancer,* New Jersey 1982.
Lautenschläger, Franz, *Wellness,* Bde. 2 u. 3, München 1988.
Lefcourt, Herbert M., *Locus of Control. Current Trends in Theory and Research,* Hillsdale, N. J., 1986.
Lefcourt, Herbert M. / Martin, Rod A., *Humor and Life Stress,* Antidote to Adversity, Berlin 1986.
Liebman, Bonnie F. / Colburn, Mary, *Sodium Scoreboard,* Washington, D. C., 1982.
Liebman, Bonnie F. / Jacobson, Michael, CSPI's *Anti-Cancer Eating Guide,* Washington, D. C., 1984.
–, CSPI's *Sugar Scoreboard,* Washington, D. C., 1985.

Morgan, Brian / Morgan, Roberta, *Geistig fit. Durch richtige Ernährung,* Stuttgart 1988.

National Academy of Sciences. Food and Nutrition Board, *Recommended Dietary Allowances,* Washington, D. C., 1980.

Norfolk, Donald, *Nie mehr müde und erschöpft. Frisch und vital in 28 Schritten,* Genf 1987.

Ohrendorf, Marion / Sonntag, Dieter, *Krebs + Abwehrschwäche. Selbstbehandlung durch Ernährung,* Neckarsulm 1988.

Ohsawa, Georges, *Makrobiotik. Eine Einladung zu Gesundheit und Glück,* 2. Aufl., Laer 1987.

Ornish, Dean, *Stress, Diet and Your Heart,* New York 1982.

Pauling, Linus, *How to Live Longer and Feel Better,* New York 1987.

Platt, Dieter (Hrsg.), *Stoffwechsel und Ernährung im Alter,* Stuttgart 1985.

Saltoon, Diana, *Bewußter leben. Wie wir durch Körperübungen, gesunde Ernährung und Meditation zu einem neuen Lebensstil finden,* München 1983.

Schorin, Marilyn D., «Nutrition, Physical Fitness, and Athletic Performance.» In: *Nutrition in Clinical Care* (hrsg. von Howard, R. B. / Herbold, N. H.), New York 1982, S. 191–209.

Schuller, Robert H., *Harte Zeiten – Sie stehen sie durch!,* Genf 1985.

Sherwood, Keith, *Die Kunst spirituellen Heilens,* 2. Aufl., Freiburg 1985.

Shimony, Abner, «The Reality of the Quantum World», in: *Scientific American,* Januar 1988, 258 (1), S. 46–53.

Stoyva, Johann (Hrsg.), *Biofeedback and Self-Regulation,* New York 1980.

Toben, Bob, *Raum-Zeit und erweitertes Bewußtsein. Ein Versuch der Begründung des Unerklärlichen,* Essen 1981.

Toben, Bob / Wolf, Fred Alan, *Space-Time and Beyond,* New York 1987.

Von Kraut, Heinrich / Kofrányi, Ernst / Mohr, Elisabeth / Wirths, Willi, *Der Nahrungsbedarf des Menschen,* Darmstadt 1981.

Walford, Roy L., *Leben über 100,* München 1986.

Wolf, Fred Alan, *The Body Quantum,* New York 1986.

–, *Der Quantensprung ist keine Hexerei. Die neue Physik für Einsteiger,* Therwil 1985.

Wurtman, J. J., *Managing Your Mind and Mood Through Food,* New York 1986.

Zukav, Gary, *Die tanzenden Wu Li Meister,* Reinbek 1985.

Register